रामायण–महाभारत

काल, इतिहास, सिद्धान्त

रामायण-महाभारत

काल, इतिहास, सिद्धान्त

वासुदेव पोद्दार

वाणी प्रकाशन ग्रुप
भारतीय ज्ञानपीठ
वाणी प्रकाशन : भारतीय ज्ञानपीठ की पुस्तकों के एकमात्र प्रकाशक एवं वितरक

लोकोदय ग्रन्थमाला : ग्रन्थांक 842

सजिल्द चौथा संस्करण : 2016
सजिल्द पाँचवाँ संस्करण : 2026

वाणी प्रकाशन : भारतीय ज्ञानपीठ की पुस्तकों के एकमात्र प्रकाशक एवं वितरक

वाणी प्रकाशन

4695, 21-ए, दरियागंज, नयी दिल्ली-110 002
दूरभाष : 011-23273167, 23275710
ईमेल : sales@vaniprakashan.in
www.vaniprakashan.com

ISBN : 978-81-263-1475-1

मूल्य : ₹ 625

रामायण-महाभारत : काल, इतिहास, सिद्धान्त
(अध्ययन)
वासुदेव पोद्दार

RAMAYANA-MAHABHARAT : KAAL, ITIHAAS, SIDDHANT
(A Comparative Study)
by Basudeo Poddar

मुद्रक : आर. टेक ऑफ़सेट प्रिंटर्स, दिल्ली-110 032

॥ॐ॥

भारतीय संस्कृति के प्राणपुरुष
महर्षि वाल्मीकि और वेदव्यास को
शत शत प्रणामाञ्जलि

त्वं समुद्रो असि विश्ववित्कवे
तमेवाः पञ्च प्रदिशो विधर्मणि।
त्वं द्यां च पृथिवीं चाति जभ्रिषे
तव ज्योतींषि पवमान सूर्यः॥

ज्येष्ठो जयति वाल्मीकिः सर्गबन्धे प्रजापतिः।
यः सर्वहृदयालीनं काव्यं रामायणं व्यधात्॥

वाग्विस्तरा यस्य बृहत्तरङ्गा वेलातटं वस्तुनि तत्त्वबोधः।
रत्नानि तर्कप्रसरप्रकाराः पुनात्वसौ व्यासपयोनिधिर्नः॥

कोऽन्यः कालमतिक्रान्तं नेतुं प्रत्यक्षतां क्षमः।
कविप्रजापतींस्त्यक्त्वा रम्यनिर्माणशालिनः॥

श्रद्धेय स्वर्गीय
पितृदेव श्री रामवल्लभजी एवं माताश्री मन्नीदेवी के
चरणों में

अनुक्रम

प्राक्कथन १५

पुरोवाक् २२

अनुवाक् ३५

१. रामायण-महाभारत का ऐतिहासिक एवं सांस्कृतिक विश्व ४१

१. विषय-प्रवेश
२. रामायण और महाभारत–परम्परा–संस्कृति और इतिहास
३. भारतीय देवतावाद–नई संरचना, नया आयाम
४. रामायण का सांस्कृतिक स्वरूप और विस्तार
५. पञ्चमवेद महाभारत भारतीय संस्कृति का विश्वकोश
६. १९वीं शती के इतिहासकार–भारतीय इतिहास की उपपत्ति
७. भारतीय संस्कृति में महर्षि वाल्मीकि और वेदव्यास–आदिकवि की प्रथमता
८. रामायण और महाभारत–संरचना, स्वरूप और आधार

२. इतिहास की नवीन शोध दृष्टि : मिथक-प्रोचना विसंवाद ५७

१. रामायण के सन्दर्भ में –प्रो० लैसन, वेबर और जेकोबी का मनोविलास
२. रामायण पर विभिन्न मत एवं प्रो० विन्टरनित्ज का मतवाद
३. महाभारत–रचना-प्रक्रिया, स्वरूप एवं मीमांसा–

प्रो० लैसेन, डॉ० सोरेन सेन, डॉ० वेबर, डॉ० लुडविग,
प्रो० ई. डब्ल्यू. हॉपकिन्स, प्रो० हेल्ड,
डॉ० एडोल्फ होल्टजमान, प्रो० बार्थ, डॉ० भूलर,
डॉ० लिओपोल्ड वान श्रोडर, डॉ० ग्रियर्सन,
प्रो० सिल्वा लेवी, डॉ० जेकोबी, प्रो० विन्टरनित्ज,
प्रो० जे. हरटेल, प्रो० जोसेफ डहलमान, प्रो० थाडानी
आदि–एटोमिस्टिक और इन्वरसन पद्धति–उपपत्ति और मीमांसा

३. रामायण का वैदिक आधार, सन्दर्भ और साक्ष्य ७८

१. रामायण और वेद
२. वैदिक साहित्य में रामायण के महत्त्वपूर्ण सन्दर्भ–इक्ष्वाकु,
दशरथ, सुद्युम्न, सुदास, महाराजा सगर के साठ हजार पुत्र,
रघु, रावण, त्रिशिरा, कबन्ध,
कैकेय नरेश अश्वपति, विदेहराज जनक आदि
३. वैदिक वाङ्मय में सीता–लाङ्गल पद्धति, मङ्गल देवता, सीता
सावित्री, भूमिजा, सीता का कृषि स्वरूप, यज्ञमय स्वरूप
४. वैदिक–स्थागर और अनसूया का अङ्गराग
५. राम एवं रामायण का वैदिक अन्वय

४. रामायण और महाभारत का कालान्तराल ८७

१. रामायण और महाभारत युग का सांस्कृतिक युगान्तराल
२. दो युगों की कृति का संरचनात्मक पार्थक्य
३. दो युगों का धार्मिक पार्थक्य
४. दो युगों की सभ्यता का सङ्गठनात्मक पार्थक्य
५. दो युगों के सांस्कृतिक मूल्यों का पार्थक्य
६. कथानकगत संरचना का पार्थक्य
७. रामायण महाभारत युग के नैतिक और सामाजिक मूल्य
८. रामायण महाभारत युग की कथानकगत एवं
पारिवारिक इकाइयों का अन्तर
९. रामायण महाभारत युग का राजनीतिक परिवेश–
युग पार्थक्य की ऐतिहासिक काल-रेखा
१०. रामायण महाभारत के समाज का जातीय सङ्गठन

११. रामायण महाभारत का सांस्कृतिक भूगोल–
भारतीय इतिहास की विभाजक काल-रेखा और पार्थक्य
१२. महाभारत युग की ह्रासोन्मुख सभ्यता

५. महाभारत में रामायण के ऐतिहासिक साक्ष्य और सन्दर्भ ९९
१. रामायण महाभारत–दो युगों की दो ऐतिहासिक संरचनाएँ
२. महाभारत पर बालकाण्ड और उत्तरकाण्ड सहित
सम्पूर्ण रामायण के कथागत शिल्प का प्रभाव
३. महाभारत के आदिपर्व में रामायण के विविध सन्दर्भ
४. सभापर्व में रामायण के विविध सन्दर्भ
५. सभापर्व में राम का प्रथम ऐतिहासिक उपाख्यान
६. सभापर्व में सीता के लक्ष्मी अवतार की
– प्रथम ऐतिहासिक सूचना
७. रामराज्य की ऐतिहासिक महत्ता
८. राम पर पौराणिक गाथा की प्रथम ऐतिहासिक सूचना
९. वनपर्व में रामायण के विभिन्न सन्दर्भ
१०. रामायण के भौगोलिक स्थल–
महाभारत युग के महत्त्वपूर्ण तीर्थ
११. लोमश कथित भार्गव राम का उपाख्यान–
बालकाण्ड का महत्त्वपूर्ण अन्तिम ऐतिहासिक सन्दर्भ
१२. ऋष्यश्रृंग का चरित्र–बालकाण्ड का महत्त्वपूर्ण
प्रथम ऐतिहासिक सन्दर्भ
१३. भीम हनुमत् संवाद–किष्किन्धाकाण्ड से उत्तरकाण्ड तक की
सामग्री की रामायण के सन्दर्भ में महत्त्वपूर्ण विशद सूचना
१४. रामकथा की अन्य सूचना–किर्मीर, जटासुर, धौम्य आदि के सन्दर्भ में
१५. विराट्पर्व में रामकथा की सूचना–कीचक के सन्दर्भ में
१६. उद्योगपर्व में रामकथा का सन्दर्भ
१७. भीष्मपर्व में रामकथा का सन्दर्भ
१८. द्रोणपर्व में राम का विस्तृत उपाख्यान
एवं रामायण के अन्यान्य सन्दर्भ
१९. कर्णपर्व, शल्यपर्व और शान्तिपर्व में
रामकथा के विभिन्न सूत्र

२०. शान्तिपर्व में श्रीकृष्ण द्वारा कथित राम का प्राचीन इतिहास
२१. अनुशासनपर्व में महाराजा भीष्म द्वारा सीता कथित
एक प्राचीन गाथा का उल्लेख
२२. अनुशासनपर्व में रामायण के अन्यान्य सन्दर्भ
२३. अश्वमेधपर्व में रामकथा का सन्दर्भ
२४. स्वर्गारोहणपर्व में रामायण की सूचना

६. महाभारत का रामोपाख्यान–रामायण की ऐतिहासिक संरचना का एक अभूतपूर्व साक्ष्य **११८**
१. वनपर्व का ऐतिहासिक रामोपाख्यान–
सम्पूर्ण रामायण के विस्तृत कथासूत्र
२. रामोपाख्यान की ऐतिहासिकता और इतिहासकार–
सुकठंकर, होपकिन्स, लुडविग, वेबर, जेकोबी आदि
३. भारतीय अवतारवाद और रामोपाख्यान
४. रामोपाख्यान–इतिहास, संरचना, सन्दर्भ और कथाशिल्प
५. रामायण और रामोपाख्यान का अवतारवाद
६. बालकाण्ड और उत्तरकाण्ड की कथावस्तु–
रामोपाख्यान का विस्तार
७. रामोपाख्यान में सम्पूर्ण रामायण का स्वरूप–
विस्तार–कथावस्तु और परिसीमा

७. रामायण मीमांसा–स्वरूप, आधार और अध्ययन **१३५**
१. उद्भव संरचना और नामकरण
२. रामायण का गठन एवं शिल्प
३. राम का लोकोत्तर व्यक्तित्व–सर्वगुणाधार से पूर्णावतार तक
४. काण्ड और पाठ
५. आदिकवि वाल्मीकि और तुलसीदास–रामकथा के सन्दर्भ में
भारतीय संस्कृति और साहित्य का नव्य परिवर्तित रूप

८. महाभारत – उद्भव, इतिहास, संरचना और पाठ **१७६**
१. महाभारत–इतिहास और पाठ–
वेदव्यास-वैशम्पायन-उग्रश्रवा सौति
२. महाभारत का आकार और श्लोक संख्या

३. महाभारत के विभिन्न नाम–विषय-विस्तार और महत्त्व
४. महाभारत की आचार्य परम्परा–
सुमन्तु, जैमिनि, पैल, शुक, वैशम्पायन
५. महाभारत का आभ्यन्तर तिथि-क्रम,
महत्त्वपूर्ण घटनाओं का काल-क्रम और गणित
६. महाभारत की काल-गणना के वाह्य और आभ्यन्तर साक्ष्य
७. महाभारत और यवन
८. महाभारत पर विभिन्न मतामत और इतिहास
९. रामायण और महाभारत का युगान्तराल
१०. महाभारत में श्रीकृष्ण की समस्या–
और इतिहासकारों का विषाद
११. इलियड और रामायण
१२. भगवद्गीता और इतिहासकार

९. आचार्य पाणिनि से पूर्व और उत्तर– भारत के सांस्कृतिक इतिहास की कालधारा २०९
१. आचार्य पाणिनि–कात्यायन और पतंजलि
२. पणिनि से पूर्व भारतीय साहित्य का स्वरूप
३. महाभाष्यकार का मन्तव्य
४. पाणिनि में भारतीय वाङ्मय के विविध रूप
५. ब्रह्मसूत्रकार वेदव्यास और पाणिनि
६. अष्टाध्यायी में महाभारत के विभिन्न सन्दर्भ
७. आचार्य पाणिनि और भारतीय साहित्य की
सम्भावनाएँ और निष्कर्ष

१०. रामायण – महाभारत की ऐतिहासिक परम्परा – बौद्धयुग २१९
१. बौद्ध संस्कृति की जातक परम्परा और रामकथा का विकृत रूप
२. दशरथ जातक–अनामक जातक–दशरथ कथानक
३. रामायण के सन्दर्भ में दशरथ जातक की
ऐतिहासिकता और इतिहासकारों का भ्रम
४. महाकवि अश्वघोष का ऐतिहासिक साक्ष्य–
रामायण और महाभारत

११. भारतीय इतिहास का तत्त्वशास्त्र :
पूर्व और पश्चिम—काल, इतिहास और सिद्धान्त २२९
१. भारतीय इतिहास के प्राचीन स्रोत
२. पश्चिम का विज्ञान-चिन्तन और इतिहास-चिन्तन
३. नृतत्त्वशास्त्र और भूगर्भशास्त्र की नवीन मान्यताएँ और प्रागैतिहासिक युग
४. पश्चिम की युगदृष्टि और इतिहासदृष्टि
५. यूनान की संस्कृति और इतिहास
६. रोमन युग का इतिहास-चिन्तन
७. योरोप के मध्ययुग का इतिहास और चिन्तन
८. योरोप में सत्रहवीं, अठारहवीं, उन्नीसवीं शती के इतिहासकार
९. २०वीं शती के इतिहासकार और उल्लेखनीय इतिहास-चिन्तन
१०. इतिहास के विभाजन के प्रकार और असंगति
११. भारतीय पुरुषार्थ सिद्धान्त और इतिहासदर्शन
१२. श्वेतवाराह कल्प एक इतिहास और विज्ञान
१३. इतिहास शब्द का अर्थ और हिस्ट्री शब्द की अर्थवत्ता
१४. मिथक-रूपक-प्रतीक-काल और यथार्थ
१५. भारतीय कालदृष्टि और इतिहासदृष्टि
१६. रामायण और महाभारत—महर्षि वाल्मीकि और वेदव्यास
१७. भारतीय इतिहास का मूर्त प्रतिमान

१२. परिशिष्ट – सहायक ग्रन्थ २७३

प्राक्कथन

यह ग्रन्थ : दो सोपान

'रामायण–महाभारत : काल, इतिहास, सिद्धान्त' प्रज्ञाभारती मनीषी डॉ. वासुदेव पोद्दार की नयी कृति है। शुद्ध और व्यक्त टाइप में मुद्रित इस कृति का रामायण खण्ड एक स्वतन्त्र ग्रन्थ है और महाभारत खण्ड भी। फलत: यह रचना दो ग्रन्थों की समष्टि है। इस में ११ अनुच्छेद हैं। महामनीषी पोद्दार जी का चिन्तन व्यापक है, अत: इन दोनों खण्डों में जो विपुल ग्रन्थ राशि काम में आयी है, उसका भी विवरण अन्त में प्रदत्त है। इसमें हिन्दी ग्रन्थों की संख्या १२६ है और अंग्रेजी ग्रन्थों की १४३। कुल २६९ ग्रन्थों का मन्थन है इस ग्रन्थ में।

यह जो मन्थन है, यह भी स्तुत्य और अद्वितीय है।

क्यों ?

इसलिए कि इसका रचयिता कहीं भी भारतीयता से विचलित नहीं हुआ है, उसी प्रकार जिस प्रकार खरदूषण आदि मायावी राक्षसों की भीषण सेना को आते देख वाल्मीकि के राम। अनुसन्धान और मुद्रण के युग में प्रसार साधनों का अद्भुत जाल आ मिला। सबकी बातें सब तक पहुँचने लगीं। साधन बना दिया गया अंग्रेज़ी भाषा को। उन ग्रन्थों का अध्ययन क्षेत्र सीमित रहा उच्च शिक्षा के सीमित परिक्षेत्र तक। भारतीयता से विमुख स्नातकों का जाल फैलता गया। मनीषी लेखक पोद्दार जी ने उनके सभी विचारों को समेटा और उनको भारतीय तत्त्व चिन्तन की भूमिका पर अमान्य ठहराया है। ऐसा करते हुए वे प्रसन्न भी हैं। विश्वविद्यालयों के परास्नातक अध्येता, विशेषत: संस्कृत विषय के स्नातक इतनी विपुल सामग्री एक ग्रन्थ में सुलभ देख अवश्य ही लाभ लेंगे।

पोद्दार जी का सन् २००० में प्रकाशित 'विश्व की कालयात्रा–कालपुरुष

इतिहासपुरुष' '*द कॉस्मिक पैसेज ऑफ़ टाइम*' यह ग्रन्थ विचार की दृष्टि से इतना गम्भीर है कि इसकी एक-एक पंक्ति विपुल समय लेकर हृदयङ्गम हो पाती है। इसके पुरोवाक् की ही प्रथम पंक्ति लीजिए–'विश्व की कालयात्रा' आनन्दघन महासत्ता की आनन्दयात्रा का इतिहास है।' एक दूसरी पंक्ति यही है–'सूर्य-पृथ्वी-नक्षत्र सभी कालकला के चिद्-बिन्दु-विलास हैं' (पृ० ५)। ये उद्‌गार पहेली नहीं, विज्ञानसिद्ध सत्य हैं। प्रस्तुत ग्रन्थ में भी लेखक की भूमिका ऐसी ही है।

जहाँ तक शोध और अनुसन्धान का सम्बन्ध है आदरणीय पोद्दार जी के इस ग्रन्थ से महाभारत रामायण के बाद की रचना है–यह भलीभाँति प्रमाणित है। यही उचित है, यद्यपि कतिपय विचारक महाभारत को ही रामायण के पहले की कृति मानते आ रहे हैं। सांस्कृतिक दृष्टि से भी रामायण को ही पूर्ववर्त्ती मानना विकास को ठीक से समझना है। सांस्कृतिक विकास की दृष्टि से समाज शास्त्रीय पहलू पकड़ना होगा। रामायण में नैतिकता और अनैतिकता के अपने-अपने स्वतन्त्र केन्द्र थे। नैतिकता का केन्द्र अयोध्या और अनैतिकता का समुद्र पार लंका। महाभारत युग में दोनों ही का केन्द्र बन बैठा हस्तिनापुर। 'एक ही परिवार' में दोनों प्रवृत्तियाँ आ जुटीं। बल्कि यह कहा जाए कि नैतिकता ही दुर्बल दिखाई पड़ने लगी। बल और विद्या से समृद्ध चचेरे भाई एक दूसरे के घातक शत्रु बन बैठे, जबकि रामायण में प्रतिकूल परिस्थिति में भी राम और भरत एक रहे। कारण युधिष्ठिर को या तो समझ में ही नहीं आया या वे 'धर्मदेशना' का अक्षरश: पालन करने की नैतिकता से दबे रहे। श्रीकृष्ण को युगद्रष्टा महर्षि के रूप में कहना पड़ा–

कर्म्मण्यकर्म्म य: पश्येदकर्म्मणि च कर्म्म य:।
स बुद्धिमान् मनुष्येषु स युक्त: कृत्स्नकर्मकृत्॥

प्रश्न : मनुष्यों में कौन हो सकता है प्रत्येक कार्य में सफल ?
उत्तर : जो बुद्धिमान् हो।
प्रश्न : किसे कहा जाए बुद्धिमान् ?
उत्तर था धार्मिक क्रान्ति के लिए–

बुद्धिमान् वह जो 'कर्तव्य प्रक्रिया में आए दोष' को तो समझे ही 'अकर्तव्य प्रक्रिया में उत्पन्न गुण' को भी आदर दे।

अर्थ यह कि विधि और निषेध का अवधानपूर्वक विविक्तीकरण और उसके पश्चात् तदनुसार आचरण। युद्ध के प्रसंग में अर्जुन में जागी ममता का सही उपाय

यही था—माना कि भीष्म पूज्य भी हैं और पितामह भी, इसी प्रकार द्रोण महान् आचार्य भी हैं और विद्यादाता गुरु भी, अत: दोनों परम सम्मान्य हैं, इनके ऊपर अस्त्र उठाने की बात सोची भी नहीं जा सकती, किन्तु ये हैं वध्य ही। क्यों ? इसलिए कि ये अधर्म के पक्ष से युद्ध में उद्यत हैं। यह था अकर्म में कर्मत्वबोध। यहाँ शास्त्रों का आदेश प्रभुसम्मित नहीं रहा, उसमें अमान्यता भी मान्य बन गई। भगवान् श्रीकृष्ण का चरित्र ऐसे निर्णयों से भरा पड़ा है। दशरथ में यदि इस प्रकार की ट्रेनिंग होती तो राम को वनयात्रा नहीं करनी पड़ती। राम में कूटनीति भी है, इस अर्थ में कि करवाए कोई, पर मढ़ दिया जाए किसी और के माथे। राम वन स्वयं गये थे क्योंकि रामराज्य के लिए पहले 'कण्टकशोधन' अपेक्षित था। किष्किन्धाकाण्ड मे महर्षि ने यह तथ्य स्पष्ट कर दिया है। किन्तु यह कूटनीति भी धर्म है क्योंकि इससे ही सम्भव थी धर्मरक्षा। कहा जाता है 'रम्या रामायणी कथा' – रमणीय तो है कथा रामायण की। इसका अन्यतम प्रमाण किष्किन्धाकाण्ड का यह प्रसङ्ग भी है। इसकी नितान्तश्लक्ष्ण और सूक्ष्म अन्तर्वेधिता केवल वाल्मीकि रामायण में है, अन्यत्र कहीं नहीं। परन्तु ध्यान दिया जाय इस उक्ति के शब्द पर। वह है रामायण कथा, न कि रामकथा यानी राम की वह कथा जिसका अंग उनका अयन यानी मार्ग भी है। मार्ग एक तो पार्थिव और दूसरा आकाशीय। पार्थिव मार्ग अयोध्या से शुरू और लंका में समाप्त। आकाशीय लंका से शुरू और अयोध्या में समाप्त। तीसरा कोई मार्ग बनता ही नहीं। पार्थिव मार्ग में राम के साथ उनका परिवेश भी है जिसमें माता सीता हैं, अनुज लक्ष्मण हैं, ग्राम हैं, ग्राम वधूटियाँ हैं, केवट है, उसकी नौका है, गंगाजी हैं, प्रयागराज हैं, अक्षय वट है। आगे बढ़ने पर ऋषि मुनि हैं, पशु-पक्षी हैं और सर्वोपरि वियावान वनश्री है। यह है एक अंश। आगे द्वितीय अंश में आते हैं महर्षि शरभङ्ग जो इन्द्र के भास्वर रथ को रोककर प्रतीक्षारत थे श्रीराम के साक्षात् विग्रह के दर्शनार्थ। उस मनोरथ की पूर्ति के बाद शरभङ्ग ने जो किया वह मानवता की, उसके उज्ज्वल इतिहास की अद्वितीय घटना है।[१] राम के दर्शन के बाद शरभङ्ग ने वेदमन्त्रों का उच्चारण करते हुए यज्ञाग्नि में आहुति देते-देते अपने पार्थिव शरीर को भी डाल दिया –

चिरेण सन्तर्प्य समिद्भिरग्निं यो मन्त्रपूतां तनुमप्यहौषीत्।

(रघुवंश, १३. ४५)

१.एतदर्थ द्र. हमारा 'शरभङ्ग' नामक संस्कृतकाव्य। प्र० कालिदास संस्थान,२८ महामना पुरी वाराणसी-५

आत्माहुति के ऐसे तीन प्रसंग हैं वाल्मीकि रामायण में।

महर्षि शरभङ्ग ने दण्डकारण्य का पथ बतला दिया, जहाँ राम को राक्षस भी मिले और वानर भालू भी। ये सब 'राम के अयन' यानी रामायण के परिवेश के अंग हैं। इस समग्र परिवेश के बीच के राम हैं रामायण के राम।

यहीं मिले राम के दो भक्त–एक नर और एक नारी। नारी बड़ी दुर्दान्त और मायाविनी, परन्तु राम पर निछावर। राम नहीं तो लक्ष्मण भी उसे स्वीकार्य। दोनों भाइयों के बीच सुन्दरी सीता। उनको आ गई इस कामपीड़ित नारी पर हँसी। वह उसे सह्य नहीं हुई और वह अपने असली रूप में प्रकट हो गई। वह थी रावण की बहिन सूर्पणखा। उसके नाखून इतने बड़े जितना बड़ा होता है सूर्प। लक्ष्मण ने उसको विकलाङ्ग भी बना दिया था, उसकी नाक काट दी थी। राम–रावण युद्ध का सूत्रपात यहीं हो जाता है। काम को मार भी कहा जाता है। मार यानी मृत्यु भी और मारक विकार भी, जिनमें एक क्रोध भी है। रामायण का दूसरा अंश यहीं तक आया। इस अंश में राजकुमार राम ने कार्य क्या किया ? वाल्मीकि रामायण से स्पष्ट है। इस बीच उन्होंने दण्डकारण्य के ज्ञानी, तपस्वी और महान् व्यक्तियों से सम्पर्क किया। उन्हीं में महर्षि अगस्त्य थे।

अगस्त्य आश्रम पहुँचे तो राम ने देखा कि अतीव वृद्ध महर्षि उनकी अगवानी के लिए स्वयं उपस्थित हैं। उन्होंने राम को आदर तो दिया ही, जिससे राम के व्यक्तित्व की विश्वसनीय दिव्यता स्पष्ट हुई। आदर के साथ महर्षि अगस्त्य ने एक अद्‌भुत कार्य और किया। वे राम को कुटिया के भीतर ले गए। उसकी दीवालों पर कुछ वस्तुएँ टँगी थीं। महर्षि ने राम से कहा–"वत्स ! 'ये दिव्य अस्त्र' हैं। इनका प्रयोग केवल तुम्हें करना है। मैं इसी क्षण की प्रतीक्षा में था।"

अब आरम्भ हुआ राम के अयन का तीसरा अंश। इसमें सूर्पणखा का सीताहरण का षड्‌यन्त्र सफल हो गया। रावण ने एकबार सूर्पणखा को दुतकार दिया था। दूसरी बार उसने रावण की दूसरी कमजोरी को अस्त्र बनाया और वह सफल हो गई। रावण की दूसरी कमजोरी थी 'लोभ'। सूर्पणखा ने रावण को समझाया कि 'सीता जिसकी होगी वह त्रैलोक्य स्वामी हो जाएगा'। यह सब राम का अयन है। सूर्पणखा ने खरदूषण आदि की अलौकिक शक्तियों से सम्पन्न विशाल सेना से राम पर आक्रमण करवाया, जिसमें राम की ओर से युद्ध किया केवल राम ने। राक्षसों का विनाश हुआ और प्रकट हुआ राम का ईश्वरत्व। राम किसी के कहने से ईश्वर नहीं,

वे अपनी शक्ति और अपने सामर्थ्य के आधार पर ईश्वर हैं। रावण ने यह पक्ष या तो माना नहीं, या उसके हाथों शरीर छोड़कर पातकों से मुक्ति की नीति अपनाई। आखिर रावण भी था तो असाधारण, यहाँ तक कि उसने स्थूल शरीर को अमर बना लिया था। आयु भी उसकी इतनी थी कि कदाचित् उसके सामने राम की पीढ़ी चौथी पीढ़ी थी। रावण के दशों सिर राम ही काट सके। अन्यथा किसी एक सिर के साथ भी वह जीवित ही बना रहता। रावण का व्यक्तित्व भी समझ से परे था। कहीं-कहीं उसके पैर चार बतलाए गए हैं। यह हुआ राम के पार्थिव अयन का अन्तिम छोर। अब लीजिए अयन का प्रत्यावर्तनात्मक पक्ष। वह हुआ कुबेर से छीनकर रावण द्वारा अपने अधिकार में किये वायुयान से जो विमान के आकार का था। 'विमान' शब्द संस्कृत में सात-मंजिली इमारत के अर्थ में आता है। इस विमान में वजन नहीं के बराबर था, अतः इसका नाम था 'पुष्पक'। पुष्प+क=पुष्प जैसा, जैसे दीपक दीप जैसा। कैसी अलौकिक है यह लीला। पुष्प जैसा हलका यद्यपि सात-मंजिला। फिर इसमें चालक कोई नहीं। यानी स्वचालित। इसके आगे इसे मार्ग का भी ज्ञान था। राम, सीता, लक्ष्मण, सुग्रीव, हनुमान् आदि के साथ अयोध्या तक आ रहे हैं आकाशमार्ग से, पुष्पक से, परन्तु उनकी यह यात्रा भी है पार्थिव अयन ही, क्योंकि वे हरण के बाद के घटनाचक्र को सीता को सुना रहे हैं। पार्थिव अयन पर चलकर राम ने पृथिवीलोक के दर्शन किये तो थे, किन्तु खण्ड-खण्ड में। विमानमार्ग से वे उसे समग्र रूप में देखते जा रहे हैं। अब हुए वे योग्य साम्राज्य के। भरत ने उन्हें साम्राज्य लौटा दिया। १४ वर्ष की वनवासावधि में भी भरत तपस्वी के रूप में ही रहे। राज्यश्री का भोग उन्होंने दूर ही रखा।

महाभारत–

महाभारत में साम्राज्य से प्राप्त राज्यश्री का भोग ही प्रधान हो गया और हस्तिनापुर में गृहयुद्ध खड़ा हो गया। साम्राज्य के साथ जुड़ा समृद्धिपक्ष दिखाई दिया कौरवों को जबकि रामायण के श्रीराम को दिखाई दिया था साम्राज्य के साथ जुड़ा कर्तव्य पक्ष, जिसके लिए उन्होंने गर्भवती सीता का परित्याग सहा। रामायण में गृहयुद्ध नहीं घटा और महाभारत में उससे बचने के लिए श्रीकृष्ण परमात्मा की भी तीन नीतियाँ विफल हो गईं, केवल शेष रही दण्डनीति यानी युद्ध। वह होने के साथ नर

अर्जुन नारायण से अलग हो गया–'न योत्स्य इति गोविन्दमुक्त्वा तूष्णीं बभूव ह' (श्रीगीता २-९) यह थी अर्जुन की दुर्बलता। इसे दूर करने के लिए श्रीकृष्ण को विराट् स्वरूप के दर्शन कराने पड़े।

कौरवपक्ष नैतिकता में भी नीचे उतरा मिला। उसने द्यूत में जीती द्रुपदपुत्री को सभा में गुरुजनों के बीच निर्वस्त्र करने की धृष्टता दिखलाई, द्यूत में छल किया, विष पिलाया, जिन्दा जला डालने का षड्यन्त्र किया। यानी आततायी के सभी कुकृत्य उन्हें कर्तव्य रूप से मान्य थे। यह था नैतिक और चारित्रिक पतन। एक ही शहर में, एक ही परिवार में प्राणों की प्यासी दुश्मनी। वह भी राज्यसुख लोभ के कारण। पाण्डवपक्ष अकर्म में कर्म नहीं देख पा रहा था और कौरवपक्ष कर्म में अकर्म। दोनों ही पक्ष मदान्ध थे। श्रीकृष्ण ने सुधारवाद प्रस्तुत किया, किन्तु हारकर। हार थी 'साम, दाम और भेद' इन तीनों नीतियों में। सुधारवाद का मेघ तब आया जब युद्धाग्नि धधकने को थी। वह अर्जुन के गले उतरा नहीं। अन्यमनस्क अर्जुन ने श्रीकृष्ण को स्वीकृति जिन शब्दों में दी उससे स्पष्ट है कि श्रीकृष्ण का 'कर्म+अकर्म+विकर्म+कर्म' को छान-छानकर अपनाने का उपदेश अर्जुन और धर्मराज युधिष्ठिर को नैतिकता का उपदेश लगा, धर्म का उपदेश नहीं। अर्जुन की स्वीकृति की पदावलि थी 'करिष्ये वचनं तव' (श्रीगीता -१८. ७३) 'करूँगा युद्ध आप कह रहे हैं तो'। सोचिये क्या अर्जुन का मन श्रीकृष्ण के आदेश के पक्ष में था ?

पाण्डवों ने राज्य के लिए कोई माँग नहीं की थी, किन्तु दुर्योधन ने उसे हड़प लेने के बाद बरकरार रखने हेतु क्या-क्या नहीं किया ? कन्या से उत्पन्न सन्तान का कानूनी दृष्टि से पिता वही मान्य है जिसके साथ माँ बनी अविवाहिता का पाणिग्रहण हो। पाण्डव पाण्डुपुत्र इसी कानून की पीठिका पर थे। दुर्योधन ने इस पक्ष को उछाला। दुर्योधन स्वयं राज्य का अधिकारी नहीं था, क्योंकि उसके पिता धृतराष्ट्र विकलाङ्ग होने के कारण राजा नहीं थे। राजा थे पाण्डु। किन्तु युधिष्ठिर आदि के वे धर्मपिता थे, जनक पिता नहीं। एक-एक कमी दोनों पक्ष में थी। दुर्योधन का वाद था मेरे पिता राजा नहीं थे पर पिता तो हैं, पाण्डवों के पिता पाण्डु तो उनके जनक पिता ही नहीं हैं। धर्मपिता के रूप में पाण्डु का पहला पुत्र कर्ण ठहरता था। तदनुसार भी युधिष्ठिर को उत्तराधिकार प्राप्त नहीं था। इतने पर भी जनता और धर्म की रक्षा के लिए अवतीर्ण परमात्मा श्रीकृष्ण भी पक्ष में थे युधिष्ठिर के ही। क्यों ?
उत्तर है–युधिष्ठिर में एक अद्भुत योग्यता थी 'विनय' की। उत्तराधिकार के कानून की पहली 'शर्त' विनय ही थी – 'विनीतमौरसं राजपुत्रं राज्याधिकारे निवेशयत्'। कर्ण

भी उसी प्रकार अविनीत था जिस प्रकार दुर्योधन, बल्कि दुर्योधन दुर्विनीत भी था। निश्चित ही धर्मशास्त्र या कानून की दृष्टि में प्रधान है प्रजा।

रामायण काल में धर्म की हानि थी, अधर्म का अभ्युत्थान नहीं। महाभारतकाल में प्रधानता मिल गई अधर्माभ्युत्थान को। समाज चरमरा उठा।

पोद्दार जी ने रामायण सोपान से उतरकर महाभारत के सोपान तक की यात्रा के सुख-दुःखों की विवेचना प्रस्तुत ग्रन्थ में की और वे अन्तिम सोपान के भी ऊपर की मञ्जिल तक पहुँचकर अब तैयार कर रहे हैं – 'श्वेतवाराहकल्प' – ग्रन्थ, जिसको लिखने की क्षमता केवल उन्हीं में है। भगवान् उन्हें स्वस्थ रखें और उनके इस सत् संकल्प को पूर्ण करें।

पोद्दारो वासुदेवस्त्रिभुवननिभृतान् सृष्टिविद्यान्तरङ्गान्
पक्षान् विज्ञानविद्वानिव निपुणमहो वेत्ति बेभेत्ति चापि।
तस्यासौ 'रामकृष्णायन' – गहनतराधीतिपुष्पायमाणो
ग्रन्थो विश्वस्य चक्षुर्भरतभुवि समुन्मीलयिष्यत्यवश्यम्॥

रेवाप्रसाद द्विवेदी
इमेरिटस प्रोफेसर (संस्कृत) व
सेवानिवृत्त साहित्यविभागाध्यक्ष
एवं सङ्कायप्रमुख संस्कृतसङ्काय,
काशी हिन्दू विश्वविद्यालय
वाराणसी - ५

पौष शुक्ला पूर्णिमा २०६२
ता० १४ जनवरी २००६

पुरोवाक्

आयाहि सत्य आविर्भव

भारतीय संस्कृति का सनातन महापथ कितना सुखद, सुभग, सहज और सुन्दर है, यही है उसकी कालयात्रा का इतिहास, यही है अमृत के अमर पथ पर मानव का आगमन – *अमृतस्य पंथा अनुचरेम।* वेद भारतीय जीवन की आत्मा है, उपनिषद् उसका संगीत, रामायण हृदय, महाभारत उसका मस्तक, पुराण प्रज्ञा, दर्शन उसका गाम्भीर्य, धर्म मर्यादा, आचार उसका मूल्यबोध। विज्ञान की प्रखर दृष्टि, काव्य की रमणीयता, शिल्प की शुभ्रता, स्थापत्य की भव्यता, प्रतिमा विन्यास की दिव्यता, संगीत की मधुरिमा, चित्र फलक की शोभा, ललित प्रसाधनों की सुखद सुषमा, वस्त्राभरण की सौन्दर्य-सज्जा, इतिहास पुरुष की परम पावन प्रखरता–यही है हमारी संस्कृति की लोक मंगल प्रतिभा, दिव्य जीवन की अपरिमित गरिमा, परम पावन आराधना, ज्ञान स्वरूप समाधि की महिमा। मानव 'अमृत पुत्र' है, यही उसका गोत्र–वेदश्रुति का यही कथन है – 'अमृतस्य पुत्राः।' ऋषि मुक्त भाव से गान करता है – 'शृण्वन्तु विश्वे अमृतस्य पुत्राः।' अमृतपान के वरदान से भारतीय संस्कृति का पट परिवर्तन होता है–इसीलिए वह सनातन है–अजर-अमर है।

यह संस्कृति मानव के गतिशील संस्कारों का पावन प्रवाह है जिसकी चिरन्तन पहचान–'ऋत-सत्य' के सनातन स्वरूप में विद्यमान है। ऋग्वेद का हृदय–'पुरुष-सूक्त' है, यही हमारी विश्वम्भरा संस्कृति का साकार स्वरूप विधान –

सहस्रशीर्षा पुरुषः सहस्राक्षः सहस्रपात्।

भारतवर्ष की परम चेतना ने मानव के सम्पूर्ण विकास को विराट् पुरुष के भीतर देखा है – 'सहस्र मस्तक, सहस्र नेत्र, सहस्र भुजाएँ, चरण'; यह पुरुष धरती के चारों ओर है, जितने मनुष्य हैं, उनके मस्तक, नेत्र, भुजाएँ, उदर, हृदय, चरण परम विराट्

के ही हैं। सहस्र पद यहाँ अनन्त का वाचक है। इस एक पुरुष के भीतर विश्व का सम्पूर्ण मानव समाज समाहित है। इसका मूल हमारा भूमण्डल है, हमारा भारतवर्ष है। उत्तर दिशा में देवतात्मा हिमालय का अपरिमेय 'सहस्रशीर्षा' व्यक्तित्व—सहस्र शिखर, सहस्र पाद—मानो विराट् पुरुष का भूतल पर बिम्ब से उठता हुआ प्रतिबिम्ब है। वाक् और अर्थ की तरह भूगोल और संस्कृति का नित्य सम्बन्ध है, संस्कृति उसका स्वरूप समवाय। अथर्वण श्रुति में यह भली-भाँति महिमा मण्डित है –

गिरयस्ते पर्वता हिमवन्तो-
ऽरण्यं ते पृथिवी स्योनमस्तु।
बभ्रुं कृष्णां रोहिणीं विश्वरूपा
ध्रुवां भूमिं पृथिवीमिन्द्रगुप्ताम्॥
अजीतोऽहतो अक्षतोऽध्यष्ठां पृथिवीमहम्॥

मधुवाता ऋतायते की मधुवर्षिणी संस्कृति स्वयं विश्वप्राण की वह मधुमयी ऊर्जा है, जो सर्वत्र सनातन भाव से नव प्राणों का संचार करने के लिए सदैव प्रस्तुत है। हमारे त्रिकाल द्रष्टा महर्षियों का यही मन्त्र दर्शन है – "तुम सब के समान प्रयत्न हों, समान निश्चय, विषमता रहित सब के समान हृदय हों" –

समानी व आकूतिः समाना हृदयानि वः॥

महाभारत का कथन कितना यथार्थ है – "सभी तीर्थों में हृदय ही परम तीर्थ है, पवित्रता में हृदय की शुचिता ही प्रमुख है" –

तीर्थानां हृदयं तीर्थं शुचीनां हृदयं शुचिः॥

भारतवर्ष की संस्कृति भारत महासागर की तरह अगाध और नगाधिराज की तरह विराट् है, इसी प्रकार हमारा विज्ञान और इतिहास।

मनुष्य का इतिहास मात्र घटना ही नहीं, वह संरचना भी है; समग्र विकास की श्रेष्ठतम अन्तिम सीमा है। इसकी सतह पर जहाँ महायुद्धों की घनगर्जना है, आर्थिक और सामाजिक जीवन की घोरतम विभीषिका है; वहीं इसके अन्तस् में महान् काव्यों का जीवन-बोध है, दर्शन की प्रखर प्रज्ञा है। विभीषिका जहाँ विकास की प्रतियोगी शक्ति के रूप में प्रकट होती है; जीवन सौन्दर्य और साधना से, प्रज्ञा और प्रखरता से सम्पूर्णता की ओर गतिशील हो उठता है। काल के अनन्त प्रवाह में कितने जीवाश्म अपना स्वरूप बदलते हैं, कितनी विकास की श्रृंखलाएँ अपने अस्थि-अश्म को

छोड़कर विलुप्त हो जाती हैं। विकास का सर्वोच्च अयन मनुष्य को अपना अन्ति आधार मानकर प्रवृत्त होता है। काव्य और दर्शन ने इस अयन के विस्तार को प्रत्ये युग में मापा है। रामायण और महाभारत इस सम्पूर्णता की साधना का महाकाव्य है मानवता का प्राचीनतम इतिहास है। इन महाकाव्यों के कथानायक राम और कृष्ण भारतीय इतिहास की दो क्रान्त-दृष्टियाँ हैं–एक समन्वयात्मक, दूसरी विश्लेषणात्मक प्रथम दृष्टि के आचार्य श्रीराम हैं, द्वितीय के श्रीकृष्ण। राम का जीवन समन्वय क विराट् साधना का जीवन था–सतयुग और त्रेता के दो युग मूल्यों की समन्वयात्म भूमि पर वे धर्म-सेतु की तरह विनम्र होकर उस पर खड़े हैं –

"हे भविष्य में होने वाले भूपालो ! यह रामचन्द्र आप लोगों से अत्यन विनम्रतापूर्वक बारम्बार प्रणाम कर यह याचना करता है कि आप लोग मेरे द्वारा बाँ हुए धर्मसेतु की सुरक्षा सदा करते रहें।"

भूयो भूयो भाविनो भूमिपाला नत्वा नत्वा याचते रामचन्द्रः।
सामान्योऽयं धर्मसेतुर्नराणां काले काले पालनीयो भवद्भिः॥

–स्कन्दपुराण ब्रह्म० धर्मा० ३४-४

द्वापर की युग-भूमि बड़ी विषम है–उससे जुड़ी हुई कलि की युग-भूमि और भ विषदंष्ट्र। श्रीकृष्ण का व्यक्तित्व अपने प्रियजनों के लिए कितना भी मधुर क्यों न हो पर काल की क्रूरता के भीतर गरजता हुआ श्रीकृष्ण–काल से भी अधिक प्रचण्ड औ दुर्धर्ष है –

लेलिह्यसे ग्रसमानः समन्ताल्लोकान्समग्रान्वदनैर्ज्वलद्भिः।
तेजोभिरापूर्य जगत्समग्रं भासस्तवोग्राः प्रतपन्ति विष्णो॥

–महा० भीष्मपर्व-३

मनुष्यता के इतिहास की यह सम्पूर्ण दृष्टि, भारतीय अवतारवाद का सबसे बड़ तत्त्वदर्शन है, मनुष्य की देवता के ऊपर प्रतिष्ठा है।

भारतीय चिन्तन ने श्रेष्ठतम प्रमा से अपने 'देवता' को पहचाना है, उसे देखा है उसका सम्पूर्ण विस्तार, उसकी समग्रता, उसकी अखण्डता, देश और काल स अनवच्छिन्न उसकी सम्पूर्णता–मनुष्य की लोकोत्तर प्रमा का विस्तार ही तो है। प्रम की प्रामाणिकता प्रमा से भिन्न नहीं, जो प्रमा का स्वरूप है वही उसके भगवान् क स्वरूप है। भारतीय देवतावाद की दार्शनिक भूमि अति गहन है; वहाँ श्रीराम औ कृष्ण ही नहीं, क्रान्त-द्रष्टा कवि स्वयं भी ईश्वर है। भारतीय इतिहास और पुराण

की परम्परा में ही नहीं, ऋग्वेद की प्राचीनतम परम्परा में भी क्रान्त-द्रष्टा कवि स्वयं ईश्वर है –

त्वं समुद्रो असि विश्ववित् कवे तवेमाः पञ्च प्रदिशो विधर्मणि।
त्वं द्यां च पृथिवीं चाति जभ्रिषे तव ज्योतीषि पवमान सूर्यः॥

—ऋग्वेद ९-८६-२९

कवि शब्द महर्षि पदवाच्य है। क्रान्त-द्रष्टा का अर्थ है–'सर्वदृक्', जिसकी दृष्टि दिशा और काल के व्यवधान से अबाधित और अप्रतिहत है। कवि जब काव्य की सीमा में इस देश और काल के असीम विस्तार को संकुचित करता है, तब सर्गबद्ध महाकाव्य का प्रवर्तन होता है। सर्ग का अर्थ है–सृष्टि। कवि अपने सृजन के क्षणों को जिस आयाम में बाँधता है, वही उसके काव्य की सर्गबद्धता है, वही उसकी विराट् सृष्टि। भारतीय काव्य की आत्मा काल है; और छन्द उसका मूर्त स्वरूप। कविता के पास काल के तीनों आयाम हैं। काव्य का प्रथम आयाम शक्ति है–जिससे कवि सृजन करता है; नये सर्गों (नई सृष्टियों) की उत्पत्ति होती है। काव्य का द्वितीय आयाम–युग-धर्म है, जहाँ काल स्वयं काव्य का उपादान कारण बनकर प्रकट होता है; तृतीय आयाम छन्द है–जो काव्य की प्रतिष्ठा है, उसके विषय विस्तार का अयन है। इतिहास काल के केवल एक आयाम का स्पर्श करता है–'अतीत'–वह भी 'कार्बन डेट' की सीमा तक संदिग्ध–सहस्रों इच्छित और अनिच्छित सन्देहों से भरा 'प्रक्षिप्त' अतीत। इतिहासकार का अपना हीनता बोध–'महर्षि पदवाच्य' महाकवि और विश्वकवि को 'चारण' भले ही कहें–पर भारतीय वाङ्मय की श्रेष्ठतम शब्द-राशि उसे 'परिभू' और 'स्वयंभू', 'ऋषि' और 'महर्षि' ही कहती है।

रामायण और महाभारत भारतीय इतिहास की घटना भी है, संरचना भी है; वह एक काल भी है, नियति भी है। एक महान् युग का अन्त है, इसलिए काल है। इस अन्त के मूल में मानवीय मूल्यों की धारावाहिकता है, इसलिए नियति है। काल और नियति जब एक बिन्दु पर आकर मिलते हैं, तब इतिहास के तत्त्वदर्शन का उपोद्घात निर्मित होता है। अतः रामायण और महाभारत इतिहास का सबसे बड़ा उपोद्घात और तत्त्वदर्शन है। काव्य और काल का सम्बन्ध बिम्ब और प्रतिबिम्ब भाव का सम्बन्ध है। काल बिम्ब है, कविता उसका प्रतिबिम्ब। हमारे सांस्कृतिक इतिहास के समग्र काल-प्रवाह के मध्य रामायण और महाभारत आकाश की तरह व्याप्त हैं। कविता के इतिहास में रामायण और महाभारत का इतिहास हर युग में लिखा गया

है। इनके भीतर ऋग्वेद से लेकर आचार्य पाणिनि से पूर्व तक, सहस्रों वर्षों के इतिहास के गतिशास्त्र का व्यापक तत्त्वदर्शन समाहित है। रामायण और महाभारत का काव्य जितना विस्तृत है, उतना ही सुगठित; जितना प्रचण्ड है, उतना ही उज्ज्वल और निरामय; जितना गम्भीर है, उतना ही उत्ताल और उच्छल है। आज तक विश्व की कोई भी कविता रामायण और महाभारत की प्रथमता का अतिक्रमण न कर सकी। आधुनिक इतिहासकारों की दृष्टि में महर्षि वाल्मीकि और वेदव्यास को इतिहास लेखन का ज्ञान ही नहीं था, पर कोई भी इतिहासकार इतना समाहित होकर अपने युग को काल के प्रवाह पर स्थिर न कर सका जैसा रामायण और महाभारत के अद्वितीय काव्य ने सारी प्रामाणिकता के साथ किया है।

वाक् और अर्थ की तरह भाषा और संस्कृति का नित्य सम्बन्ध है। संस्कृत आत्मा है संस्कृति उसका शरीर। संस्कृति क्षेत्र है संस्कृत क्षेत्रज्ञ। भारतवर्ष का सांस्कृतिक इतिहास संस्कृत वाङ्मय की भूषणभूत परिणति है। इसका परमशिव विश्व का सर्वोत्कृष्ट नगाधिराज हिमालय है, जिसके सुदूरवर्ती समुद्रतट पर कुमारी कन्या शिव की संप्राप्ति के लिए अनादि काल से आराधना में निरत है। आचार्य भूमि की कन्याकुमारी ने अपने तपःप्रभाव से सम्पूर्ण राष्ट्र को ज्ञानस्वरूप बना दिया, इसीलिए यह देवभूमि कही जाती है। इसके सनातन स्वरूप की पहचान देवीवाक्-देवभाषा या अमृतभाषा में निहित है, जो संस्कृत है। हिमवत्सेतु पर्यन्त इसके ज्ञानस्वरूप की प्रधानता में प्रान्तीयता-क्षेत्रीयता सर्वथा गौण हो गई है। विश्व वाङ्मय के सध्रीचीन देखा जाए तो संस्कृति पद का प्रयोग सर्वप्रथम भारतवर्ष में ही हुआ है। इस पद के प्रथम द्रष्टा महर्षि कश्यप हैं –

> अच्छिन्नस्य ते देव सोम सुवीर्य्यस्य रायस्पोषस्य ददितारः स्याम।
> सा प्रथमा संस्कृतिर्विश्ववारा स प्रथमो वरुणो मित्रोऽग्निः॥

–शुक्ल यजुर्वेद ७-१४

मन्त्र में दृष्ट संस्कृति पद का अर्थग्रहण आचार्यप्रवर उव्वट ने 'सत्कार' अर्थ में किया है –

> स प्रथमः सोमसत्कारः क्रियते....॥

आचार्यश्रेष्ठ महीधर के अनुसार यह पद 'संस्कार' अर्थ का वाचक है – सा प्रथमा मुख्या संस्कृतिः सोमसंस्कारो यस्येन्द्रस्य क्रियते, इन्द्रार्थं क्रियत इत्यर्थः। संस्कृति पद की व्युत्पत्ति अष्टाध्यायी (६-१-१३७) के सूत्रानुसार – 'सम्परिभ्यां

करोतौ भूषणे' से भूषण अर्थ में 'सुट्' प्रत्यय पूर्वक होती है, जिसका अर्थ है–'अलङ्करोति।' आचार्य पाणिनि के अनुसार – 'संस्कृत'- 'संस्कार' - 'संस्कृति' प्रभृति पदों की प्रकृति एक ही है, भिन्नता मात्र प्रत्ययगत है।

संस्कारों के द्वारा मानव के दार्शनिक - धार्मिक - सामाजिक - कलात्मक जीवन के आचार-व्यवहार में जो परिष्कार किया जाता है वही उसकी संस्कृति है। हमारी संस्कृति काल विशेष से प्रतिबद्ध होते हुए भी वह सनातन है–चिरन्तन-पुरातन, वहीं नवीन भी है। मानव ने कविता की प्रथम पंक्ति लिखने के पश्चात् दूसरी पंक्ति में स्वयं को नूतन कह दिया – ऋग्वेद की द्वितीय पंक्ति में नूतन और पुरातन दोनों युगपत् समाहित हैं – 'अग्निः पूर्वेभिर्ऋषिभिरीड्यो नूतनैरुत।' (ऋग्वेद १. १. २) पुरातन का सर्वदा नवीन होते रहना ही उसकी चिरन्तन प्राणवत्ता है–यही पुराण है यही इसकी निरुक्ति, आचार्यपाद यास्क का निरुक्त में यही वचन है –

पुराणं कस्मात् ? पुरा नवं भवति। (३-१९-२५)

भारतीय संस्कृति की आत्मा हमारे साहित्य के अमर ग्रन्थ रामायण और महाभारत हैं। पश्चिम की परम्परा आज इसके महत्त्व को बड़ी त्वरित गति से आत्मसात् करती जा रही है। विगत डेढ़-दो सौ वर्षों में संस्कृत भाषा के शास्त्रीय गाम्भीर्य की पहचान ज्ञान के विभिन्न क्षेत्रों में रेखांकित की गई, यथा – (१) तुलनात्मक प्रत्नभाषाशास्त्र, (२) तुलनात्मक प्रत्नदेवताशास्त्र, (३) प्रत्नजातितत्त्वशास्त्र, (४) विज्ञान, दर्शन, मनोविज्ञान आदि। तुलनात्मक अध्ययन की दृष्टि से इन सभी महत्त्वपूर्ण क्षेत्रों में इस भाषा का प्रभावी हस्तक्षेप सर्वत्र विद्यमान है। आज ज्ञान-विज्ञान की प्रमुख शाखा – 'मनसूतत्त्वशास्त्र' में संस्कृत का पादक्षेप एक क्रान्तिकारी घटना है, जिसने पश्चिम के बड़े-बड़े वैज्ञानिकों को भी योगसाधना के माध्यम से ध्यान में स्थित कराने का कार्य प्रारम्भ कर दिया है। आज सभी जानते हैं, संसार में सांख्ययोग ने प्रज्ञोन्मेष के क्षेत्र में नवीन क्रान्ति प्रस्तुत की है। यदि विज्ञान के साथ भारतीय तत्त्वशास्त्र का तुलनात्मक अन्तरानुशासनिक अध्ययन हो पाता तो विज्ञान की २१वीं-२२वीं शती तक की कालयात्रा दो दशकों में ही पूरी हो जाती। संस्कृत भाषा के विज्ञानमय रथ पर आरूढ़ होकर ही आज का विज्ञान विश्वब्रह्माण्डों की आभ्यन्तर पराभाषा को पढ़ सकता है। साम्प्रतिक सर्वाधिक आवश्यकता है–देवभाषा में विद्यमान वैज्ञानिक चिन्तन को संसार के समक्ष उजागर करने की, यही संस्कृति के नवजागरण का एक प्रशस्त मार्ग है।

संस्कृत भारतीय वैदुष्य की प्रतिनिधि भाषा है, जिसका धारावाहिक ह्रास हमारे

देश की समग्र विद्यापीठों में भली-भाँति हो चुका है। चाहे प्राचीन पद्धति पर आधारित गुरु-शिष्य परम्परा हो या विद्यालय-महाविद्यालय-विश्वविद्यालय की स्तरानुगामी शिक्षा। आज यह महान् भाषा जीवन की मुख्य धारा से बहुत दूर हट चुकी है। यह पश्चिम के ईसाई धर्मावलम्बी उपनिवेशवाद की उपज या देन है, जिसने हमारे देश के पण्डित समाज को पद और पदार्थ का लोभ देकर अपने शासकीय स्वार्थ के लिए रिसर्च के नाम पर उनसे ऐसा भ्रामक असत्य और अनर्गल प्रचार एवं प्रख्यापन करवाया, जिसका गड्डलिका प्रवाह अभी तक यहाँ की एकेडेमीज़ में संस्कृत के समूल विनाश के लिए विष का कार्य कर रहा है। इन अन्वेषकों ने अपने पाण्डित्य की सार्थकता का उपयोग केवल तीन-चार बातों के मिथ्यान्वेषण और प्रचार-प्रसार तक प्राय: सीमित कर दिया है। यहाँ इनका अति संक्षिप्त उल्लेख कर देना अप्रासंगिक न होगा। (१) संस्कृत मृत भाषा है। (२) संस्कृत भाषा में प्राप्त चिन्तन माइथोलॉजी है अर्थात् आदिम मानव के भ्रान्त ज्ञान की मिथ्या पुराकथा–देशी भाषा में जिसे गपोड़ कहा जाता है। इसी परम्परा के मूर्धन्य अग्रचिन्तक मैक्समूलर ने वेदों को –'गड़ेरियों का गीत' – (शेफर्ड्स साँग) कहा है। वेद-पुराणों का कथन इस परम्परा द्वारा सर्वत्र माइथोलॉजी शब्द से ही रेखांकित किया गया है। (३) इस नवीन परम्परा का तृतीय महत्त्वपूर्ण अन्वेषण है–सम्पूर्ण वाङ्मय में प्रक्षिप्त की अर्थहीन खोज–अर्थात् किसी भी महान् कृति को अधिक से अधिक प्रक्षिप्त सिद्ध करने का दाम्भिक प्रयास। उदाहरण के लिए विश्व की सर्वमान्य पुस्तक श्रीमद्भगवद्गीता इनकी दृष्टि में सर्वतोभावेन प्रक्षिप्त है। कितने ही विद्वानों ने इस मान्यता को पुष्ट और सिद्ध करने में अपना जीवन लगा दिया। इनके अनुसार महाभारत में कृष्णवचन के नाम पर बहुत काल पश्चात्–याने श्रीकृष्ण के जन्म के, जो इनके मत से अनिश्चित है, पश्चात्–दो-तीन सहस्र वर्षों के बाद ईसा मसीह के भी दो सौ वर्ष पश्चात्, चालाक ब्राह्मणों के द्वारा जोड़ा गया महाभारत का एक चैप्टर है। गीता की गरिमा तो दूर, प्रक्षिप्त होने के कारण वह इन अन्वेषकों के द्वारा धूर्तता का एक स्टंट या मेनीफेस्टो बन कर रह गई। ऐसी अवस्था में आचार्य शंकर और रामानुज के गीता पर लिखे गए अतिशय गम्भीर भाष्य भी निरर्थक अज्ञता का विज्ञापन मात्र सिद्ध होकर ही रह गए; जिन्हें सारा संसार भारत के महान् दार्शनिक के रूप में जानता है। यही स्थिति सर्वत्र स्मृति-पुराण-रामायण-महाभारत की है। यहाँ तक कि वेदों को निगलने का कार्य भी इन लोगों ने सम्पन्न कर लिया है। इनके अनुसार ऋग्वेद का प्रथम एवं दशम मण्डल बहुत बाद का जोड़-घटाव है, अन्य मण्डलों के भीतर भी बहुत कुछ आगे और पीछे है। महाभारत, इनके

मत से, रामायण से पहले लिखी गई है; बालकाण्ड और उत्तरकाण्ड रामायण में ईसा के दो सौ वर्ष बीतने के बाद जोड़े गए हैं। महाभारत की अधिकांश संरचना ही प्रक्षिप्त है–एक लाख श्लोकों में मात्र आठ हजार ही प्राचीन हैं, अर्थात् दश प्रतिशत से भी कम हैं–शेष प्रक्षिप्त या नकली हैं। यही स्थिति सभी पुराण और स्मृतियों की है, आदि-आदि। इनके मत से सम्पूर्ण भारतीय वाङ्मय लक्ष-लक्ष छिद्रात्मक क्षेपकों का एक बृहत्‌काय वल्मीक है–क्षेपकरूपी दीमकों की क्षत-विक्षत विगलित बाँबी, (४) रिसर्च के नाम पर प्रस्तुत होने वाला यह एक ऐसा सारहीन स्टंट है, जिसके अनुसार इन पण्डितमानियों ने भारतीय वाङ्मय के प्राय: सभी श्रेष्ठ ग्रन्थों को कालक्रम की दृष्टि से ईसामसीह के दो-चार सौ वर्ष आगे और पीछे लाकर सजा दिया है। इनके मतानुसार यही इनका रचनाकाल है। बाइबिल के अनुसार, जब विश्व की उत्पत्ति ही छ: हजार वर्ष पहले हुई है, ऐसी अवस्था में रामायण-महाभारत आदि ग्रन्थों को पुरातन काल की धारणा का प्रमाणपत्र इनसे कैसे प्राप्त हो सकता है। इसीलिए रामायण, महाभारत ईसा से तीन-चार सौ वर्ष पूर्व के हैं, विष्णुपुराण ईसा के दो सौ वर्ष पश्चात् एवं पुराणों में परम आदरणीय भागवतम् एक सहस्र वर्ष उपरान्त अर्थात् १०वीं ईस्वी। सत्य तो यह है कि ईसा से तीन-चार सौ वर्ष पूर्व इनके रचनाकार वाल्मीकि और वेदव्यास के ऐतिहासिक अस्तित्व का ही इन्हें कहीं कोई अता-पता नहीं, अत: ईसाई परम्परा के ये पण्डित-मूर्धन्य वाल्मीकि और वेदव्यास द्वारा लिखी गई एक पंक्ति को भी प्रामाणिक बताने में नितान्त असमर्थ हैं। इस कल्पना विलास के अपनोदन के लिए यह एक लघु प्रयास है।

जहाँ तक प्राचीन इतिहास की सामग्री का प्रश्न है, योरोप की सभ्यता इतिहास प्रधान कही जाती है। पर सत्य तो यह है, इतिहास से सम्बद्ध आलेख ग्रन्थ और सूचनाएँ, जो वहाँ सोलहवीं शती तक प्राप्त हैं, उसकी तुलना में भारतवर्ष के पास बहुत अधिक है। इसका एक संक्षिप्त विवरण पण्डित गौरीशंकर हीराचन्द ओझा एवं विरजानन्द दैवकरणि ने अपनी पुस्तक 'प्राचीन भारतीय इतिहास के स्रोत' में प्रस्तुत किया है–(प्रकाशक–वैदिक पुस्तकालय, अजमेर १९९१) कुछ वर्ष पूर्व जी.पी.सिंह ने इसी विषय पर 'एंसिएन्ट इन्डियन हिस्टिरियोग्राफी'* प्रस्तुत की। इसमें संकलित सामग्री अत्यन्त महत्त्वपूर्ण है– (पी.के.प्रिन्टवर्ल्ड प्रा. लि.) पश्चिम के इतिहास चिन्तन की अपूर्णता पर तुलनात्मक दृष्टि से ग्रन्थ के अन्तिम अध्याय में भली-भाँति विचार किया गया है। उपयोगितामूलक दृष्टि से यहाँ संस्कृत भाषा के विशाल वाङ्मय

का एक अति संक्षिप्त पर्यावलोकन परम अपेक्षित है, जो संसार को संस्कृत सीखने के लिए सर्वदा अभिप्रेरित करता रहता है।

भारतीय संस्कृति का तत्त्वप्रस्थान हो या साहित्यप्रस्थान, उसे इन अन्वेषकों के किसी प्रमाणपत्र की अपेक्षा नहीं–वह अपनी परम भव्यता और दिव्यता के आयाम में देदीप्यमान है–उसकी ही आत्मा या परम आत्मा का नाम संस्कृत या देववाणी है। विश्व की वैज्ञानिक संरचना से लेकर मानवीय अस्तित्व के परम बोध तक की यदि ज्ञानयात्रा करनी हो तो हमें भारत के सांस्कृतिक इतिहास को पढ़ना होगा। हमारे जीवन की सभी सम्पूर्णतायें उसमें विद्यमान हैं। भारतीय संस्कृति का तत्त्वप्रस्थान देखा जाए तो अखिल विश्व के साथ हमारे साम्य सन्तुलन को व्यक्त करता है – 'यथा अण्डे तथा ब्रह्माण्डे।' वेद सृष्टि के सम्पूर्ण संरचनात्मक स्वरूप को पराशक्ति के यजन या यज्ञरूप में ही परिभाषित करता है –

यज्ञेन यज्ञमयजन्त देवास्तानि धर्माणि प्रथमान्यासन्।

—ऋग्वेद १०-९०-१६

हमारी वेदी पर किया गया बाह्य यज्ञ हमारे आभ्यन्तर यजन का ही प्रतिबिम्ब है। अग्नि स्वयं कविक्रतु है, जिसके यजमान इन्द्र-वरुण-मित्र-पवमान हैं। इससे ही सत्य और ऋत का संवर्धन एवं अग्निषोमात्मक विश्व का संप्रसार होता है। समस्त संसार के प्राणियों की भली-भाँति परितृप्ति और परितुष्टि का श्रेष्ठ संविधान है–हमारा पञ्चमहायज्ञ जो तात्त्विक होने के साथ-साथ ही परम सांस्कृतिक है। पारस्कर गृह्यसूत्र के भाष्यकार आचार्यप्रवर हरिहर ने एक प्राचीन उद्धरण के द्वारा इसके तात्पर्य को इस प्रकार स्पष्ट किया है, जिसमें सृष्टि के सम्पूर्ण प्राणियों की परितृप्ति का मर्म समाहित है –

देवा मनुष्याः पशवो वयांसि सिद्धाश्च यक्षोरगदेवसंघाः।
प्रेताः पिशाचास्तरवः समस्ता ये चान्नमिच्छन्ति मया प्रदत्तम्॥
पिपीलिकाकीटपतङ्गकाद्याः बुभुक्षिताः कर्मनिबन्धबद्धाः।
तृप्त्यर्थमन्नं हि मया प्रदत्तं तेषामिदं ते मुदिता भवन्तु॥

''देव-मनुष्य-पशु-पक्षी-सिद्ध-यक्ष-सर्प-प्रेत-पिशाच-वृक्ष' ये सभी मेरे द्वारा प्रदत्त अन्न की इच्छा रखते हैं। कर्मबन्धन के पाश से भूखे चींटी-कीट-पतंग आदि

---

*द्रष्टव्य परिशिष्ट—सहायक ग्रन्थ

मुझसे जुड़े हैं, मैंने इनकी परितृप्ति के लिए अन्न दिया है। वे इसे प्राप्त कर सुखी एवं आमोदित हों।'' प्राचीन शिलालेखों की दानस्तुतियों में प्राय: एक परम आदर्श वाक्य प्राप्त होता है–''दान देने से पुण्य होता है, पर पालन करने से विष्णु का पद'' –

दानात् पुण्यं अवाप्नोति पालनाद् अच्युतं पदम्।

उपनिषद् इसे ही आत्मयज्ञ के रूप में देखता है–यही औपनिषद् आत्मदर्शन है, यही आत्मबोध, वेद का ही बृहत्तम उपबृंहण रामायण है –

वेदोपबृंहणार्थाय यावग्राहयत प्रभु:। —रामायण, बालकाण्ड ४-६

रामायण जहाँ मानव के जातीय जीवन की समग्रता का गगनगामी हिमालय है, वहीं महाभारत हमारे सांस्कृतिक स्वरूप की अतलतल व्यापी हलचल का भारत महासागर। श्रीमद्भगवद्गीता संसारसमुद्र की अपार हलचल को सम्पूर्णता के दिव्यधाम की महासमाधि में बदल देती है–जहाँ महायोग में स्थित होना ही कर्मों की कुशलता है – 'योग: कर्मसु कौशलम्।' मनु और याज्ञवल्क्य आदि की स्मृतियाँ जीवन और जगत् की संस्कार-वाहिता की वह दृष्टि है, जो मानव को उसकी पूर्णता का अर्थ समझा देती है, प्रायश्चित्त भी यहाँ संस्कारित साधना का चान्द्रायण बन जाता है। मानव की सफल सुदूरगामी महाकाल यात्रा का इतिहास पुराण है–ब्राह्मकल्प-पाद्मकल्प-श्वेतवाराहकल्प-स्वायम्भुव मन्वन्तर से वैवश्वत मन्वन्तर तक–जितना दीर्घ मानव का अतीत है, उससे अत्यन्त दीर्घ उसका जीवन। काल के परम प्रवाह में मानवीय अस्तित्व के भविष्य की अभयप्राप्ति के लिए पुराणों का स्वाध्याय विहित है। व्याकरण को शास्त्र का मुख कहा गया है। व्याकरण का अध्ययन इसलिए करना चाहिए–जिससे हमें बड़े-बड़े राष्ट्रों के सफल संचालन का सामर्थ्य प्राप्त होता है। व्याकरण के महत्त्वपूर्ण स्वाध्याय के लिए ही संस्कृत भाषा में यह आभाणक प्रसिद्ध है – 'महाभाष्यं वा पठनीयं महाराज्यं वा शासनीयम्।' इसके भीतर शब्द की अपरिमित ऊर्जा का विस्फोट संघटित हुआ है। यथार्थ यह भी है कि व्याकरण शास्त्र का उद्देश्य औपनिषद है, महाभाष्यकार का वचन है – ''महान् देव के साथ साम्य हो, यही व्याकरण के अध्ययन का प्रयोजन है''–

महता देवेन साम्यम् यथा स्यादित्यध्येयम्।

उद्योतकार कैयट के मत से – 'महता देवेन' का अर्थ है – 'अन्तर्यामी', प्रदीपकार नागेश भट्ट के मत से – 'परमात्मा'। जीवन और जगत् को भली-भाँति जानने के लिए विभिन्न दृष्टियों के साथ प्रस्तुत होने वाला तत्त्ववाचक सामान्याधिकरण ही भारतीय दर्शन का प्रस्थान भेद है। सम्पूर्ण भारतीय तत्त्वमीमांसा सार्वभौम

समन्वयाधिकरण में अपने प्रतिपाद्य की दृष्टि से एक है–मानव को दुःखमुक्त करने की कामना एवं शाश्वत आनन्द की परम प्राप्ति।

हमारी सभ्यता का कलात्मक शिल्प वैभव हमारे भारतीय प्राणों की आत्म-संस्कृति है। श्रुतिभगवती का यही अनुवाक् है–महर्षि ऐतरेय का वचन है –

आत्मसंस्कृतिर्व शिल्पानि....

–ऐतरेयब्राह्मण ६-५-१

सृष्टि लोकोत्तर देवकाव्य है–कला उसकी लोकोदात्त आत्मसंस्कृति। वह अपने भीतर उसके सम्पूर्ण अनादि-अनन्त को साकार कर देती है। उदाहरण के लिए विश्व के परमव्योमव्यापी स्पन्दमान नृत्य का मूर्तवैभव है–व्योमकेश नटराज की मूर्त्ति का परम विभव। कला यहाँ अनादि-अनन्त के साथ अपना बिम्ब-प्रतिबिम्बभाव बना लेती है, द्रष्टा के लिए यह कहना कठिन हो जाता है कौन किसका बिम्ब है, कौन प्रतिबिम्ब–ऊँचाइयों पर स्वयमेव द्वैत का भेद विगलित हो जाता है–यही तो है भारतीय दर्शन की अद्वैतसिद्धि। अपनी शिल्पगत परम उदात्तता में पहुँच कर मूर्ति स्वयं गतिशील अनन्त का स्थिर बिम्ब बन जाती है। शिल्पशास्त्र के अनुसार कलाकार के भीतर कौशल का अभ्यासजन्य 'अतिशयाधान' ही भावनारूप बाह्यजगत् में प्रकट होता है –

तत्तज्जात्युचिते शिल्पे भूयाऽभ्यासेन वासना।
कौशलातिशयाख्या या भावनेत्युच्यते हि सा॥

दर्शन की तरह ही संस्कृत भाषा का साहित्य प्रस्थान और उसकी शास्त्रीय दृष्टि परमव्यापक एवं जीवन की अनेक विविधताओं से युक्त है। मानव के मनोधरातल पर बहने वाली अन्तःसलिला रसवती सरस्वती को खोज निकाला है–महामुनि आचार्यश्रेष्ठ भरत ने, फलतः – 'रसो वै सः' के साथ एकाकार होता हुआ – 'रस' साहित्य की आत्मा के रूप में सदा के लिए प्रतिष्ठित हो गया। मानव की परमभूषित वाणी के अलंकार शोभित स्वरूप का रहस्योद्घाटन करते हैं–आचार्यप्रवर दण्डी – भामह-रुद्रट, इनके वागर्थ से अभिमण्डित शब्दालंकार और अर्थालंकार का स्वरूप विराट् है। उसी प्रकार शब्द की अभिधा-लक्षणा-व्यञ्जनामूला शक्ति की अपरिमित अर्थवत्ता अगाध है–लक्षाधिक भेदों से भिद्य शब्द की इस महाशक्ति को प्रकट करते हैं–महान् आचार्य आनन्दवर्धन एवं इनके भाष्यकार दार्शनिक शिरोमणि माहेश्वर अभिनवगुप्त। सहृदय हृदय की वक्र-सुखद भंगिमाओं को प्रदर्शित करते हैं–आचार्यरत्न कुन्तक,

साहित्य में वक्रोक्ति सम्प्रदाय का स्थान बहुत श्रेष्ठ है। देश भेद से भिन्न जीवन को जीने की रीतियाँ ही आचार्य वामन द्वारा निर्देशित साहित्य के कुशलपद प्रयोग की विधा है, जिसे जाने बिना भारत के मानस की भाषा अधूरी ही रह जाती है, यह रीति सम्प्रदाय के नाम से प्रसिद्ध है। वहीं यह भी हमारी वाणी के परिष्कार के लिए परम आवश्यक है; यथास्थान विहित पदों का समुचित प्रयोग, इस पदप्रयोग सुलभ पदऔचित्य के आचार्य हैं–महाकवि क्षेमेन्द्र। ये सभी सम्प्रदाय साहित्य में कथन की परमप्रभावशाली सम्प्रेषणीयता को भिन्न-भिन्न प्रकार से स्थापित और व्याख्यायित करते हैं। इनके मूल और प्रायोगिक यथार्थ की आधार भूमि है रामायण और महाभारत। साहित्यशास्त्र का सम्पूर्ण विषय प्रवर्तन, निवर्तन और प्रतिपादन रामायण-महाभारत पर ही आधारित है। महाकवि क्षेमेन्द्र का उपनाम 'व्यासदास' है। कविकुलगुरु कालिदास महाकवि वाल्मीकि के समक्ष स्वयं को वामन कहते हैं–'उद्बाहुरिव वामनः' कहते हैं। संस्कृत साहित्य के महाकाव्यों एवं नाटकों में सर्वत्र इन्हीं सम्प्रदायों के सिद्धान्तों का उपबृंहण कहीं 'उमा-महेश्वर' कहीं 'सीता-राम' और कहीं 'राधा-कृष्ण' के रूप में हुआ है, इनके समुच्चय से ही प्रकट हुई है–महाकवि कालिदास की 'उमा', महान् भवभूति की 'सीता', कविवर जयदेव की 'राधा'। भारतवर्ष की महान् संस्कृति में शब्द का स्थान सबसे ऊपर है। इसकी महत्ता पर आचार्यचूडामणि महाकवि दण्डी ने जो कहा है, वह विश्व साहित्य में अतुलनीय है – ''यह सम्पूर्ण विश्व अन्धकार से भर जाता, यदि यह शब्दस्वरूप ज्योति सर्वत्र संसार में देदीप्यमान न होती'' –

> इदमन्धं तमः कृत्स्नं जायेत भुवनत्रयम्।
> यदि शब्दाह्वयं ज्योतिरासंसारं न दीप्यते॥

जीवन को जगत् की सम्पूर्ण ऊँचाइयों पर रख कर जीने के लिए, हमें आज संस्कृत भाषा के शब्द प्रदीप को पुनः दीप्त करना होगा, चारों ओर फैले हुए अन्धकार को हटाने के लिए हमें हमारे साहित्य प्रस्थान और तत्त्व प्रस्थान तक पहुँचना होगा। संस्कृत भाषा जब तक हमारे आज के गतिशील जीवन की समस्याओं से जुड़कर अपने नये दिशाबोध के साथ गतिमान् नहीं होती, तब तक उसका पुनरावर्तन जीवन में असम्भव है। प्रश्न तो यह है–क्या इस देवभाषा के पास आज के जीवन से जुड़ने की क्षमतायें विद्यमान हैं। इसके लिए हमें खोजते हुए पहुँचना होगा इसके महान् वाङ्मय की प्रभविष्णुता तक, ऋग्वेद से लेकर रामायण महाभारत तक, हमारे वर्तमान

तक, महाकवि नित्यानन्द शास्त्री के रामचरिताब्धिरत्नम् तक, श्रीरेवाभद्रपीठम् के सनातनकवि श्री रेवाप्रसाद द्विवेदी की काव्य सुषमा तक। भारतीय संस्कृति के विशाल वाङ्मय की प्रभविष्णुता सनातन है, हमारे वर्तमान से भी अधिक गतिशील और क्रान्तिकारी। वैदिक संस्कृति का यह निम्नलिखित सांस्कृतिक मन्त्रदर्शन हमारे शिवत्व की साकार संस्कृति का ज्योतिदर्शन है–''श्री मेरा मस्तक है, यश ही मुख है, केश और श्मश्रू प्रकाश है, राजा ही प्राण है, सम्राट् ही चक्षु है, विराट् ही कान। भद्रता ही जिह्वा है, कीर्ति ही वाणी है, मन्यु ही मन है, स्वतन्त्रता ही दीप्ति है, आमोद-प्रमोद ही अँगुलियाँ और अंग हैं तथा सहिष्णुता ही मित्र है। बल ही बाहु हैं, कर्म ही इन्द्रियाँ हैं, वीर्य ही हाथ हैं, क्षत्र ही हृदय और आत्मा है। राष्ट्र ही पीठ है, प्रजा ही उदर, ग्रीवा, पैर, जंघा, जानु और अन्य समस्त अंग-प्रत्यंग हैं।''

शिरो मे श्रीर्यशो मुखं त्विषिः केशाश्च श्मश्रूणि।
राजा मे प्राणोऽअमृतं सम्राट् चक्षुर्विराट् श्रोत्रम्॥
जिह्वा मे भद्रं वाङ्महो मनो मन्युः स्वराड् भामः।
मोदाः प्रमोदा अङ्गुलीरङ्गानि मित्रं मे सहः॥
बाहू मे बलमिन्द्रियं हस्तौ मे कर्म वीर्यम्।
आत्मे क्षत्रमुरो मम॥
पृष्ठीर्मे राष्ट्रमुदरमंसौ ग्रीवाश्च श्रोणी।
ऊरूऽअरत्नी जानुनी दिशो मेऽङ्गानि सर्वतः॥

वासुदेव पोद्दार

ऋषि पंचमी
भाद्रपद शुक्ला, संवत् २०६२

अनुवाक्

उपनिवेशों की साम्राज्यवादी लिप्सा का यह दूषित प्रभाव था, पश्चिम की परम्परा भारतीय संस्कृति पर निरन्तर प्रहार करती रही, चाहे जीवन मूल्य हों या अध्यात्म चिन्तन। भारतवर्ष का सम्पूर्ण तत्त्वशास्त्र माइथोलॉजी बन गया—वह दर्शन हो या काल या इतिहास। हमारी संस्कृति के आधार ग्रन्थ रामायण और महाभारत पश्चिम के कल्पना विलास बन गये। इन महान् ग्रन्थों पर विगत डेढ़ सौ-पौने दो सौ वर्षों से सर्वदा प्रहार होते रहे हैं, कभी इनकी रचना प्रक्रिया को लेकर, कभी कथानक लभ्य अनुशासन को लेकर। प्रामाणिकता के नाम पर इन्हें 'क्षेपकों' का महास्तूप बना दिया गया है। वहाँ के विद्वानों के द्वारा इनकी प्राचीनता निरन्तर स्खलित और अवहेलित होती रही है। ईसा से ३००-४०० वर्ष पूर्व महाभारत और रामायण का काल निर्धारित किया गया है और इनके कथानकगत स्वरूप को ईसा के २०० से ३०० वर्ष पश्चात् तक स्वीकार किया गया है। आपात् काल के समय कुछ प्रचारलिप्सु इतिहासकारों के द्वारा रामायण- महाभारत को समाचार पत्रों की तुच्छ चर्चा का विषय बना दिया गया, जो अब तक एकेडेमीज़ की सीमा तक ही परिसीमित था। चार-पाँच विद्वानों ने मुझे इसका उत्तर देने के लिए बाध्य कर दिया। मैंने उन्हें स्वयं उत्तर देने के लिए कहा, वे सभी समर्थ विद्वान् हैं। उनका कथन था—हम विश्वविद्यालयों की एकेडेमीज़ की परम्परा के साथ प्रतिबद्ध हैं, वहाँ हमारी मर्यादा का प्रश्न है, पर आप मुक्त और सक्षम हैं। इनमें उल्लेखनीय नाम श्रद्धेय डॉ. हेरम्ब चैटर्जी, परम आदरणीय डॉ. सिद्धेश्वर चट्टोपाध्याय, एवं विद्वान् मित्र डॉ. दीपक चैटर्जी का है। ये सभी विद्वान् विश्वविद्यालयों में संस्कृत के प्राध्यापक एवं विभागाध्यक्ष रहे हैं। मैंने इनका आग्रह स्वीकार कर लिया। फलत: इस विषय पर मेरी पुस्तक – 'रामायण-महाभारत का कालप्रवाह' १९७८ में प्रकाशित हुई। अर्थाभाव के कारण आधी-अधूरी पुस्तक ही छप सकी, वह भी २५० प्रतियों तक ही सीमित। २०० पुस्तकें अग्रिम बेच दी गईं, वे क्रेताओं के पास पहुँच गईं, अत: इसका प्रचार-प्रसार कहीं न हो सका।

इस विषय पर विगत २५ वर्षों से मैं अध्ययन, चिन्तन और शोध करता रहा हूँ। फलतः इस दिशा में मेरा गवेषणात्मक कार्य निरन्तर आगे बढ़ता रहा है। रामकथा पर एक विश्व-कोश का प्रकल्प भी मन में बैठता चला गया, आधा-अधूरा कार्य भी हुआ है। इसके लिए मुझे यथासमय भाई श्री सतीश जी झुनझुनवाला का प्रभूत आर्थिक सहयोग भी प्राप्त होता रहा, इनके प्रति मेरा आभार प्रदर्शन नितान्त अपेक्षित है। इनकी यह फल परिणति इस ग्रन्थ के साथ जुड़ी है। बहुत सम्भव है मैं भविष्य में रामकथा पर विश्व-कोशात्मक कार्य प्रभु कृपा से कर सकूँगा। इस कार्य के लिए समय-समय पर भाई श्री नथमलजी केडिया मुझे उत्साहित करते रहे हैं।

गतवर्ष मैंने इस ग्रन्थ की एक जेरॉक्स कॉपी प्रिय बन्धुवर श्री विनोद कृष्णजी कानोड़िया को दी, उन्होंने इसे पढ़कर प्रकाशित करने के लिए दबाव प्रारम्भ कर दिया। इसके साथ ही श्री सत्यानन्द देवायतन के स्वामीप्रवर श्री मृगानन्दजी महाराज ने मुझे इस कार्य के लिए सर्वतोभावेन विवश ही कर दिया, स्वामीपाद का आदेश मेरे लिए अलंघनीय है। वहीं परम श्रद्धेय मा अर्चनापुरी का आशीर्वाद इस कार्य की सफलता में मेरा सहायक बन गया। साथ ही महाराजश्री हीरानन्दजी की कृपा भी प्राप्त हो गई। पिछले कुछ वर्ष पूर्व भाई श्री अरुणजी कोठारी से मेरा परिचय हुआ, कालान्तर में परिचय घनिष्ठता में बदल गया। उन्होंने इस विषय पर अनेक बार मेरे साथ विचार विमर्श किया; इन्होंने ग्रन्थ के प्रकाशन में मुझे सर्वतोभावेन अभिप्रेरित और उत्साहित किया है। मैंने अन्तिम रूप से प्रकाशन का निश्चय कर लिया। इसके साथ ही परम सहृदय बन्धुवर श्री सतीश जी देवड़ा का नाम युक्त है। इनकी सहृदयता प्रारम्भ से अन्त तक मेरे लिए स्मरणीय है। प्रिय भाई केशव प्रसादजी कायाँ सर्वदा अनुपद इस ग्रन्थ के साथ रहे हैं। इन सभी के प्रति मेरा आभार प्रदर्शन कर्तव्य की सीमा में विहित है। आदरणीय अग्रज श्री जयकिशनदास जी सादानी एवं बन्धुवर श्री विठ्ठलदास जी मूँधड़ा ने इसकी प्रतिअंकित प्रति को पढ़ा और इसके समुचित प्रकाशन की सलाह दी, मैं इनके प्रति आभार व्यक्त करता हूँ। आदरणीया बहिन श्रीमती कल्याणी-कृष्णा खेतान ने जिस स्नेह से ग्रन्थ को कम्प्यूटर पर प्रतिअंकित कर दिया, उसे भूल पाना मेरे लिए सहज नहीं है, उनके वैदुष्य ने पुस्तक को निर्भूल कर दिया है। मैं अपनी कृतज्ञता और प्रणति महामहोपाध्याय आचार्यप्रवर श्री रेवाप्रसाद जी द्विवेदी के प्रति व्यक्त करता हूँ, जिनके परमपाण्डित्य ने प्राक्कथन द्वारा ग्रन्थ को पूर्णता प्रदान कर दी। संस्कृत साहित्य परिषद्, कोलकाता के परम श्रद्धेय पुस्तकालयाध्यक्ष महामहोपाध्याय पण्डितप्रवर श्री मधुसूदन जी शास्त्री का आभार मैं किन शब्दों में प्रकट करूँ जिनसे मैं १९६० से निरन्तर सहयोग प्राप्त करता रहा हूँ!

अन्त में अपनी सम्पूर्ण श्रद्धा का अन्वय महापण्डित आचार्य प्रवर श्री शिवाधार सिंह (जौनपुर) के चरणों में करता हूँ, जिनके परमपाण्डित्य की कृपा प्राप्त कर मैं जीवन में दो अक्षर लिख-पढ़ सका।

वासुदेव पोद्दार

कोलकाता

वसन्त पंचमी, माघ शुक्ला २०६२
३ फरवरी २००६

रामायण–महाभारत

काल, इतिहास, सिद्धान्त

रामायण–महाभारत का ऐतिहासिक एवं सांस्कृतिक विश्व

अहो कालसमुद्रस्य न लक्ष्यन्तेऽतिसन्तताः।
मज्जन्तोऽन्तरनन्तस्य युगान्ताः पर्वता इव॥

—*क्षेमेन्द्र*

महर्षि वाल्मीकि और वेदव्यास मानव के ऐतिहासिक यथार्थ के सबसे बड़े तत्त्व-द्रष्टा कवि हैं, रामायण और महाभारत इतिहास के काल-प्रवाह पर गंगा और यमुना की तरह फैलती हुई, आदर्शवादी यथार्थ की सबसे बड़ी कविताएँ हैं। इन दोनों महान् काव्यों का प्रारम्भ एक सम्पूर्ण मानव के सम्पूर्ण जीवन दर्शन के रूप में होता है। यह सम्पूर्णता इनके भीतर अनुपद समाहित है—कथानक की दृष्टि से, कथानायक की दृष्टि से, शिल्प की दृष्टि से, शब्द-चयन की दृष्टि से, कथा के गठन और उसकी गतिशीलता की दृष्टि से; आदिकवि और महर्षि वेदव्यास की ये महती कथाएँ सम्पूर्ण हैं। सम्पूर्ण मानव का यह महान् इतिहास अपनी अप्रतिम ऊँचाइयों पर उठता हुआ, मानव के विराट् तत्त्व-दर्शन के रूप में प्रकट होता है जो विश्व के इतिहास में रामराज्य एवं भगवद्गीता के नाम से प्रसिद्ध है।

रामायण की प्रथमता का अतिक्रमण विश्व की कोई भी कविता आज तक नहीं कर सकी। इसकी इस प्रथमता ने भारतीय इतिहास की सुदीर्घव्यापी काल-धारा को सर्वत्र एक युग-विभाजक आधार-दण्ड की तरह विभक्त और विस्तृत कर दिया है। ऋग्वेद के पश्चात् भारतीय इतिहास का काल-प्रवाह रामायण और महाभारत युग के नाम से प्रसिद्ध है। भारतवर्ष के इतिहास की सुविस्तृत काल-रेखा का विभाजन, विश्व के इतिहास की युग-विभाजक रेखा से कुछ भिन्न प्रकार का है। भारतीय इतिहास का युग-विभाजन राजाओं या कुछ प्रसिद्ध व्यक्तियों के आधार पर नहीं, बड़े-बड़े

ग्रन्थों के नाम पर हुआ है—वैदिक-युग, ब्राह्मण-युग, आरण्यक-युग, रामायण-युग, महाभारत-युग, सूत्र-युग आदि। इसका पाश्चात्य सभ्यता से प्रभावित इतिहासकार और इतिहास सामन्तवादी ढाँचे में ढले हुए समाज का इतिहास है, जो कालान्तर में धारावाहिक रूप से आगे बढ़ता हुआ मध्य-युग के सामन्तवादी संस्कारों से निपीड़ित होता रहा। इन जड़ संस्कारों की विकृत परम्परा हम तक चली आयी, हेगेल और कार्ल मार्क्स के पश्चात् इतिहास के युग-विभाजन का सम्पूर्ण सिद्धान्त और आधार ही बदल गया, इतिहास के तत्त्व-शास्त्र की इस बदलती हुई भूमिका पर *ओ.स्पेंगलर, पी.ए.सोरोकिन, ए.जे.टोयन्बी, क्रोबर, दानिलेव्स्की, वरदेव, के.जैस्पर्स* की बड़ी-बड़ी व्याख्याएँ आ चुकी हैं। इतिहास के निर्वचन के सारे सैद्धान्तिक आधार ही बदल चुके हैं, पर भारतीय इतिहासकार आज भी उसी प्रकार सामन्तवादी-युग के अन्धविश्वास और जड़ता से जुड़ा हुआ है, जिस तरह वह १८वीं और १९वीं शती में था।

रामायण और महाभारत दोनों भारतीय इतिहास के महान् काव्य ग्रन्थ हैं। काव्य और काल में बिम्ब-प्रतिबिम्ब भाव है; काल बिम्ब है, कविता उसका प्रतिबिम्ब। भारतीय इतिहास के समग्र काल-प्रवाह के भीतर रामायण और महाभारत आकाश की तरह व्याप्त हैं। ये काव्य इतिहास के किसी एक बिन्दु से जुड़े हों ऐसी बात नहीं, कविता के इतिहास में रामायण और महाभारत का इतिहास हर युग में लिखा गया है। तमसा के तट पर विद्ध क्रौञ्च का आर्तनाद भारतवर्ष की सारी नदियों के तट पर फैलता चला गया—व्यास, भास, अश्वघोष, कालिदास, कुमारदास, विमलसूरि, रविषेण, भवभूति, भट्टि, क्षेमेन्द्र, गुणभद्र, पुष्पदन्त, प्रवरसेन, कम्बन, तुलसीदास, रंगनाथ... कितने अन्तहीन नामों की विराट् परम्परा हर युग में रामायण के साथ जुड़ती ही चली जा रही है। नगपति से नल-सेतु तक भारतवर्ष का सम्पूर्ण सांस्कृतिक परिकर महर्षि वाल्मीकि और वेदव्यास से घिरा है। भारतवर्ष की समग्र भाषाओं के महानद रामायण और महाभारत की ऊँची अधित्यकाओं से उतरते हैं। यह समवेत-सलिल-समष्टि वक्र-खर-रुद्र-गम्भीर होती हुई आगे बढ़ती है, कितने वृहत्-क्षुद्र-स्वच्छ-पंकिल-क्षार-मधुर-तिक्त जीवन के जल-स्रोत इसमें अविच्छिन्न भाव से विलीन होते चले जाते हैं।

आदिकवि ने जिसे देखा था, सुना था और गाया था—भारतीय इतिहास ने उसे

नोट—सभी अँग्रेजी नामों के रोमन उच्चारण के लिए परिशिष्ट—'सहायक ग्रन्थ' देखें।

हर युग में पाया है–उसे जन और जनपद तक पहुँचाया है–कभी व्यास और कालिदास के रूप में, कभी कम्बन, कृत्तिवास, तुलसीदास, गांधी और रवीन्द्र के रूप में। सम्पूर्ण भारतीय इतिहास का काल-प्रवाह रामायण और महाभारत के द्वारा द्विफाल-बद्ध हो गया–जिसका युगान्तव्यापी निध्वान भारतवर्ष के जनमानस की कथा है। इतिहास के महान् तत्त्वद्रष्टा–ओ.स्पेंगलर ने ठीक ही कहा है,*इतिहास को जब भी वैज्ञानिक दृष्टि से समझने का प्रयास किया गया, वहाँ मूल में ही अन्तरविरोध प्राप्त होता चला आता है। प्रकृति ही वैज्ञानिक विश्लेषण का विषय है। इतिहास कवि का विषय या कार्य है। अन्य सभी समाधान तुच्छ हैं।*– इतिहास का सबसे बड़ा तत्त्वद्रष्टा कवि है। भारतीय दर्शन ने कवि को क्रान्तद्रष्टा कहा है। क्रान्तद्रष्टा का अर्थ है–जिसकी दृष्टि काल के प्रवाह से प्रतिहत नहीं होती। कवि सर्वप्रथम काल को मूर्तिमान् करता है–फिर प्रत्यक्ष की सीमा पर उसका निर्वर्तन। आदिकवि ने रामायण के विषय में स्पष्ट लिखा है–

चिरनिर्वृत्तमप्येतत् प्रत्यक्षमिव दर्शितम्। —वा. रा. बालकाण्ड ४-१८

वैदिक-युग से लेकर भगवान् बुद्ध से बहुत पूर्व तक का इतिहास इन दोनों ग्रन्थों के भीतर अनुपद समाहित है। मिथक या माइथॉलोजी के लिए यहाँ कोई अवकाश ही नहीं है। वाल्मीकि ने रामायण के भीतर सारे वैदिक-देवतावाद को एक नया आकार दे दिया–देवता से ऊपर मानव की प्रतिष्ठा; अग्नि, वरुण, वायु, इन्द्र सब मनुष्य की सेवा करने के लिए धरती पर उतर आते हैं। ये महान् देवता रामायण के भूगोल पर वानर और भालू बन कर घूम रहे थे। रामायण का राम मानव है–उसे विष्णु की संज्ञा की कोई आवश्यकता ही नहीं–वह अपने को सम्पूर्ण रूप से मनुष्य मानता है–आत्मानम् मानुषं मन्ये। आदिकवि ने अपने नर राम की प्रतिष्ठा वैदिक विष्णु से ऊपर की है, जिन क्रूरताओं को विष्णु सहित सारे देवता मिलकर भी समाप्त न कर सके उसे वाल्मीकि के मानव राम ने अपने धनुष के दीर्घ मण्डल के भीतर घेरकर कर दिया। रावण की शक्ति सारे देवताओं से भी अधिक प्रचण्ड थी, मानव राम ने रावण की क्रूरता को समाप्त कर देवत्व के ऊपर मनुष्यत्व को प्रतिष्ठित कर दिया। वैदिक देवतावाद के सन्दर्भ में यह वाल्मीकि की बहुत बड़ी नई क्रान्ति थी, जिसने इन्द्र और वरुण के लिए भारतीय इतिहास के काल-प्रवाह में कोई भी स्थान न छोड़ा। महाभारत-युग तक आते-आते श्रीकृष्ण ने इन्द्रध्वज की संस्कृति को ही उखाड़

**द्रष्टव्य टिप्पण, पृष्ठ ५६

फेंका; महाभारत की दृष्टि में मनुष्य से श्रेष्ठ और कुछ भी नहीं है–'न मानवात् श्रेष्ठतरं हि किंचित्'। इतिहास के धारावाहिक गतिशास्त्र का यह सबसे बड़ा सन्दर्भ है, जहाँ व्यक्ति, समाज और विश्व की न्यूनतम इकाइयों का विभेद समाप्त होता है, वहीं इतिहास के तत्त्व-दर्शन का महान् यथार्थ मानवीय सम्पूर्णता की उन ऊँचाइयों पर स्थिर हो जाता है, जहाँ मिथक या कल्पना-विलास का तो प्रश्न ही नहीं, भौगोलिक दूरियाँ, विश्व के दुर्धर्ष और अलंघ्य भूखण्डों की खण्डित इकाइयाँ भी इतिहास के अल्पस्थायी आयाम को नकारती हुईं स्वयं एक महान् सांस्कृतिक निकाय के रूप में प्रकट होती हैं। रामायण और महाभारत इसी कोटि के ऐतिहासिक निकाय हैं।

रामायण की यह प्राचीनतम कथा एक विशाल नदी की तरह बड़े-बड़े पर्वतों और पठारों पर घुमड़ती हुई–सहस्राब्दियों तक वीणा के मण्डल पर झूमती हुई, काल के अलंघ्य भूधरों से उतरती है। इतिहास के अचल शिलाखण्डों को समतल में बदलती हुई सागर-संगम तक पहुँच जाती है। एशिया का विराट् सांस्कृतिक परिकर राम की कथा से घिरा है। विश्व के इतिहास की कौन-सी ऐसी ऊँचाई शेष रह गई है, जिसे राम ने अपनी भुजाओं से न मापा हो? भारतीय आकाश के सांस्कृतिक क्षितिज का कौन-सा अन्तराल रिक्त रह गया है जहाँ राम न हों? भारतीय संस्कृति की महती श्रद्धा ने राम की प्रतिमा पर फूलों के पहाड़ लगा दिये। राम और बुद्ध के मध्य कितने समय का अन्तर रहा होगा, यह इतिहासकारों के लिए बहुत बड़े विवाद का विषय भले ही हो, पर जहाँ-जहाँ भगवान् बुद्ध ने एशिया के सांस्कृतिक इतिहास पर अपना चरण रखा है, वहाँ-वहाँ राम का निष्पङ्क व्यक्तित्व आकाश की तरह छाया हुआ है। यहाँ तक कि दक्षिण, पूर्व, पश्चिम एवं मध्येशिया के काव्य-स्रोत केवल राम की वाङ्मयी मूर्ति को ही अपने भीतर समाहित कर लेने के लिए मचल उठे। यथार्थ यहीं तक नहीं; कठोर शिलाखण्ड भी राम के प्रतापघन विग्रह को उट्टंकित कर लेने के लिए मोम की तरह पिघल गये। सुमात्रा, जावा, कम्बोडिया, चीन, जापान, तिब्बत, तुर्किस्तान, यूनान तक राम-कथा की संस्कृति कठिन एवं अलभ्य परिस्थितियों में भी अपनी असाधारण सम्प्रेषणीयता के बल पर उन संस्कृतियों के भीतर प्रवेश कर गई। महर्षि वाल्मीकि ने *होमर* की नकल कहीं नहीं की। *होमर* ने ही राम की कथा को यूनान की प्रकृति एवं ऐतिहासिक परिस्थितियों के अनुकूल *इलियड* में विकृत किया है।

वाल्मीकि पर *होमर* का प्रभाव सिद्ध करने के लिए *एच. जकोबी* और *ए. बेवर* से लेकर श्री सुनीतिकुमार चैटर्जी तक की परम्परा के पास काल्पनिक मनोविलास

को छोड़कर और कोई भी प्रमाण नहीं है। योरोप के प्रसिद्ध इतिहासकार *पोकॉक* ने तो यहाँ तक कह दिया है–"भारत के वीर यूनान के देवता हैं।"* भारतवर्ष के योद्धा ही कालान्तर में यूनानी संस्कृति के देवता बन गये।

पाश्चात्य परम्परा के इन पण्डितों ने रामायण और महाभारत की सारी स्थिति ही संदिग्ध बना दी है। आज इनकी दृष्टि में महाभारत क्षेपकों का बहुत बड़ा स्तूप है, जिसके भीतर मूल को खोज पाना ही कठिन है। रामायण और महाभारत पर उल्लेखनीय चर्चाओं को आगे बढ़ाने वाले इतिहासकार इस प्रकार हैं–*बॉप फ्रान्त्स, रुडॉल्फ रॉथ, बोटलिंक, क्रिस्टियन लासेन, हर्मन जकोबी, ए.वेबर, मॉनियर विलियम्स, हर्मन ओल्डेनबर्ग, सोरेन्सेन सोरेन, ई.डब्ल्यू.हॉपकिन्स, एडॉल्फ़ हॉल्समैन (सीनियर एण्ड जूनियर) एल.वी.श्रोडर, मॉरिस विन्टरनिट्ज़, मायर, ए.बार्थ, ए.बी.कीथ, सिल्वेन लेबी, पिशेल रिचर्ड, ए.लुडविग, डालमन जोज़फ़, हेल्ड, सी.बुल्के*, आर. सी. दत्त, सी. वी. वैद्य, सुकठंकर, डॉ. सांकलिया, डॉ. डी. सी. सेन, डॉ. चैटर्जी, डॉ. डी. सी. सरकार आदि जिनके मतों पर मैंने ग्रन्थ में यथास्थान विचार किया है।

कहना न होगा १८वीं एवं १९वीं शती के इन सामन्तवादी ढाँचों पर उभरे हुए विसंवादों के द्वारा रामायण और महाभारत की सम्पूर्ण गरिमा और प्रामाणिकता को विनष्ट एवं विशृंखलित करने का सामूहिक प्रयास किया गया है।

महाभारत भारतवर्ष की हिरण्यगर्भा संस्कृति का सबसे विशाल विश्व-कोश है–ज्ञान का भारत महासागर है, जिसकी अनन्त तरंग-भंगों पर उतरता हुआ महाकाल का सम्पूर्ण स्वर-समुच्चय शब्द-शब्द होकर भारतीय इतिहास के काल-प्रवाह पर उतरता चला गया, जैसे महासमुद्र की तरंग-भुजा न उससे पृथक् है न उससे असम्बद्ध और न विभक्त; उसी तरह महाभारत की सम्पूर्ण शब्द-राशि न पृथक् है, न विभक्त और न असम्बद्ध।

मानव के 'जय' की महान् उदीर्णा के साथ इस महाग्रन्थ का विषय प्रवर्तन होता है। सम्पूर्ण महाभारत की अपार शब्द-राशि का अन्वय वेदव्यास ने यतो धर्मस्ततो जयः के महावाक्य में कर दिया है।

महाभारत को पंचम वेद कह कर भारतीय संस्कृति में इसका ग्रहण और उपपादन श्रुति की तरह ही किया गया है। सर्वत्र इसको संहिता शब्द से अभिहित करते हुए

**द्रष्टव्य टिप्पण, पृष्ठ ५६

इसके स्वरूप को विकृतियों से सँभाला गया है। पाठ-भेद या क्षेपक के रूप में जिसकी चर्चाएँ इतिहासकार करते हैं; वह तो वेदों की तरह ही सम्प्रदाय-क्रम का शाखा-भेद है, विकृति का तो प्रश्न ही नहीं। ईसा से तीन हजार वर्ष पूर्व निर्मित यह विशाल ग्रन्थ अनुपद समाहित और संगठित है। यहाँ तक कि अज्ञातवास की काल-गणना के न्यूनान्तर पर तो महाभारत के महायुद्ध का बिगुल ही बज गया था। महाभारतकार ने तिथि और नक्षत्रों के साथ इसकी सम्पूर्ण काल-धर्मिता को प्रत्येक स्थल पर सँभाला है।

इस पंचम वेद की अक्षुण्ण परम्परा याज्ञवल्क्य, जैमिनि, पैल, सुमन्तु, सौति, वैशम्पायन आदि महान् आचार्यों की सम्प्रदाय-परम्परा में बराबर संरक्षित और सुसंगठित हुई है। आचार्यों की इस महती सम्प्रदाय-परम्परा का शाखा-क्रम ही इतिहासकारों की संकुचित बुद्धि में विकृति का भ्रम उत्पन्न करता रहा है। आज समुपलब्ध महाभारत के साथ एक सत्य और भी जुड़ा हुआ है–उसका सम्बन्ध विकृति से नहीं, इसके विशाल माहात्म्य से है। समय-समय पर उपर्युक्त आचार्यों ने इस पर बड़े-बड़े निर्वचन और व्याख्यान प्रस्तुत किये हैं। आचार्यों के ये निर्वचन और व्याख्यान महाभारत के रहस्यमय सन्दर्भों को समझने के लिए इतने गम्भीर और महत्त्वपूर्ण थे, जिन्हें काल के इस दीर्घ प्रवाह में महाभारत से पृथक् करके नहीं रखा जा सका। वे इस महासमुद्र के भीतर अपने असामान्य महत्त्व के कारण जल की कुछ बूँदों की तरह विलीन हो गये। आचार्यों की यह प्रचण्ड जागरूकता महाभारत के महत्त्व को और भी बढ़ा देती है। मेरी दृष्टि में यह श्लोक संख्या इस पुष्कलकाय 'भारत-सूर्य' के भीतर अधिक नहीं, वह अत्यन्त न्यून है।

द्वापर की चिता-भस्म पर खड़े होकर महर्षि वेदव्यास ने अपने युग के सारे अन्तराल को ज्ञान-विज्ञान के इस महासमुद्र के भीतर समेट लिया है। सम्पूर्ण इतिहास का यथार्थ एवं निर्भ्रम सम्पादन करने के लिए वेदव्यास हिमालय की गहन गुफाओं के भीतर गये थे। वैदिक-युग से लेकर द्वापर तक के सारे इतिहास को निर्भ्रान्त प्रामाणिकता पर खड़ा कर देने के लिए महर्षि ने आठ हजार श्लोकों की बृहत् ग्रन्थ ग्रन्थि (सिनॉप्सिस) बनाई, भारतीय संस्कृति के प्रवहमान मूल्यों को परम प्रामाणिकता के साथ महाभारत के रूप में प्रस्तुत कर दिया; जो अपनी वरेण्यता के कारण आश्वलायन के बहुत पूर्व ही पंचम वेद के रूप में प्रतिष्ठित हो चुका था।

भारतीय संस्कृति के इस विशाल विश्व-कोश को इतने बड़े-बड़े नामों से अभिहित किया गया जो आज तक संसार में किसी भी ग्रन्थ के लिए प्रयुक्त नहीं हुए

हैं। वेदों के कर्मकाण्ड का उपबृंहण भृगु-अंगिरस अग्नि का चयन करते हुए इस प्रामाणिकता के साथ हुआ—यज्ञ के ब्रह्मा ने इसे - 'भारत-सूर्य' के नाम से अभिहित किया है। वेदों के सम्पूर्ण ज्ञान, विज्ञान और दर्शन का उपबृंहण इस सामर्थ्य के साथ किया गया कि यह ग्रन्थ इतिहास में 'भारत-सावित्री' के नाम से प्रसिद्ध हो गया। इसका आकार, इसकी उच्चता, इसकी गुरुता, इसकी अखण्ड समग्रता इतनी असाधारण है—इसलिए यह महान् ग्रन्थ महाभारत के नाम से प्रसिद्ध है—

महत्त्वाद् भारवत्वाच्च महाभारतमुच्यते।

इसके भीतर भारतवर्ष का प्राचीन इतिहास समाहित है—इसलिए भी इसका नाम महाभारत है :—

भरतानां महज्जन्म महाभारतमुच्यते।

इसमें मानवता की विजय का इतिहास है, इसलिए यह 'जय' है।

भारतीय संस्कृति की परम्परा में यह पञ्चम वेद है, पुराण है, इतिहास है, गाथा है – स्मृतिशास्त्र और दर्शनशास्त्र है, ज्ञान-विज्ञान का बहुत बड़ा विश्व-कोश है। काव्य शब्द की गम्भीरता और उसके अर्थ विस्तार का सबसे बड़ा आयतन महाभारत को छोड़ कर विश्व में कोई अन्य ग्रन्थ ही नहीं है।

रामायण और महाभारत की काल-धारा ही नहीं, विश्व के इतिहास की समग्र काल-रेखा १९वीं शती से ही इतिहासकारों की ऊहापोह का गम्भीर विषय रही है। भारतीय इतिहास की काल-धारा का विनिश्चय १९वीं शती के योरोपियन पण्डितों के द्वारा ही प्रधान रूप से किया गया; उस समय न तो तुलनात्मक भाषाशास्त्र का रूप ही स्पष्ट हो पाया था, न तुलनात्मक नृतत्त्व-शास्त्र का स्वरूप ही स्पष्ट था। इतिहास का एक स्वतन्त्र दर्शनशास्त्र के रूप में अध्ययन उस समय बहुत ही प्रारम्भिक स्थितियों में था। उस युग में इतिहास के पुराने पण्डितों ने सारे भारतवर्ष के सांस्कृतिक इतिहास को जोड़-तोड़ कर ईसा के दो-चार सौ वर्ष इधर-उधर लाकर खपा दिया, इसके मूल में कई तथ्य कार्य कर रहे थे—उस समय इतिहासकारों के पास न तो विभिन्न विषयों के तुलनात्मक अध्ययन से प्राप्त ठोस निष्कर्षात्मक स्थितियाँ थीं, न इतिहास के तत्त्व-चिन्तन की व्यापक भूमिका ही थी। योरोपीय साम्राज्यवाद के राजनीतिक कारण भी सारी महत्त्वाकांक्षा और अहम्मन्यता के साथ जुड़े थे।

श्वेत जातियों के भीतर शासकीय प्रवृत्ति का अहं जहाँ भीतर-ही-भीतर परिपुष्ट हो रहा था; वहीं दूसरी ओर अन्य संस्कृतियों के प्रति हेयता-बोध का भाव भी उनके विवेचनात्मक दृष्टिकोण के साथ जुड़ता चला जा रहा था। भीतर-ही-भीतर ईसाई धर्म

की संकुचित मान्यताओं से भी ये इतिहासकार प्रतिबद्ध थे। पद, पदार्थ और पदवी के प्रलोभन से भारतीय इतिहासकार भी मुक्त न था। विश्वविद्यालय की ऊँची कुर्सियों पर पहुँचने के लिए जैसा श्वेत प्रभुओं ने कहा, उसे इन्होंने और भी तर्जना और हेयता-बोध के साथ प्रस्तुत कर दिया है। फलत: प्राचीन भारतीय इतिहास के व्यापक काल-चक्र को ईसा के दो-चार सौ वर्ष इधर-उधर रखकर उसे वहीं समाप्त कर दिया गया; जो बात श्वेत प्रभुओं ने कही, उसका अनुमोदन डॉक्टरेट के वितरण द्वारा शिष्य और प्रशिष्यों की परम्परा के द्वारा करवाया गया। श्री सुनीति कुमार चैटर्जी, डॉ. सरकार, डॉ. सांकलिया इसी अन्ध परम्परा की उपज हैं। जिन्हें न तो स्वतन्त्रता संग्राम को गदर कहने में कभी शर्म या संकोच का अनुभव हुआ, न रामायण और महाभारत पर अपशब्दों का प्रयोग करते समय। कहना न होगा कि भारतीय इतिहासकारों की भूमिका स्वतन्त्रता-संग्राम से लेकर उनके राज्य के कार्य-काल तक अंग्रेजों के साथ ही थी। जिस रामायण और महाभारत ने विश्व में सत्य की बड़ी-बड़ी व्याख्याएँ प्रस्तुत की हैं, उसे ये मिथ्या या असत्य - माइथॉलोजी कहने में कहीं कोई संकोच का अनुभव नहीं करते। भारतीय इतिहासकार के मुँह से जब रामायण और महाभारत शब्द का उच्चारण होता है, तब लगता है, उच्चारण के पूर्व ही इनका गला और मुँह वात और कफ से भर गया है। इस तरह के गल-विवर से हाँफते-हाँफते शक्तिहीन यक्ष्मा-ग्रस्त शब्द निकलते हैं–'क्षेपक' 'क्षेपक' 'भरती' 'भरती', 'हर समय, हर शताब्दी में भरती', 'हर वर्ष श्लोक जुड़ते चले गये' दो सौ, तीन सौ वर्ष ईसा पूर्व से लेकर चार सौ वर्ष ईस्वी पूर्व तक यह भरती और क्षेपकों का क्रम चलता रहा। यहाँ तक कि एक लाख श्लोकों के महाभारत में इनके मत से आठ हजार आठ सौ श्लोक तो मूल हैं; शेष सब भरती और क्षेपक ही हैं। हाल ही में गुजरात रिसर्च सोसाइटी से इस दिशा में एक प्रयोग किया गया है–८८०० श्लोकों के भीतर सम्पूर्ण महाभारत के मौलिक स्वरूप को संगठित करने की दृष्टि से –ग्रन्थ का नाम–'जय संहिता'–'उर महाभारत' रखा गया है। महाभारत विश्व-साहित्य में अपने युद्ध-वर्णन के लिए प्रसिद्ध है। महाभारत-युद्ध में युद्धपर्वों की परम्परा में भीष्मपर्व सबसे बड़ा है। अठारह दिन के इस भयंकर संग्राम में भीष्म अकेले दस दिन तक लड़े थे। सम्पादक ने युद्धपर्वों का संगठन इस प्रकार करते हुए अपने पूरे प्रयास को मौलिक महाभारत के सन्दर्भ में हास्यास्पद ही बना डाला है। भीष्मपर्व ३९ श्लोकों में समाप्त कर दिया गया है। विश्व की सर्वश्रेष्ठ पुस्तक भगवद्गीता क्षेपक के नाम पर ग्रन्थ से ही निकाल

बाहर फेंक दी गई है। इसके अतिरिक्त द्रोण, कर्ण और शल्य पर्व में क्रमशः ११९, ११७, ५८ श्लोक प्रकल्पित किये गये हैं। पद्मपुराण और स्कन्दपुराण की महान् परम्परा तक आते-आते इतिहासकार विचलित हो जाता है–१२वीं शती तक तो वह क्षेपकों के भीतर ही जीवित रहता है। इनके सारे जीवन की विद्वत्तापूर्ण यात्रा क्षेपकों के संशय के भीतर ही समाप्त हो जाती है। इस उन्माद में ये ऐसे-ऐसे कदर्थना भरे शब्द और वाक्यों का प्रयोग करते हैं कि लगता है वाल्मीकि और वेदव्यास ने व्यर्थ ही इन इतिहासकारों को क्रुद्ध करने के उद्देश्य से रामायण और महाभारत लिखा है। यही कारण है कि इतिहासकारों ने आक्षेपों से भरे बड़े-बड़े ग्रन्थ तो लिख दिए हैं पर गीता, रामायण, महाभारत जैसी पुस्तक पर सौ दो सौ पृष्ठ की अच्छी पुस्तक भी नहीं लिख सके; जिस पर श्री बालगंगाधर तिलक, डॉ. राधाकृष्णन्, श्री अरविन्द जैसे चिन्तकों ने एवं अन्य विद्वानों ने लिखा है।

अन्तरराष्ट्रीय ख्याति प्राप्त भारतीय इतिहास और भाषाओं के महापण्डित श्री सुनीति कुमार चैटर्जी ने, जो भारत जैसे महान् देश के सर्वोच्च राष्ट्रीय आचार्य के पद पर थे, अपने जीवन के अन्तिम क्षणों में वाल्मीकि रामायण को *होमर कृत इलियड* की अनुकृति सिद्ध करने का मिथ्या प्रयास किया है। ५वीं शती के 'दशरथ जातक' की लघुकाय अधकचरी कहानी पर इस महान् ग्रन्थ की सारी रूप-रेखा को आधारित करते हुए उसके सम्पूर्ण स्वरूप को विनष्ट करने की कुचेष्टा की है। उनका यह प्रयास ठीक वैसा ही हास्यास्पद है जैसा यह सिद्ध करना कि उनकी बांग्ला व्याकरण वाली थीसिस को पढ़ कर पाणिनि ने अपने जगत् प्रसिद्ध व्याकरण की रचना की थी। भारतवर्ष के इस स्वनामधन्य प्रोफेसर ने आपातकाल के विरुद्ध तो एक शब्द भी नहीं कहा, पर आपातकाल के नाम पर रामायण महाभारत पर अपशब्दों के प्रयोग की सारी छूट ले ली। डॉ. सांकलिया जी क्यों पीछे रहते, उन्होंने तो कुछ ही वर्ष पूर्व रामायण का मिथ्यात्व सिद्ध करते हुए इसकी शव-परीक्षा की है।

इतिहासकारों का अभिरुचि पूर्ण विषय लंका भी रहा है। लंका, उनके मत से, पृथ्वी के चारों ओर घूमती है, पर ऐंटी क्लॉक वाइज़। *हर्मन जकोबी* के समय लंका घूमी–वह हिमालय पर पहुँच गई, हिमालय से मध्य एशिया, ईरान, इराक होती हुई अफ्रीका में घूम गई–यहाँ से फिर भारत के दक्षिण में चली आई। पर इतिहासकारों की कल्पना पर विचरण करती हुई यह लंका वहाँ भी स्थिर नहीं रह सकी, लक्षद्वीप, अंडमन, सुन्दरवन में भी कुछ दिनों रही, हनुमान् जी के एक भक्त ने इसे ऑस्ट्रेलिया

में पहुँचा दिया; कुछ दिनों से लंका छोटा नागपुर की पहाड़ियों के पास विश्राम कर रही है; पता नहीं आगे यह किस देश को विभूषित करेगी। वाल्मीकि से वेदव्यास तक और इसके आगे बौद्ध परम्पराओं के लंकावतार सूत्र तक लंका नल-सेतु के दक्षिण में ही थी। प्राचीन भूगोलवेत्ताओं के अनुसार यह 'आम्रफलाकार' है–'लङ्का आम्रफलाकारा'।

इनके मत से तो वाल्मीकि और वेदव्यास को इतिहास लिखने की जानकारी ही नहीं थी। पर सत्य तो यह है कि इस युग के चर्चित इतिहासकार एवं समाजशास्त्री *ओ.स्पेंगलर, ए.जे.टोयन्बी* और *पी.ए.सॉरोकिन* के इतिहास दर्शन और उसके नियामक गतिशास्त्र पर महर्षि वेदव्यास के युगदर्शन का प्रभाव है।

आदिकवि और वेदव्यास के विषय में इतिहासकारों के पास स्पष्ट जानकारियाँ हैं या नहीं, पर संस्कृत साहित्य में इनके सन्दर्भ में पर्याप्त सामग्री विद्यमान है। इतिहासकारों के वाल्मीकि और वेदव्यास माइथॉलोजी के रहस्यमय कुण्ड में एक धुन्ध की तरह निमग्न हैं। वहाँ वाल्मीकि और वेदव्यास ५वीं शती के आस-पास उस समय नोटिस में आते हैं जब डॉ. सांकलिया जैसे शिला-शास्त्री कुछ शिलालेखों में इनका उल्लेख देखकर चौंकते हैं। लगता है उन शिलालेखों को पढ़ने के पूर्व इतिहास के इस महापण्डित ने 'रामायण' और 'महाभारत' को नोटिस में ही नहीं लिया। चाहे भास, अश्वघोष, कालिदास, माघ–यहाँ तक कि सूर और तुलसीदास तक के बारे में हमारे पास स्पष्ट जानकारियाँ भले ही न हों पर आदिकवि और वेदव्यास की ऐसी स्थिति भारतीय इतिहास में नहीं है। महाभारत के भीतर रामकथा के सन्दर्भ भरे पड़े हैं। महाकवि भास के बड़े-बड़े नाटकों का आधार ये दोनों पुस्तकें बनी हैं। बौद्ध-परम्परा के सबसे मूर्द्धन्य साक्ष्य महाकवि अश्वघोष ने आदिकवि वाल्मीकि को भारतीय इतिहास की परम्परा के भीतर 'धीमान्' शब्द के साथ सबसे बड़ा आदर दिया है–

कण्व: शाकुन्तलस्येव भरतस्य तरस्विन:।
वाल्मीकिरिव धीमांश्च धीमतोर्मैथिलेययो:॥

–सौन्द० १-२६

महाकवि कालिदास के सम्पूर्ण साहित्य के दो ही आधार ग्रन्थ हैं–रामायण और महाभारत। कालिदास के युग तक आते-आते सम्पूर्ण भारतवर्ष में महाकवि वाल्मीकि और वेदव्यास की पूजा विष्णु के रूप में प्रचलित हो चुकी थी। साहित्य के सारे विद्यार्थी अपने पाठ का प्रारम्भ करने से पूर्व विष्णु के स्थान पर भगवान् वाल्मीकि और वेदव्यास का पूजन किया करते थे–

विद्याकामोऽथ वाल्मीकिं व्यासं वाप्यथ पूजयेत्।

—विष्णुधर्मोत्तर पुराण-११९

डॉ. आर. सी. हाजरा द्वारा ५वीं शती का कहा जाने वाला विष्णुधर्मोत्तर पुराण वाल्मीकि और वेदव्यास के विषय में हमें बड़ी महत्त्वपूर्ण सूचनाएँ देता है। यह महान् ग्रन्थ भारतीय संस्कृति के इतिहास का एक विशाल विश्व-कोश है, जिसमें दो सौ पाँच सौ वर्षों के धर्मशास्त्र का इतिहास ही नहीं; भारतीय संस्कृति की हजारों वर्षों की परम्परा का महान् इतिहास छुपा है। उस युग तक आते-आते भगवान् वाल्मीकि और व्यास की प्रतिमा भारतीय इतिहास के काल-प्रवाह पर विष्णु की तरह प्रतिष्ठित हो गई थी। विष्णु की प्रतिमा के सारे प्रतिमानों को तौल कर आदिकवि की प्रतिमा के शास्त्रीय लक्षण, वास्तुशास्त्र और प्रतिमा–निर्माणशास्त्र के शास्त्रीय ग्रन्थों में बन चुके थे – सम्पूर्ण आकार, परिमाण, सारी संरचना पत्थरों के भीतर नाप-जोख कर रख दी गई थी। वे वैष्णव आगमों की महती प्राचीन परम्पराओं के भीतर कालिदास के पूर्व विष्णु की तरह प्रवेश कर चुके थे। यहाँ तक कि इस कालजयी महान् व्यक्तित्व के बड़े-बड़े मन्दिर दक्षिण पश्चिम एशिया तक बनते चले गये। भारतीय-जीवन की समग्र काल-धारा में उमड़ती हुई यह गंगा सागर-संगम के पश्चात् समुद्र के सम्पूर्ण खारे जल को गंगाजल बनाती हुई सुमात्रा, जावा, कम्बोडिया के कठोर शिलाखण्डों को रामायण और महाभारत में बदल रही थी। इतिहासकारों की दृष्टि से ईसा की २री शती से १२वीं शती तक का भारतवर्ष बड़े-बड़े सांस्कृतिक विश्व-कोशों के निर्माण का भारतवर्ष है। अग्नि, नारद, विष्णु, पद्म, स्कन्द, वृहद्धर्म, विष्णुधर्मोत्तर जैसे विशाल विश्व-कोश अस्तित्व में आ रहे थे। ये सारे विश्व-कोश रामायण और महाभारत एवं इनके ऐतिहासिक प्रभावों का विस्तार ही तो हैं।

रामायण और महाभारत का काल-निर्णय विगत सवा-सौ डेढ़-सौ वर्षों से विश्व के इतिहासकारों की ऊहापोह का गम्भीर विषय रहा है। अनुमान और अटकलों से किसी भी निर्णय पर चले आना कठिन है। अधिकांश इतिहासकारों के मत से महाभारत रामायण से पूर्ववर्ती है। कुछ इतिहासकारों का अनुमान है—महाभारत का रामोपाख्यान ही रामायण का आधार बिन्दु है। उनके मत से बालकाण्ड एवं उत्तरकाण्ड कालान्तर में जोड़ दिये गये हैं। उनकी दृष्टि में महाभारत के भीतर बालकाण्ड एवं उत्तरकाण्ड की सामग्री का यथेष्ट अभाव है; पर सत्य तो यह है कि महाभारत के अस्तित्व में आने के पूर्व बालकाण्ड और उत्तरकाण्ड सहित सम्पूर्ण रामायण आदिकवि के द्वारा निर्मित हो चुकी थी। महाभारत का काल ईसा से तीन

सहस्र वर्ष पूर्व है। रामायण का काल निश्चित रूप से महाभारत से बहुत वर्ष पूर्व कभी भी सम्भव हो सकता है। रामायण का सारा भूगोल नृशंसता के क्रूर कटिबन्धों में बँटा था। उत्तर और पूर्व में ताटका एवं मारीच के नृशंस उपनिवेश थे। पूर्व दिशा का भारतवर्ष लवणासुर से आक्रान्त था। दक्षिण भारतवर्ष की धरती खर और दूषण के चरणों के नीचे दबी थी। पश्चिम दिशा का भारत गन्धर्वों एवं कालकेयों के अत्याचारों से निपीड़ित था। रामायण का भारतवर्ष महानगरों के प्रतिरोध से शून्य है। रामायण का समाज जहाँ आदिम समानताओं की ऊँची एवं ऋजु भूमि पर प्रतिष्ठित है, वहाँ महाभारत का समाज मानव-जीवन की भीषण जटिलताओं का समाज है। रामायण की धरती का मनुष्य जितना सरल और सहज है, महाभारत की धरती का मानव उतना ही कुण्ठाओं से ग्रसित। महाभारत-युग तक आते-आते भारतीय संस्कृति के सारे मूल्य बिखर चुके थे। महाभारत का पारिवारिक, सामाजिक, आर्थिक, राजनीतिक सारा जीवन एक पतनोन्मुख सभ्यता के विध्वंस का इतिहास है। १७वीं १८वीं शती के सामन्तवादी इतिहासकारों के मत से इतिहास की काल-रेखा जटिलता से सरलता की ओर गमन करती है। इसी आधार पर १९वीं शती के योरोपियन इतिहासकारों ने महाभारत को रामायण से पूर्व निश्चित किया है, पर इतिहास के नव्य तत्त्वशास्त्र की दृष्टि से इतिहास की इस काल-रेखा की गति सर्वथा भिन्न है। वह सरलता से जटिलता की ओर गमन करती है। इतिहास के इस सुदीर्घ काल-प्रवाह में महाभारत का उदय रामायण के बहुत पश्चात् होता है।

आदिकवि वाल्मीकि और वेदव्यास भारतीय काव्य और इतिहास के ही जनक नहीं; वे भारतीय दर्शन के प्राचीनतम अध्यायों के भी महान् प्रवर्तक हैं। समय-समय पर इन महाकाव्यों के दर्शन विषयक तत्त्वों का उपबृंहण गौतम, कणाद, जैमिनि आदि आचार्यों के द्वारा सूत्र रूप से होता रहा है। वेदों के पश्चात् भारतीय दर्शनशास्त्र के दीर्घकाल का इतिहास रामायण और महाभारत में सुरक्षित है। कविता का आकाश मानवीय ज्ञान के अन्य विषयों के आकाश से बहुत ऊँचा और व्यापक है। वहाँ समाजशास्त्र है, धर्मशास्त्र है, वहाँ ज्ञान की समर्थ अर्थवत्ता से जुड़ी हुई कविता का एक स्वतन्त्र दर्शनशास्त्र है।

रामायण और महाभारत से कितने धर्मसूत्र, कितने श्रौतसूत्र, गृह्यसूत्र, कल्प, स्मृतियाँ आदि एक के बाद एक प्रकट होते चले गये। आश्वलायन, सांख्यायन, लाटायन, बोधायन, याज्ञवल्क्य, पराशर सबकी परम्पराएँ इनके भीतर समाहित हैं। धर्मशास्त्र और स्मृतियों का एक लम्बा इतिहास रामायण और महाभारत में विद्यमान

है। इतिहास, पुराण, स्मृतियाँ सब रामायण और महाभारत की ऊँची अधित्यकाओं से उतरती हैं। रामायण के सन्दर्भ में पुराणों में यहाँ तक कह दिया गया—

श्रुत्वैतदार्षं दिव्यं हि काव्यं शुद्धिमवाप्नुयात्॥२४॥

—स्कन्दपुराण उत्तरखण्ड, रामा. माहात्म्य, अध्याय-१

रामायण की कविता मात्र कविता के लिए कविता नहीं, यह जीवन की समग्र शुचिता का काव्यमय मार्ग है। भारतीय काव्यशास्त्र का सिद्धान्त कविता को जीवन के चारों पुरुषार्थों से जोड़ कर आगे बढ़ता है। स्कन्दपुराण ने भी रामायण की आर्ष काव्य-परम्परा का अन्वय जीवन के इन चार पुरुषार्थों से इस प्रकार किया है–

धर्मार्थकाममोक्षाणां हेतुभूतं महाफलम्।
अपूर्वं पुण्यफलदं श्रृणुध्वं सुसमाहिताः॥२१॥

रामायण के इस सुदीर्घव्यापी माहात्म्य को स्कन्दपुराण की परम्परा इन शब्दों में स्पष्ट करती है–

वरं वरेण्यं वरदं तु काव्यं संतारयत्याशु च सर्वलोकम्।
संकल्पितार्थप्रदमादिकाव्यं श्रुत्वा च रामस्य पदं प्रयाति॥२८॥

स्कन्दपुराण की इस महती परम्परा में राम कितने लोकोत्तर, असाधारण एवं समग्र मानवीय ऊँचाइयों के आधार-दण्ड हैं–

यो नामजात्यादिविकल्पहीनः परावराणां परमः परः स्यात्।
वेदान्तवेद्यः स्वरुचा प्रकाश; स वीक्ष्यते सर्वपुराणवेदैः॥३०॥

—स्कन्दपुराण उत्तरखण्ड, रामा० महात्म्य, अध्याय-१

भारतीय परम्परा ने प्रारम्भ से आज तक निर्विवाद रूप से वाल्मीकि को आदिकवि और उनकी महान् कृति रामायण को आदिकाव्य कहा है। संस्कृत साहित्य में महाकवि वाल्मीकि भार्गव और प्राचेतस के रूप में प्रसिद्ध हैं। प्रचेता के महान् वंश में वाल्मीकि दशम वंशज हैं, महर्षि च्यवन के पुत्ररूप में भी इनका उल्लेख हुआ है। अध्यात्म रामायण में रत्नाकर के नाम से आदिकवि ने अपने अतीत पर प्रकाश डाला है।

रामायण में चौबीस हजार श्लोक एवं पाँच-सौ सर्ग हैं। प्रत्येक सहस्र श्लोक का प्रारम्भ गायत्री मन्त्र के प्रथम अक्षर से होता है। गायत्री छन्द में चौबीस अक्षर हैं। उसी क्रम से चौबीस हजार श्लोकों का क्रम संगठित हुआ है। क्षेपक एवं पाठ-भेद रामायण में विद्यमान हैं। यह सहस्रों वर्षों तक वीणा के मण्डल पर घूमती रही है। रामायण को 'वीणा मधुर' एवं महाभारत को 'मेघ गम्भीर' कहा जाता है। सम्पूर्ण

भारतवर्ष के घर-घर में ये गायी गई हैं; पढ़ी गई हैं। रामायण की दो हजार से भी अधिक प्रतियों के हस्तलिखित विवरण मिले हैं। ऐसी अवस्था में क्षेपक एवं पाठ-भेदों का क्रम अस्वाभाविक नहीं। इन पाठ-भेदों का रूप चार भागों में विभक्त है–(१) उदीच्य या उत्तर पश्चिमी पाठ, (२) दाक्षिणात्य पाठ, (३) गौड़ीय या पूर्वीय पाठ एवं (४) मध्यदेशीय पाठ। वैसे प्रधान विभाग उदीच्य एवं दाक्षिणात्य हैं, पर उदीच्य के दो विभाग–उत्तर-पश्चिमी एवं उत्तर-पूर्वीय पाठ हैं। दाक्षिणात्य पाठ अमृत कतक एवं रामानुज टीका के आधार पर भिन्न प्रकार से विभक्त है। पाठ का विभाजन क्षेत्रीय एवं टीका दोनों के आधार पर भी है। इन पाठभेदों का विस्तार भी कम नहीं; लगभग एक तिहाई श्लोक दो पाठभेदों में भिन्न पड़ जाते हैं। ऐसी अवस्था में रामायण के मौलिक स्वरूप पर कुछ कहना कठिन-सा हो जाता है। पर साथ ही इन पाठ-भेदों की यह विपुलता इसकी सहस्राब्दियों-व्यापी लोकप्रियता और प्रामाणिकता को भी व्यक्त करती है। रामायण जैसे चौबीस हजार श्लोकों के इस पुष्कलकाय ग्रन्थ पर पचास से अधिक महत्त्वपूर्ण टीकाएँ हैं, जो इसकी बढ़ती हुई लोकप्रियता एवं भारतीय विद्वानों के महान् आकर्षण की द्योतक हैं।

रामायण की कथा के साथ दो बहुत बड़े ऐतिहासिक सत्य जुड़े हैं–पहला सत्य है, इसे पढ़ लेने पर मनुष्य की काल्पनिक कथाओं (माइथॉलोजी) के पढ़ने में अभिरुचि ही समाप्त हो जाती है। ऐसी अवस्था में रामायण स्वयं मिथक कैसे हो सकता है ? दूसरा सत्य और भी महत्त्वपूर्ण है–इसके भीतर रामायण के चिरस्थायी एवं विश्वव्यापी होने का रहस्य निहित है। मनुष्य का अशक्त मस्तिष्क इसे पढ़ने के पश्चात् क्रियाशील हो उठता है। उसकी काल्पनिक कथाओं से रुचि ही समाप्त हो जाती है। यह रामकथा के विश्वव्यापी विस्तार का महान् ऐतिहासिक सत्य है जिसके यथार्थ पर यह हर युग और देश में असाधारण महत्त्व और आदर प्राप्त करती रही है। यही कारण है कि चार-सौ वर्ष पुरानी लघुकाय क्षेत्रीय भाषा अवधी में लिखी हुई होने पर भी तुलसीदास की रामायण घर-घर में पढ़ी जाती है। यही राम-कथा का सबसे बड़ा मनोवैज्ञानिक रहस्य है, जो विश्व के समग्र कथा-साहित्य में इसे असाधारण बना देता है।

वाल्मीकि जहाँ महाकवि हैं वहीं वे महान् आचार्य भी हैं। कवि और आचार्य का व्यक्तित्व जहाँ एकाकार होता है, वहीं महर्षि पद का उदय। जीवन की समग्र शक्ति और सम्पूर्ण सौन्दर्य कवि की संवेदना में अपना आकार धारण करते हैं। जीवन की एक दृष्टि समग्र जीवन की सम्पूर्ण दृष्टि बन जाती है। एक बिन्दु युग का सम्पूर्ण

वृत्त बन जाता है। जिस प्रकार जल से यह सारी पृथ्वी घिरी है, वैसे ही मानव की सामाजिक एवं सांस्कृतिक सामूहिक चेतना का धरातल कविता से घिरा है। प्राचेतस ने शब्दों के इस विशाल सिन्धु को सारी पृथ्वी पर उलट दिया। प्रचेता का अर्थ है महान् वरुण। वाल्मीकि ने भी गंगा के जल की तरह समग्र काल-प्रवाह का स्पर्श किया है, इसलिए वे प्राचेतस हैं; अपनी इस कालजयी यात्रा में वे महान् वरुण के नाम से प्रसिद्ध हैं। इस महान् वरुण के शब्द-सिन्धु में बड़े-बड़े युगान्त पर्वतों की तरह निमज्जित और समाहित हैं। इनके भग्नावशेषों तक पहुँच पाना पुरातत्त्ववेत्ता के सामर्थ्य के बाहर की वस्तु है। इतिहास की समग्र काल-रेखा इस शब्द-समुद्र के गम्भीर तल में एक छोटी-सी शिला की तरह कहीं विलीन हो गई।

कवि प्राचेतस काल के अनन्त प्रवाह पर आकाश की रहस्यमय उँचाइयों को मापता हुआ; आकाश-गंगा के महाभार को अपने शब्द सामर्थ्य पर तौलता हुआ—इस गंगा से बड़ी एक और गंगा को अपनी गोद में लेकर पृथ्वी पर उतरता है। गंगा के प्रवाह में काल छोटे-छोटे टुकड़ों में टूटता हुआ गतिशील होता है—कहीं वह वर्तमान है, कहीं अतीत और कहीं भविष्य—कहीं वह सर्वत्र समग्र है, कहीं सर्वत्र विभक्त और व्यावृत। भारतीय संस्कृति के धरातल पर रामायणी गंगा का काल-प्रवाह भी इसी तरह कहीं समग्र है, कहीं विभक्त और व्यावृत। वाल्मीकि के रूप में जहाँ यह समग्र है; वहाँ कालिदास और तुलसीदास के रूप में विभक्त और व्यावृत भी है। गंगा के हिमाद्रि उद्‌भव की काल-धारा जैसे इतिहासकार के सीमित सामर्थ्य के बाहर है; वैसे ही यह रामायणी गंगा भी इतिहास के सीमित पुरुषार्थ से परे है। वाल्मीकि रामायण इतिहास के सीमित सामर्थ्य से सर्वथा परे है। इसमें प्रत्नजीवाश्मशास्त्र (पैलेओन्टोलॉजी) की प्रभूत सामग्री विद्यमान है। उदाहरण के लिए अनेक स्थलों पर चतुर्दन्तगज– 'चार दाँत वाले हाथी' का उल्लेख हुआ है, यथा–

वारणैश्च चतुर्दन्तैः श्वेताभ्रनिचयोपमैः ।।

—वा. रा. सुन्दरकाण्ड ४-२६

जो पृथ्वी पर कभी विद्यमान थे। इतिहासकारों को चाहिए वे चतुर्दन्तगज का काल पैलेओन्टोलॉजिस्ट से पूछकर निर्धारित करें। तीसरी शती ईसा पूर्व कह देना बहुत सहज है, पर काल के गहनतम गह्वर में उतरना बहुत कठिन। महाकाल के वक्ष पर रामायण का इतिहास इन शब्दों के साथ उट्टंकित है–

श्रीमद्रामायणी गंगा पुनाति भुवनत्रयम्।

कवि एक क्षण से दूसरे क्षण पर, एक काल-प्रवाह से दूसरे काल-प्रवाह पर,

एक विचार से दूसरे विचार पर काल-प्रवाह के भीतर ही भीतर गति और क्रिया को स्थापित करता हुआ अपने युग का सबसे बड़ा स्थापत्यकार बन जाता है। यहीं वह एक मूर्तिकार से आगे बढ़कर मूर्त आयाम के बन्धनों को तोड़ता हुआ सम्पूर्ण काल-प्रवाह पर आकाश की तरह फैल जाता है। *लेसिंग* ने ठीक ही कहा है– *प्रतिमा-प्रधान शिल्प कलाओं का जगत् दिशाओं के अन्तराल तक सीमित है, वहीं कविता के भीतर काल की गति समाहित है।* वाल्मीकि और वेदव्यास भारतीय इतिहास के दो शाश्वत विश्वविद्यालय हैं। इनका अस्तित्व आज चूने और गारे की दीवालों पर भले ही न हो, पर हमारे इतिहास का समग्र काल-प्रवाह इनकी छन्दोमयी प्रतिष्ठा का सबसे बड़ा निध्वान है।

□

**(from Page 43) O. Spenglar – "The attempt to treat history scientifically always at bottom involves contradictions. It is nature that is to be treated scientifically. History is the business of a poet. All other solutions are impure."

**(from Page 45) Pokok – "India in Greece" Heroes of India are the Gods of Greece.

**(from Page 56) Lessing – The realm of the plastic arts is limited to objects in space, while that of poetry includes movement in time.

इतिहास की नवीन शोध दृष्टि : मिथक-प्रोचना विसंवाद

यावत् स्थास्यन्ति गिरयः सरितश्च महीतले।
तावद् रामायणकथा लोकेषु प्रचरिष्यति॥

—वाल्मीकि रामायण

इतिहासप्रदीपेन मोहावरणघातिना।
लोकगर्भगृहं कृत्स्नं यथावत् सम्प्रकाशितम्॥

—महाभारत

पाश्चात्य दृष्टि से सर्वप्रथम रामायण पर चिन्तन करने का श्रेय *लासेन* को है। इनके अनुसार रामायण का सारा प्लॉट आवश्यकतानुसार बदलता रहा है, विकसित, परिवर्धित होता रहा है। इनके मत से सारी रामायण प्रतीकात्मक याने मिथ्या है। यह एक अन्योक्तिपरक काव्य है जो आर्यों की दक्षिण विजय का प्रतीक है। रामायण का प्रथम सोपान राम के निष्कासन तक सीमित है; राम, लक्ष्मण और सीता के साथ हिमालय पर जाते हैं। दूसरे विकास सोपान के क्रम में राम ने अपने निष्कासन स्थान को हिमालय से हटा कर दक्षिण भारत में गोदावरी की ओर मोड़ दिया है; यहाँ से आगे दक्षिण की ओर बढ़ते हुए कथा के नायक ने आदिम निवासियों की सहायता से वहाँ के साधु एवं संन्यासियों की रक्षा की। तीसरे सोपान में राम सुदूर दक्षिण में प्रवेश करते हुए अपने प्रभाव का वहाँ और भी विस्तार करते हैं। चौथे विकास सोपान पर पहुँचते-पहुँचते हिन्दुओं को लंका के टापू का ज्ञान हो गया था, रामायण के इस चौथे विकास क्रम में राम के लंका पर आक्रमण और रावण विजय का विवरण है।

लासेन के इस मानसिक विलास का अनुसरण और अनुकरण कुछ नई और

विचित्र कल्पना की सर्जना करते हुए विश्व के भारतीय विद्याविदों ने इस प्रकार किया है।

वेबर ने रामायण की समस्या को *लासेन* के सन्दर्भ में और भी गहराई से उभारते हुए आश्चर्यचकित कर देने वाले कुतर्कों को इस प्रकार आगे बढ़ाया है। उनका कथन है– वाल्मीकि ने *होमर* की *इलियड* और *ओडिसी* की नकल उतारते हुए रामायण को होमरिक ढाँचे पर पूर्णता प्रदान की है। *वेबर* के अनुसार सुदूर दक्षिण एवं सीलोन पर आर्य विजय की कहानी को लिखने के लिए ही रामायण लिखी गई है।

जकोबी ने अपने प्रसिद्ध ग्रन्थ* में कुछ नई कल्पना के साथ कल्पना विलास को और भी आगे तक बढ़ाया है। रामायण का उद्‌भव और विकास एवं इस पर बौद्ध धर्म का प्रभाव इनकी मौलिक उड़ान है। यूनानी प्रभाव के प्रश्न को भी *जकोबी* ने बड़ी गम्भीरता से उठाया है। उनके अनुसार रामायण अयोध्याकाण्ड से प्रारम्भ होती है और लंकाकाण्ड के साथ समाप्त हो जाती है। बालकाण्ड और उत्तरकाण्ड किसी व्यक्ति के द्वारा बड़ी कुशलता के साथ कालान्तर में जोड़ दिये गये हैं। कथा का नायक राम एक कबीले का सरदार है, जिसे समय-समय पर क्षेपकों की सहायता से राष्ट्र का नायक एवं तत्पश्चात् विष्णु का अवतार बना दिया गया। इनके मतानुसार अन्य क्षेपक भी रामायण के भीतर बड़ी कुशलता के साथ जोड़ दिये गये हैं।

जकोबी के शिष्य *एच रिट्ज़* ने अपने ग्रन्थ* में गुजराती प्रति के आधार पर अपने *बॉन* विश्वविद्यालय के उद्‌घाटन भाषण में रामायण के पश्चिमी पाठ की विशेषतायें बतलाईं, यह प्रति बीसलदेव के समय की है। इसी वर्ष *ऐलेक्जेंडर बॉमगार्टनर* का महत्त्वपूर्ण ग्रन्थ* सामने आया, इस ग्रन्थ में रामायण के सन्दर्भ में विभिन्न भारतीय भाषाओं में लिखी गई रामकथा के विकास की समस्या पर विचार किया गया है। *लुडविग* और *डालमन* ने रामायण और महाभारत के अन्त: सन्दर्भ की महत्त्वपूर्ण चर्चा को प्रतीक और मिथक के सन्दर्भ को आगे बढ़ाया, *हॉपकिन्स* ने अपनी पुस्तक* में रामायण और महाभारत के तुलनात्मक स्वरूप की चर्चा की है।

श्री सी. वी. वैद्य ने अपने उल्लेखनीय ग्रन्थ* में रामायण पर समग्र दृष्टि से विचार किया है। इसके पश्चात् रामायण की उल्लेखनीय चर्चा को डॉ. दिनेश चन्द्र सेन ने अपने प्रसिद्ध ग्रन्थ* में कई स्तरों पर उठाया। उनके अनुसार वाल्मीकि रामायण दशरथ

---

*द्रष्टव्य परिशिष्ट—सहायक ग्रन्थ

जातक एवं दक्षिण भारत की प्राचीन परम्परा में उपलब्ध रावण की विभिन्न कथाओं का सम्मिश्रण है। साथ में वानर संस्कृति के आख्यानों को भी रामायण में मिश्रित कर दिया गया है। उनके अनुसार बांग्ला का राम-कथा साहित्य संस्कृत महाकाव्यों का अनुवाद नहीं–यह इसके विकास की स्वतन्त्र एवं मौलिक परम्परा है।

आइ. एस. पीटर ने एंग्लो-सेक्सन महाकाव्य* *ब्योवुल्फ़* के साथ रामायण के तुलनात्मक स्वरूप पर विचार किया, इसमें महाकाव्य के गठन, सामाजिक, राजनीतिक एवं वीरकाव्य की परम्परा पर सम्मिलित रूप से विचार किया गया है। सी. नारायण मेनन ने अपने लघुकाय पुस्तकाकार निबन्ध* में रामायण की व्याख्या नये सन्दर्भों में की, इस निबन्ध का बहुत बड़ा महत्त्व रामायण के सामाजिक मनोविज्ञान के नैतिक अनुबन्धों के सन्दर्भ में है। राजनीति की दृष्टि से डॉ. पी. सी. धर्मा की थीसिस* बहुत विचारणीय है। लेखिका ने रामायण की राजनीतिक संस्था पर गम्भीरता के साथ अपने मन्तव्य को प्रकट किया है। टी. परमशिव अय्यर ने अपनी पुस्तक* में रामायण एवं अन्य सामग्री के आधार पर लंका को मध्य प्रदेश में जबलपुर के पास निश्चित किया है– पुस्तक के साथ वृहत् मानचित्र भी दिया है। श्री मास्ती वेंकटेश अयंगर ने अपने ग्रन्थ* में कविता की दृष्टि से रामायण काव्य पर समालोचनात्मक विवेचन प्रस्तुत किया है। वी. एस. श्रीनिवास शास्त्री की पुस्तक* में रामायण के पात्रों का चरित्र विश्लेषण है। पुस्तक में सर्वत्र लेखक का आलोचनात्मक व्यक्तित्व प्रखर हो उठा है। के. एस. रामस्वामी शास्त्री का ग्रन्थ* रामायण के परम्परागत शास्त्रीय अध्ययन की दृष्टि से बहुत महत्त्वपूर्ण है। ग्रन्थ के प्रथम भाग में वाल्मीकि के जीवन एवं कृतित्व पर विचार किया गया है, द्वितीय भाग में रामायण के कुछ कूट सन्दर्भों पर समाधानमूलक विचार हैं।

रामकथा की ऐतिहासिक शोध दृष्टि से *फ़ादर सी. बुल्के* का शोध-प्रबन्ध– 'रामकथा–उत्पत्ति और विकास' (प्रयाग-१९५०) बहुत ही महत्त्वपूर्ण ग्रन्थ है। उन्होंने ईसाइयत से आक्रान्त होकर अपने पूर्वगामियों की अधिकांश सामग्री को सूचनात्मक रूप में एकत्र कर दिया, इनका अपना मन्तव्य कम है सूचनाओं का संग्रह अधिक। जहाँ उन्होंने अपना मत दिया है, उस पर इनकी ईसाई भावनायें बहुत गहरी हो गई हैं जिसको पादरी साहब ने चतुरता का आश्रय लेते हुए व्यक्त किया है। के.चन्द्रशेखरन ने रामायण त्रिवेणी (मद्रास-१९५३) में वाल्मीकि, कम्बन और

---

*द्रष्टव्य परिशिष्ट—सहायक ग्रन्थ

तुलसीदास की रामायण कथा पर तुलनात्मक दृष्टि से विचार किया, वहीं सुश्री सुधा मजुमदार ने अपने दो भागों से युक्त ग्रन्थ रामायण (बम्बई-१९७८) में कृत्तिवास को आधार मान कर रामकथा के सौन्दर्य पर महत्त्वपूर्ण कार्य किया है। कुछ वर्ष पूर्व रामायण पर स्वामी करपात्रीजी का विशाल ग्रन्थ–'रामायण मीमांसा' (वाराणसी-वि. सं. २०३४) आया है। इस ग्रन्थ में रामायण पर प्राचीन शास्त्रीय दृष्टि से विचार किया गया है; पाश्चात्य परम्परा की जगह-जगह आलोचना की गई है। सर्वत्र *फ़ादर सी. बुल्के* पर तीक्ष्ण प्रहार पुस्तक के भीतर विद्यमान हैं।

*मॉरिस विंटरनिट्ज़** ने अपने जगत् प्रसिद्ध संस्कृत साहित्य के इतिहास में इस विस्तृत वाक्-जाल और असम्बद्ध विसंवादों को इस प्रकार संक्षिप्त किया है।

१. मूल रामायण का कथा भाग अयोध्याकाण्ड से लंकाकाण्ड तक है। बालकाण्ड एवं उत्तरकाण्ड मूल रामायण की कथा के साथ कालान्तर में जोड़ दिये गये हैं।

२. महाभारत के वर्तमान रूप के अस्तित्व में आने के पूर्व ही बालकाण्ड एवं उत्तरकाण्ड मूल रामायण की कथा के साथ जोड़ दिये गये थे।

३. वर्तमान रामायण दूसरी शती ईस्वी के अन्त तक अस्तित्व में आ चुकी थी।

४. महाभारत का प्राचीनतम रूप रामायण के प्राचीनतम रूप से अधिक पुराना है।

५. वेदों में रामायण के सन्दर्भ नहीं हैं, जो कुछ हैं, वे नगण्य और क्षीण हैं।

६. प्राचीन त्रिपिटकों में रामायण की सूचना नहीं है, जो कुछ सन्दर्भ हैं, उनका सम्बन्ध प्राचीन रामायण की गीति-अनुश्रुतियों से ही है।

७. रामायण पर प्रत्यक्ष उल्लेखनीय कोई बौद्ध प्रभाव नहीं है, पर राम के चरित्र निर्माण पर कालान्तर के दूरगामी बौद्ध परम्परा के प्रभाव की सम्भावनायें हैं।

८. रामायण पर ग्रीक प्रभाव का कोई प्रश्न नहीं, प्राचीन रामकथा ग्रीक प्रभावों से सर्वथा मुक्त है।

९. वाल्मीकि ने बहुत सम्भव है तीसरी शती ईसा पूर्व प्राचीन गीति-आख्यानों के आधार पर रामायण का निर्माण किया है।

इतिहास के इन महान् पण्डितों ने महाभारत की सारी स्थिति संदिग्ध बना दी है। आज महाभारत इनकी दृष्टि में क्षेपकों का बहुत बड़ा स्तूप है जिसके भीतर मूल को खोज पाना ही कठिन है। भारतीय संस्कृति का यह सबसे बड़ा विश्वकोष इन इतिहासकारों की दृष्टि में उस क्रौंचरन्ध्र पर्वत की तरह है जो शतछिद्र है, सहस्र छिद्र

है। इनके मत से महाभारत के भीतर उतने ही छिद्र हैं जितने श्लोक। भारतीय इतिहासकार से महाभारत के विषय में पूछना ठीक वैसा ही है जैसा किसी कूप से हिन्द महासागर की गम्भीरता और विशालता के विषय में कुछ पूछ बैठना। इस कूप की वृहत्तम परिधि ईसा से दो पाँच फीट आगे और पीछे (२ या ३ ईस्वी) घूम कर सामन्तवादी युग की घोर निराशा, हताशा और अन्धविश्वास के बीच डूब कर समाप्त हो जाती है। पर इतिहासज्ञों के विसंवाद और मनोविलास से टकराये बिना किसी सत्य पर पहुँच पाना भी अनपेक्षित और कठिन है।

महाभारत अपने विशाल आकार के कारण गत डेढ़ सौ वर्षों से पाश्चात्य एवं तदनुगामी भारतीय पण्डितों के लिए शंका एवं संशय का महाविषय रहा है। इनके मत से समय-समय पर इसका कलेवर बढ़ता रहा है। इसमें संशोधन, परिवर्तन, परिवर्धन, परिमार्जन होते रहे हैं। अनेक बार इसके प्रमुख 'प्लॉट' को बदला गया है। इसके प्रधान नायकों की प्रतिष्ठा और सीमा को घटाया-बढ़ाया गया है। प्रारम्भ में महाभारत इतना जटिल नहीं था। कालान्तर में संशोधनों के कारण इसकी जटिलतायें बढ़ती चली गईं। जर्मन विद्वान् *हर्मन ओल्डेनबर्ग* ने लिखा है–*महाभारत का रचनात्मक प्रारम्भ एक साधारण आख्यान प्रधान काव्य की तरह है। शताब्दियों के अन्तराल में यह भयावह अव्यवस्थित आकार धारण कर लेता है।* इनके मतानुसार महाभारत का प्रथम रूप कुछ श्लोकों के द्वारा उभारा गया, तदुपरान्त उसे जगह-जगह गद्य के द्वारा श्रृंखलाबद्ध कर दिया गया।

योरोप में सर्वप्रथम महाभारत का प्रारम्भिक परिचय भगवद्गीता और शकुन्तला के आख्यान द्वारा हुआ। १७५८ एवं १७९५ ईस्वी में *विल्किंस चार्ल्स* ने इसका अनुवाद अंग्रेजी भाषा में किया है। तुलनात्मक भाषाशास्त्र के जनक *बॉप* ने नल-दमयन्ती के उपाख्यान का अनुवाद १८१९ ईस्वी में लैटिन भाषा के माध्यम से किया, यह योरोप में महाभारत के प्रथम परिचय का संक्षिप्त इतिहास है। महाभारत को लेकर प्रारम्भ से ही योरोपियन विद्वानों का दृष्टिकोण दूषित ही था। *बॉप* ने सर्वप्रथम राय दी–"महाभारत के सारे भाग एक युग की कृति नहीं हैं।"

बॉप की इस धारणा को *लासेन** ने और आगे बढ़ाया। ये रामायण की तरह ही महाभारत के भी प्रथम नवीन विश्लेषक हैं, जिन्होंने सम्पूर्ण महाभारत का नया विश्लेषण और विवेचन प्रस्तुत किया। इन्होंने जर्मन पण्डित *बॉप* के निष्कर्षों को

---

*द्रष्टव्य परिशिष्ट—सहायक ग्रन्थ

मान्यता देते हुए कहा – महाभारत की सम्पूर्ण सामग्री किसी एक युग की रचना नहीं, ये विभिन्न युगों की रचनायें हैं। इनका आकार, इनका प्रतिपाद्य, इनकी विषय विवृति सब कुछ भिन्न है; नई है। शौनक के यज्ञ के समय महाभारत का पाठ इसके विकास का द्वितीय सोपान है। आश्वलायन के गृह्यसूत्र में (३.४.४) इस विशाल ग्रन्थ का उल्लेख देखकर मात्र कल्पना का आश्रय लेते हुए इसका समय निर्धारण ३५० ईसा पूर्व किया गया है। इनके मत से महाभारत के भीतर श्रीकृष्ण की परम्परा और प्रभाव का समावेश और सम्मिश्रण भी इसी सोपान के विकासक्रम के साथ प्रारम्भ होता है। लगता है *लासेन* की जानकारी प्राचीन भारतीय इतिहास के सन्दर्भ में सतही एवं नितान्त नगण्य थी। श्रीकृष्ण को हटा देने पर महाभारत का अस्तित्व ही किसी बिन्दु पर स्थिर नहीं हो पाता—न कथानक की दृष्टि से, न कथा के शिल्प की दृष्टि से, न कथानायक की ही दृष्टि से। श्रीकृष्ण महाभारत के भीतर प्रारम्भ से अन्त तक सूत्र की तरह ओत-प्रोत हैं। सम्पूर्ण महाभारत का कथानक श्रीकृष्ण की घूमती हुई भृकुटियों की महाकथा है। महाभारत युद्ध के सबसे बड़े योद्धा अर्जुन के श्वेत अश्वों की वल्गा श्रीकृष्ण के हाथों में है। श्रीकृष्ण को महाभारत से हटाने का अर्थ है, शरीर के ऊपर से उसके शिरोभाग को ही उससे अलग कर देना। राम, कृष्ण और बुद्ध को भारतीय इतिहास से हटाने का अर्थ है–इतिहास के सम्पूर्ण स्वरूप का अवसान।

लासेन के पश्चात् महाभारत के मूल गठन पर स्केन्डिनेविया के *सोरेन सॉरेन्सन* ने विचार किया, पर इनके कथन को पण्डितों ने इसलिये आदर नहीं दिया कि इनके मत से महाभारत का लेखक एक ही व्यक्ति है। इन्होंने ही सर्वप्रथम *'उर-टेक्स्ट'* की कल्पना की। इनके मत से महाभारत हर युग में विकसित और विस्तृत होता रहा है।

ए. एफ़. वेबर ने १८५२ एवं *अल्फ्रेड लुडविग* ने १८८४ में महाभारत की सामग्री को वैदिक सन्दर्भों से जोड़ने का प्रयास किया, *अल्फ्रेड लुडविग* के मत से महाभारत के भीतर ऐतिहासिक तथ्य बहुत ही दुर्बल एवं क्षीण हैं। यह मूल रूप में एक अन्योक्तिपरक काल्पनिक कथा है। सम्पूर्ण कथा प्रकाश और रात्रि के अन्धकार के संघर्ष की प्रतीक है, जिसका सम्बन्ध वैदिक प्रतीकों से है। पाँच जातियों के सहयोग से कुरुक्षेत्र के समराङ्गण पर भरतवंशी राजाओं का अधिकार तो मात्र कथा के ऐतिहासिक स्वरूप का बाह्य आडम्बर है। कथा का मूल केन्द्र या प्रतीक पाँच भागों में बँटा हुआ समय का घूमता हुआ ऋतुचक्र है। महाभारत के स्वरूप गठन के सन्दर्भ

---

*द्रष्टव्य परिशिष्ट—सहायक ग्रन्थ

में भी पण्डित *लुडविग* ने बड़ी-बड़ी असम्बद्ध बातें उठाई हैं। इनके मत से महाभारत की विभिन्न घटनाओं के क्रम को एक साथ जोड़ देने का प्रयास किया गया है, चाहे वे कविता की सहज सम्प्रेषणीयता के साथ श्रृंखलाबद्ध हो पायें या नहीं, अकुशलता के साथ–जोड़ने-घटाने की प्रक्रियायें रही हैं। *लुडविग* ने महाभारत विषयक शोध में इस प्रकार की हीन एवं कुत्सित शब्दावली का प्रयोग किया है–'असम्बद्ध श्रृंखलायें' *(मिसकॉन्सीव्ड लिंक्स)*, 'श्रमसाध्य प्रयत्न' *(स्ट्राइकिंग लेबोरियसनेस)*, 'सम्पूर्ण सतही स्थितियाँ' *(ऐब्सोल्यूट सुपरफ़्लुइटी)*, 'प्रतिपाद्य की पुनरावृत्तियाँ' *(रेपेटीशन ऑफ़ द थीम)*, 'अस्वाभाविक एवं काल्पनिक उद्देश्य' *(अननेच्युरल एण्ड फारफेच्ड मोटिवेशन)*, 'कथ्य एवं कथा के मध्य उज्झितार्थ सम्बन्ध' *(इन्कांग्रुइटी बिटवीन द एक्सप्लेनेशन ऐण्ड द मैटर टु बी एक्स्प्लेन्ड)* – लगता है *लुडविग* के ये शब्द इनके हीनता बोध की जड़ता के ही परिचायक हैं। महाभारत में कहीं भी अस्वाभाविक और काल्पनिक उद्देश्य नहीं है। वेदों से लेकर द्वापरयुग तक की समग्र ऐतिहासिक परम्परा का समुचित सम्पादन करने के उद्देश्य से वेदव्यास हिमालय की गहन गुफाओं के भीतर गये, उन्होंने इस महान् इतिहास को लिखने के लिये शब्द ब्रह्म के भीतर समाधि लगाई। 'असम्बद्ध श्रृंखला' का प्रश्न ही नहीं उठता। ग्रन्थ को लिखने के पूर्व आठ हजार श्लोकों की बृहत्काय सिनोप्सिस वेदव्यास ने बनाई है। सम्पूर्ण महाभारत का गठन सुश्रृंखलित, संश्लिष्ट और सम्बद्ध है; किसी भी विश्वकोश से अधिक वर्गीकृत, संश्लिष्ट एवं वैज्ञानिक है। वेदों के महान् विभाजक के लिये 'श्रमसाध्य प्रयत्न' के सन्दर्भ में सोचना एक अतुलनीय अज्ञता का ही परिचय है। वाल्मीकि और वेदव्यास से सम्पूर्ण भारतीय काव्य-रूढ़ि प्रकट होती है, वह उनके छन्दोमय निःश्वास से विनिर्गत है। *लुडविग* शायद भारतीय छन्द की आत्मा से परिचित नहीं; छन्द से पृथक् कवि का अस्तित्व श्रम और भार से निपीड़ित है, छन्द में प्रवेश करने के पश्चात् वह भारहीन, श्रमहीन और मुक्त हो जाता है। वाल्मीकि और वेदव्यास की भाव-देह और विचार-देह दोनों ही छन्दोमय हैं। कविता महाकवियों के लिये किसी भी देश और काल में श्रमसाध्य नहीं, वह सर्वदा प्राणवायु की तरह उनके लिये सहज और सुखद है। महाभारत की स्थिति कहीं सतही नहीं, उसके भीतर समुद्र का गाम्भीर्य है, उसकी सतह पर भारतवर्ष के जाज्वल्यमान रथों का शंखनाद है; महाभारत की संस्कृति द्वापर के सिंहद्वार पर बजती हुई रणभेरी है–जिसके ज्वालामुखी निध्वान पर भारतीय योधेय विश्व की लाखों चितायें एक साथ जल उठी थीं। महाभारत के साथ 'पुनरुक्ति' दोष को जोड़ कर देखने का अभ्यास सारे इतिहासकारों का ही है, अकेले

लुडविग का ही नहीं। 'पुनरुक्ति' से भारतीय साहित्य का सामान्य-सा विद्यार्थी भी परिचित है–प्रारम्भ से लेकर जयदेव के 'चन्द्रलोक' तक इस दोष को आँख में अँगुली डालकर समझाया गया है, फिर व्यास के लिये यह प्रश्न ही नहीं उत्पन्न होता। समान सन्दर्भ एवं समान परिस्थितियों के भीतर आये हुए विपुल विवरण, 'पुनरुक्ति-सन्दर्भ' की सीमाओं के साथ ही महाभारत के भीतर हैं। युद्ध वर्णनों की एकरूपता में आनेवाली 'पुनरुक्ति' या; ऐतिहासिक आख्यानों के उपदेशों में होनेवाली 'पुनरुक्ति' सन्दर्भगत है। कथ्य एवं कथा के मध्य अनुज्झितार्थ सम्बन्ध तो किसी भी प्रबन्ध काव्य की सामान्य शर्त है, जैसा कि महाकवि माघ का कथन है – 'अनुज्झितार्थसम्बन्धः प्रबन्धो दुरुदाहरः' – इसके बिना न तो प्रतिपाद्य ही स्थिर हो पाता है, न कथा का सूत्र ही। प्रतिपाद्य के सन्दर्भ से ही सर्वत्र कथा का सूत्र संगठित होता है। महाभारत में सहस्रों पात्रों के, सहस्रों घटनाओं के, अनेक उपाख्यानों के रहते हुए भी सर्वत्र कथ्य एवं कथा का स्वरूप सुसंगठित है। *लुडविग* सम्पूर्ण महाभारत को असम्बद्ध, विकृत एवं क्षेपकों का एक विशाल निकाय मानते हैं।

इस मत को सामने रखकर अमेरिकन भारतीय प्राच्य विद्याविद् *इ. डब्ल्यू. हॉपकिंस* ने सम्पूर्ण महाभारत की चीर-फाड़ की, जिसे योरोप के पण्डितों ने *ऑटोमिस्टिक मेथड* कहा है। इनके मत से महाभारत पाठ जैसी कोई वस्तु नहीं है–यह समय-समय पर की गई धुँधली असम्बद्ध कल्पनाओं से अधिक कुछ भी नहीं– *नेबुलस मास ऑफ़ इन्कांग्रुइटिज़* महाभारत के सन्दर्भ में इनका शब्द प्रयोग *लुडविग* से भी अधिक हल्का और गतसार है–*ऐब्सर्डिटीज़, कॉन्ट्राडिक्शन्स, एनाक्रोनिज़्म, एक्रेशन्स, इंटरपोलेशन्स* – याने महाभारत एक बेतुका अनर्गल प्रलाप है, अन्तरविरोधों से भी युक्त है, कालदोष से युक्त एक पुरावशेष भी है। समय-समय पर यह जुड़ता चला गया है, नितान्त प्रक्षिप्त है। इसी रूप में यह महाकाव्य प्रस्तुत हुआ है। इसका प्रत्येक विकास सोपान हर युग में परिवर्धित और संशोधित होता रहा है। यह प्रक्षेपों की लम्बी प्रक्रिया *ई. डब्ल्यू. हॉपकिंस* के मत से पर्व से पर्वों तक, उपपर्वों तक, प्रत्येक अध्याय के भीतर, श्लोकों के भीतर हर युग में चलती रही है। इनके अनुसार भारत के निवासियों के पास न तो इतिहास की ही कोई अवधारणा थी, न उनके पास उसे सुरक्षित रखने का कोई प्रकार ही था।

महाभारत को अनर्गल प्रलाप कहने का कोई सार्थक शब्दार्थ भी होता है यह पता नहीं, यह कहने वाले की स्वयं की समझ और ऊँचाइयों का भी परिचायक है।

पाठ की शुद्धता पर इस देश की संस्कृति ने सदा ध्यान रखा है, नहीं तो वैदिक वाङ्मय से लेकर रामायण-महाभारत तक का दीर्घ साहित्य और इतिहास ही सुरक्षित नहीं रह पाता, विश्व की किसी भी प्राचीन संस्कृति के पास इतना विशाल इतिहास सुरक्षित नहीं है। वेद पाठ के प्रत्येक शब्द को उसकी गाणतिक शुद्धता के साथ सम्हाल कर रखा गया, जटा, माला, घन आदि पाठों की गणित इस शुद्धता को ध्यान में रख कर ही बनाई गई है। महाभारत भी इसी परम्परा की कृति है। इसे पंचम वेद कहा गया है। पर *ई.डब्ल्यू.हॉपकिंस* के मत से प्रत्येक पाठ करने वाले या प्रतिलिपि करने वाले व्यक्ति ने सारी स्वतन्त्रता के साथ अपनी इच्छा से महाभारत के भीतर पर्याप्त जोड़ा और घटाया है। आख्यान काव्य हम तक (भारत में) किस रूप में आया है ?* यहाँ वे स्वयं ही प्रश्न करते हुए स्वयं ही उत्तर दे रहे हैं–*आकार वृद्धि के साथ, प्रत्येक बार पाठ बदला गया है, अध्याय के पश्चात् अध्याय, जिसको स्थानीय टीकाकारों ने प्रक्षिप्त कहा है, वह भूमि जिसके पास इतिहास का कोई अनुभव नहीं या फिर लेखनीय स्मारकों की चिन्ता का भाव; वहाँ न कोई पाठ के गायक पर प्रतिबन्ध है, न लिपिकार पर कोई अंकुश, जहाँ कहीं भी इच्छानुसार अपनी कलाबाजी का प्रदर्शन करने में स्वतन्त्र है, कहीं सुधार, कहीं किसी प्रकार का मार्जन, सौन्दर्यातिरेक। वहाँ कृपापात्र देवता का यशोगान ही प्रतिमा का मानदण्ड है, जहाँ सभी लोकप्रिय कविताएँ बड़ी स्वतन्त्रता के साथ बना दी जाती हैं।* यहाँ कहना न होगा–*पेट गॉड* शब्द से *ई.डब्ल्यू.हॉपकिंस* का इशारा श्रीकृष्ण की ओर ही है। इनका प्रश्न भी इसी प्रकार प्रारम्भ होता है–यह पाठ कब निश्चित हुआ ? इनके अनुसार महाभारत का पाठ कोई पाठ ही नहीं है। इनके मत से महाभारत पर ग्रीक सभ्यता का प्रभाव भी है, साथ ही यह ग्रन्थ इनके अनुसार उस समय आकार ग्रहण कर रहा था, जिस समय ग्रीक सभ्यता अपनी सम्पूर्ण ऊँचाइयों तक पहुँच चुकी थी। *ई.डब्ल्यू.हॉपकिंस* ने महाभारत के काल सन्दर्भ पर इस प्रकार लिखा है–*६४ कलाएँ कब जानी गईं, कब लघुगुरु स्वराघात की पंक्तियाँ धारावाहिक रूप से लिखी गईं, कब नवीनतम दार्शनिक पद्धतियाँ पहचान ली गईं, कब त्रिमूर्ति की पहचान प्राप्त हुई, कब यजुर्वेद के १०१ सम्प्रदाय हुए, कब सूर्य को मिहिर कहा गया, कब यूनानी भाषा के शब्द सुपरिचित हो गए और यूनान के लोग बुद्धिमान समझे जाने लगे, कब १८ पुराण और १८ द्वीप जाने गए, कब व्याकरण सहित सारा साहित्य समझा गया,

---

**द्रष्टव्य टिप्पण, पृष्ठ ७६

टीकाएँ, धर्मशास्त्र, ग्रन्थ, पुस्तकें, लिखित रूप में वेद और महाभारत की हरिवंश सहित सभी पाण्डुलिपियाँ।* यह *हॉपकिंस* की भ्रामक धारणा है; यथार्थ तो यह है–

१. जहाँ तक चौंसठ कलाओं का प्रश्न है, इनके आधार और बीज दोनों ही प्राचीन वाङ्मय में स्पष्ट हैं।

२. *आयम्बिक* पद से अनावश्यक रूप में ग्रीक छन्दोविधि की ओर ध्यान आकृष्ट करने की कुचेष्टा की गई है। जब कि वैदिक वाङ्मय अनुष्टुप्, त्रिष्टुप्, पंक्ति आदि बड़े-बड़े छन्द विधानों में प्रकट हुआ है। षडङ्ग में छन्द का स्वतन्त्र ग्रहण है।

३. जहाँ तक भारतीय दर्शन के शृंखलित होने का प्रश्न है, वह वेदों में भली-भाँति सुशृंखलित है–षट् दर्शन एवं अन्य भारतीय दर्शनों का प्राचीन रूप वेदों में भली-भाँति सुरक्षित है। रामायण और महाभारत–दोनों ही वेद एवं भारतीय दर्शन के सूत्र ग्रन्थों के मध्य सेतु की तरह हैं। भारतवर्ष का सबसे प्राचीन दर्शन सांख्य है–रामायण और महाभारत ने सांख्य को अपना आधार बनाया है। ऋग्वेद के नासदीय सूक्त (१०, १२९, १-७) में छह आस्तिक, छह नास्तिक दर्शन के बीज यथावत् विद्यमान हैं।

४. त्रिमूर्ति की चर्चायें ऋग्वेद से लेकर सम्पूर्ण वैदिक वाङ्मय के भीतर हुई हैं। सम्पूर्ण प्राचीनतम भारतीय संस्कृति ब्रह्मा, विष्णु और शिव की संस्कृति है।

५. यजुर्वेद का सम्प्रदाय क्रम भी बहुत प्राचीन है। महाभारत की रचना के पूर्व वेदव्यास ने मन्त्रों का विभाग एवं सम्प्रदाय क्रम का विनिश्चय कर दिया था।

६. मिहिर शब्द का अर्थ विकास कहीं भी अवैदिक या वेदार्थ परम्परा से भिन्न नहीं है। इस पद का व्याकरण है - मिह्+किरच्।

७. ग्रीक भाषा के शब्द प्रचलित हो गये थे। इस प्रचलन से महाभारत की रचना का क्या सम्बन्ध है ? लगता है *ई.डब्ल्यू.हॉपकिंस* यह कहना चाहते हैं–कालान्तर में हेलेनिक सभ्यता के तत्त्व महाभारत के भीतर विकसित हुए हैं। सत्य तो यह है, ईसा से दो हजार, चार हजार वर्ष पूर्व ग्रीक भाषा की क्या स्थिति रही होगी, किसी को भी पता नहीं। सम्भवत: महाभारत के रचना-काल के समय ग्रीक एक भाषा के रूप में नहीं, एक अर्द्ध विकसित बोली के रूप में ही रही होगी। उस समय ग्रीक में साहित्य सर्जना का तो प्रश्न ही नहीं उठता।

८. ग्रीक उस युग में 'वाइज़' रहे होंगे, यह बात किसी भी निष्पक्ष शोध कर्ता के गले उतरने वाली नहीं है; *साक्रेटिज़* से पूर्व का यूनान वहशीपन से जुड़ा है। *होमर,*

**द्रष्टव्य टिप्पण, पृष्ठ ७६

हेरोडोटस स्वयं इसके साक्षी हैं। *साक्रेटिज़* को दिया गया प्राणदण्ड यूनान के उल्लेखनीय वहशीपन का स्वयं प्रमाण है।

९. *ई.डब्ल्यू.हॉपकिंस* के मत से व्याकरण सम्प्रदाय के साथ सारा साहित्य, भाष्य, धर्मशास्त्र, ग्रन्थ, पुस्तक, लिखित रूप में वेद सब अस्तित्व में आ चुके थे। यह वाक्य स्वयं में असंगत है। वेद उस समय लिखित रूप में नहीं थे। व्यास के समक्ष रामायण का महान् इतिहास था। पाणिनीय व्याकरण के अस्तित्व की सम्भावनाएँ ही नहीं; यदि पाणिनि महाभारत से पूर्व होते तो महाभारत में उनका नामोल्लेख निश्चित होता, साथ ही वेदव्यास की भाषा पर आचार्य पाणिनि का शब्दानुशासन। स्वयं महाभारत भारतवर्ष के विपुल ज्ञान और इतिहास का महाकोश है।

ई.डब्ल्यू.हॉपकिंस का यह असम्बद्ध वाग्जाल और मानसिक विलास एक आधारहीन अबौद्धिक जड़ता एवं प्रमाद से अधिक और कुछ भी नहीं, जिसे उन्होंने महाभारत के क्रमशः विकसित होते हुए सोपान क्रम की कल्पना के साथ इस प्रकार निश्चित करने का आधारहीन एवं मिथ्या प्रयत्न किया है–

१. ईसा के ४०० वर्ष पूर्व महाभारत एक सुसम्बद्ध ऐतिहासिक महाकाव्य का आकार न ले पाया था, इसकी सीमा कुरुवंश के कुछ विवरणों तक ही सीमित थी।

२. ईसा से ४०० से २०० वर्ष पूर्व महाभारत का आकार कुछ फैलने लगा। महाभारत के भीतर पाण्डव जाति के योद्धाओं का सन्निवेश किया गया। कुछ पौराणिक अनुश्रुतियाँ भी इसके भीतर जोड़ी गईं। श्रीकृष्ण का स्वरूप कुछ-कुछ अर्द्ध ईश्वर के रूप में उभारा गया था; पर श्रीकृष्ण का एक शिक्षक आचार्य के रूप में या दैविक सम्पदा से युक्त व्यक्तित्व के रूप में सम्मिलित किये जाने का कोई उल्लेख द्वितीय सोपान के विकास क्रम में नहीं है।

३. ईसा से २०० वर्ष पूर्व से लेकर २०० वर्ष पश्चात् महाभारत के प्लॉट को श्रीकृष्ण के ईश्वरत्व को ध्यान में रखते हुए, नये आकार और प्रकार के साथ पुनः संगठित और परिवर्धित किया गया। इसी सोपान क्रम में श्रीकृष्ण के उपदेश एवं शिक्षाओं को बढ़ा-चढ़ाकर महाभारत के भीतर जोड़ दिया गया। साथ ही नये और पुराने पौराणिक सन्दर्भों को भी बड़ी ही अकुशलता के साथ महाभारत के भीतर सम्मिश्रित किया गया। पूर्व कथाओं को बढ़ा चढ़ा कर प्रस्तुत करने की प्रवृत्ति भी इस तीसरे सोपान के भीतर चल रही थी।

४. ईसा के २०० वर्ष से ४०० वर्ष पश्चात् महाभारत की अन्तिम पुस्तकों को प्रथम पुस्तक के उपोद्घात के रूप में जोड़ दिया गया। विस्तृत होता हुआ अनुशासन

पर्व अधिक फैल चुका था। उसे शान्ति पर्व से पृथक् करते हुए; स्वतन्त्र रूप से उसके ग्रन्थाकार महत्त्व को स्थापित किया गया।

५. ईसा के ४०० वर्ष पश्चात् भी आवश्यकतानुसार समय-समय पर महाभारत का कलेवर बढ़ता चला गया।

ई.डब्ल्यू.हॉपकिंस का यह सम्पूर्ण विसंवाद कल्पना और धृष्टता पर आधारित है। इसके भीतर सत्य के एक अंश को भी हम किसी भी प्रकार की प्रमाण सरणी में रखकर उसकी सत्यता की परीक्षा नहीं कर सकते। इस तरह की काल्पनिक बातें और असम्बद्ध तर्क किसी भी पुरानी कृति पर, चाहे वह किसी भाषा की क्यों न हो, उठाये जा सकते हैं। *पैराडाइस लॉस्ट* का कौन-सा अंश कब जोड़ा गया, कब घटाया गया, कब उसके प्लॉट में परिवर्तन किये गये ? इस वाग्जाल का कहीं अन्त नहीं। *ई.डब्ल्यू.हॉपकिंस* के मानसिक विलास का प्रत्यक्ष प्रभाव पाश्चात्य परम्परा के प्रायः सभी पण्डितों पर पड़ा है।

सबसे बड़ी बात तो यह है कि इन पण्डितों के गले यह सत्य ही नहीं उतर पाता–'एक लाख श्लोकों का महाभारत एक व्यक्ति की रचना कैसे हो सकती है।' इतने-से नगण्य अनुमान के आधार पर इसकी रचनाधर्मिता पर सन्देह नहीं किया जा सकता। उदाहरण के रूप में हम महाकवि क्षेमेन्द्र को ही ले लेते हैं जिन्होंने अपना उपनाम 'व्यासदास' रखा था। इनके द्वारा लिखित रामायणमंजरी, महाभारतसार, अवदानसाहित्यसार, बृहत्कथामंजरी का श्लोकसार एवं अन्य प्रकीर्ण आदि–सब श्लोकों की संख्या जोड़ लेने पर अनुमानतः अधिक नहीं तो एक लाख के आस-पास पहुँच ही गई है। इस ग्रन्थ के विपुल आकार को देखकर भी योरोप के पण्डितों ने आकार को ही सन्देहग्रस्त बना दिया है। महाभारत के महापण्डित सुक्ठंकर भी इस चक्र से मुक्त नहीं। उनके मत से महाभारत का केन्द्र बिन्दु तो प्राचीन एवं ऐतिहासिक है; जिसके भीतर हम भाषा के प्राचीनतम रूप के साथ-साथ इतिहास के प्राचीनतम रूप को भी देख सकते हैं। पर समय-समय पर होने वाले परिवर्तन पर भी उन्होंने उतना ही बल दिया है। पाश्चात्य परम्परा के पण्डितों की दृष्टि में यह सारा विषय विस्तार अनावश्यक रूप से महाभारत के कथा-प्रवाह की मौलिकता को ही खण्डित नहीं करता, वह इसे हर बिन्दु पर असम्बद्ध एवं संशययुक्त बना देता है।

हेल्ड के अनुसार महाभारत का प्रथम प्रभाव ही 'पाठ' पर विपरीत पड़ता है।

---

*द्रष्टव्य परिशिष्ट—सहायक ग्रन्थ

इनकी दृष्टि में महाकाव्य का पाठ एक भोंड़े वजन से अधिक और कुछ भी नहीं है; दूसरे प्रभाव का सम्बन्ध है इसके संरचनात्मक गठन से। उनके मत से महाभारत के इस गठन में संरचनात्मक स्वरूप का नितान्त अभाव है। यही तथ्य *अल्फ्रेड लुडविग* की *एटॉमिस्टिक थ्योरी* की आधार-भूमि है।

महाभारत जहाँ एक जातीय जीवन का बृहत्तम इतिहास है, वहीं वह मानव की समुन्नत नैतिक दृष्टि का आधार ग्रन्थ भी है–कौरवों पर पाण्डवों की विजय– यतो धर्मस्ततो जय: के रूप में वहाँ स्थापित है। कथा के प्रवाह में प्रतिपद आख्यानों एवं ऐतिहासिक पुरावृतों के आधार पर उभरता हुआ मानवता का सैद्धान्तिक धरातल एक ओर जहाँ दर्शन से जुड़ा है तो दूसरी ओर सामाजिक यथार्थ के साथ। महाभारत के प्राय: सभी पात्र धर्म एवं नैतिक आचार की सैद्धान्तिक स्थापनायें करते हैं, ऐतिहासिक उपाख्यानों की महती परम्परा के साथ उसका प्रख्यापन और विवेचन। कथानक की जटिलता और गतिशीलता के भीतर घूमती हुई नैतिकता की समस्या कौरव और पाण्डवों की नैतिक अवधारणा के रूप में प्रकट होती है, जो कालान्तर में अपने सम्पूर्ण अन्तर्विरोधों के साथ महाभारत के युद्ध का रूप धारण कर लेती है।

अन्तर्विरोध के सिद्धान्त को *एडोल्फ़ हॉल्ट्‌ज़मन* ने १८८६ ईस्वी में अपने विवेचन का विकृत आधार अनेक असंगत कल्पनाओं के साथ बनाया था; जिसको तत्पश्चात् *ई.डब्ल्यू.हॉपकिन्स* ने इसे *इनवर्जन थ्योरी* की संज्ञा दी, सम्पूर्ण महाभारत पर इस 'प्रत्यावर्तन' के सिद्धान्त को आधार मानकर सोचा-समझा गया है। फलत: श्रीकृष्ण का व्यक्तित्व भी दो भागों में बाँट दिया गया–(१) मनुष्य कृष्ण एवं (२) ईश्वर कृष्ण। *ई.डब्ल्यू.हॉपकिन्स* ने इस सिद्धान्त को इस प्रकार प्रस्तुत किया है–*कृष्ण एवं विष्णु के दो प्राचीन रूप से प्रारम्भ करते हैं, जो मानव एवं ईश्वर के रूप में हैं', और 'पाण्डवों के अपराधों पर चमक चढ़ाते हुए, आलोचक वितर्क करते हैं कि यह काव्य कौरवों के यशोगान के लिए लिखा गया है, कालान्तर में पाण्डवों को महिमामण्डित करने के लिए इस दिशा में इसे आरोपित व संस्कारित कर दिया गया, इसी पश्चाद्‌भावी स्वरूप में यह वर्तमान प्रबन्ध काव्य हमारे सामने प्रस्तुत है, जिसका प्रारम्भ ईसा पूर्व चौथी शती से है।*

इस मत के अनुसार सम्पूर्ण महाभारत को ही बदल दिया गया है–प्रथम, यह कौरव वंश की यशोगाथा थी; कालान्तर में इसे पाण्डु वंश की गौरव गाथा में बदल

**द्रष्टव्य टिप्पण, पृष्ठ ७६

दिया गया। इस दृष्टि को सामने रखकर सम्पूर्ण महाभारत की छानबीन की गई। *हेल्ड* के शब्दों में इस छानबीन का स्वरूप यह है–"बहुत प्राचीन काल से ही दरबारी गायकों का हजूम अपने आश्रयदाता राजाओं के कार्यों का बढ़ाचढ़ाकर अपनी व्यावसायिक कविता में गुणगान करता था। इसी शृंखला में एक प्रभावशाली कवि आया, जिसने प्रारम्भिक आख्यान काव्य को लिखा, जो कुरुवंशियों के जातीय जीवन की महिमा पर आधारित था, यह काव्य महान् बौद्ध शासक पर लिखा गया, सम्भवत: अशोक पर। इसकी शिक्षाएँ ब्राह्मणों के आडम्बर के सम्मुख संघर्ष का शिकार हो गईं, फलत: इसका पतन प्रारम्भ हो गया, पुरोहितों ने उस समय प्रचलित काव्य को अपने अनुकूल बदल दिया, कहा जाए तो इसे अपने मूल उद्देश्य से सर्वदा मोड़ दिया गया। और अब यहाँ कौरव कुछ भी नहीं रहे, जो कभी प्रशंसित थे, वहाँ इनके परम विरोधी पाण्डव उपस्थित हो गए। ब्राह्मणवाद के समर्थन में इनका ही गुणगान लिखा गया, जो पूर्व निश्चित था। प्रबन्ध काव्य फिर नये परिवर्तन के क्रम में चला आया। बौद्ध धर्म वहाँ सम्पूर्ण रूप से हटा दिया गया, विष्णु और कृष्ण दोनों को ही इसके नवीन स्वरूप के भीतर ढकेल दिया गया। पुराणों के प्राचीन धार्मिक इतिवृत्त एवं उपदेश प्रधान अंश आख्यान काव्य के भीतर मिला-जुलाकर जोड़ दिए गए। इस संशोधित एवं परिवर्तित अज्ञात या अभिज्ञेय आख्यान काव्य का संस्करण १२वीं शती तक अस्तित्व में भी नहीं था।"

इस प्रकार की मान्यताओं के विपरीत *ए.बार्थ* महाभारत की एकरूपता को स्वीकार करते हैं। पर ये अधिकांश मान्यतायें भारतीय इतिहास के काल-प्रवाह से सर्वथा भिन्न पड़ती हैं। न इसका सम्बन्ध काल से है, न इस देश की सांस्कृतिक परम्परा से है, न महाभारत के घटना-क्रम से ही है। *बूलर* ने तो महाभारत के क्षेपकों की परम्परा को ११वीं शती से भी आगे तक खींच लिया है। इनके मत से ११वीं शती के पश्चात् हमें इसके भीतर नये परिवर्तनों की उल्लेखनीय सूचना नहीं मिलती। वैसे इनके मत से आठवीं शती में परिवर्तनशील महाभारत का स्वरूप वर्तमान महाभारत के स्वरूप से बहुत भिन्न नहीं है। ५वीं शती के शिलाशास्त्रीय साक्ष्य एक लाख श्लोकों से युक्त महाभारत की सूचना देते हैं। *बूलर* ने इन सब तथ्यों को ध्यान में रखते हुए कहा–महाभारत अपने वर्तमान रूप में चौथी शती ईस्वी से कुछ पूर्व अस्तित्व में आ चुकी थी। *बूलर* के इस सिद्धान्त ने यह स्पष्ट कर दिया–*हॉफ्ज़मन* का प्रत्यावर्तन का सिद्धान्त सम्पूर्ण रूप से गतसार है।

**द्रष्टव्य टिप्पण, पृष्ठ ७६

लियोपोल्ड वॉन श्रोडर ने *हॉफ्ज़मन* की विसंगतियों एवं कल्पना विलास का कुत्सित आश्रय लेते हुए इसे और भी आगे तक बढ़ाया है। यह सिद्धान्त उन पण्डितों के लिये ही अधिक रुचिकर हो सका, जो महाभारत को विसंगति, क्षेपक और अन्तर्विरोध के माध्यम से विकसित मानते हैं। इस नये सिद्धान्त के अनुसार महाभारत के भीतर से अशोक को निकाल दिया गया, पर बौद्ध और ब्राह्मण धर्म का संघर्ष इसके भीतर उसी तरह विद्यमान था। *श्रोडर** के अनुसार महाभारत के मूल काव्य का प्रथम रूप ईसा से कोई सात सौ से चार सौ वर्ष पूर्व अस्तित्व में आ चुका था। कुरुवंश के चारणों ने अपने जातीय देवता ब्रह्मा की प्रतिष्ठा करते हुए पास-पड़ोस की जातियों के देवता श्रीकृष्ण की निन्दा की है। कालान्तर में कुरुवंश के पतन के साथ महाभारत के कथानायक में प्रत्यावर्तन हुआ। इसके फलस्वरूप श्रीकृष्ण ऊपर चले आये–ब्रह्मा नीचे। इस सन्दर्भ में *ग्रियर्सन* की कल्पनायें भी कम चौंकाने वाली नहीं हैं। इनके मत से प्रत्यावर्तन का केन्द्र ब्राह्मणवाद और क्षत्रियवाद का संघर्ष है। मध्य देश के कौरव ब्राह्मणवाद के साथ थे; पाण्डव और पाञ्चाल क्षत्रियवाद का समर्थन कर रहे थे।

इस गतसार प्रपंच का समर्थन न्यूनान्तर के साथ *लासेन, विन्टरनिट्ज़* और *जे.जे.मेयर* ने किया है। पर विभिन्न कारणों से *ए. बार्थ, लीभी सिल्वां, पिशेल, जकोबी, ओल्डेन बर्ग* और *ई.डब्ल्यू.हॉपकिन्स* ने इसे असम्बद्ध कहा है।

हॉफ्ज़मन की दृष्टिभंगी संकुचित एवं एकाङ्गी है। ये अपने पक्ष का स्थापन एक कुशल बाजीगर के तेवर के साथ करते हैं। यह तो ठीक है कि पाण्डव उस महासमर में भीष्म, द्रोण, दुःशासन, कर्ण एवं दुर्योधन का विनिपात करते समय गलत एवं अनैतिक आधार का उपयोग करते हैं; पर कौरवों की अन्तहीन अनैतिक जघन्यता तो महाभारत के सम्पूर्ण कथानक के साथ जुड़ी है। *ई.डब्ल्यू.हॉपकिन्स* की दृष्टि में *हॉल्ट्ज़मन* एवं *श्रोडर* का मत महत्त्वहीन है।

प्रत्यावर्तन के सिद्धान्त का न तो कोई सुचिन्तित आधार है, न इसके भीतर कोई ऐतिहासिक सत्य। *हॉफ्ज़मन, श्रोडर* और *ग्रियर्सन* का यह सिद्धान्त एक दूसरे के प्रत्यावर्तक बिन्दुओं को परस्पर काटता हुआ स्वयं विसंगतियों का एक जाम्बाल जाल बन जाता है। इनकी ये कल्पनायें स्वयं एक दूसरे की विरोधी एवं परस्पर नितान्त भिन्न हैं। इन संघर्षों का कोई भी समर्थक, बाह्य साक्ष्य खोजने पर भी भारतीय इतिहास में उपलब्ध नहीं कर पाता। *बूलर* और भण्डारकर ने 'प्रत्यावर्तन के सिद्धान्त' का खण्डन शिलालेखों में आये हुए प्रमाणों के आधार पर किया है। दाण्डेकर ने *श्रोडर*

के सिद्धान्त का खण्डन इस आधार पर किया है कि ब्रह्मा के सम्प्रदाय का श्रीकृष्ण के सम्प्रदाय के साथ संघर्ष सम्पूर्ण भारतीय धर्मशास्त्र के इतिहास में कहीं भी उल्लिखित नहीं है। *कीथ* ने भी *ग्रियर्सन* के तर्कों का उत्तर देते हुए भी यही बात कही–कुरु और पाञ्चालों और पाण्डवों में संघर्ष के पूर्व मैत्रीपूर्ण सम्बन्ध थे, उस युग में ब्राह्मण एवं क्षत्रिय परम्परा के परस्पर संघर्ष का कोई उल्लेख कहीं भी नहीं मिलता। *हेल्ड* ने अपने उल्लेखनीय ग्रन्थ* में ठीक ही कहा है–"सम्पूर्ण विलोम या विपर्यय सिद्धान्त एक सहज-सरल कल्पनामात्र है, जो स्वयं में ही स्वयं प्रमाण है।*

ई.डब्ल्यू. हॉपकिन्स ने इस प्रत्यावर्तन के सिद्धान्त का आधार महाभारत के भीतर उपलब्ध दो संस्कृतियों का द्वन्द्व माना है। पर *जे. हर्टेल* ने *ई. डब्ल्यू. हॉपकिन्स* के इस तर्क को यह कहकर समाप्त कर दिया है–यह तो राजघरानों का आपात्काल के समय अस्तित्व के संघर्ष के लिये कूटनीतिक कौशल था।

ई.डब्ल्यू.हॉपकिन्स के स्वयं के मत की भी लगभग यही स्थिति है। महाभारत के धरातल पर उत्पन्न होनेवाली विषमतायें स्वयं विभिन्न युगों में होने वाली सभ्यताओं की मूलभूत विषमताओं का सम्मिश्रण नहीं है, जिसे आधार मान कर महाभारत के महान् धरातल को विभिन्न युगों में फैलते हुए सन्दर्भों के साथ जोड़ कर देखने का प्रयत्न किया गया है। यह एक युग की विषमता का महान् इतिहास है। कौरव और पाण्डव–एक ही कुल की सन्तान राज्य के लिये युद्ध में प्रवृत्त होती है। एक का पक्ष मानवीय न्याय पर आश्रित है अन्य का स्वार्थ पर। मनुष्य के भीतर फैलता हुआ यह दैवी और आसुरी सम्पदाओं का द्वन्द्व–समर्थ कवि की वाणी का आश्रय प्राप्त कर विश्व-मानव के विराट् अन्तरद्वन्द्व की सामूहिक चेतना का प्रतीक बन गया है। एक ऐसा विराट् द्वन्द्व जिसके भीतर से उभरती हुई भगवद्गीता इस ऊँचाई के साथ उभर कर सामने आती है, जो विश्व-मानव के अन्तरद्वन्द्व को सनातन समाधान देने के लिये चिर नवीन है। गीता महाभारत के भीतर जितनी प्राचीन है उतनी ही प्रत्येक युग और शताब्दियों के काल-प्रवाह में नवीन। महाभारत के विचार-विवेचन की ये कल्पित पद्धतियाँ चाहे वह *ऐटोमिस्टिक* हो या *इनवर्जन* पद्धति गतसार एवं महत्त्वहीन हैं। आज अधिकांश विद्वान् श्रीमद्भगवद्गीता को महाभारत का अभिन्न अंश ही स्वीकार करते हैं।

महाभारत के भीतर कथानकगत एकरूपता की दृष्टि से *जोज़फ़ डाल्मन* का सिद्धान्त अधिक स्पष्ट एवं विचारणीय है। उन्होंने सम्पूर्ण महाभारत की संरचना के

**द्रष्टव्य टिप्पण, पृष्ठ ७७

मूल में इसकी एकसूत्रता और इसके उद्देश्यमूलक प्रतिपाद्य को अपने विवेचन का मुख्य आधार बनाया है। उनके तर्क अन्य समालोचकों की तुलना में अधिक स्पष्ट एवं यथार्थ के अपेक्षाकृत अधिक सन्निकट हैं। उन्होंने महाभारत के स्वरूप एवं इसके उद्भव पर जो कुछ कहा, वह संस्कृत साहित्य के इतिहास में *सिंथेटिक थ्योरी* (समन्वयात्मक सिद्धान्त) के नाम से प्रसिद्ध है। *डाल्मन* की दृष्टि से महाभारत एक महाकाव्य भी है और आचारशास्त्र भी। उनके मत से महाभारत, महाकाव्य एवं धर्मशास्त्र का समन्वित स्वरूप है। अपने विषय का प्रतिपादन उन्होंने दो प्रसिद्ध ग्रन्थों में किया है– (१) डास महाभारत आ एपोस उन्ड रेबुख* एवं (२) इसी का द्वितीय भाग–जेनेसिज़ डेस महाभारत।* उन्होंने सम्पूर्ण महाभारत के विभिन्न पर्वों से प्रचुर उद्धरण देते हुए यह सिद्ध कर दिया है कि मूल कथा भाग एवं विपुल उपदेशपरक अंश असम्बद्ध नहा हैं, न इनका परस्पर सम्बन्ध ही संयोग जन्य है–ये सर्वत्र, विशेष उद्देश्य एवं लेखक की इच्छा से ही अपने सार्थक रूप में एक साथ हैं। महाभारत के स्वरूप को विकृत किये बिना इन्हें पृथक् करके नहीं देखा जा सकता। ये महाभारत के भीतर उसी प्रकार समन्वित हैं, जिस प्रकार चित्रपट में उसके सूत्र। महाभारत जहाँ एक महाकाव्य है वहीं वह एक स्मृतिशास्त्र और धर्मशास्त्र भी है।

डाल्मन ने सम्पूर्ण महाभारत में उपदेशशास्त्र को ही महत्त्व प्रदान किया है; उनके मत से उपदेशशास्त्र मात्र आवश्यक सामग्री की तरह नहीं, वह ग्रन्थ का आधारभूत उपादान है, जिसको स्पष्ट करने के लिये सम्पूर्ण कहानी अपने स्वरूप का निर्माण करती है।

विभिन्न प्रकार के नैतिक जीवनदर्शन, धार्मिक विधि और निषेध एवं सामाजिक आचार-विचार को प्रस्तुत करने के लिये ही कथा का आश्रय लिया गया है। *डाल्मन* की दृष्टि में कथा 'फेबल' बन जाती है, धर्मशास्त्र प्रधान हो जाता है। द्रौपदी के लिये पाँच पाण्डवों की यह संगति यथार्थ न होकर प्रतीकात्मक है। उनके मत से पाँच पाण्डव अविभक्त हिन्दू परिवार का प्रतीक है,, द्रौपदी एक आदर्श पत्नी। इसके अतिरिक्त प्राचीन जातियों की संघबद्धता भी पाण्डवों की इस ऐतिहासिक एकता का आधार हो सकती है, वैसी अवस्था में द्रौपदी को उस समाज की अविभाजित एकबद्ध संघीय शक्ति का आधार मानना पड़ेगा। *डाल्मन* ने इसे चारणगीति-गाथाओं से उद्भूत धर्मशास्त्र प्रधान महाकाव्य माना है। उनके अनुसार आचारशास्त्र का स्वरूप

**द्रष्टव्य टिप्पण, पृष्ठ ७७

उस समय चारणों की पावन गीति-गाथाओं पर फैला हुआ था। उनके इस सिद्धान्त को इस प्रकार वर्गीकृत किया जा सकता है–

१. चारणों की गीति-गाथा से विनि:सृत महाकाव्य।

२. महाकाव्य की सम्पूर्ण स्वरूपगत एकरूपता।

३. ग्रन्थ के विभिन्न पर्वों का विशेष उद्देश्य की दृष्टि से गठन और विभाजन एवं उसकी सफल सम्पूर्ति।

४. रचनाकार के मस्तिष्क की सोद्देश्य एकरूपता एवं सम्पूर्ण कृति का उसके आधार पर सफल संयोजन।

५. क्रमबद्ध विकास।

६. महाभारत का कथाभाग कवि कल्पना पर आश्रित।

७. महाभारत एक धर्मशास्त्र प्रधान काव्य।

८. ग्रन्थ की रचना या संग्रह ५वीं शती ईसा पूर्व।

डालमन के विवेचन का सबसे बड़ा दोष है कि वे महाभारत को ऐतिहासिक नहीं, एक काल्पनिक कथा मानते हैं। उनके मत से महायुद्ध केवल कवि की काल्पनिक कथा के भीतर ही हुआ था। इसके पूर्व *लुडविग* ने भी इसे एक प्रतीक कथा ही कहा था। पाँच पाण्डव पाँच ऋतुएँ हैं, यह द्रौपदी इन्हें भोग करने वाली कृष्णाधरित्री है। इस ऋतुचक्र के प्रवर्तन क्रम में जुड़ती हुई यह द्रौपदी कालान्तर में अपनी शोभा को खो बैठती है, जिसे दुर्योधन के जुए के पासों की सहायता से प्रतीकबद्ध किया गया है। अन्त में यह कृष्णाधरित्री शरत् काल में आते-आते सम्पूर्ण वस्त्र और आभूषणों की महाशोभा से रहित एकवस्त्रा हो जाती है, जिसे सभा में नग्नता की सीमा पर लाकर खड़ा कर दिया गया था। पर यह विवेचकों का अपना कल्पना विलास है। प्रारम्भ से अन्त तक महाभारत इतिहास का श्रेष्ठतम प्रामाणिक ग्रन्थ है। मात्र कल्पना विलास का आश्रय लेकर विशालतम विश्वकोश के आकार का पुष्कलकाय महान् ग्रन्थ कभी भी नहीं लिखा जा सकता। ऋतु-चक्र के मिथक मात्र को आधार बनाकर एक लक्ष श्लोकों का विशाल ग्रन्थ कभी भी इस आकार और इस ऊँचाई पर नहीं पहुँच सकता। यह नितान्त असम्भव एवं सामान्य ज्ञान की अवधारणा के सर्वथा विपरीत है। लगता है महाभारत के ये पाश्चात्य व्याख्याता स्वयं इस महाकाव्य की जटिल ग्रन्थियों के भीतर ही उलझ कर रह गये हैं।

इसके पूर्व इस कल्पना विलास के सिद्धान्त पर *लैसन* भी अपना जोर आजमा

चुके हैं, पर उनकी यह कलाबाजी विद्वानों को ग्राह्य नहीं हो सकी। उनके मत से भी महाभारत रामायण की तरह एक प्रतीक कथा है। महाभारत के महान् नायक ऐतिहासिक व्यक्ति नहीं, ये ऐतिहासिक परिस्थितियाँ या अवस्थायें हैं। पाण्डु शब्द का अर्थ श्वेत या कुछ पीतिमायुक्त वर्ण विशेष है। यह एक श्वेत जाति के राज-परिवार का नाम था जो उत्तर दिशा से भारतवर्ष में प्रविष्ट हुआ, जिसे संस्कृत में अर्जुन या श्वेत कहा गया है। उनके मत से पाण्डु शब्द इस प्राचीन विदेशी जाति के लिये व्यवहृत हुआ है, 'अर्जुन' इसका कालान्तर में रखा गया नवीन नाम है। इस नाम का सम्बन्ध भी कृष्ण, कृष्ण-वासुदेव जैसे नामों के साथ जोड़ा गया, जो यथार्थ में व्यक्तियों के नाम न होकर विभिन्न ऐतिहासिक परिस्थितियों एवं घटनाओं के नाम हैं। अर्जुन की पत्नी 'सुभद्रा' शब्द का अर्थ है–सौभाग्य। लगता है श्वेत जाति के लोगों की कृष्ण जाति के लोगों से घनिष्ठता वैवाहिक सम्बन्धों की सीमा तक बढ़ चुकी थी, महाभारत इन बढ़े हुए जातीय जीवन के सम्पर्कों का इतिहास है।

इस कल्पना विलास को पाण्डित्य का बहुत बड़ा आवरण देकर नये प्रकार से बड़े-बड़े पाँच ग्रन्थों में प्रो. थडानी ने अपनी विशाल पुस्तक* में दर्शन की आड़ लेकर स्थापित किया है। थाडानीजी एक ओर दर्शन के बहुत बड़े पण्डित हैं तो दूसरी ओर लगता है वे एक कल्पनाजीवी कवि भी हैं। उन्होंने महाभारत के रहस्य को स्पष्ट करने के स्थान पर उसे और भी अस्पष्ट, कल्पनाशील एवं रहस्यमय बना दिया है। थाडानीजी की दृष्टि में महाभारत– "हिन्दू दर्शन एवं धर्म की विभिन्न शाखाओं एवं सम्प्रदायों के परस्पर द्वन्द्व की कथा है।*

इस सारे विसंवाद और कल्पना-विलास के भीतर रामायण एवं महाभारत का स्वरूप समालोचकों की दृष्टि में विभिन्न है। रामायण और महाभारत भारतीय इतिहास के सबसे बड़े आधार ग्रन्थ हैं, जिन्होंने इतिहास की काल-धारा को सर्वाधिक प्रभावित किया है। इतिहासकारों के ये विपुल विसंवाद महाभारत की रचना-तिथि को रामायण से पूर्ववर्ती मानकर ही प्रवृत होते हैं। ऐसी अवस्था में न तो महाभारत का स्वरूप ही स्पष्ट हो पाता है, न रामायण का ही। सम्पूर्ण भारतीय इतिहास की काल-रेखा ही इस मान्यता के आधार पर एक कवि-कल्पना का उद्वेग बनकर धराशायी और ध्वस्त हो जाती है। सत्य तो यह है कि रामायण और महाभारत के मध्य लम्बे समय के काल-चक्र का दीर्घतम युगान्तराल है, जिसने महाभारत जैसे

**द्रष्टव्य टिप्पण, पृष्ठ ७७

इतिहास-ग्रन्थ की रचना-धर्मिता को प्रतिपद प्रभावित किया है। इतिहासकारों के इस अव्यवस्थित विसंवाद से टकराने के पश्चात् दीर्घतम काल-रेखा की व्याप्ति के युगान्तराल को यहाँ इतिहास, समाज, भाषा और काव्य के सन्दर्भ में भली-भाँति स्पष्ट कर लेना समीचीन होगा।

**(from Page 61) Hermann Oldenberg– 'The Mahabharata began its existence as a simple epic narrative. It became, in course of centuries, the most monstrous chaos,'

**(from Page 65) E. W. Hopkins– 'In what shape, has epic poetry (in India) come down to us ?'

**(from Page 65) E. W. Hopkins– 'enlarged and altered in every recension, chapter after chapter recognized even by native commentaries as praksipta, in a land without historical sense or care for the preservation of popular monuments, where no check was put on any reciter or copyist who might add what beauties or polish what parts he would, where it was a merit to add a glory to the pet god, where every popular poem was handled freely and is so to this day.'

**(from Page 65) E. W. Hopkins– 'When the sixty four kalas were known, when continuous Iambic padas were written, when the latest systems of philosophy were recognized, when the trimurti was acknowledged, when there were one hundred and one Yajur-Veda schools, when the sun was called Mihira, when Greek words had become familiar, and the Greeks were known as wise men, when the eighteen islands and eighteen Puranas were known, when was known the whole literature down to grammars, commentaries, Dharamsastras, granthas, pustakas, written Vedas, and complete MSS, of the Mahabharata including the Harivansha.'

**(from Page 69) E. W. Hopkins– 'Starting with the Two-old nature of Krishna-Vishnu as man and God,' and 'with the glossed-over sins of the Pandus, the critic argues that the first poem was written for the glory of the Kurus, and subsequently tampered with to magnify the Pandus; and that in this latter form we have our present Epic, dating from before the fourth century B.C.'

**(from Page 70) Held– 'Right back in the most ancient times there was a guild of court-singers who extolled in their professional poetry the mighty deeds of their monarchs. Then came a talented poet who made of the original epic, composed in honour of the renowned race of the Kauravas, a poem in praise of a great Buddhist ruler, perhaps Asoka. But now the new teaching, coming into conflict with the growing pretensions of the Brahmins, begins to decline, and the priests convert the now popular poem to their own use, but reverse the original purpose of the work as a whole. Now it is no longer the Kauravas who are lauded but their very adverseries, the Pandavas, to whom a decided predilection for the Brahmanical doctrine is ascribed. The epic is subjected to further revision. Buddhism is eliminated altogether, both Vishnu and Krishna are thrust into the foreground, the Epic is assimilated to the ancient and sacred chronicles of the Puranas and portions of a didactic character are interpolated. And in this revised and irrecognisably altered recension the Epic was non-existent until the twelfth century A.D.'

**(from Page 72) Held– 'The entire inversion theory is simply an ingenious hypothesis that must be a proof of itself'

**(from Page 73) Thadaniji– 'but an account of the connection and conflict between the different systems of Hindu philosophy and religion.'

□

रामायण का वैदिक आधार, सन्दर्भ और साक्ष्य

...अधोरामौ सावित्रौ...

—*यजुर्वेद*

भद्रो भद्रया सचमान आगात्
स्वसारं जारो अभ्येति पश्चात्।
सुप्रकेतैर्द्युभिरग्निर्वितिष्ठन्
रुशद्भिर्वर्णैरभि राममस्थात्॥

—*ऋग्वेद संहिता*

रामायण के विपुल प्राचीनतम ऐतिहासिक सन्दर्भ वैदिक वाङ्मय में भली-भाँति सुरक्षित हैं। भारतीय परम्परा में राम और रामायण वेद-बाह्य नहीं हैं। रामायण के मूल को हमारे इतिहास की परम्परा ने सर्वत्र वेद के भीतर ही ढूँढ़ने का प्रयत्न किया है। महाकवि तुलसीदास ने तो शताधिक स्थलों पर इसे श्रुति-सम्मत ही कहा है। सहस्राब्दियों से भारतीय इतिहास और पुराणों की परम्परा ने रामायण को वेदमूलक कहा है। विशाल वैदिक वाङ्मय में ऋग्वेद से लगाकर उपनिषदों तक हमें राम-कथा के पात्रों की सूचना प्राप्त होती है—जिसका अनुमोदन रामायण, महाभारत, पुराण एवं अन्यान्य इतिहास ग्रन्थों में सर्वत्र किया गया है। रामायण का कथन है—

वेदोपबृंहणार्थाय तावग्राहयत प्रभुः॥

—वा. रा. १-४-६

सत्य तो यह है कि वाल्मीकि ने वेदों के महान् अर्थ का उपबृंहण करने के लिये ही राम की कथा लिखी थी। रामायण के पाठ के पूर्व सारे पाठक्रम में यह महत्त्वपूर्ण श्लोक पढ़ा जाता है, जिसमें स्पष्ट रूप से रामायण को वेदावतार कहा गया है—

वेदवेद्ये परे पुंसि जाते दशरथात्मजे।

वेद: प्राचेतसादासीत् साक्षाद् रामायणात्मना।।

वेदों द्वारा वेद्य राम के प्रकट होने पर, वेद स्वयं महर्षि प्राचेतस के द्वारा रामायण के रूप में प्रकट हुए।

ऋग्वेद से लगाकर उपनिषदों तक सर्वत्र रामायण के महत्त्वपूर्ण पात्रों का स्पष्ट उल्लेख हुआ है। इक्ष्वाकु का नाम हमें सर्वप्रथम ऋग्वेद में प्राप्त होता है–

यस्येक्ष्वाकुरुप व्रते रेवान् मराय्येधते।

दिवीव पञ्च कृष्टय:।। —ऋक्. १०-६०-४

'जिसकी सेवा में धनयुक्त एवं प्रतापी इक्ष्वाकु की अभिवृद्धि होती है'—यह कहकर उस श्रेष्ठ महाराजा इक्ष्वाकु का ही यहाँ स्मरण किया गया है; जो राम के पूर्व पुरुष थे; जिनके ऐतिहासिक आख्यान का उल्लेख रामायण, महाभारत एवं अन्यान्य पुराणों में हुआ है। अथर्ववेद में भी इक्ष्वाकु का नाम आया है–

यं त्वा वेद पूर्वं इक्ष्वाको यं वा त्वा कुष्ठ काम्य:।

—अथ. सं. १९-३९-९

'तू जिसे पूर्व काल में इक्ष्वाकु के नाम से जानता था'—इस कथन से भी स्पष्ट सिद्ध होता है कि इक्ष्वाकु एक प्रसिद्ध इतिहास पुरुष रहे हैं।

शतपथ ब्राह्मण में भी इक्ष्वाकु का उल्लेख इस प्रकार हुआ है–

ईज ऐक्ष्वाको राज. —शत. ब्रा. १३-५-४;५

इस प्रकार महाराजा दशरथ का नाम भी ऋग्वेद में एक बार दानस्तुति के सन्दर्भ में आया है–

चत्वारिंशद् दशरथस्य शोणा: सहस्रस्याग्रे श्रेणिं नयन्ति।

मदच्युत: कृशनावतो अत्यान् कक्षीवन्त उदमृक्षन्त पज्रा:।।

—ऋक्. सं. १-१२६-४

दशरथ के लाल रंग के चालीस घोड़े एक सहस्र की श्रेणी का नेतृत्व करते हैं। यहाँ भी रामायण के महान् पराक्रमी दशरथ का उल्लेख है। दशरथ स्वयं देवासुर संग्राम में गये थे; इस मन्त्र में दशरथ के नाम का भी रहस्य स्पष्ट किया गया है; इनके रथ में दस रथों के अश्वों की ऊर्जा निहित थी, अर्थात् दस रथों में जितने अश्व युक्त होते थे, उतने अश्व अकेले दशरथ के रथ में जोते जाते थे, प्राचीन युग में चार अश्व एक रथ को खींचते थे; इसी क्रम से चालीस अश्वों से युक्त रथ का दशरथ के साथ उल्लेख

हुआ है। अत: अश्व संख्या के अनुसार ही इनका नामार्थ दशरथ है। प्राचीनता की दृष्टि से यह सन्दर्भ विचारणीय है। लगभग १४०० वर्ष ईसा पूर्व मध्य एशिया की मित्तानी संस्कृति में एक राजा का नाम दशरथ है, जो वहाँ रामायण के प्रभाव को ही स्पष्ट करता है। इस वंश के पूर्व पुरुष वैवस्वतमनु का उल्लेख इस प्रकार हुआ है–

मनुर्वै यत्किंचावदत् तद्भेषजमेवावदत्।

—कृष्णयजु. काठक सं. ११-५-९

सुद्युम्न का विवरण इस प्रकार है–

सुद्युम्नोद्युम्नं यजमानाय धेहि।

—कृष्णयजु. मैत्रायणी सं. १-२-१९

वेदों में सुदास की चर्चा है, रघु के पुत्र कल्माषपाद का दूसरा नाम सौदास या सुदास था–

विश्वामित्रो यदावहत् सुदासमप्रियायत कुशिकेभिरिन्द्रः।

—ऋक्. ३-५३-९

महाराजा सगर के साठ हजार पुत्रों का उल्लेख अथर्ववेद में हुआ है–

षष्टिं सहस्रा नवतिं च कौरम आ रुशमेषु दद्महे।।

—अथ. २०-१२७-१

रघुवंश के महान् प्रतापी राजा रघु के विषय में ऋग्वेद हमें सूचना देता है–

रघुः श्येनः पतयदन्धो अच्छा युवा कविर्दीदयद् गोषु गच्छन्।।

—ऋक्. सं. ५-४५-९

वेदों में राम के वंश का सन्दर्भ ही आया हो, ऐसी बात नहीं; रामायण में वर्णित राक्षसों की भी वहाँ चर्चा है। अथर्ववेद में रावण का बहुत ही स्पष्ट उल्लेख है–

ब्राह्मणो जज्ञे प्रथमो दशशीर्षो दशास्यः।
स सोमं प्रथमः पपौ स चकाराऽरसं विषम्।।

—अथ. ४-६-१

राक्षस त्रिशिरा का उल्लेख ऋग्वेद में हुआ है–

स इद्दासं तुवीरवं पतिर्दन् षळक्षं त्रिशीर्षाणं दमन्यत्।

—ऋग्वेद १०-९९-६

यहाँ तक कि कबन्ध तक की सूचना हमें ऋग्वेद से प्राप्त होती है–

नीचीनबारं वरुणः कबन्धं प्र ससर्ज रोदसी अन्तरिक्षम्।

—ऋग्वेद ५-८५-३, नि० १०-४

कैकेय नरेश अश्वपति की चर्चा भी वैदिक वाङ्मय में बड़ी ऊँचाई के साथ हुई है। ये अश्वपति रामायण के अनुसार महाराजा दशरथ के श्वसुर एवं भरत के नाना थे। इनका उल्लेख शतपथ ब्राह्मण–१०-६-१-२ एवं छान्दोग्य उपनिषद् दोनों ही स्थलों पर वैश्वानर तत्त्व के सन्दर्भ में हुआ है। इसी प्रकार विदेह जनक की चर्चा भी वैदिक वाङ्मय में विस्तृत है। सर्वप्रथम जनक का परिचय हमें कृष्णयजुर्वेद के तैत्तिरीय ब्राह्मण में प्राप्त होता है। वे देवताओं को सावित्राग्नि (यज्ञ) के विषय में बतलाते हैं। आगे चलकर शतपथ ब्राह्मण में चार जगह जनक का प्रसंग आया है। जैमिनि ब्राह्मण में भी जनक का उल्लेख है। इसके अतिरिक्त बृहदारण्यक उपनिषद्, कौषीतकी उपनिषद् एवं सांख्यायन आरण्यक में भी जनक के सन्दर्भ हमें प्राप्त होते हैं।

वैदिक वाङ्मय में विदेहराज की पुत्री सीता का उल्लेख कई स्थानों पर प्रत्यक्ष एवं रूपकाश्रित दोनों प्रकारों से ही हुआ है। संस्कृत में हल की फाल को सीता कहते हैं। राजा जनक के हल की नोक से सीता प्रकट हुई थी–

अथ मे कृषतः क्षेत्रं लाङ्गलादुत्थिता ततः॥
क्षेत्रं शोधयता लब्धा नाम्ना सीतेति विश्रुता।
भूतलादुत्थिता सा तु व्यवर्धत ममात्मजा॥

—वा. रा. १-६६-१३,१४

तस्य लाङ्गलहस्तस्य कृषतः क्षेत्रमण्डलम्।
अहं किलोत्थिता भित्त्वा जगतीं नृपतेः सुता॥

—वा. रा. २-११८-२८

वैदिक साहित्य में सीता कथारूपक की सीमा में आकर अपने अर्थ का व्यापक विस्तार करती है। वेदों में सीता के दो रूपक है; वह विशुद्ध रूपक की सीमा में कृषि की अधिष्ठात्री देवी है। द्वितीय सीता का स्वरूप एक कथारूपक का है–सीता-सावित्री। सीता का प्रथम स्वरूप वैदिक कर्मकाण्ड की परिसीमा में उतरता हुआ–लाङ्गल पद्धति के रूप में अत्यन्त विस्तृत है। ऋषि मानव समृद्धि के आधारतत्त्व के रूप में उसे कृषि के सन्दर्भ में ग्रहण करता हुआ, संस्तवन करता है। वैदिक संस्कृति कृषि प्रधान है। उसने सीता शब्द के सम्पूर्ण अर्थ विकास को महालक्ष्मी के सन्दर्भ में जोड़ कर देखा–

वित्तिरसि पुष्टिरसि प्रजापत्यानां त्वाहं मयि।
पुष्टिकामो जुहोमि स्वाहा॥

कुमुद्वती पुष्करिणी सीता सर्वाङ्गशोभिनी।
कृषिः सहस्रप्राकारा प्रत्यष्टा श्रीरियं मयि॥
उर्वी त्वाहुर्मनुष्याः श्रियं त्वा मनवो विदुः।
आशयेऽन्नस्य नो धेह्यनमीवस्य शुष्मिणः॥
पर्जन्यपत्नि हरिण्यभिजातास्यभि नो वेद।
कालनेत्रे हविषा नो जुषस्व तृप्तिं नो धेहि द्विपदे चतुष्पदे॥
याभिर्देवा असुरानकल्पयन् यातून् गन्धर्वान् राक्षसाश्च।
ताभिर्नो अद्य सुमना उपागहि सहस्रापोषं सुभगे रराणा॥
हिरण्यस्रक् पुष्करिणी श्यामा सर्वाङ्गशोभिनी।
कृषिर्हिरण्यप्राकारा प्रत्यष्टा श्रीरियं मयि॥
अश्विभ्यां देवि सह संविदाना इन्द्रेण राधेन।
सह पुष्ट्या न आगहि॥
विशस्त्वा रासन्तां प्रदिशोऽनु सर्वाहोरात्रार्धमासमासा।
आर्तवा ऋतुभिः सह॥
भर्त्री देवानामुत मर्त्यानां भर्त्री प्रजानामुत मनुष्याणाम्॥
हस्तभिरित्तरासैः क्षेत्रसाराधिभिः सह।
हिरण्यैरश्वैरा गोभिः प्रत्यष्टा श्रीरियं मयि॥

—कौ. गृ. सू. अध्याय १३

ऋग्वेद में कृषि की अधिष्ठात्री देवी का सीता के रूप में इस प्रकार स्तवन किया गया है–

अर्वाची सुभगे भव सीते वन्दामहे त्वा।
यथा नः सुभगाससि यथा नः सुफलाससि॥
इन्द्रः सीतां नि गृह्णातु तां पूषानु यच्छतु।
सा नः पयस्वती दुहामुत्तरामुत्तरां समाम्

—ऋ. सं. ४-५७-६-७

अथर्ववेद में सीता का संस्तवन इस प्रकार हुआ है–

घृतेन सीता मधुना समक्ता विश्वैर्देवैरनुमता मरुद्भिः।
सा नः सीते पयसाभ्याववृत्स्वोर्जस्वती घृतवत् पिन्वमाना॥

—अथ. सं. ३-१७-९

पारस्कर गृह्यसूत्र में सीता-यज्ञ का वर्णन विस्तार सहित आया है; वहाँ स्थलीपाक के चढ़ाने का विधान था—

यस्या भावे वैदिकलौकिकानां भूतिर्भवति कर्मणामिन्द्रपत्नी-
मुपह्वये सीतां सा मे त्वनपाविनी भूयात् कर्मणि कर्मणि स्वाहा॥

—पा. गृ. सू. २-१७-४

काठक गृह्यसूत्र के अनुसार खस आदि विभिन्न सुगन्धित घास के द्वारा सीता की तृण्मयी मूर्ति निर्मित की जाती थी—

यत्र वीरणादिमयी सीता कुमारी देवता विरच्यते।

—का. गृ. सूत्र

कौशिकसूत्र, अद्भुत ब्राह्मण, सामवेद आदि में भी सीता विषयक प्रार्थनाएँ हैं। पारस्कर गृह्यसूत्र के अतिरिक्त काठक और गोभिल गृह्य सूत्रों में भी सीतायज्ञ का विवरण है। वैदिक साहित्य में कृषि की अधिष्ठात्री देवी के रूप में सीतापरक और भी विपुल सामग्री है।

सीता-सावित्री की कथा का स्वरूप हमें केवल कृष्णयजुर्वेद के तैत्तिरीय ब्राह्मण में ही प्राप्त होता है। इस कथारूपक के अनुसार प्रजापति की दो पुत्रियाँ हैं—सीता और श्रद्धा। यहाँ प्रजापति शब्द के द्वारा सूर्य का अर्थ ग्रहण किया जाता है। सीता राजा सोम से प्रेम करती है। सोम प्रजापति (सूर्य) की द्वितीय पुत्री श्रद्धा से प्यार करते हैं। सीता रोती हुई पिता के पास चली जाती है। प्रजापति ने उसे स्थागर नाम के अङ्गराग से विमण्डित कर दिया। राजा सोम सीता-सावित्री की ओर अङ्गराग के प्रभाव से आकर्षित होते हैं। सावित्री ने बदले में सोम के हाथों से तीन वेद ले लिए और स्वयं को उनके हाथों समर्पित कर दिया। प्रजापति ने उस अङ्गराग को वैदिक मन्त्रों से प्रज्वलित कर दिया था। अब वे उसके आकर्षण से अपने को पृथक् न कर सके। राजा अब इसे भूलना चाहें तो भी अपनी स्मृति से सीता को अलग करने में असमर्थ थे। अनसूया ने भी रामायण की इस महासावित्री को इसी तरह का दिव्य अङ्गराग दिया था—

इदं दिव्यं वरं माल्यं वस्त्रमाभरणानि च।
अङ्गरागं च वैदेहि महार्हमनुलेपनम्॥१८॥
मया दत्तमिदं सीते तव गात्राणि शोभयेत्।
अनुरूपमसंक्लिष्टं नित्यमेव भविष्यति॥१९॥

अङ्गरागेण दिव्येन लिप्ताङ्गी जनकात्मजे।
शोभयिष्यसि भर्तारं यथा श्रीर्विष्णुमव्ययम्॥२०॥

—वा. रा. ३-११८

अनसूया का यह अङ्गराग भी स्थागर अलङ्कार की तरह ही मन्त्रों की अग्नि से प्रज्वलित एवं अनश्वर था। यह अङ्गराग इतना शक्तिशाली था कि रावण की भुजाओं में छटपटाती हुई सीता, इस दिव्य अङ्गराग से लिपटी हुई परम सुरक्षित थी; यह सीता के लिये कवच की तरह था; अशोक वाटिका के भीतर राक्षसियों से घिरी हुई सीता, जलती हुई लङ्का के भीतर बैठी हुई सीता, सतीत्व की परीक्षा के समय चिता पर चढ़ी हुई सीता सब जगह परम सुरक्षित थी। आदिकवि के आश्रम में रोती हुई सीता के मुख मण्डल पर भी अनसूया का अम्लान अङ्गराग उसी प्रकार था; जिसे यह अवधचन्द्र राम (सोम) कभी न भूल सका। क्षण भर के लिये भी यह सीता सावित्री राम के हृदय से दूर न हो सकी। पृथ्वी के फटने के साथ-साथ राम का हृदय भी फट गया था। लाङ्गल पद्धति से समुत्थित यह सीता पृथ्वी के भीतर प्रवेश करती हुई भी राम के हृदय से अलग न हो सकी। आदि कवि ने अपने महाकाव्य के तीन नाम रखे हैं—उनमें से एक प्रसिद्ध नाम रामायण का सीताचरितम् भी है। श्री सीताराम के वैदिक स्वरूप को लक्ष्य में रखते हुए ही महाकवि कालिदास ने रघुवंश में सीता गायत्री की उद्भावना की है—

स्वरसंस्कारवत्यासौ पुत्राभ्यामथ सीतया।
ऋचेवोदर्चिषं सूर्यं रामं मुनिरुपस्थित:॥७६॥

—रघुवंश सर्ग-१५

वैदिक साहित्य में राम का भी स्पष्ट उल्लेख कई स्थलों पर हुआ है। यजुर्वेद में सवितृकुलोत्पन्न राम का वर्णन आया है—

अग्नयेऽनीकवते रोहिताञ्जिरनड्वानधोरामौ सावित्रौ...

—यजुर्वेद २९-५९

ऋग्वेद के एक मन्त्र में सूर्यवंशी राजा वेन के पश्चात् राम का नाम आया है। अत: यह राम भी सूर्यवंश के प्रतापी राजा राम ही हैं। महाराजा पृथवान, वेन आदि का विवरण महाभारत, पुराण आदि में सर्वत्र आया है। यह राम भी यदि भिन्न राम होते तो इनका उल्लेख दाशरथि राम से भिन्न राजाओं की परम्परा में अन्यत्र होता,

पर ऐसा नहीं है। यही सत्य दशरथ, रघु, सगर, इक्ष्वाकु के साथ भी है। यदि वेदों में आये हुए ये नाम भिन्न होते तो रामायण, महाभारत, पुराण आदि में इनका भिन्न रूप से पृथक् विवरण प्राप्त होता, यह मन्त्र इस प्रकार है–

प्र तद्दु:शीमे पृथवाने वेने प्र रामे वोचमसुरे मघवत्सु।
ये युक्त्वाय पञ्च शतास्मयु पथा विश्राव्येषाम्॥

—ऋक्. स. १०-९३-१४

यहाँ मन्त्र में आया हुआ असुर शब्द जाति वाचक नहीं है। यह स्वतंत्र विशेषण की तरह प्रयुक्त हुआ है। जिसका अर्थ है महान् पराक्रमी, महाप्राणवान्। मन्त्र में आये हुए ये सारे नाम बड़े-बड़े प्रसिद्ध यज्ञकर्ताओं के नाम हैं। राम इतिहास में बड़े-बड़े यज्ञों के कर्ता के रूप में प्रसिद्ध हैं। प्रश्नोपनिषद् में भी राम का स्पष्ट उल्लेख उनके प्रसिद्ध विशेषणों के साथ हुआ है–

भगवन्हिरण्यनाभ: कौसल्यो राजपुत्रो मामुपेत्यैतं प्रश्नमपृच्छत॥

—प्रश्न. उप. ६-१

यहाँ राम का उल्लेख हिरण्यनाभ कौसल्य राजपुत्र के नाम से हुआ है—वाल्मीकि के निम्न सन्दर्भ से यहाँ दाशरथि राम के अर्थ की ही प्रतीति होती है, राम का एक नाम हिरण्यनाभ भी है–

हिरण्यनाभो यत्रास्ते सुतो मे सुमहायशा:॥

—वा. रा. २-७५-१३

कौसल्य पद निश्चित रूप से कौशल जनपद के अर्थ को केन्द्र में रख कर पुत्र अर्थ में ही प्रयुक्त है। यहाँ तक कि ऋग्वेद के निम्न मन्त्र के अनुसार तो लगता है; सम्पूर्ण राम कथा का सारभूत बीज ही इसके भीतर निहित है। संकेतों के माध्यम से रामायण की कथा ही यहाँ स्पष्ट कर दी गयी है–

भद्रो भद्रया सचमान आगात् स्वसारं जारो अभ्येति पश्चात्।
सुप्रकेतैर्द्युभिरग्निर्वितिष्ठन् रुशद्भिर्वर्णैरभि राममस्थात्॥

—ऋ. सं. १०-३-३

भद्र (श्रीराम), भद्रा (सीता) के साथ वन में गये; पीछे से रावण आकर सीता को या भद्रा को ले गया, अग्नि ने तेज स्वरूप पत्नी को श्रीराम के समक्ष प्रस्तुत किया। राम के लिये रामभद्र शब्द का प्रयोग सर्वत्र हुआ है। यहाँ भी मन्त्र के भीतर मात्र भद्र

शब्द के द्वारा रामभद्र का ही ग्रहण किया गया है; क्योंकि मन्त्र का अर्थ रामायण के कथा-बीज से अपना सीधा सम्बन्ध रखता है।

वेद में रामकथा के सन्दर्भ एवं पात्रों के नामोल्लेख का क्रम कहीं भी अस्वाभाविक नहीं है। राम के काल में वेद के बड़े-बड़े मन्त्रद्रष्टा ऋषि वहाँ विद्यमान थे–विश्वामित्र, वशिष्ठ, अगस्त्य आदि। रामायण युग में महर्षियों का मन्त्रद्रष्टा स्वरूप बहुत प्रखर एवं जाज्वल्यमान था। रामायण की संस्कृति यज्ञों की ही महा संस्कृति है; उस युग में ऋचाओं के बड़े-बड़े तत्त्वद्रष्टा महर्षि सम्पूर्ण भारतवर्ष में वैदिक ज्ञान की परम ज्योति का विस्तार कर रहे थे। ऐसी अवस्था में यह कैसे असम्भावित होता कि रामायण के महान् सन्दर्भ उस मन्त्र-दर्शन में प्रतिफलित न हो उठे हों।

□

रामायण और महाभारत का कालान्तराल

रामो रामो राम इति प्रजानामभवन् कथाः।
रामभूतं जगदभूद् रामे राज्यं प्रशासति॥

—वाल्मीकि रामायण

रामायण की सांस्कृतिक इकाइयों का महान् धरातल जितना स्थिर है महाभारत का उतना ही अस्थिर। महाभारत का धरातल एक उद्वेलित महासमुद्र की जल-राशि की तरह है; वहीं रामायण का परम सौम्य एवं उदात्त स्वरूप हिममण्डित नगाधिराज की तरह धवल, उत्तुंग एवं स्थिर है। रामायण का भूगोल तपोवन की तपोमयी संस्कृति है, वहाँ विराधों एवं कबन्धों से घिरी सूचीवेध्य तमसाच्छन्न घनघोरता की धरती है। वहाँ आश्रमों की महान् श्रमहारिणी संस्कृति है, शिलावहा नदियाँ हैं, बड़ी-बड़ी विकङ्कत, पद्मपलाश, शमी से समिद्ध अग्निशरण शालायें हैं। रामायण के भारतवर्ष का सम्पूर्ण आकाश महानगरों के प्रतिरोध से शून्य है। पक्षिराज सम्पाति ने भारत के सम्पूर्ण आकाश को अपनी आँखों में समेट कर कहा—हिमालय और विन्ध्य दो छोटे हाथी के बच्चों की तरह मानों समुद्र में सूँड़ डुबोकर जल ग्रहण कर रहे हैं। नदियाँ पर्वतों से, पठारों से उतरती हुई, समतल पर आगे बढ़ती हुई, सागर संगम को और भी गम्भीर बनाती हुई यज्ञोपवीत के सूत्र की तरह फैली हुई हैं। सम्पाति ने कुछ बड़े-बड़े महानगरों को रथचक्र की तरह धरती पर स्थित देखा है।

रामायण की संस्कृति ऋषियों एवं ब्राह्मणों के प्रभाव की तपोमयी यज्ञमयी संस्कृति है। भगवान् वशिष्ठ एवं अगस्त्य का व्यक्तित्त्व धनुष्पाणि राम के लिए परम श्रद्धेय है। वेदों का यज्ञपरक कर्मकाण्ड सर्वोपरि था। अयोध्या का प्रान्तभाग यूपस्तम्भों की ऊँचाइयों से घिरा था; अगस्त्य के यज्ञवाट को घेरकर वेदों के महान् देवता इन्द्र, उपेन्द्र, भग सभी यथास्थान खड़े थे। भगवान् अगस्त्य की यज्ञशाला में आया हुआ विवरण रामायण युग की यज्ञ-संस्कृति का विराट् चित्र है। 'क्षत्र'—'ब्रह्म' के मुख में

समाया हुआ था। क्षत्रिय ब्राह्मणों के सम्मुख नत थे। विश्वामित्र क्षत्रियत्व की सीमा को लाँघ कर ब्राह्मणत्व की उदात्त धरती पर आये थे। महर्षि विश्वामित्र राम के आचार्य थे। महाभारत में कौरव और पाण्डवों के आचार्य द्रोण ने ब्राह्मणत्व को त्याग कर क्षत्रियत्व का वरण किया था। आदिकवि ने स्पष्ट लिखा है—क्षत्रं ब्रह्ममुखं चासीत्। महाभारत की सांस्कृतिक और सामाजिक स्थिति इतिहास के सन्दर्भ में ठीक इसके विपरीत है। महाभारत तक आते-आते युद्ध जैसे विषय भी जातिवाद की लौह शृंखला में निगडित हो चुके थे। रामायण में वानर-भालू युद्ध में सेनापतित्व ग्रहण करते हैं। पर महाभारत में सूतपुत्र कर्ण का सेनापतित्व भीष्म जैसे प्राज्ञ के लिए भी असह्य था। यदि भीष्म मान गये होते तो कुरुक्षेत्र के रणाङ्गण में भीष्म की जगह सूतपुत्र कर्ण ने सेनापतित्व ग्रहण किया होता। ये दोनों योद्धा यदि परस्पर सहयोग की भावना से युद्ध क्षेत्र में उतरते तो बहुत सम्भव है महाभारत युद्ध की नियति कुछ भिन्न ही होती। भारतीय इतिहास के अध्याय भी भिन्न प्रकार से लिखे जाते। पर महाभारत के इस दम्भगर्वित समाज में यह सम्भव नहीं था, रामायण के समाज में यौधेय गरिमा का स्वरूप बहुत ऊँचा था।

कथा के मूल सूत्र जितने सहज और संगठित रामायण में हैं, महाभारत में वे उतने ही जटिल, वक्र एवं ग्रन्थिल। यह बड़ी जटिल समस्या है—रामायण महाभारत से पूर्ववर्ती है या परवर्ती या समसामयिक; यदि काल का व्यवधान दोनों रचनाओं के मध्य है तो उसका आयतन क्या है, उसकी दीर्घता क्या है। यह सम्भावना भी कम साधारण नहीं—दोनों ग्रन्थों के मध्य काल का एक दीर्घतम व्यवधान हो। जहाँ तक मेरा अनुमान है यह पार्थक्य एक बहुत बड़े काल-व्यवधान को अपने भीतर समेटे हुए है। रामायण और महाभारत दो सांस्कृतिक महायुगों का एक दीर्घ काल-विभाजक चक्र है, जिसकी व्याप्ति और विस्तार युगान्तरव्यापी इतिहास का विषय है।

रामायण एक कविता है, एक महाकाव्य है; महाभारत पुराण है, स्मृति है, शास्त्र है, इतिहास है—भारतीय संस्कृति का सबसे महत्त्वपूर्ण एक विशालतम प्रामाणिक विश्वकोश है। विश्व के इतिहास में मनुष्य की प्रथम भाषा या अभिव्यक्ति कविता है; न कि महाभारत जैसा जटिलतम विश्वकोश, जिसकी सिनोप्सिस टेकनीक की दृष्टि से ब्रिटानिका जैसे विश्वकोश से भी अधिक जटिल और परिपूर्ण है। कहना न होगा महाभारत को रामायण से पूर्ववर्ती कहने वाले इतिहास के पण्डित अनजान में भूल से ही सही, एक बहुत बड़ी बात भी कह जाते हैं—भारतीय इतिहास में सर्वप्रथम

कविता नहीं, महाभारत जैसा जटिलतम विश्वकोश लिखा गया! महाभारत को रामायण से पूर्व मानने वाले पण्डित, मानव मनोविज्ञान की ऐतिहासिक धारा के नितान्त विपरीत गमन करते हैं क्योंकि किसी भी भाषा में सर्वप्रथम काव्य का उन्मेष होता है, न कि इस तरह के बोझिल एवं टेकनिकल इतिहास ग्रन्थों का। सहस्रों वर्षों तक रामायण के काव्य-प्रवाह ने भारतीय वाणी को सहज प्रवाह और महाभारत जैसे अतुलनीय समर्थ ग्रन्थ के निर्माण की क्षमतायें प्रदान कीं। काल के इस महासमुद्र में महाभारत जैसे विश्वकोश के पूर्व अनेक महाकाव्य ययाति, नहुष, शिवि, रन्तिदेव, नल, दुष्यन्त आदि पर रहे होंगे, जिसका तार्किक अनुमान हम महाभारत में सर्वत्र फैले हुए इन इतिहास-पुरुषों की छाया से लगा सकते हैं; पर ये अनुमानित महाकाव्य कहीं काल के महासमुद्र में विलीन हो गये—जिसकी छाया रामोपाख्यान की तरह महाभारत में यत्र-तत्र बड़े-बड़े उपाख्यानों में अभी तक जीवित है। आज हमारे समक्ष महाभारत से पूर्ववर्ती एकमात्र चौबीस हजार श्लोकों का महाकाव्य रामायण ही समुपलब्ध है।

विश्व में मनुष्य की प्रथम भाषा का उन्मेष विशुद्ध कविता है, कथानकगत जटिलता में उलझा हुआ दर्शनशास्त्र का ग्रन्थ महाभारत नहीं। मनुष्य प्रारम्भ में लेखन का अभ्यस्त नहीं था। रामायण सहस्रों वर्षों तक श्रुति की तरह गीत-श्रुति बनकर वीणा के मण्डल पर नदी के प्रवाह की तरह उमड़ती-घुमड़ती रही। रामायण के लेखन या लिपिबद्ध होने की कोई सूचना इतिहास के पास नहीं; पर महाभारत के लिखने और कहने का कार्य साथ-साथ हुआ। महर्षि वेदव्यास की आशुप्रतिभा महाभारत का निर्माण कर रही थी, श्री गणेश लिख रहे थे। रामायण में श्रुति की परम्परा का यथावत् अन्वय था। इसके गान का प्रकार तन्त्री के साथ बँधा था—

पाठ्ये गेये च मधुरं प्रमाणैस्त्रिभिरन्वितम्।
जातिभिः सप्तभिर्युक्तं तन्त्रीलयसमन्वितम्॥

—वा. रा. बालकाण्ड ४-८

रामायण की संस्कृति वेदों की संस्कृति थी—

वेदोपबृंहणार्थाय—

—वा. रा. बालकाण्ड ४-६

रामायण देवता और मानव दोनों की संस्कृति है। राम देवता (विष्णु) और मानव दोनों हैं। महाभारत ने इन्द्रध्वज को उखाड़ फेंका। यहाँ इन्द्र के स्थान पर वासुदेव कृष्ण हैं। यहाँ इन्द्रध्वज नहीं, कपिध्वज है। रामायण में वानरों की, ऋक्षों की वन्य स्थितियाँ हैं। महाभारत तक आते-आते इनका उल्लेख मात्र ही रह गया था; जिसकी

स्मृति ध्वजाओं के ऊपर चिह्न के रूप में अवशिष्ट रह गयी थी। महाभारत में कपिध्वज शब्द के साथ हनुमान् की प्रथम पूजा का ऐतिहासिक सन्दर्भ जुड़ा है। अर्जुन के रथ की ध्वजा पर हनुमान् देवता बन कर बैठे थे। वे समय-समय पर अपने दैविक सामर्थ्य द्वारा पाण्डवों की रक्षा करते थे। महाभारत युद्ध तक आते-आते हनुमान् भयंकरता के देवता बन चुके थे। इस भयंकरता को अपने मस्तक पर धारण कर पाण्डवों ने कौरवों के साथ यह युद्ध लड़ा था। अर्जुन के अनेक पर्यायों में कपिध्वज इतना असाधारण पर्याय है जिसने अपने अर्थ को सुरक्षित रखते हुए अर्जुन के अनेक उल्लेखनीय पर्यायों का निर्माण किया है। कपिकेतन, कपिप्रवर, कपिवरध्वज, वानरकेतन, वानरकेतु, वानरवर्य केतन, शाखामृगध्वज। इन पर्यायों का अर्जुन के लिए महाभारत में सर्वत्र उपयोग हुआ है। अर्जुन के ये अपरिमित पर्याय ही रामायणकालीन संस्कृति को महाभारत से पूर्ववर्ती सिद्ध एवं उद्घोषित करने के लिये पर्याप्त हैं। रामायण में हनुमान् ऋष्यमूक पर्वत से लेकर रावण-वध तक अपने व्यापक सन्दर्भ में सर्वत्र असाधारण हैं।

रामायण आश्रमों की तपोवनमयी महासंस्कृति है, वहाँ बड़े-बड़े महानगरों की कहीं कोई कल्पना नहीं। महाभारत युग तक आते-आते यह तपोवन प्रधान संस्कृति नागर सभ्यता में बदल चुकी थी। उस समय बड़े-बड़े नगर अस्तित्व में आ चुके थे; मय के चमत्कारी शिल्प और स्थापत्य से अलंकृत और सज्जित हो रहे थे। रामायणकालीन संस्कृति में नगरों का नितान्त अभाव है। महाभारत का सम्पूर्ण धरातल जातियों के विपुल संक्रमण, संघर्ष एवं पारस्परिक स्पर्धाओं से आक्रान्त है। रामायण का भूगोल इस स्पर्धा से सर्वथा मुक्त है। महाभारत की सभ्यता, सामाजिक और जातीय ग्रन्थियों का एक जटिल प्रकार है; जहाँ रामायण में नियोग और अक्षेत्रज सन्तान जैसी कोई वस्तु ही नहीं है। पर महाभारत की सभ्यता नियोग की सभ्यता है, अक्षेत्रज सम्बन्धों का विपुल विस्तार है। महाराजा शान्तनु और सत्यवती का असम विवाह, कृष्णद्वैपायन के द्वारा महाभारत के राजवंश का नियोग सम्मत विस्तार, द्रौपदी के पाँच पति, अर्जुन और सुभद्रा का परिणय, इस तरह के रक्त सम्बन्धों की कल्पना भी रामायणकालीन समाज के पास न थी।

महाभारत के मुख्य नायक और उस समाज के राजनय वर्ग के राज-प्रासाद स्त्रियों से भरे थे; राम जहाँ एक पत्नीव्रत के आदर्श के रूप में रामायणकालीन समाज में प्रसिद्ध हैं; वहीं महाभारत की सभ्यता के महानायक बहुपत्नीव्रती हैं। हाँ, दशरथ का बहुपत्नीत्व उल्लेखित है, पर उद्वेलित नहीं। उद्वेलन का पक्ष कैकेयी के साथ है, जो

रामायण को रामायण बना देता है। रामायण के शान्त समुन्नत समाज की सहज दृष्टि के समक्ष महाभारत का समाज सारे उलझाव और सम्पूर्ण विकृतियों से परिपूर्ण है। वहाँ नग्नता है, द्यूत है; अपरिमित अपहरण हैं। महाभारत की सम्पूर्ण रणनीति, छल और दुराग्रहों की कूटनीति है। वहाँ रामायण की अनन्य सामान्य यौधेय गरिमा का सर्वथा अभाव है। रामायण में केवल एक बालि-वध का प्रसंग आता है, जिसके समाधान के लिए वाल्मीकि ने अनेकानेक तर्क दिये हैं। राम ने कहीं भी उसे छिप कर नहीं मारा, युद्ध में मारा है, रामायण में इसके अनेक प्रमाण हैं। खर से युद्ध करते समय राम का 'दो या तीन' पद पीछे आ जाना भी भारतीय संस्कृति की उस यौधेय गरिमा को सहस्राब्दियों तक पीड़ित करता रहा। टीकाकारों ने इस पर प्रश्न और समाधानों का तुमुल खड़ा कर दिया। यहाँ तक कि भवभूति जैसे व्यक्ति भी चुटकी लेने से बाज न आये। महाभारत की गर्हित रणनीति का उदाहरण तो स्वयं भीष्म, अभिमन्यु, द्रोण, कर्ण, द्रौपदी के अर्धरात्रि में सुप्त पुत्रों का संहार, दुर्योधन का निपात, सब कुछ वहाँ सम्मिलित है। यहाँ तक कि द्रोण के पुत्र एवं भरद्वाज के प्रपौत्र अश्वत्थामा उत्तरा के गर्भ पर भी ब्रह्मास्त्र का प्रयोग करने से नहीं चूकते। भीमसेन ने दु:शासन का रक्तपान तक किया था। पर राम के लिए मरणोपरान्त बैर का कोई अर्थ ही नहीं था; वे रावण-वध के उपरान्त कहते हैं–

मरणान्तानि वैराणि निर्वृत्तं न: प्रयोजनम्।

—वा. रा. युद्धकाण्ड १११-१००

धर्मराज युधिष्ठिर स्वयं युद्धक्षेत्र को छोड़कर कर्ण के भय से भाग जाते हैं; जबकि रामायण-युग की मर्यादा की दृष्टि से एक क्षत्रिय का रणक्षेत्र को छोड़कर भाग जाना नितान्त गर्हित एवं असम्भव है। महाभारत की सभ्यता मानवीय अध:पतन की अन्तिम पराकाष्ठा पर पहुँच चुकी थी; जिसे एक स्त्री को अपने हाथों से बड़े-बड़े दार्शनिक प्राज्ञों से भरी हुई सभा में नग्न करते हुए तनिक भी संकोच और पतन का अनुभव नहीं हो रहा था। यही कारण था जब श्रीकृष्ण ने दोनों सेनाओं के मध्य अर्जुन के रथ को उपस्थित कर दिया, तब अर्जुन उस महायुद्ध के परिणामों को सोच कर काँप उठा। अस्त्र सम्पात के उस महाक्षण में उसके अंग शिथिल होते जा रहे थे, मुख सूख रहा था, शरीर काँप रहा था; रोमकंटकों के भार को वह झेल रहा था। युद्ध की विभीषिका देखकर उसके हाथ से गाण्डीव छूट रहा था, उसके भरतवंशी शरीर की त्वचा भीतर ही भीतर जल रही थी। अर्जुन जैसा योद्धा श्रीकृष्ण के हाथों में अपने

अश्वों की विद्युत्वल्गा को सौंप कर, अब खड़ा होने में भी असमर्थ था–

सीदन्ति मम गात्राणि मुखं च परिशुष्यति।
वेपथुश्च शरीरे मे रोमहर्षश्च जायते॥२९॥
गाण्डीवं स्रंसते हस्तात्त्वक्चैव परिदह्यते।
न च शक्नोम्यवस्थातुं भ्रमतीव च मे मनः॥३०॥

–भगवद्गीता अध्याय-१

श्रीकृष्ण की दृष्टि में ऐसी सभ्यता के अस्तित्व का बोध निरर्थक था। वे महायुद्ध के अस्त्र सम्पात की प्रतीक्षा में सन्नद्ध थे; उन्होंने कहा–

कालोऽस्मि लोकक्षयकृत्प्रवृद्धो लोकान् समाहर्तुमिह प्रवृत्तः।
ऋतेऽपि त्वां न भविष्यन्ति सर्वे येऽवस्थिताः प्रत्यनीकेषु योधाः॥३२॥

–भगवद्गीता अध्याय-११

रामायण युग में जो समाज आदर्शों की अन्तिम भूमि पर पहुँच चुका था–वही समाज अपनी जटिलताओं के धारावाहिक गतिशास्त्र के क्रमों में बँधा हुआ महाभारत युग तक आते-आते अधःपतन की अन्तिम सीमा पर पहुँच गया। इस तरह के सांस्कृतिक और सामाजिक सन्दर्भों का अन्तर और उलझाव दो-चार शताब्दियों के सामाजिक और नैतिक अधःपतन का इतिहास नहीं, इसके मध्ययुगों का सुदीर्घव्यापी कालान्तराल है।

महाभारत के समाज में म्लेच्छ, यवन और अनेकानेक अवर वर्ण क्षत्रियों के समकक्ष आदर प्राप्त कर रहे थे, जिसका रामायण के समाज में ऐकान्तिक अभाव है। इन क्षत्रियों के सहवास और सहयोग का ही यह फल था कि अर्जुन जैसा श्रेष्ठ क्षत्रिय भी युद्ध के समय क्षात्र-धर्म को त्याग कर खोखली कायरता को ओढ़ता हुआ भिक्षा के द्वारा जीवनयापन की कल्पना करने बैठ जाता है–

श्रेयो भोक्तुं भैक्ष्यमपीह लोके...

यहाँ तक कि महाभारत में विदेशी भाषा के प्रयोगों के संकेत भी विद्यमान हैं। विदुर लाक्षागृह में होने वाली घटना का संकेत विदेशी भाषा में देते हैं।

रामायण की कथा के प्रवर्तक बिन्दु का विन्यास विमाता कैकेयी के प्रति समान श्रद्धा और आदर की भावना के साथ होता है, पिता के सत्य की रक्षा के लिए कथा सारी ऊँचाई के साथ आगे बढ़ती है–

धर्मो हि परमो लोके धर्मे सत्यं प्रतिष्ठितम्।

धर्मसंश्रितमप्येतत् पितुर्वचनमुत्तमम्॥

—वा. रा. अयोध्याकाण्ड २१-४१

महाभारत की कथा का प्रवर्तक बिन्दु द्यूत के अक्ष या पासे हैं। भाई भाई की वधू को भरी सभा में नग्न करने का प्रयत्न करते हैं; लक्ष्मण के आभूषणं न जानामि का महान् आदर्श महाभारत की अध:पतित भूमि पर पहुँचते-पहुँचते ध्वस्त हो गया था। महाकवि हाल (शातवाहन) की 'गाथा-सत्तसई' (गाथा-सप्तशती) में आता है—मनचले देवरों के स्वभाव को प्रशिक्षित करने के लिए भौजी दीवाल पर लक्ष्मण का चित्र बना दिया करती थीं—

दियरस्स असुद्ध-मणस्स कुल-वहू णिअअ-कुड्ड-लिहिआइं।
दिअहं कहेइ रामाणुलग्ग-सोमित्ति-चरिआइं॥३५॥
(देवरस्य अशुद्धमनसः कुल-वधूः निजक-कुड्य-लिखितानि।
दिवसं कथयति रामानुलग्न-सौमित्रि-चरितानि॥)

—सत्तसई १-३५

महाभारत के इस विपुलकाय कथानक की गतिशीलता का आधार बिन्दु द्यूत है, जिसकी अनियन्त्रित गति पर धर्मराज स्वयं को, सारे भाइयों सहित राज्य को, यहाँ तक कि द्रौपदी को भी दाँव पर रख देते हैं। धर्मराज के हाथों में घूमते हुए अक्ष पर भारतीय संस्कृति के सारे महान् मूल्य और आदर्श निष्प्राण हो चुके थे। इस संस्कृति की विराट् प्रभविष्णुता का अन्त महाभारत की कथा है। वाल्मीकि ने राम को विग्रहवान् धर्मः कहा है। युधिष्ठिर तो अपना नाम ही धर्मराज रख लेते हैं। धर्म वहाँ न प्रारम्भ में है, न महाभारत में कर्ण के बाणों से भागते हुए कायर युधिष्ठिर में है, न आचार्य द्रोण के पतन के सन्दर्भ में नरो वा कुञ्जरो वा कहते हुए धर्मराज के भीतर है; न दुर्योधन के विनिपात के समय मौनव्रत धारण करते समय ही है। कर्ण से भयभीत युद्ध में भागते समय युधिष्ठिर को क्षत्रियत्व की दृष्टि से अपने अन्वर्थक नाम के अर्थ का भी ध्यान न था। युधिष्ठिर शब्द का अर्थ है—युद्ध में स्थिर; कुन्ती ने बड़ी आशाओं के साथ युधिष्ठिर का यह नाम रखा होगा।

सम्पूर्ण महाभारत में इस अध:पतित समाज के महान् नायक का सारा मनोविज्ञान बड़ा ही जटिल है। दुर्योधन के मनोविज्ञान से भी अधिक जटिल। एक ओर तो धर्म के प्रति असीम श्रद्धा का स्वरूप; दूसरी ओर इसके निर्गमन का अत्यन्त संकीर्ण मार्ग। युधिष्ठिर के भीतर धर्म एक अबौद्धिक ग्रन्थि बन चुका था। यह जटिलतम धर्म-ग्रन्थि

ही महाभारत में प्रारम्भ से अन्त तक युधिष्ठिर के सम्पूर्ण व्यक्तित्व का परिचालक बिन्दु है। इस महत्त्वपूर्ण ग्रन्थि के रहस्य का उद्घाटन महाभारत के शान्तिपर्व में स्वयं भीष्म ने युधिष्ठिर के समक्ष किया है। महाभारत की महान् यात्रा करने के पश्चात् पाठक इस कुञ्जी की जानकारी प्राप्त करता है और आश्चर्य से स्तम्भित हो जाता है, यदि यह कुञ्जी उसे प्रारम्भ में ही मिल जाती तो कितना अच्छा होता; पर महाभारत सही समय पर और सही स्थल पर अपने पाठक को रहस्यमय बड़ी-बड़ी कुञ्जियाँ प्रदान करता है; जिसके बिना इस ग्रन्थ को समझ लेना नितान्त असम्भव है। भीष्म ने इस सत्य का उद्घाटन किया, कर्ण युधिष्ठिर के भीतर की इस धर्म-ग्रन्थि के पोचेपन को जानता था। कर्ण वार्तालाप करते समय अपने पैरों को युधिष्ठिर के पैरों के सम्मुख फैला देता; इसके पश्चात् कर्ण का वार्तालाप युधिष्ठिर के साथ प्रारम्भ होता; प्रथम सन्तान होने के कारण कर्ण का पद कुन्ती के चरण जैसा ही था। कर्ण की आवाज ठीक उस कुमारी माता के जैसी थी। कुन्ती के व्यक्तित्व की कुमारी प्रथमताओं से बना था कर्ण का शरीर। इस धर्म-ग्रन्थि की जटिलता युधिष्ठिर में इस प्रकार थी—वे कर्ण के चरणों को कुन्ती के चरण समझ बैठते थे, उसकी वाणी में उभरते हुए आदेशों को कुन्ती का आदेश। अनेक बार मिले होंगे अङ्गराज कर्ण और युधिष्ठिर। कितनी बार युधिष्ठिर को वंचित करते हुए कर्ण ने दुर्योधन के पक्ष में लाभ उठाया होगा। वह धर्मराज के पोचेपन की इस ग्रन्थि के रहस्य को जानता था। धर्मराज युधिष्ठिर इस तरह की अनेक धर्म-ग्रन्थियों से पीड़ित थे। इस धर्म-ग्रन्थि की जटिलता ने सर्वत्र महाभारत के श्रेष्ठ नायक को अपने नियन्त्रण में रखा है। द्यूत के समय धर्मराज केवल यह कहकर इस नीच कर्म से होने वाले धार्मिक दायित्व के बोध से हटना चाहते हैं—'निमन्त्रण मिलने पर द्यूत क्रीड़ा में प्रवृत्त न होने पर पाप लगता है'। द्रोण के विनिपात के समय भी यही हीनता-बोध युधिष्ठिर के भीतर कार्य कर रहा था—'नरो वा कुञ्जरो वा' में मात्र वा शब्द का उच्चारण कर लेने से ही वे असत्य भाषण के पातक से बच जाएँगे। युधिष्ठिर धर्मराज के नाम से प्रसिद्ध हैं। राम स्वयं धर्म के विग्रह हैं। रामायण के सांस्कृतिक समाज में युधिष्ठिर का यह धर्मराज पर्याय हास्यास्पद है। महाभारत के इस नवीन और विकृत समाज की और बात है—'एरंडोऽपि द्रुमायते' फिर महाराजा युधिष्ठिर एक श्रेष्ठ आचरणयुक्त व्यक्ति थे।

राम और युधिष्ठिर दोनों ही वनवास के विषय में सोच रहे थे, धर्मराज युधिष्ठिर सोचते-सोचते रो रहे थे। उनके हृदय में एक हारे हुए जुआरी का हाहाकार फैला हुआ

था; राम की बौद्धिक दृष्टि में राज्यसत्ता की तुलना में जंगल में रहना कम श्रेष्ठ नहीं था–

राज्यं वा वनवासो वा वनवासो महोदय:॥

—वा. रा. अयोध्याकाण्ड २२-२९

राम के समक्ष पिता की आज्ञा थी–

पितुर्हि वचनं कुर्वन् न कश्चिन्नाम हीयते॥

—वा. रा. अयोध्याकाण्ड २१-३७

राम ने कैकेयी से कहा–

नाहमर्थपरो देवि लोकमावस्तुमुत्सहे।
विद्धि मामृषिभिस्तुल्यं विमलं धर्ममास्थितम्॥
यत् तत्र भवत: किंचिच्छक्यं कर्तुं प्रियं मया।
प्राणानपि परित्यज्य सर्वथा कृतमेव तत्॥

—वा. रा. अयोध्याकाण्ड १९-२०,२१

रामायण में राम और भरत दोनों के लिए सत्ता महत्त्वहीन है; महाभारत प्रतिशोध और सत्ता के पारिवारिक संघर्ष पर आधारित है; महाभारत का समापन भाइयों के भीषण संहार, विनिपात, यहाँ तक कि भाई के रक्तपान के साथ होता है–इस कथासूत्र का प्रारम्भ द्रौपदी की नग्नता से होता है और अन्त दु:शासन के रक्तपान के साथ। पर रामायण का समापन उस युग की सबसे बड़ी भयंकरता, क्रूरता और पैशाचिकता के ऐकान्तिक अन्त के साथ होता है। रामायण की संस्कृति नगरों के निर्माण की संस्कृति है–कुश और लव ने लवपुर (लाहौर) और कुशावती को संस्थापित किया; भरतपुत्र पुष्कल ने पुष्कलावत (पेशावर) एवं तक्ष ने तक्षशिला का निर्माण किया, लक्ष्मण के पुत्र अङ्गद ने कारुपथ में अपना राज्य निर्मित किया, चन्द्रकेतु ने चन्द्रकान्त नामक नगर बसाया। महाभारत की सभ्यता नगर-सभ्यता के पतन की कहानी है।

महाभारत के युग में ब्राह्मणों का आचरण, क्षत्रियों की तरह, वैश्यों की तरह, शूद्रों की तरह हो रहा था; पर रामायण के सांस्कृतिक समाज में ऐसा एक भी उदाहरण नहीं है। रामायण के युग में क्षत्रिय राजदण्ड का परित्याग कर विकंकत के दण्ड को हाथ में लेकर जंगल में जाते देखे गये हैं। महाभारत-युग के पास ऐसे क्षत्रियों की कल्पना भी नहीं थी। महाभारतकालीन समाज के ब्राह्मण, स्त्रियों के पास, वैश्यों के पास, शूद्रों के पास यहाँ तक कि धर्मव्याध के पास ज्ञान की खोज में जाते दिखाई देते हैं। रामायण में इस प्रकार का विवरण एक भी नहीं है। रामायण का ब्रह्मवर्ग ज्ञान

की दृष्टि से बहुत समुन्नत था।

रामायण का अमात्यचक्र ब्राह्मणों से गठित था। महाभारत के अमात्यचक्र में सारे वर्गों का प्रतिनिधित्व है। मन्त्रिमण्डल में चार ब्राह्मण, आठ क्षत्रिय, इक्कीस धनाढ्य वैश्य, तीन शूद्र और एक सूत—ये राजा के द्वारा मनोनीत होते थे। इनमें आठ का प्रतिनिधित्व वैयक्तिक अमात्य के रूप में होता था—चार ब्राह्मण, तीन क्षत्रिय, एक सूत—

अष्टानां मन्त्रिणां मध्ये मन्त्रं राजोपधारयेत्॥

—महा. शान्तिपर्व ८५-११

रामायण की संस्कृति धर्म-प्रचारकों की संस्कृति है, यह कार्य वहाँ ऋषि किया करते थे। रामायण के भारतवर्ष का भूगोल नरभक्षी राक्षसों से भरे बड़े-बड़े जंगलों से आच्छन्न था, राम ने दण्डकारण्य की यात्रा में उन भक्षित तपस्वियों की हड्डियों के पहाड़ देखे थे। रामायणकालीन संस्कृति उन बड़े-बड़े जंगलों की क्रूरता को समाप्त करते हुए उन्हें एक नया सौम्य आकार प्रदान कर रही थी; जिसकी मृदुता और सौम्यता पर महाभारत-युग की तीर्थ-संस्कृति का विराट् भूगोल विस्तृत होता चला गया। रामायण के युग में क्रूरता और भयंकरता के बड़े-बड़े उपनिवेश उखाड़ फेंके गये। तेरह वर्ष के किशोर राम ने ताटका के नृशंस उपनिवेश को उखाड़ फेंका, मारीच और सुबाहु के पतन के साथ यह सिद्धाश्रम और अनंगाश्रम की ऐतिहासिक भूमि भयमुक्त हो गई, इस भय के कारण महर्षि अगस्त्य को अपना आश्रम छोड़कर दक्षिण की ओर बढ़ना पड़ा था। अपनी अरण्य-यात्रा में आगे बढ़ते हुए राम ने दक्षिण भारत को खर और दूषण के चंगुल से मुक्त कर दिया। रावण-वध के उपरान्त पूर्व भारत में लवण दैत्य का निग्रह किया गया। सुदूर पश्चिम के कालकेय, निवातकवच एवं गन्धर्वों के उग्र उपद्रव को शान्त कर दिया गया। सारे अरण्यों की अधोमुखी नृशंसताओं पर आर्यों की सांस्कृतिक मृदुता का विस्तार हो रहा था। कबन्धों एवं विराधों से भरी हुई भूमि अब चलने-फिरने योग्य हो गई थी। दूर-दूर तक फैली हुई वानर, ऋक्ष, निषाद, शबर आदि जातियाँ मानवीय मर्यादाओं के साथ जुड़ती चली जा रही थीं। वर्णाश्रम परम्परा में इनके स्थान जैसे भी क्यों न रहे हों; भारतवर्ष का सांस्कृतिक एकीकरण बड़ी गम्भीरता के साथ प्रारम्भ हो गया था। वैसे तो राम से पूर्व वैदिक संस्कृति सारे भारत में फैल चुकी थी, दक्षिण में अगस्त्य और शरभङ्ग थे, पूर्व में च्यवन। उत्तर और मध्य भारतवर्ष में वशिष्ठ, विश्वामित्र, वाल्मीकि, भरद्वाज और अत्रि के आश्रम विद्यमान थे। राम ने स्वयं पहले बाणों से एवं फिर अश्वमेध के

अश्व से इस सांस्कृतिक एकीकरण का कार्य कर दिया। अश्व के भौगोलिक यात्रा-पथ का विशद विवरण पद्म एवं अन्य पुराणों में विद्यमान है; जो भारतवर्ष के सांस्कृतिक भूगोल की दृष्टि से बहुत ही महत्त्वपूर्ण है।

उत्तर से दक्षिण तक रामायण का भारतवर्ष श्रेष्ठ वैदिक संस्कृति के मूल्यों का भारतवर्ष है। रामायण की संस्कृति का भारतवर्ष तीर्थों की संस्कृति का भारत नहीं; वहाँ महर्षियों के आश्रम की महान् संस्कृति है—वहाँ अगस्त्य और भरद्वाज के बड़े-बड़े आश्रम हैं। पर महाभारत का भारतवर्ष तीर्थों की संस्कृति का भूगोल है। महाभारत-युग तक आते-आते भारतवर्ष में कोई ऐसी छोटी सी नदी भी शेष नहीं रह गई थी, जिसके तट पर कम-से-कम दस अश्वमेध यज्ञ न हो चुके हों। रामायण में प्रभास क्षेत्र की कल्पना भी नहीं है; महाभारत-युग तक पहुँचते-पहुँचते सिद्धाश्रम और अनङ्गाश्रम की चर्चायें सर्वथा मन्द हो गई थीं, अगस्त्याश्रम जैसे महान् स्थल केवल ऐतिहासिक महत्त्व के विषय बनकर रह गये थे; नये-नये अनेक तीर्थ-स्थल काल के दीर्घ प्रवाह में उत्पन्न होते चले गये। रामायण का अगस्त्य आश्रम महाभारत का अगस्त्य तीर्थ बन गया—अर्जुन वहाँ एक तीर्थयात्री के रूप में गये थे। ऋष्यशृङ्ग का आश्रम भी एक महान् तीर्थ बन गया था। कुन्तीनन्दन युधिष्ठिर यहाँ स्वयं तीर्थ करने के लिए महर्षि लोमश के साथ आये थे। महाभारत हमें यहाँ लोमपाद या रोमपाद के साथ महाराजा दशरथ के मैत्री सम्बन्धों की सूचना देता है—

एतस्मिन्नेव काले तु सखा दशरथस्य वै।
लोमपाद इति ख्यातो ह्यङ्गानामीश्वरोऽभवत्॥

—महा. वनपर्व ११०-४१

रामायण-युग में यज्ञों का स्थान सर्वोपरि था, पर महाभारत-युग में तीर्थ यज्ञों से ऊपर चले आये—

ऋषीणां परमं गुह्यमिदं भरतसत्तम।
तीर्थाभिगमनं पुण्यं यज्ञैरपि विशिष्यते॥

—महा. वनपर्व ८२-१७

रामायण की यज्ञपरक संस्कृति का विभाजन काण्डों में हुआ है, महाभारत की शास्त्रपरक संस्कृति का पर्वों में। 'काण्ड' शब्द का प्रयोग वैदिक साहित्य में प्रयुक्त कण्डिका शब्द के अर्थ में ही आया है। आदिकवि ने काण्डों के विस्तृत विभाजन को सर्गों में बाँटा है। सर्ग पद का अर्थ सृष्टि संरचना से अपना सीधा सम्बन्ध रखता है—'सर्ग और प्रलय'। कालान्तर में भारतीय महाकाव्यों में यह अपनी इस अभूतपूर्व

क्षमता के कारण काव्य का प्रधान लक्षण ही बन गया—सर्गबद्धो महाकाव्यम्। शास्त्र ग्रन्थ की मर्यादित सीमा को ध्यान में रखते हुए महाभारत में पर्वों का विभाजन अध्यायों में हुआ है—स्वाध्यायोऽध्येतव्य:।

रामायण के भीतर महाभारत के नायकों की कोई सूचना नहीं है; पर महाभारत में रामायण के सम्पूर्ण पात्रों का आद्योपान्त उल्लेख ऐतिहासिक मर्यादा के साथ हुआ, यहाँ तक कि रामायण की कथा कई स्थलों पर महाभारत के भीतर कही गई है। वनपर्व के रामोपाख्यान में तो रामायण की सम्पूर्ण कथा विस्तार सहित लिखी गई है। हरिवंश जो महाभारत का खिल भाग है; उसमें भी रामायण की महत्त्वपूर्ण चर्चायें हैं। ऋषिशृङ्गी का उपाख्यान बहुत ही नाटकीय सीमाओं के भीतर रखते हुए कहा गया है। महाभारत में भगवान् वाल्मीकि आदिकवि के रूप में प्रस्तुत हैं—

अपि चाये पुरा गीत: श्लोको वाल्मीकिना भुवि।

—महा. द्रोणपर्व १४३-६७

रामायण और महाभारत का यह युगान्तराल सौ-दो सौ वर्षों की संस्कृति और सभ्यता का कालान्तराल नहीं, युगों के इतिहास की व्यापक काल-रेखा का अन्तर है। महाभारत के भीतर प्राय: अधिकांश पर्वों में रामकथा के सन्दर्भ समाहित हैं, जबकि रामायण में महाभारत का एक भी सन्दर्भ नहीं, और न रामायण और महाभारत दोनों के भीतर बौद्ध-युग के ही कोई सन्दर्भ हैं। ये दोनों ही ग्रन्थ प्राक् बौद्ध-काल की रचनायें हैं। बुद्ध के पश्चात् यदि इन ग्रन्थों की रचना हुई होती तो बुद्ध और पाटलिपुत्र जैसे नगर का नामोल्लेख तो इनके भीतर निश्चित ही हुआ होता। रामायण में एक स्थान पर राम जाबालि संवाद में आया हुआ 'बुद्ध' शब्द सभी ने प्रक्षिप्त स्वीकार किया है। अगले अध्यायों में यथास्थान इन सन्दर्भों पर विचार करेंगे।

□

महाभारत में रामायण के ऐतिहासिक साक्ष्य और सन्दर्भ

वाल्मीकिवत् ते निभृतं स्ववीर्यं वशिष्ठवत् ते नियतश्च कोपः।
प्रभुत्वमिन्द्रत्वसमं मतं मे द्युतिश्च नारायणवद् विभाति॥

—महाभारत

रामायण और महाभारत के रचना काल के मध्य, युग-युगान्तर का अन्तराल है। अतः स्वाभाविक रूप से रामायण का प्रत्यक्ष और प्रच्छन्न प्रभाव महाभारत के स्वरूप गठन पर पड़ा है। महाभारत के मध्य रामायण की कथा अनेक स्थलों पर विभिन्न सन्दर्भों के साथ उद्धृत है। वनपर्व का रामोपाख्यान बालकाण्ड और उत्तरकाण्ड सहित सम्पूर्ण रामायण की कथा को विस्तार सहित कहता है। महाभारत के गठन पर, उसकी वर्णन पद्धति पर, उसके सम्पूर्ण शिल्प पर रामायण का प्रभाव अद्वितीय है। रामायण के महत्त्वपूर्ण पात्रों के उल्लेख, नाम और सन्दर्भ सम्पूर्ण महाभारत के भीतर सर्वत्र विस्तृत हैं जिनका संक्षिप्त विवरण यहाँ प्रस्तुत है। महाभारत के सम्पूर्ण गठन पर रामायण का प्रत्यक्ष प्रभाव है।

१. सीता अयोनिजा है; महाभारत के कथानक की प्रधान नायिका द्रौपदी अयोनिजा है।

२. राम सहित भरत, लक्ष्मण, शत्रुघ्न यज्ञ से उत्पन्न होते हैं; द्रौपदी एवं भ्राता धृष्टद्युम्न भी यज्ञ से उत्पन्न हैं।

३. सीता वीर्यशुल्का थी–शिव के धनुष को तोड़कर राम ने उसे प्राप्त किया। द्रौपदी भी वीर्यशुल्का थी, इसे मत्स्य वेध के द्वारा प्राप्त किया गया। धनुष दोनों स्थलों

पर समान रूप से आया है। प्रथम स्थल में वह तोड़ा गया है, महाभारत में उसका उपयोग किया गया है।

४. रामायण के साथ अवतारवाद की परम्परा जुड़ी है। महाभारत के प्रधान पात्र भी विभिन्न देव अंशों के अवतार हैं।

५. रामायण में दिव्य अस्त्रों की प्राप्ति महर्षि विश्वामित्र और अगस्त्य से होती है। महाभारत कथा का नायक अर्जुन शिव और इन्द्र से दिव्य अस्त्र प्राप्त करता है। वहाँ महर्षि दिव्य अस्त्रों को देते हैं। महाभारत युग तक इसे कथानकरूढ़ि की सीमा में लाकर यह कार्य देवताओं के माध्यम से कराया जाता है।

६. रामायण की कथा के मूल में कामप्रवण दशरथ हैं; महाभारत की कथा में जन्मान्ध धृतराष्ट्र का अज्ञान है।

७. रामायण और महाभारत दोनों के मूल में राजपरिवार की कलह है।

८. रामायण में राम पत्नी एवं भाई के साथ जंगल में जाते हैं; महाभारत में युधिष्ठिर भी पत्नी एवं अन्य भाइयों के साथ जंगल में जाते हैं।

९. वहाँ वनवास की अवधि चौदह वर्ष है; महाभारत में तेरह वर्ष, बारह वर्ष का वनवास एवं एक वर्ष का अज्ञातवास। यहाँ मात्र एक वर्ष का अन्तर है।

१० रामायण में सीता का हरण रावण करता है; महाभारत में जयद्रथ द्रौपदी को उठाकर ले जाता है।

११. रामायण में युद्ध के पूर्व हनुमान् दूत का कार्य करते हैं; अपना विराट् रूप भी लंका में प्रस्तुत करते हैं। महाभारत में श्रीकृष्ण ने दूत का कार्य किया है। हनुमान् को लंका में बाँधा गया था; श्रीकृष्ण को बाँधने का प्रयास किया गया। श्रीकृष्ण अपना विराट् रूप दिखलाते हैं; हनुमान् ने विराट् रूप धारण कर लङ्का को जला दिया। महाभारत में श्रीराम अपना विराट् रूप भगवान् परशुराम को दिखाते हैं, श्रीकृष्ण अर्जुन को।

१२. रामायण में युद्ध के पूर्व विभीषण रावण को उपदेश देते हैं; महाभारत में यह कार्य विदुर ने किया है।

१३. रामायण में राम और रावण का युद्ध है; महाभारत में कौरव और पाण्डवों का।

१४. रामायण में राम राज्याभिषेक के पश्चात् अश्वमेध यज्ञ करते हैं; महाभारत में राजसिंहासन पर बैठने के पश्चात् युधिष्ठिर भी अश्वमेध यज्ञ करते हैं।

१५. रामायण में लक्ष्मण योग-मार्ग से शरीर त्याग करते हैं; महाभारत में कुछ अन्तर के साथ यह योग-प्रक्रिया बलराम के साथ घटित है।

१६. रामायण का विभाजन काण्ड और सर्ग में है; महाभारत का पर्व और अध्याय में।

१७. रामायण भृगुवंशी वाल्मीकि की रचना है; महाभारत सम्पूर्ण रूप से भृगु एवं अङ्गिरस वंश की संस्कृति का स्तोम है।

ऊपर हमने रामायण के कुछ महत्त्वपूर्ण प्रभावों की चर्चा की है, वैसे सम्पूर्ण महाभारत का सांस्कृतिक धरातल रामायण की छाया को लेकर ही आगे बढ़ता है, चाहे युद्ध वर्णन हो या सामाजिक आदर्शों की मर्यादा का उल्लेख, सर्वत्र महाभारत के महान् धरातल पर रामायण आकाश की तरह व्याप्त है। इतिहासकारों के समग्र विवाद का केन्द्र स्थल यही है–रामायण महाभारत से पूर्ववर्ती है या परवर्ती ? अधिकांश इतिहास के पण्डित इसे महाभारत के पश्चात् ही स्वीकार करते हैं। बालकाण्ड एवं उत्तरकाण्ड की सामग्री का महाभारत में विशेषतया रामोपाख्यान में इनके मत से नितान्त अभाव है। अत: प्रबन्ध में सम्पूर्ण महाभारत में फैले हुए रामायण के सन्दर्भों पर एक विहंगम दृष्टि डाल लेना अनुचित नहीं होगा। रामायण के रामोपाख्यान के सन्दर्भ में हम स्वतन्त्र रूप से विशद विचार करेंगे। निम्न सन्दर्भ रामायण को महाभारत से पूर्व सिद्ध करने के लिए पर्याप्त हैं। इससे यह तथ्य कहीं भी स्थापित नहीं हो पाता कि महाभारत का प्राचीनतम रूप रामायण के प्राचीनतम रूप से अधिक पुराना है, जैसा कि *मॉरिज विंटरनिट्ज़* आदि विद्वानों ने निष्कर्ष के रूप में स्वीकार किया है। इतिहासकारों के इन विसंवादों का उल्लेख पूर्वपक्ष और उत्तरपक्ष के रूप में हमने पुस्तक के द्वितीय अध्याय में ही कर दिया है।

रामायण के पात्रों के विषय में महत्त्वपूर्ण सूचना हमें महाभारत के प्रथम अध्याय में ही प्राप्त हो जाती है–

मरुत्तं मनुमिक्ष्वाकुं गयं भरतमेव च॥२२७॥
रामं दाशरथिं चैव शशबिन्दुं भगीरथम्।
कृतवीर्यं महाभागं तथैव जनमेजयम्॥२२८॥

—महा. आदिपर्व अध्याय-१

यहाँ मनु, इक्ष्वाकु आदि का स्पष्ट उल्लेख मात्र ही नहीं; दशरथ पुत्र राम की सूचना भी हमें यहाँ प्राप्त होती है। इसके पश्चात् महाभारत में कुछ दूर आगे बढ़ने

पर हमें दशरथनन्दन राम के महत्त्वपूर्ण यज्ञ का उल्लेख प्राप्त होता है–

नृगस्य यज्ञस्त्वजमीढस्य चासीद् यथा यज्ञो दाशरथेश्च राज्ञः।
तथा यज्ञोऽयं तव भारताग्र्य पारिक्षित स्वस्ति नोऽस्तु प्रियेभ्यः॥

—महा. आदिपर्व अध्याय-५५

यहाँ यज्ञों की परम्परा के महत्त्वपूर्ण इतिहास के सन्दर्भ में ही दशरथनन्दन राम का स्मरण किया गया है। इसी अध्याय में आगे चलकर इक्ष्वाकुवंशी राजाओं के सन्दर्भ में जनमेजय की प्रशंसा की गई है। इससे भी महत्त्वपूर्ण तथ्य यह है कि वाल्मीकि और वसिष्ठ का उल्लेख भी यहाँ हुआ है; महाभारत में हमें सर्वप्रथम वाल्मीकि के नाम का ऐतिहासिक उल्लेख प्राप्त होता है–

खट्वाङ्गनाभागदिलीपकल्प ययातिमान्धातृसमप्रभाव।
आदित्यतेजःप्रतिमानतेजा भीष्मो यथा राजसि सुव्रतस्त्वम्॥१३॥
वाल्मीकिवत् ते निभृतं स्ववीर्यं वसिष्ठवत् ते नियतश्च कोपः।
प्रभुत्वमिन्द्रत्वसमं मतं मे द्युतिश्च नारायणवद् विभाति॥१४॥

—महा. आदिपर्व-५५

विदुर ने राम का उदाहरण देकर धृतराष्ट्र को समझाया–

धर्मे चानवरौ राजन् सत्यतायां च भारत।
रामाद् दाशरथेश्चैव गयाच्चैव न संशयः॥६॥

—महा. आदिपर्व-२०४

आदिपर्व के पश्चात् हमें सभापर्व में रामायण का महत्त्वपूर्ण सन्दर्भ प्राप्त होता है–युधिष्ठिर जुए को विनाश का कारण समझते हुए भी, खेलने के लिए मार्ग से पुनः लौट आते हैं। यहाँ उदाहरण के रूप में स्वर्णमृग के पीछे दौड़ते हुए राम का उल्लेख किया गया है–

असम्भवे हेममयस्य जन्तोस्तथापि रामो लुलुभे मृगाय।
प्रायः समासन्नपराभवाणां धियो विपर्यस्ततरा भवन्ति॥५॥

—महा. सभापर्व-७६

वैसे सम्पूर्ण रामायण का संक्षेप कथासार सभापर्व में आया है; भीष्म राजसूय यज्ञ में विष्णु के विभिन्न अवतारों का वर्णन करते हैं; उसमें राम के अवतार की कथा कही गई है। इस महत्त्वपूर्ण कथा को इतिहासकार प्रक्षिप्त मानते हैं; पर परम्परा की दृष्टि से रामायण के पश्चात् भारतीय वाङ्मय में इतने विस्तार के साथ महाभारत के सभापर्व में यह सर्वप्रथम कही गई है। कुछ प्रतियों में इसे न देखकर ही प्रक्षिप्त कह देना सामान्य

समझ का भी परिचायक नहीं है। इस कथा में हमें राम के विषय में एवं उनके वैष्णव अवतार के सन्दर्भ में महत्त्वपूर्ण सूचना मिलती है, जिसके प्रभाव को भास, कालिदास आदि सभी ने ग्रहण किया है। यदि यह महत्त्वपूर्ण कथा प्रक्षिप्त भी है तो भी भगवान् बुद्ध से बहुत पूर्व ही प्रक्षिप्त हुई होगी; कारण इसमें विष्णु के अवतार क्रम में बुद्ध का ग्रहण ही नहीं किया गया है, जब कि बुद्ध के पश्चात् लिखे हुए पुराणों में बुद्धावतार की चर्चा सर्वत्र आई है। इस कथा में विष्णु के सभी अवतारों की चर्चा है और अन्त में रामावतार, कृष्णावतार एवं कल्कि अवतार की चर्चा है। यदि महाभारत का यह अंश बुद्ध के पश्चात् जोड़ा गया होता तो कृष्णावतार के पश्चात् सीधा उल्लेख कल्कि अवतार का नहीं होता; मध्य में बुद्ध का होता, पर भीष्म कहीं भी बुद्ध का नाम तक नहीं लेते। इस कथा की प्राचीनता के निर्णय की दृष्टि से यह तर्क कम महत्त्वपूर्ण नहीं है।

सभापर्व का यह ऐतिहासिक उपाख्यान राम के अवतार एवं रामायण की सम्पूर्ण सिनोप्सिस को हमारे सामने रख देता है।

१. शुक्ल पक्ष की नवमी तिथि को जन्म की सूचना।

२. विष्णु का चार स्वरूपों में विभक्त होकर अवतरण।

३. विश्वामित्र-प्रसंग और सुबाहु एवं मारीच के पराभव का उल्लेख।

४. विश्वामित्र के दिव्यास्त्र प्रदान का विवरण।

५ शिव के धनुष भङ्ग एवं विवाह की सूचना।

६. अयोध्या निवास एवं वन गमन की सूचना।

७. सीता के लक्ष्मी अवतार की सूचना।

८. मारीच, खर, दूषण एवं त्रिशिरा सहित चौदह हजार राक्षसों के वध का उल्लेख।

९. विराध एवं कबन्ध-वध की सूचना।

१०. लक्ष्मण द्वारा शूर्पणखा के नासाच्छेद की सूचना।

११. राम का पम्पा सरोवर को लाँघकर ऋष्यमूक पर्वत पर पहुँचना, सुग्रीव और हनुमान् से मैत्री का सन्दर्भ एवं वाली-वध की सूचना।

१२. सीता की खोज एवं हनुमान् द्वारा लङ्का में सीता के होने की सूचना।

१३. समुद्र पर सेतुबन्ध का उल्लेख, राम का लङ्का में पदार्पण एवं राक्षसों सहित रावण-वध की सूचना।

१४. विभीषण के अभिषेक एवं अमरत्व प्रदान की सूचना।

१५. रावण वरदान की सूचना।

१६. पुष्पक विमान पर दल-बल सहित अयोध्या आगमन का उल्लेख।

१७. शत्रुघ्न द्वारा मधुपुत्र लवण के निपात की सूचना।

१८. जारुधि प्रदेश को बाधाओं से मुक्त करने एवं दस अश्वमेध यज्ञ के यजन का विवरण।

१९. रामराज्य के वैशिष्ट्य का उल्लेख।

२०. राम पर एक प्राचीन गाथा का उद्धरण एवं रामराज्य के सन्दर्भ में वाल्मीकि के युद्ध काण्ड के अन्तिम सर्ग के श्लोक १०२ की किंचित् परिवर्तन के साथ पुनरावृत्ति।

२१. राम के स्वर्गारोहण की सूचना।

इस प्रकार देखा जाय तो इस ऐतिहासिक उपाख्यान के भीतर रामायण की प्राय: सम्पूर्ण विषय वस्तु ही चली आयी है। कथा का परिवर्तन महर्षि मार्कण्डेय के साक्ष्य के साथ होता है। कहीं मार्कण्डेय के स्थान पर विश्वामित्र का भी नाम आया है–

भीष्म उवाच–

श्रृणु राजंस्तथा विष्णोः प्रादुर्भावं महात्मनः।
चतुर्विंशे यूगे चापि मार्कण्डेय पुरःसरः॥१॥
तिथौ नावमि के जज्ञे तथा दशरथादपि।
कृत्वाऽऽत्मानं महाबाहुश्चतुर्धा विष्णुराख्यय:॥२॥
लोके राम इति ख्यातस्तेजसा भास्करोपमः।
प्रसादनार्थं लोकस्य विष्णुस्तस्य सनातनः॥३॥

–महा. सभापर्व-५० (कुम्भकोणम्)

सीता का लक्ष्मी के साथ अन्वय इस प्रकार किया गया है–

पूर्वोचितत्वात् सा लक्ष्मीर्भर्तारमनुगच्छति॥१२॥

राम के लिए भूतपति जैसे विशेषण लगाये गये–

रावणं सगणं हत्त्वा रामो भूतपतिः पुरा॥२४॥

–महा. सभापर्व-५० (कुम्भकोणम्)

श्रीराम और रामराज्य की लोकप्रियता अपने ऐतिहासिक सन्दर्भ में महाभारत युग तक आते-आते सर्वोपरि स्थान प्राप्त कर चुकी थी–

रामो रामो राम इति प्रजानामभवन् कथाः।

रामभूतं जगदिदं रामे राज्यं प्रशासति ॥४२॥

—महा. सभापर्व-५० (कुम्भकोणम्)

वाल्मीकि के श्लोक को यहाँ अविकल न्यूनान्तर से उद्धृत कर दिया गया है—

रामो रामो राम इति प्रजानामभवन् कथाः।
रामभूतं जगदभूद् रामे राज्यं प्रशासति॥

—वाल्मीकि युद्धकाण्ड १२८-१०२

रामायण महाभारत के मध्य राम अपने ऐतिहासिक सन्दर्भ में गाथाओं के भी विषय बन चुके थे। यहाँ राम के सन्दर्भ में एक गाथा—पौराणिक कह कर उद्धृत की गई है। इस गाथा के वर्ण्य विषय पर रामायण का प्रभाव स्पष्ट है—

गाथामप्यत्र गायन्ति ये पुराणविदो जनाः।
श्यामो युवा लोहिताक्षो मातंगानामिवर्षभः॥४०॥
आजानुबाहुः सुमुखः सिंहस्कन्धो महाबलः।
दश वर्षसहस्राणि दश वर्षशतानि च॥४१॥
राज्यं भोगं च सम्प्राप्य शशास पृथिवीमिमाम्॥

—महा. सभापर्व-५० (कुम्भकोणम्)

वनपर्व में हमें भीमसेन और किर्मीर राक्षस के मल्लयुद्ध में रामायण की एक सूचना प्राप्त होती है। भीम ने किर्मीर के साथ उसी प्रकार वृक्ष-युद्ध किया जिस प्रकार वाली और सुग्रीव ने कभी किया था—

दण्डपाणिरिव क्रुद्धः समरे प्रत्यधावत।
तद् वृक्षयुद्धमभवन्महीरुहविनाशनम्॥४७॥
वालिसुग्रीवयोर्भ्रात्रोर्यथा स्त्रीकाङ्क्षिणोः पुरा।

—महा. वनपर्व-११

वनपर्व राम-कथा के बड़े-बड़े प्रसंगों का पर्व है। मार्कण्डेय राम के प्रत्यक्ष द्रष्टा थे। उन्होंने ऋष्यमूक पर्वत पर खड़े राम और लक्ष्मण को देखा था; इसका उल्लेख उन्होंने युधिष्ठिर से इस प्रकार किया—

न तात हृष्यामि न च स्मयामि प्रहर्षजो मां भजते न दर्पः।
तवापदं त्वद्य समीक्ष्य रामं सत्यव्रतं दाशरथिं स्मरामि॥८॥
स चापि राजा सह लक्ष्मणेन वने निवासं पितुरेव शासनात्।
धन्वी चरन् पार्थ मयैव दृष्टो गिरेः पुरा ऋष्यमूकस्य सानौ॥९॥

सहस्रनेत्रप्रतिमो महात्मा यमस्य नेता नमुचेश्च हन्ता।
पितुर्निदेशादनघः स्वधर्मं वासं वने दाशरथिश्चकार॥१०॥
स चापि शक्रस्य समप्रभावो महानुभावः समरेष्वजेयः।
विहाय भोगानचरद् वनेषु नेशे बलस्येति चरेदधर्मम्॥११॥

—महा. वनपर्व-२५

महाभारत के इस सन्दर्भ में राम को नमुचिहन्ता के रूप में गौरव दिया गया है—सरयू के गोप्रतार तीर्थ में स्नान करने के पश्चात् राम ने देह त्याग किया था—

गोप्रतारं ततो गच्छेत् सरय्वास्तीर्थमुत्तमम्॥७०॥
यत्र रामो गतः स्वर्गं सभृत्यबलवाहनः।
स च वीरो महाराज तस्य तीर्थस्य तेजसा॥७१॥
रामस्य च प्रसादेन व्यवसायाच्च भारत।
तस्मिंस्तीर्थे नरः स्नात्वा गोप्रतारे नराधिप॥७२॥
सर्वपापविशुद्धात्मा स्वर्गलोके महीयते।

—महा. वनपर्व-८४

ततो गच्छेत राजेन्द्र शृंगवेरपुरं महत्।
यत्र तीर्णो महाराज रामो दाशरथिः पुरा॥

—महा. वनपर्व-८५

रामायण में राम के इतिहास से जुड़े हुए स्थल महाभारत युग तक प्रसिद्ध तीर्थ बन गये थे—ऊपर गोप्रतारं एवं शृंगवेरपुर के माहात्म्य का उल्लेख हुआ है। आगे चलकर भृगु-तीर्थ के प्रसंग में बालकाण्ड के एक महत्त्वपूर्ण सन्दर्भ का विवरण प्राप्त होता है। परशुराम के तेज-हरण का उल्लेख यहाँ विस्तार सहित हुआ है—लोमश ने युधिष्ठिर के प्रश्न करने पर रामायण की इस कथा को प्रसंग सहित दुहराया है; इस कथा में राम और परशुराम के सन्दर्भ में नयी सूचनाएँ इस प्रकार दी गई हैं—लोमश ने भी मार्कण्डेय की तरह ही स्वयं को राम के चरित्र का प्रत्यक्ष द्रष्टा कहा है—

१. रावण के विनाश के लिए विष्णु का अयोध्या में अवतरण।
२. परशुराम का राम को देखने के लिए दिव्य धनुष के साथ अयोध्या में आगमन।
३. दशरथ की आज्ञा से राम द्वारा परशुराम का अयोध्या की सीमा पर स्वागत।
४. परशुराम के आगमन का उद्देश्य—राम की बल परीक्षा।

५. परशुराम के आग्रह पर दिव्य धनुष पर राम का बाण चढ़ाना।

६. राम का विराट् रूप-दर्शन एवं परशुराम का तेज-हरण।

यह कथा वाल्मीकि रामायण से कुछ भिन्न है; रामायण में परशुराम शिवधनुष के टूटने पर क्रुद्ध होकर आते हैं एवं विवाह से लौटते समय जंगल में राम और परशुराम का मिलन होता है। पर यहाँ न तो शिवधनुष ही कारण है, न वे जंगल में ही राम से मिलते हैं। यहाँ एक नई सूचना राम के विराट् रूप-दर्शन की हमें मिलती है। लगता है श्रीकृष्ण के विराट् रूप-दर्शन के लिए यहाँ यह पूर्व भूमिका के रूप में प्रस्तुत है। प्रसंग का प्रारम्भ इस प्रकार है–

> शृणु रामस्य राजेन्द्र भार्गवस्य च धीमतः।
> जातो दशरथस्यासीत् पुत्रो रामो महात्मनः॥४०॥
> विष्णुः स्वेन शरीरेण रावणस्य वधाय वै।
> पश्यामस्तमयोध्यायां जातं दाशरथिं ततः॥४१॥
> ऋचीकनन्दनो रामो भार्गवो रेणुकासुतः।
> तस्य दाशरथेः श्रुत्वा रामस्याक्लिष्टकर्मणः॥४२॥
> कौतूहलान्वितो रामस्त्वयोध्यामगमत् पुनः।
> धनुरादाय तद् दिव्यं क्षत्रियाणां निबर्हणम्॥४३॥

रामायण में तो राम का विराट् रूप-दर्शन कहीं नहीं है; पर महाभारत युग की स्थिति भिन्न थी; अवतारवाद का दर्शन इस युग का प्रधान तत्त्व बन चुका था। महाभारत की यह परम्परा राम के विराट् रूप-दर्शन की हमें प्रथम सूचना इस प्रकार देती है–

> पश्य मां स्वेन रूपेण चक्षुस्ते वितराम्यहम्।
> ततो रामशरीरे वै रामः पश्यति भार्गवः॥५६॥
> आदित्यान् सवसून् रुद्रान् साध्यांश्च समरुद्गणान्।
> पितरो हुताशनश्चैव नक्षत्राणि ग्रहास्तथा॥५७॥
> गन्धर्वा राक्षसा यक्षा नद्यस्तीर्थानि यानि च।
> ऋषयो बालखिल्याश्च ब्रह्मभूताः सनातनाः॥५८॥
> देवर्षयश्च कार्त्स्न्येन समुद्राः पर्वतास्तथा।
> वेदाश्च सोपनिषदो वषट्कारैः सहाध्वरैः॥५९॥
> चेतोमन्ति च सामानि धनुर्वेदश्च भारत।
> मेघवृन्दानि वर्षाणि विद्युतश्च युधिष्ठिर॥६०॥

ततः स भगवान् विष्णुस्तं वै बाणं मुमोच ह।
शुष्काशनिसमाकीर्णं महोल्काभिश्च भारत॥६१॥

—महा. वनपर्व-९९

रामायण के बालकाण्ड में ऋष्यशृंग का चरित्र विस्तार सहित आया है। वेश्याओं के द्वारा प्रलुब्ध ऋषि के पुत्र को बुलाकर महाराजा रोमपाद या लोमपाद ने अपनी पुत्री शान्ता का विवाह ऋष्यशृंग के साथ किया था। राजा दशरथ एवं रोमपाद के मैत्री सम्बन्ध थे; जिसकी चर्चा महाभारत के इस उपाख्यान में इस प्रकार है—

एतस्मिन्नेव काले तु सखा दशरथस्य वै।
लोमपाद इति ख्यातो ह्यङ्गानामीश्वरोऽभवत्॥४१॥

—महा. वनपर्व-११०

वनपर्व में श्री हनुमान् एवं भीम के मिलन का प्रसंग आया है। इस प्रसंग का ऐतिहासिक दृष्टि से असाधारण महत्त्व है। हनुमान् रामायण के प्रमुखतम पात्रों में से एक हैं। इस विवरण में रामायण की अनेक घटनाओं के सन्दर्भों का वर्णन रामकथा के सन्दर्भ में किया गया है। भीमसेन द्रौपदी के लिए सौगन्धिक पुष्प लाने के लिए गन्धमादन पर्वत पर गये। वहाँ उन्होंने सोये हुए हनुमान् को देखा। हनुमान् जी विद्युत की तरह दुष्प्रेक्ष्य थे—

विद्युत्सम्पातदुष्प्रेक्ष्यं विद्युत्सम्पातपिङ्गलम्।
विद्युत्सम्पातनिनदं विद्युत्सम्पातचञ्चलम्॥७६॥

—महा. वनपर्व-१४६

हनुमान् जी के पूछने पर भीमसेन ने उन्हें पहचाने बिना ही अपने भाई के रूप में इस प्रकार उनका परिचय दिया—

भ्राता मम गुणश्लाघ्यो बुद्धिसत्त्वबलान्वितः।
रामायणेऽतिविख्यातः श्रीमान् वानरपुङ्गवः॥११॥

—महा. वनपर्व-१४७

यहाँ रामायण की सूचना हमें महाभारत में भीमसेन के द्वारा स्पष्ट प्राप्त होती है। जिस तरह भीम ने यहाँ हनुमान् जी का वर्णन किया है, लगता है उन्होंने सम्पूर्ण रामायण का पाठ किया था; क्योंकि यहाँ हनुमान् के सन्दर्भ को ध्यान में रखते हुए भीमसेन ने रामायण की महत्त्वपूर्ण सूचनाएँ दी हैं—

१. सीता की खोज में हनुमान् का सौ योजन विस्तृत समुद्र पर छलाँग लगाना।

२. हनुमान् एवं सुग्रीव की मैत्री का उल्लेख।

३. श्रीराम के विष्णु-अवतार की सूचना–

अथ दाशरथिर्वीरो रामो नाम महाबलः।
विष्णुर्मानुषरूपेण चचार वसुधातलम्॥३१॥

—महा. वनपर्व-१४७

४. पिता की आज्ञा से राम का पत्नी सहित वनगमन।

५. सुग्रीव एवं राम की मैत्री और वालि-वध।

६. वानरों के द्वारा सीतान्वेषण का सन्दर्भ।

७. सम्पाति द्वारा रावण के नगर में सीता का उल्लेख एवं समुद्र-लंघन।

८. सीता-दर्शन एवं लङ्का-दहन की सूचना।

९. सेतुबन्ध, लङ्का पर आक्रमण एवं रावण-वध का उल्लेख।

१०. विभीषण का लङ्का अभिषेक एवं लुप्त श्रुतियों की तरह सीता की प्राप्ति का उल्लेख–

ततः प्रत्याहृता भार्या नष्टा वेदश्रुतिर्यथा।
तयैव सहितः साध्व्या पत्न्या रामो महायशा॥१४॥

—महा. वनपर्व-१४८

११. अयोध्या लौटने का प्रसङ्ग।

१२. हनुमान् की वर प्राप्ति-

ततः प्रतिष्ठितो राज्ये रामो नृपतिसत्तमः।
वरं मया याचितोऽसौ रामो राजीवलोचनः॥१६॥
यावद् राम कथेयं ते भवेल्लोकेषु शत्रुहन्।
तावज्जीवेयमित्येवं तथास्त्विति च सोऽब्रवीत्॥१७॥

—महा. वनपर्व-१४८

इस स्थल पर रामायण की कथा सुग्रीव-राम मैत्री से प्रारम्भ होती है; रावण-वध के साथ समाप्त। महाकवि भास के अभिषेक नाटक का प्लॉट भी इतनी दूर तक ही है। महाकवि ने महाभारत की इस संक्षिप्त सूचना को आधार बनाकर अपने महान् नाटक की सृष्टि की है। यहाँ भी भीमसेन को हनुमान् अपना विराट् रूप दिखलाते हैं। अन्त में भीम जब विदा लेते हैं, उस समय भी हनुमान् जी भीम को हृदय से लगाते हुए राम-कथा का स्मरण करते हैं–

ममापि सफलं चक्षुः स्मारितश्चास्मि राघवम्॥६॥

रामाभिधानं विष्णुं हि जगद्हृदयनन्दनम्।
सीतावक्त्रारविन्दार्कं दशास्यध्वान्तभास्करम्॥७॥

—महा. वनपर्व-१५१

महाभारत में जहाँ भी राम का उल्लेख आया है; वह विष्णु के अवतार के रूप में ही आया है। रामायण के अनुसार ही यहाँ पर भी राम की आयु का उल्लेख हुआ है–

दशवर्षसहस्राणि दशवर्षशतानि च।
राज्यं कारितवान् रामस्ततः स्वभवनं गतः॥१९॥

—महा. वनपर्व-१४८

किर्मीर-वध की तरह ही जटासुर नामक राक्षस के समय भी वही श्लोक पुनः पढ़ा गया है; जिसमें यहाँ वाली-सुग्रीव के युद्ध की तरह ही तुलना की गई है।

तद् वृक्षयुद्धमभवन् महीरुहविनाशनम्।
वालिसुग्रीवयोर्भ्रात्रोः पुरा स्त्रीकाङ्क्षिणोर्यथा॥६०॥

—महा. वनपर्व-१५७/६०

वनवास के समय शोकाकुल युधिष्ठिर को महर्षि धौम्य श्रीराम का उदाहरण देते हुए सान्त्वना देते हैं–

विष्णुना वसता चापि गृहे दशरथस्य वै।
दशग्रीवो हतश्छन्नं संयुगे भीमकर्मणा॥२०॥

—महा. वनपर्व-३१५

विराटपर्व में कीचक से अपमानित द्रौपदी को भीमसेन वैदेही सीता का उदाहरण देकर समझाते हैं; यहाँ भी रामायण का सन्दर्भ स्पष्ट रूप में आया है–

दुहिता जनकस्यापि वैदेही यदि ते श्रुता।
पतिमन्वचरत् सीता महारण्यनिवासिनम्॥१२॥
रक्षसा निग्रहं प्राप्य रामस्य महिषी प्रिया।
क्लिश्यमानापि सुश्रोणि राममेवान्वपद्यत॥१३॥

—महा. विराटपर्व-२१

कीचक एवं भीमसेन के मल्लयुद्ध की घनघोरता वाली और सुग्रीव के युद्ध के उदाहरण द्वारा व्यक्त की गई है–

कीचकानां तु मुख्यस्य नराणामुत्तमस्य च॥५४॥
वालिसुग्रीवयोर्भ्रात्रोः पुरेव कपिसिंहयोः।
अन्योन्यमपि संरब्धौ परस्परजयैषिणौ॥५५॥

—महा. विराटपर्व-२२

उद्योगपर्व में नारद, दिवोदास एवं गालव की कथा के सन्दर्भ में माधवी एवं दिवोदास की अनुरक्ति का उल्लेख करते हुए राम एवं सीता के प्रेम का स्मरण करते हैं–

वासुकिः शतशीर्षायां कुमार्यां च धनंजयः।
वैदेह्यां च यथा रामो रुक्मिण्यां च जनार्दनः॥१७॥

—महा. उद्योगपर्व-११७

भीष्मपर्व में श्रीकृष्ण ने विभूतियोग का कथन करते समय अपने को 'शस्त्रधारियों में श्रेष्ठ राम' कहा है–

पवनः पवतामस्मि रामः शस्त्रभृतामहम्।
झषाणां मकरश्चास्मि स्रोतसामस्मि जाह्नवी॥३१॥

—महा. भीष्मपर्व-३४

महाभारत के द्रोणपर्व में रामकथा के सन्दर्भ का उल्लेख विभिन्न स्थलों पर हुआ है। संक्षेप में रामायण की कथा भी कही गई है। घटोत्कच के रथ के घोड़ों की तुलना रावण के रथ के इच्छानुसार गमन करने वाले घोड़ों से की गई है–

घटोत्कचस्य राजेन्द्र ध्वजे गृध्रो व्यरोचत।
अश्वाश्च कामगास्तस्य रावणस्य पुरा यथा॥९०॥

—महा. द्रोणपर्व-२३

अभिमन्यु के वध से दुःखित युधिष्ठिर को वेदव्यास नारद कथित षोडशराजकीय उपाख्यान सुनाते हैं। इसमें रामायण की संक्षिप्त कथा आई है। उपाख्यान का प्रारम्भ इस प्रकार होता है–

रामं दाशरथिं चैव मृतं सञ्जय शुश्रुम।
यं प्रजा अन्वमोदन्त पिता पुत्रानिवौरसान्॥१॥
असंख्येया गुणा यस्मिन्नासन्नमिततेजसि।
यश्चतुर्दश वर्षाणि निदेशात् पितुरच्युतः॥२॥

—महा. द्रोणपर्व-५९

इस उपाख्यान में रामायण की सूचनायें इस प्रकार संगृहीत की गई हैं–

१. पिता की आज्ञा से सीता सहित वन में चौदह वर्ष तक निवास।

२. जनस्थान में मुनियों की रक्षा के लिए चौदह हजार राक्षसों का वध।

३. राम-लक्ष्मण को मोहित कर रावण द्वारा सीता को ले जाने का उल्लेख।

४. जटायु का उल्लेख।

५. सुग्रीव से मैत्री एवं सेतु-बन्धन।

६. पौलस्त्यनन्दन रावण के वध की सूचना।

७. सीता ग्रहण एवं विभीषण का अभिषेक।

८. पुष्पक विमान से अयोध्या आगमन एवं राज्याभिषेक।

९. सुग्रीव, हनुमान् एवं अङ्गद की विदाई का उल्लेख।

१०. राजसूय एवं अश्वमेध-यज्ञ की सूचना।

११. राम के राज्यकाल की पारम्परिक सूचना।

१२. रामराज्य के माहात्म्य का उल्लेख।

१३. भाइयों के अंशभूत दो-दो पुत्रों द्वारा आठ प्रकार के राजवंशों की स्थापना करते हुए स्वर्ग जाने का उल्लेख–

चतुर्विधाः प्रजा रामः स्वर्गं नीत्वा दिवंगतः॥२३॥
आत्मानं सम्प्रतिष्ठाप्य राजवंशमिहाष्टधा।

—महा. द्रोणपर्व-५९

द्रोणपर्व में घटोत्कच एवं राक्षस अलायुध के घोर युद्ध की तुलना राम-रावण युद्ध से की गई है–

तयोर्युद्धं महाराज चित्ररूपमिवाभवत्।
यादृशं हि पुरा वृत्तं रामरावणयोर्मृधेः॥२८॥

—महा. द्रोणपर्व-९६

अलम्बुष एवं भीमसेन के भीषण युद्ध की तुलना भी द्रोणपर्व के अध्याय १०५ के श्लोक १७ में इसी प्रकार राम-रावण के घोर युद्ध से की गई है। सहदेव द्वारा निरमित्र के वध की उपमा भी राम द्वारा हत खर से दी गई है–

तं तु हत्वा महाबाहुः सहदेवो व्यरोचत।
यथा दाशरथी रामः खरं हत्वा महाबलम्॥२८॥

—महा. द्रोणपर्व-१०७

अलम्बुष एवं भीमसेन के द्वन्द्व-युद्ध में अलम्बुष के आक्रमण की तुलना मेघनाद द्वारा लक्ष्मण पर आक्रमण करने से की गई है–

अलम्बुषस्तु समरे भीमसेनं महाबलम्।
योधयामास संक्रुद्धो लक्ष्मणं रावणिर्यथा॥१३॥

—महा. द्रोणपर्व-१०८

आगे चलकर अलम्बुष एवं घटोत्कच के भयंकर युद्ध की उपमा राम-रावण युद्ध से दी गई है–

अलम्बुषो भृशं क्रुद्धो घटोत्कचमताडयत्।
तयोर्युद्धं समभवद् रक्षोग्रामणिमुख्ययोः॥३॥
यादृगेव पुरा वृत्तं रामरावणयोः प्रभो॥४॥

—महा. द्रोणपर्व-१०९

राधा-पुत्र कर्ण से युद्ध करते समय भीमसेन प्रहार करने के लिए हाथी को ऊपर उठाकर खड़े हो गये। उस समय भीमसेन संजीवन नामक महान् औषध से युक्त पर्वत को उठाये हुए श्री हनुमान् जी की तरह दिखलाई दे रहे थे–

व्यवस्थानमथाकाङ्क्षन् धनंजयशरैर्हतम्।
उद्यम्य कुञ्जरं पार्थस्तस्थौ परपुरंजयः॥८५॥
महौषधिसमायुक्तं हनूमानिव पर्वतम्।

—महा. द्रोणपर्व-१३९

यहाँ महाभारतकार ने रामायण की महत्त्वपूर्ण सूचना हनुमान् जी के संजीवन औषध लाने की दी है। सात्यकि से युद्ध करते हुए भूरिश्रवा ने युद्ध में उसे ललकारते हुए कहा–जैसे पूर्वकाल में लक्ष्मण के द्वारा मेघनाद मारा गया था, उसी प्रकार तुम भी मेरे द्वारा मारे जाओगे–

अद्य संयमनीं याता मया त्वं निहतो रणे।
यथा रामानुजेनाजौ रावणिर्लक्ष्मणेन ह॥१०॥

—महा. द्रोणपर्व-१४२

सात्यकि भूरिश्रवा का वध करने के पश्चात् वाल्मीकि का नामोल्लेख करते हुए उनकी एक प्राचीन गाथा पढ़ता है, जो रामायण में आई है। ये दोनों ही सन्दर्भ रामायण एवं वाल्मीकि की प्राचीनता पर प्रकाश डालते हैं–

अपि चायं पुरा गीतः श्लोको वाल्मीकिना भुवि।
न हन्तव्याः स्त्रिय इति यद् ब्रवीषि प्लवङ्गम॥६७॥

सर्वकालं मनुष्येण व्यवसायवता सदा।
पीडाकरममित्राणां यत् स्यात् कर्तव्यमेव तत्॥६८॥

—महा. द्रोणपर्व-१४३

अश्वत्थामा से युद्ध करते समय घटोत्कच स्वयं को रावण के समान योद्धा कहता है–

पाण्डवानामहं पुत्रः समरेष्वनिवर्तिनाम्।
रक्षसामधिराजोऽहं दशग्रीवसमो बले॥९८॥

—महा. द्रोणपर्व-१५६

अलायुध और घटोत्कच के द्वन्द्व-युद्ध की तुलना वाली और सुग्रीव के युद्ध से की गई है–

तेषां शब्दो महानासीद् वज्राणां भिद्यतामिव।
युद्धं समभवद् घोरं भैम्यलायुधयोर्नृप॥२७॥
हरीन्द्रयोर्यथा राजन् वालिसुग्रीवयोः पुरा।

—महा. द्रोणपर्व-१७८

द्रोण-वध के समय युधिष्ठिर के झूठ बोलने पर अर्जुन उन्हें उलाहना देते हुए कहते हैं–धोखे से वाली का वध करने पर जैसे राम को अपयश मिला; वैसे उन्हें भी मिलेगा–

उपचीर्णो गुरुर्मिथ्या भवता राज्यकारणात्॥३४॥
धर्मज्ञेन सता नाम सोऽधर्मः सुमहान् कृतः।
चिरं स्थास्यति चाकीर्तिस्त्रैलोक्ये सचराचरे॥३५॥
रामे वालिवधाद् यद्वदेवं द्रोणे निपातिते।

—महा. द्रोणपर्व-१९६

कर्णपर्व में संजय धृतराष्ट्र को रणक्षेत्र की सूचना देते समय...उस संहार की तुलना वे इन्द्र-वृत्र एवं राम-रावण आदि के युद्धों से करते हैं–

एवमेष क्षयो वृत्तः कर्णार्जुनसमागमे।
महेन्द्रेण यथा वृत्रो यथा रामेण रावणः॥५३॥

—महा. कर्णपर्व-५

कर्ण और अर्जुन के पराक्रम की प्रशंसा करते हुए उनकी तुलना कार्तवीर्य अर्जुन, दशरथ-नन्दन राम, शिव तथा विष्णु से की गई है–

कार्तवीर्यसमौ चोभौ तथा दाशरथे: समौ।
विष्णुवीर्यसमौ चोभौ तथा भवसमौ युधि॥२६॥

—महा. कर्णपर्व-८७

शल्यपर्व में श्रीकृष्ण, युधिष्ठिर को जलाशय में छिपे हुए दुर्योधन को मारने के लिए उपाय, कौशल एवं युक्ति का सहारा लेने की सलाह देते हुए श्रीराम का उदाहरण देते हैं—

तथा पौलस्त्यतनयो रावणो नाम राक्षस:।
रामेण निहतो राजन् सानुबन्ध: सहानुग:॥११॥
क्रियया योगमास्थाय तथा त्वमपि विक्रम।

—महा. शल्यपर्व-३१

गदा-युद्ध में प्रवृत्त भीमसेन एवं दुर्योधन की तुलना यहाँ राम-रावण एवं वाली-सुग्रीव से की गई है—

रामरावणयोश्चैव वालिसुग्रीवयोस्तथा।
तथैव कालस्य समौ मृत्योश्चैव परंतपौ॥३१॥

—महा. शल्यपर्व-५५

शान्तिपर्व में श्रीकृष्ण द्वारा संक्षेप में नारद-संजय संवाद के रूप में रामायण की कथा फिर कही गई है—

रामं दाशरथिं चैव मृतं संजय शुश्रुम।
योऽन्वकम्पत वै नित्यं प्रजा: पुत्रानिवौरसान्॥५१॥

—महा. शान्तिपर्व-२९

द्रोणपर्व में आई हुई कथा से भी यह अधिक संक्षिप्त है; इसमें केवल राम-राज्य की प्रशंसा की गई है। राम-राज्य की इस प्रशंसा का आधार रामायण ही है। कुछ शब्दों के परिवर्तन के साथ रामायण की बात को यहाँ भी दुहराया गया है।

भार्गव के रूप में वाल्मीकि के प्रति एक संकेत शान्तिपर्व में और भी आया है—

श्लोकश्चायं पुरा गीतो भार्गवेण महात्मना।
आख्याते रामचरिते नृपतिं प्रति भारत॥४०॥

—महा. शान्तिपर्व-५७

विष्णु के अवतारों की सूचना में दशरथनन्दन राम के नाम का उल्लेख किया गया है—

हंस: कूर्मश्च मत्स्यश्च प्रादुर्भावा द्विजोत्तम॥१०३॥

वाराहो नरसिंहश्च वामनो राम एव च।
रामो दाशरथिश्चैव सात्त्वतः कल्किरेव च॥१०४॥

—महा. शान्तिपर्व-३३९

अनुशासनपर्व में स्त्रियों के विषय में महाराजा भीष्म विदेहराज जनक की पुत्री सीता द्वारा कही गई एक प्राचीन गाथा कहते हैं–

विदेहराजदुहिता चात्र श्लोकमगायत॥१२॥
नास्ति यज्ञक्रिया काचिन्न श्राद्धं नोपवासकम्।
धर्मः स्वभर्तृ शुश्रूषा तया स्वर्गं जयन्त्युत॥१३॥

—महा. अनुशासनपर्व-४६

गोदान एवं स्वर्णदान के महत्त्व को बतलाते समय पितामह भीष्म, युधिष्ठिर से राम के ऐतिहासिक साक्ष्य के साथ इसके माहात्म्य का प्रतिपादन करते हैं–इसे ब्रह्मा ने इन्द्र से कहा, इन्द्र ने दशरथ से, दशरथ ने राम से, इस प्रकार दान की ऐतिहासिक परम्परा का उल्लेख किया गया है–

एतत् पितामहेनोक्तमिन्द्राय भरतर्षभ।
इन्द्रो दशरथायाह रामायाह पिता तथा॥११॥
राघवोऽपि प्रियभ्रात्रे लक्ष्मणाय यशस्विने।
ऋषिभ्यो लक्ष्मणेनोक्तमरण्ये वसता प्रभो॥१२॥

—महा. अनुशासनपर्व-७४

आगे चलकर गोदान देनेवाले राजाओं के नाम की सूची में दशरथ-पुत्र राम का नाम भी गिनाया गया है–

पुरूखो भरतश्चक्रवर्ती यस्यान्ववाये भरताः सर्व एव।
तथा वीरो दाशरथिश्च रामो ये चाप्यन्ये विश्रुताः कीर्तिमन्तः॥२६॥

—महा. अनुशासनपर्व-७६

अनुशासनपर्व में राजाओं के नाम संकीर्तन माहात्म्य में भी दशरथ-पुत्र राम का नाम पढ़ा गया है–

रघुर्नरवरश्चैव तथा दशरथो नृपः।
रामो राक्षसहा वीरः शशबिन्दुर्भगीरथः॥५१॥

—महा. अनुशासनपर्व-१६५

अश्वमेधपर्व में वेदव्यास युधिष्ठिर को श्रीराम की तरह अश्वमेध करने की सलाह देते हैं–

यजस्व वाजिमेधेन विधिवद् दक्षिणावता।
बहुकामान्नवित्तेन रामो दाशरथिर्यथा॥९॥

—महा. अश्वमेधपर्व-३

स्वर्गारोहणपर्व के अन्त में पढ़े जाने वाले हरिवंशोक्त भारत श्रवण विधि में वेद और महाभारत के साथ रामायण का उल्लेख हुआ है—भरतश्रेष्ठ ! वेद, रामायण एवं पावन महाभारत में सर्वत्र आदि, मध्य और अन्त में श्रीहरि का ही गान किया जाता है—

वेदे रामायणे पुण्ये भारते भरतर्षभ।
आदौ चान्ते च मध्ये च हरिः सर्वत्र गीयते॥९३॥

इतिश्रीमहाभारते शतसाहस्र्यां संहितायां वैयासिक्यां
हरिवंशोक्तभारतश्रवणविधावध्यायः समाप्तः॥

यही नहीं, रामायण के सैकड़ों सन्दर्भों की सूचनायें महाभारत के भीतर आद्यन्त विद्यमान हैं। यहाँ स्थालीपुलाकन्याय से ही स्पर्शमात्र किया गया है। महाभारत की राजनीति और रणनीति सब पर रामायण का गहरा प्रभाव है। महाभारत से पूर्व रामायण को छोड़कर अन्य किसी भी इतिहास ग्रन्थ की कोई सूचना भारतीय इतिहास के पास नहीं। ऐसी अवस्था में निश्चित रूप से महाभारत के इस बृहत् आधारग्रन्थ की सूचना एवं रचना का आधार वैदिक वाङ्मय के पश्चात् रामायण ही रहा है। महर्षि वाल्मीकि ही सर्वत्र आदिकवि के रूप में प्रसिद्ध हैं—महाभारतकार वेदव्यास नहीं।

महाभारत के सबसे बड़े ऐतिहासिक रामोपाख्यान का एकमात्र आधार तो रामायण ही है, जिस पर स्वतन्त्र रूप से अगले अध्याय में विचार किया जाएगा।

□

महाभारत का रामोपाख्यान—रामायण की ऐतिहासिक संरचना का एक अभूतपूर्व साक्ष्य

कस्मिन् रामः कुले जातः किंवीर्यः किम्पराक्रमः।
रावणः कस्य पुत्रो वा किं वैरं तस्य तेन ह॥

—*महाभारत*

रामायण के पश्चात् राकमथा के ऐतिहासिक अध्ययन की दृष्टि से महाभारत का रामोपाख्यान सर्वाधिक महत्त्वपूर्ण है। रामायण के प्रामाणिक स्वरूप तक हम इन पाठ भेदों के विभेद से नहीं पहुँच सकते; इसकी कथानकगत सूचनाओं की प्रामाणिकता पर विचार करने के लिए, महाभारत का यह सर्वाधिक विवादग्रस्त उपाख्यान बहुत कुछ पर्याप्त है। इसकी प्रामाणिकता को आधार मान कर, रामायण की प्रामाणिकता पर बड़े-बड़े संशय उठाये गये हैं। डॉ. सुकठंकर ने उसे इस प्रकार प्रस्तुत किया है–

रामायण के संस्करणों के सन्दर्भ में श्लूस्ज़कीविज़ के विस्तृत शोध प्रबन्ध ने रामायण और महाभारत के परिपेक्ष्य में रामोपाख्यान के संप्रश्न को संजीवित कर दिया, एक ऐसा प्रश्न जी.वेबर के द्वारा सर्वप्रथम विवाद का विषय बना दिया गया था। वेबर ने इस प्रश्न का सार संग्रह चार प्रकार के तार्किक विकल्पों के भाध्यम से उठाया था। (१) रामोपाख्यान ही रामायण का मूलस्रोत या उत्स है, (२) रामोपाख्यान रामायण के निष्कर्ष का निर्माता है, पर रामायण अपने वर्तमान काव्यात्मक स्वरूप से बहुत प्राचीन है, (३) रामोपाख्यान रामायण के सारभाग को प्रस्तुत करता है, पर अन्तिम रूप में यह सारभाग संकलनकर्ता के द्वारा घटनात्मक परिवर्तन के साथ प्रस्तुत हुआ है, (४) यह दोनों काव्य एक ही मूलस्रोत से प्रकट होकर स्वतन्त्र रूप से विकसित हुए हैं। *वेबर* की शंकाएँ इस प्रकार हैं–

**द्रष्टव्य टिप्पण, पृष्ठ १३४

१. रामोपाख्यान रामायण का मूल स्रोत है।

२. रामायण का सार संक्षेप तो रामोपाख्यान है; पर इसका मूलस्रोत किसी अन्य प्राचीन रामायण पर आधारित है।

३. रामोपाख्यान रामायण पर आधारित होते हुए भी निर्माता के द्वारा ऐच्छिक परिवर्तन इसमें किये गये हैं।

४. ये दोनों ही किसी तीसरे मूलस्रोत पर आधारित हैं, जो लुप्त हैं।

रामायण एवं महाभारत के इस अंशभूत उपाख्यान के मध्य या पूर्व किसी भी प्रकार की रामायण की ग्रन्थाकार सूचना हमारे पास नहीं है। रामायण के पूर्व राम पर कोई काव्य रहा हो, ऐसा उल्लेख भी कहीं प्राप्त नहीं होता। अत: किसी रामायण के पूर्वरूप और मध्यरूप की कल्पना ही निराधार है।

ई.डब्ल्यू.हॉपकिन्स एवं *लुडविग* ने केवल इस बात पर बल दिया है कि रामोपाख्यान रामकथा का स्वतन्त्र रूप है, जो किसी अन्य रामायण पर आधारित है। यह मात्र अनुमान ही है; इसके पीछे कोई ठोस प्रमाण नहीं। केवल कुछ कथानकगत घटना के अन्तर को देखकर ही वे ऐसा अनुमान करते हैं। रामकथा के कथानकगत अन्तर तो हर युग में रहे हैं। इसका यह अर्थ नहीं है कि उनका आधार आदि रामायण न रही हो। *जकोबी* अपनी बात को घुमाकर कहते हैं। उनके अनुसार यह रामायण पर आधारित होते हुए भी अपने लोकल कलर को लिये हुए है। इनके अनुसार रामायण किसी प्राचीन रूप का संक्षेप है। इतिहासकारों का एक बहुत बड़ा वर्ग यह मानता है कि बालकाण्ड और उत्तरकाण्ड निश्चित रूप से इस उपाख्यान के पश्चात् लिखे गये हैं। पर सत्य तो यह है कि इस ऐतिहासिक उपाख्यान के अस्तित्व में आने के बहुत पूर्व ही बालकाण्ड और उत्तरकाण्ड सहित सम्पूर्ण रामायण अस्तित्व में आ चुकी थी। योरोपीय एवं तदनुगामी भारतीय पण्डितों की दृष्टि में बालकाण्ड एवं उत्तरकाण्ड की सामग्री का इस उपाख्यान के भीतर नितान्त अभाव है। अत: इस उपाख्यान के साथ वाल्मीकीय रामायण के बालकाण्ड एवं उत्तरकाण्ड सहित सम्पूर्ण सामग्री का स्वतन्त्र अध्ययन कर लेना यहाँ समीचीन होगा।

रामायण के सम्पूर्ण अनुपद विवेचन को विपुल विस्तार, मर्यादा, उच्चता और अपने युगानुकूल आदर्शों को सामने रखकर ही महाभारत का यह अंशभूत उपाख्यान, एक महान् ऐतिहासिक साक्ष्य के रूप में प्रस्तुत होता है।

रामायण का अवतारवाद वैदिक आदर्शों के समानान्तर अपना एक चरण उससे आगे रखता है। यहाँ विष्णु 'कुचरो गरिष्ठ:' के रूप में हैं; वेदों का विशाल

वाङ्मय अवतारवाद के सन्दर्भों को मत्स्य, कूर्म, वराह, वामन, कुछ अंशों में नृसिंह तक की दीर्घ परम्पराओं के साथ उसे अपने भीतर समेट लेता है। रामायण में सर्वप्रथम विष्णु के नररूप की सूचना हमें प्राप्त होती है। महाभारत युग तक पहुँच कर वैदिक देवतावाद कुछ निस्तेज-सा हो गया था। वैष्णव परम्परा की उच्च भूमि पर खड़ा होकर महाभारत का अवतारवाद दार्शनिक ऊँचाइयों की सैद्धान्तिक भूमिका बन चुका था; यही कारण है महाभारत जहाँ भी राम की सूचना हमें देता है–विष्णु शब्द को राम के आगे लगाकर ही देता है, जैसा कि पिछले अध्याय के उद्धृत सन्दर्भों में हम देखते हैं। महाभारत-युग के अवतारवाद की यह दार्शनिक निष्पत्ति थी, जो श्रीकृष्ण के विराट् रूप-दर्शन के पूर्व श्रीराम और हनुमान् का विराट् रूप-दर्शन हमें कराती है। श्रीराम के विराट् रूप-दर्शन का बीज ही श्रीकृष्ण के विराट् रूप-दर्शन में वटवृक्ष हो गया। रामायण में राम के विराट् रूप की महाभारत जैसी शाब्दिक चर्चा कहीं नहीं है, पर महाभारत के पाश्चात्यभावी युग के लिए श्रीकृष्ण का विराट् रूप दिखलाना आवश्यक था। इसे परम्परागत अनुमोदन दिलाने के लिए ही, इससे पूर्व राम का विराट् रूप दिखलाना आवश्यक हो गया। भारतीय संस्कृति ने शृंखलाबद्ध परम्पराओं को सर्वत्र प्रमाणकोटि का आदर प्रदान किया है।

आख्यानों के प्रसङ्ग में ही यहाँ रामकथा के कहे जाने के कारण इसे उपाख्यान कहा गया है। इससे इसकी प्राचीनता और इसका ऐतिहासिक महत्त्व और भी बढ़ जाता है। वैसे राम की चर्चा कम और अधिक महाभारत में सर्वत्र है। पर वनपर्व का यह ऐतिहासिक उपाख्यान रामकथा के इतिहास में रामायण के पश्चात् अपना असाधारण महत्त्व रखता है। महाभारत में इसके पूर्व भी राम का आख्यान हुआ है, इसलिए भी यह उपाख्यान है। महाभारत की कथा में इसे प्रसङ्ग सहित पुनः उठाने की आवश्यकता पड़ गयी, अतः यह राम का महान् आख्यान यहाँ पुनः उपाख्यात हो गया।

रामोपाख्यान आकार की दृष्टि से, गीता से भी अधिक बड़ा है। गीता में ७०० श्लोक एवं १८ अध्याय हैं। यह उपाख्यान वनपर्व में २७३-२९२ अध्याय के मध्य कहा गया है। सब मिलाकर २० अध्याय एवं ७५२ श्लोक हैं। वैसे मूल कथा २७४ से २९२ अध्याय याने १८ अध्याय अर्थात् ७२६ श्लोकों में फैली हुई है।

उपाख्यान के प्रथम अध्याय में महाराजा युधिष्ठिर महर्षि मार्कण्डेय के समक्ष जयद्रथ द्वारा अपहृत द्रौपदी की चर्चा करते हुए निर्वासन के लम्बे कष्टों से दुःखित होकर सन्ताप प्रकट करते हैं। यहाँ युधिष्ठिर के समक्ष नियति के वे तीनों व्यावर्तक

बिन्दु साकार हो उठते हैं जो राम के जीवन में भी निहित थे– (१) राज्य से निष्कासन, (२) वनवास के कष्ट एवं (३) पत्नी का अपहरण। युधिष्ठिर की स्थिति एवं सम्पूर्ण मानसिकता उस समय यही थी। वे विशाल साम्राज्य को छोड़कर आये थे, जंगलों में नाना प्रकार के कष्टों को भोगते हुए वनवास की अवधि के समाप्त होने की प्रतीक्षा कर रहे थे। द्रौपदी का अपहरण जयद्रथ द्वारा हुआ था। महर्षि मार्कण्डेय महाराज युधिष्ठिर के इस मनोविज्ञान को समझकर, उन्हें बल प्रदान करने के लिये, उन राम का ऐतिहासिक आख्यान सुनाते हैं, जिनका सारा जीवन इस प्रकार के कष्टों से भरा था। रामोपाख्यान के प्रथम अध्याय में युधिष्ठिर के प्रश्न का सन्दर्भ है, अन्तिम अध्याय में सम्पूर्ण रामकथा कहने के उपरान्त इस प्रश्न का अन्वय और निष्पत्ति।

वाल्मीकि ने रामायण के दो नाम और भी रखे हैं–पौलस्त्यवध और सीताचरित। आदिकाव्य रामायण का प्रारम्भ एक बहुत बड़ी जिज्ञासा के साथ होता है। कवि विश्व की समग्र श्रेष्ठताओं का अनुसन्धान विभिन्न प्रश्नों के साथ अपने महाकाव्य के प्रथम सर्ग में करता है। इस व्यापक जिज्ञासा का महाविषय है–मानवीय मूल्यों का महाकोश। प्रत्येक मूल्य के साथ प्रश्नवाचक चिह्न लगाकर उसे राम के महान् जीवन से जोड़ दिया गया है। आदि कवि ने समग्र वैदिक वाङ्मय का उपबृंहण करते हुए; मानवीय ऊँचाइयों के सम्पूर्ण श्रेष्ठतम मूल्यों का उपबृंहण राम के जीवन के भीतर कर दिया। मूल्यों की इस बृहत्तम परिधि के भीतर वैदिक-युग के पश्चात्, भारतीय इतिहास के नवीन मूल्यों का प्रारम्भ रामायण के साथ होता है। महाभारत के रामोपाख्यान के साथ महाभारत-युग की जघन्य विभीषिकायें जुड़ी हैं। यही कारण है कि इसके गठन, इसके विषय प्रवर्तन की सम्पूर्ण टेकनीक नयी और भिन्न है। रामायण की तुलना में इसका सारा शिल्प नया है। इस उपाख्यान पर महाभारत-युग के सम्पूर्ण प्रत्यक्ष प्रभाव विद्यमान हैं। चिन्तन की दृष्टि से इस कथानक की सम्पूर्ण सामाजिक, दार्शनिक एवं सांस्कृतिक दृष्टि महाभारत के सर्वोच्च अवतारवाद की भूमि पर खड़ी है। वहाँ राम ही केवल विष्णु के अवतार नहीं; बल्कि वानर-भालू, यहाँ तक कि मन्थरा भी दिव्य शक्ति का अवतार है। रामायण की कथा का प्रवर्तन देवर्षि नारद के उत्तर से होता है; और महाभारत के इस उपाख्यान का महर्षि मार्कण्डेय के उत्तर के साथ। रामायण में प्रश्नकर्ता ग्रन्थ के रचयिता स्वयं वाल्मीकि हैं; यहाँ महाभारत की कथा के नायक युधिष्ठिर। आदिकवि की व्यापक जिज्ञासा का विषय केवल राम हैं। महाराजा युधिष्ठिर का प्रश्न राम और रावण दोनों के विषय में है–

कस्मिन् रामः कुले जातः किंवीर्यः किम्पराक्रमः।
रावणः कस्य पुत्रो वा किं वैरं तस्य तेन ह॥

—महा. वनपर्व-२७४

दो व्यक्तियों की जिज्ञासा के दो भिन्न सन्दर्भ हैं। आदिकवि के समक्ष केवल राम के वैराट्य का प्रश्न है, जिसे उन्होंने अपनी समग्र शब्द-राशि में व्यक्त कर दिया। पर युधिष्ठिर का सन्दर्भ नितान्त भिन्न है। सम्पूर्ण महाभारत का न्युक्लियस या आधारकेन्द्र 'वैर' है। ठीक इसके विपरीत रामायण का आधारकेन्द्र भ्रातृत्व है। युधिष्ठिर ने—'किं वैरं तस्य तेन ह' के द्वारा इस उपाख्यान को 'वैर' के सन्दर्भ में अपने प्रश्न द्वारा प्रधानता दी है। सम्पूर्ण उपाख्यान रामायण पर आधारित होने पर भी प्रश्नकर्ता की जिज्ञासा के कारण कथा का शिल्प-विधान, सम्पूर्ण रामकथा को एक नयी टेकनीक पर लाकर खड़ा कर देता है। इसका यह अर्थ कदापि नहीं है कि रामोपाख्यान के भीतर बालकाण्ड या उत्तरकाण्ड की ऐतिहासिक सामग्री का अभाव है—जैसा कि *जकोबी, वेबर* से लेकर *कामिल बुल्के* तक बार-बार कहते चले आ रहे हैं। पर युधिष्ठिर के प्रश्न का सारा बल 'वैर' पर केन्द्रित होने के कारण; महर्षि मार्कण्डेय का उत्तर 'वैर' के प्रश्न को प्रमुखता देते हुए ही, उपाख्यान की कथा को प्रश्न के सन्दर्भ में ही केन्द्रित करता है। यही इस ऐतिहासिक कथा की संरचना का शिल्प-विधान है; जिसे समझे बिना किसी भी निष्कर्ष पर पहुँचना असम्भव है। राम के विषय में नारद से कम जानकारी मार्कण्डेय को नहीं थी। इस कल्पान्तजीवी अमर महर्षि ने राम और लक्ष्मण को ऋष्यमूक पर्वत पर खड़े देखा था। वेदव्यास ने इन शब्दों के साथ मार्कण्डेय के महान् व्यक्तित्व के विषय में हमें बतलाया है। युधिष्ठिर कहते हैं—

त्वया प्रत्यक्षतो दृष्टं यथा सर्वमशेषतः।

आप तो इस सारे ज्ञान-विज्ञान और इतिहास के प्रत्यक्ष द्रष्टा हैं। यह उपाख्यान प्रारम्भ में राम के विषय में मात्र ४ $^{१}/_{२}$ श्लोकों में सम्पूर्ण जानकारी देने के पश्चात् उत्तरकाण्ड की लगभग आधी विषय सूची को शीघ्रता से उपाख्यान के भीतर दो-तीन अध्यायों में रख देता है। संक्षेप में रावण के वंश-परिचय एवं कार्यों सहित वैश्रवण के राज्य तक की उत्तरकाण्ड की सामग्री यहाँ चली आयी है। वेदव्यास ने महाभारत लिखने के पूर्व आदिकवि की प्रक्षिप्त कही जाने वाली रामायण के प्रथम सर्ग की इन रहस्यमय पंक्तियों को पढ़ा था, जिनमें रामायण के उद्भव को स्पष्ट किया गया है। महाभारत के इस उपाख्यान का प्रारम्भ वाल्मीकि रामायण के प्रथम सर्ग की प्रथम

पंक्तियों को सामने रखकर किया गया है, जिसे रामायण का प्रक्षिप्त सर्ग ही कहा गया है में–

कोन्वस्मिन् साम्प्रतं लोके गुणवान् कश्च वीर्यवान्॥२॥

—वा. रा. बालकाण्ड-१

महाभारत–

कस्मिन् राम: कुले जात: किंवीर्य: किम्पराक्रम:॥४॥

—महा. वनपर्व-२७४

इसके पश्चात् श्लोक के उत्तर भाग का अन्वय–'तथोत्तरं' को ध्यान में रखकर उत्तरकाण्ड से किया गया है। इस उपाख्यान के विन्यास का शिल्प-विधान कुछ ऐसा है जिसके अनुसार प्रथम रावण के विषय में जानकारी दी गयी, तदुपरान्त राम का इतिहास विस्तार सहित लिखा गया है।

महाराज युधिष्ठिर के प्रश्न से ऐसा लगता है इस धर्माचार्य के लिए महाभारत-युग तक आते-आते राम और रावण दोनों ही बहुत पुरानी चर्चा का विषय बन गये थे। महाभारत में राम के कुल की श्रेष्ठता को उभारा गया है। राम के वंश का प्रारम्भ इक्ष्वाकु के पश्चात्, अज से दशरथ और फिर राम–इस क्रम से होता है, जबकि महाभारत में रावण की वंश परम्परा और उसके बाल्यकाल की सूचना बड़ी गहराई और विस्तार के साथ प्रस्तुत की गयी है। इस उपाख्यान में रावण की तुलना में राम के बाल्यकाल की सूचना स्वल्प है। वैसे बाल्यकाल के सम्पूर्ण घटनाक्रम के सूत्र, संकेतों के माध्यम से ही उभारे गये हैं। आदिकवि की राम-जन्म से लेकर भरत के ननिहाल गमन तक की सूचना यहाँ है।

महाभारतकार ने बालकाण्ड में कही गयी विष्णु की अवतारकथा को पढ़कर अपने इस उपाख्यान में उसका नवीनीकरण किया है; जिस पर महाभारत-युग के अवतारवाद के सिद्धान्त की स्पष्ट छाया है। बालकाण्ड में विष्णु अन्य देवताओं की तरह ही बड़े सहज रूप से यज्ञ में अपना भाग ग्रहण करने के लिए आते हैं। वहीं ब्रह्मादि देवताओं के अनुरोध से वे यज्ञ की हविष्य में समाहित हो जाते हैं; पर महाभारत के अवतारवाद की भूमि बड़ी जटिल है; वहाँ रावण से भयभीत होकर देवता अग्नि को आगे करके ब्रह्मा के पास जाते हैं; पर ब्रह्मा इससे पूर्व ही विष्णु को रावण का निग्रह करने के लिए, उन्हें अयोध्या में भेज देते हैं। विष्णु की सहायता के लिए उन्हें धरती पर अवतार लेने का आदेश देते हैं। यह 'घटना' के पूर्व-दर्शन की व्यास की अपनी टेकनीक है; जिसके द्वारा अवतारवाद के सम्पूर्ण सिद्धान्त को ही पूर्व-

दर्शन की सर्वज्ञता पर प्रतिष्ठित कर दिया गया है। देवता जिस समय ब्रह्मा से यह अनुरोध करते हैं, उस समय विष्णु राम के रूप में दशरथ के पुत्रेष्टि-यज्ञ द्वारा अयोध्या में जन्म ग्रहण कर लेते हैं। महाभारत स्वयं अवतारवाद की संस्कृति का महान् ग्रन्थ है।

रामायण की तरह ही महाभारत के इस उपाख्यान में देवता अवतरण करते हैं–

ततो भागानुभागेन देवगन्धर्वपन्नगाः।
अवतर्तुं महीं सर्वे मन्त्रयामासुरञ्जसा॥८॥

–महा. वनपर्व-२७६

सम्पूर्ण रामायण में मन्थरा के अवतरण की कोई सूचना नहीं है, पर महाभारत में रामायण के सम्पूर्ण पात्रों को अवतारवाद की ऊँची धरती पर लाकर खड़ा कर दिया गया है। यहाँ तक कि दलित पात्रों पर पड़े हुए घृणा के घिनौनेपन को हटाने के लिए ही मन्थरा को दुन्दुभी नामक गन्धर्वी का अवतार कह दिया गया है। रामायण में मन्थरा सर्वत्र घृणित रूप में ही चित्रित है। राम के सम्पूर्ण कष्टों के मूल में, जहाँ घृणा और अवमानना के लौह आवरण में लिपटी हुई मन्थरा थी; वहीं वह रामायण के घटनाक्रम में राम को राम बनानेवाली हेतुभूता भी थी। अवतारवाद के इस चमत्कारी कौशल द्वारा वेदव्यास ने मन्थरा के सारे स्वरूप को ही परिवर्तित कर दिया। दुन्दुभी नामक गन्धर्वी का अवतार कहकर, उसे सदा के लिए घृणा, अवमानना और अनादर की भावना से मुक्त कर दिया है। विष्णु सहित सम्पूर्ण देवता विधिवत् माता के गर्भ से जन्म लेते हैं, पर मन्थरा ब्रह्मा की आज्ञा से सीधी वेष वदलकर पृथ्वी पर चली आती है। व्यास ने मन्थरा को अलौकिक एवं लोकोत्तर बना दिया। यह है महाभारत के परवर्ती एवं विकसित अवतारवाद का चमत्कार–

तेषां समक्षं गन्धर्वी दुन्दुभी नाम नामतः।
शशास वरदो देवो गच्छ कार्यार्थसिद्धये॥९॥
पितामहवचः श्रुत्वा गन्धर्वी दुन्दुभी ततः।
मन्थरा मानुषे लोके कुब्जा समभवत् तदा॥१०॥
मन्थरां बोधयामास यद् यत् कार्यं यथा यथा॥१५॥
सा तद्वचः समाज्ञाय तथा चक्रे मनोजवा।
इतश्चेतश्च गच्छन्ती वैरसन्धुक्षणे रता॥१६॥

–महा. वनपर्व-२७६

सम्पूर्ण रामोपाख्यान के वैशिष्ट्य को शृङ्खलाबद्ध करने के पूर्व, बालकाण्ड एवं

उत्तरकाण्ड की सामग्री को शृङ्खलित कर लेना समीचीन होगा। Bulke आदि इतिहासकारों की दृष्टि में बालकाण्ड एवं उत्तरकाण्ड महाभारत के पश्चात् रामायण में जोड़े गये हैं। इनका आधार यह है कि रामोपाख्यान में इन काण्डों की सामग्री का यथेष्ट अभाव है। इस उपाख्यान में प्रधानत: बालकाण्ड की सामग्री इस प्रकार आई है।

१. वंश सहित राम के जन्म की संक्षिप्त सूचना।

२. राम के विष्णु अवतार की सूचना।

३. वानर, भालुओं के अवतरण का विवरण।

४. विदेहराज जनक की पुत्री सीता से विवाह।

५. भरत का ननिहाल गमन–यह बालकाण्ड की बहुत ही महत्त्वपूर्ण सूचना है।

इन सभी सूचनाओं में वैसे देखा जाय तो राम के विष्णु रूप के अवतार की सूचना सबसे अधिक महत्त्वपूर्ण सूचना है, जिसका वाल्मीकि रामायण के बालकाण्ड से सीधा सम्बन्ध है। यह सूचना रामायण के उन सारे सन्दर्भों के लिए एक महत्त्वपूर्ण ऐतिहासिक निष्कर्ष का कार्य करती है जहाँ आदिकवि ने रामायण में राम को विष्णु का अवतार कहा है। रामायण में विष्णु के अवतार की सारी सूचना को प्रक्षिप्त माना गया है। पर यह उपाख्यान एवं महाभारत के ये सारे स्थल यह सूचना देते हैं कि रामायण के ये प्रक्षिप्त कहे जाने वाले अंश निश्चित रूप से महाभारत के बहुत पूर्व अस्तित्व में आ चुके थे।

रामोपाख्यान से बालकाण्ड की रचना परवर्तीकाल की है इसके लिए इतिहासकार चार तर्क देते हैं–

१. बालकाण्ड की तरह राम के जीवन की क्रमिक सूचना का अभाव।

२. विश्वामित्र-प्रसंग–इस प्रसंग में ताटका का वध, अस्त्र प्राप्ति एवं मारीच सुबाहु तक की पराजय निहित है। यह बालकाण्ड का प्रमुख विषय है, जो राम के अलौकिक चरित्र के अवतारवाद की प्रथम आधारशिला है।

३. गौतम-पत्नी अहिल्या के उल्लेख का अभाव।

४. परशुराम का पराभव।

राम के जीवन की प्रथम घटन ताटका का निपात है। उपाख्यान में इस चर्चा के अभाव का प्रधान कारण है युधिष्ठिर का प्रश्न; जो विश्वामित्र, गौतम-पत्नी अहिल्या एवं परशुराम को उपाख्यान के कथा प्रभाव से हटा देता है। राम के जन्मादि वृत्तान्त को सुनने के पश्चात् युधिष्ठिर ने अपने प्रश्न को सीधे वनवास पर लाकर

केन्द्रित कर दिया–इससे बालकाण्ड की यह सामग्री मार्कण्डेय के उत्तर में नहीं आई। युधिष्ठिर का प्रश्न इस तरह है–

उक्तं भगवता जन्म रामादीनां पृथक् पृथक्।
प्रस्थानकारणं ब्रह्मञ्छ्रोतुमिच्छामि कथ्यताम्॥१॥

—महा. वनपर्व-२७७

यहाँ युधिष्ठिर ने सीधा वन-प्रस्थान के कारण को पूछा है। वे अपने प्रश्न को अगले श्लोक में इस प्रकार स्पष्ट करते हैं–

कथं दाशरथी वीरौ भ्रातरौ रामलक्ष्मणौ।
सम्प्रस्थितौ वने ब्रह्मन् मैथिली च यशस्विनी॥२॥

—महा. वनपर्व-२७७

युधिष्ठिर का यह प्रश्न मैथिली सीता को साथ में जोड़कर किया गया है। मार्कण्डेय का उत्तर ऐसी अवस्था में वनवास के सन्दर्भ को सामने रखकर ही आगे बढ़ता है। यह कहना कि महाभारतकार को बालकाण्ड की सूचना नहीं थी; नितान्त असम्भव ही नहीं हास्यास्पद भी है। फिर भी कथा का भाग वनप्रस्थान के प्रश्न पर सीधा बढ़ते हुए भी कुछ ज़ानकारी हमें दे देता है–

क्रमेण चास्य ते पुत्रा व्यवर्धन्त महौजसः।
वेदेषु सरहस्येषु धनुर्वेदेषु पारगाः॥४॥
चरितब्रह्मचर्यास्ते कृतदाराश्च पार्थिव।
यदा तदा दशरथः प्रीतिमानभवत् सुखी॥५॥

—महा. वनपर्व-२७७

यहाँ 'कृतदाराश्च पार्थिव' के द्वारा राम के विवाह की स्पष्ट सूचना है। इसके पूर्व–'धनुर्वेदेषु पारगाः' के द्वारा विश्वामित्र से धनुर्वेद की दीक्षा का प्रसंग भी संकेतित है। विश्वामित्र के प्रसंग की बालकाण्ड की सम्पूर्ण सूचना, जिसमें ताटकावध से लेकर सुबाहु और मारीच के पराभव का विवरण है; उसे इस उपाख्यान ने सर्वथा ही भुला दिया हो ऐसी बात नहीं। मारीच रावण से राम के बाण के प्रभाव को बतलाते समय, इस सन्दर्भ का स्पष्ट उल्लेख करता है, जिस प्रभाव को उसने स्वयं झेला था। इस उपाख्यान का संकेत अध्याय २७७ के अन्तिम श्लोक से हमें प्राप्त होता है। रावण मारीच से मिलने के लिए उस स्थान पर जाता है, जहाँ मारीच राम के भय से पहले ही आकर तपस्या कर रहा था–

तत्राभ्यगच्छन्मारीचं पूर्वामात्यं दशाननः।
पुरा रामभयादेव तापस्यं समुपाश्रितम्॥५६॥

—महा. वनपर्व-२७७

यह सूचना भी इसी अध्याय में आई है, जिसमें युधिष्ठिर के प्रश्न के साथ रामायण की कथा आगे बढ़ती है। लगता है *बुल्के* ने इस अध्याय को भी पूरा नहीं पढ़ा; नहीं तो वे ऐसी असम्बद्ध बातें नहीं करते। रामायण के पाठक यह भली-भाँति जानते हैं कि मारीच को राम से यह भय मायामृग बनने के पूर्व विश्वामित्र के यज्ञध्वंस का प्रयत्न करते समय ही प्राप्त हुआ था। मारीच की माता ताटका का वध करने के पश्चात् राम विश्वामित्र के यज्ञ की रक्षा के लिए धनुष लेकर खड़े थे; मारीच एवं सुबाहु के आक्रमण करते ही राम ने सुबाहु का वध कर दिया, मारीच को बाण से अन्यत्र फेंक दिया था। रामोपाख्यान के अगले अध्याय में मारीच इस पूर्व भय की सारी स्थितियों को रावण के समक्ष इस प्रकार प्रस्तुत करता है—

मारीचस्त्वब्रवीच्छ्रुत्वा समासेनैव रावणम्।
अलं ते राममासाद्य वीर्यज्ञो ह्यस्मि तस्य वै॥६॥
बाणवेगं हि कस्तस्य शक्तः सोढुं महात्मनः।
प्रव्रज्यायां हि मे हेतुः स एव पुरुषर्षभः॥७॥

—महा. वनपर्व-२७८

मारीच वहाँ रावण से स्पष्ट कहता है—'राम के बाण के वेग को कोई नहीं सह सकता' यहाँ वह अपने संन्यासी बनने का कारण राम के बाण का भय बतलाता है। मारीच के द्वारा राम के बाण के वेग का यह असाधारण रहस्योद्‌घाटन; विश्वामित्र सहित राम के बाल्यकाल के उस यौधेय प्रसंग को लाकर इस उपाख्यान के भीतर प्रस्तुत कर देता है। गौतम-पत्नी का उल्लेख महाभारत में अन्यत्र आया है। महाभारत में अहिल्या-तीर्थ की स्वतन्त्र चर्चायें हैं। भगवान् परशुराम के पराभव का आख्यान यहाँ एक-दो पंक्ति में लिखा जाने का विषय ही नहीं था। इस उपाख्यान से कुछ पूर्व वेदव्यास ने परशुराम की पराजय पर पूरा अध्याय ही लिख दिया है। यहाँ तक कि राम परशुराम को अपना विराट् रूप दिखलाते हैं, जिसकी चर्चा हम पुस्तक में पीछे कर आये हैं। सीता-विवाह की सूचना आने से शिव-धनुष के भंग की सूचना स्वयं आ गई है। बालकाण्ड की भरत के ननिहालगमन की महत्त्वपूर्ण सूचना का संकेत इस प्रकार किया गया है—

रामं तु गतमाज्ञाय राजानं च तथागतम्।
आनाय्य भरतं देवी कैकेयी वाक्यमब्रवीत्॥३१॥

—महा. वनपर्व-२७७

वैसे चित्रकूट जाकर भरत का राम को लौटा लाने का आग्रह यह बतलाता है–भरत उस समय अयोध्या में नहीं थे, नहीं तो राम के वनवास जाने का प्रसंग ही उत्पन्न नहीं होता। प्रकारान्तर से देखा जाय तो बालकाण्ड की सम्पूर्ण सामग्री रामोपाख्यान की ऐतिहासिक भूमिका में सुरक्षित है।

चौदह हजार राक्षसों के वध की सूचना महाभारत भी इस उपाख्यान के माध्यम से हमें देता है। महाभारत-युग तक आते-आते जीवित श्राद्ध और तर्पण की परम्परायें पूर्ण रूप से सारे विधि-विधान के साथ विकसित हो चुकी थीं। मरने के पश्चात् जब श्राद्धादि करने के लिए कोई न रहता, तब यह कार्य मृत्यु के पूर्व व्यक्ति स्वयं कर लेता था। महाभारत के मारीच को नालायक भगिनी-पुत्र रावण से यह आशा नहीं थी, जिसके लिए वह प्राण त्याग करने जा रहा था। मारीच ने यह कार्य स्वयं सम्पन्न किया–

इत्येवमुक्तो मारीचः कृत्वोदकमथात्मनः॥१४॥
रावणं पुरतो यान्तमन्वगच्छत् सुदुःखितः।

—महा. वनपर्व-२७८

रामायण में गन्धर्वों का स्थान पश्चिम में है। महाभारत-युग तक ये उत्तर में फैल चुके थे। भरत ने युद्ध में इन्हें खदेड़ दिया था। रामायण में कुबेर यक्षों के साथ है, पर महाभारत का कुबेर गन्धर्व, यक्ष, राक्षस एवं किन्नरों से घिरा है।

महाभारत में पुष्पक के विमान रूप की स्पष्ट सूचना दी गई है। डा. सांकलिया की दृष्टि में यह रावण का महल या महल का एक भाग है। आदिकवि ने ही नहीं, महाभारतकार ने भी इसे स्पष्ट रूप से विमान रूप में ही स्वीकार किया है–

विमानं पुष्पकं तस्य जहाराक्रम्य रावणः।
शशाप तं वैश्रवणो न त्वामेतद् वहिष्यति॥३४॥

—महा. वनपर्व-२७५

वाल्मीकि के शब्द सुन्दरकाण्ड में कुछ व्यक्तियों के लिए पुष्पक के सन्दर्भ में भ्रम पैदा कर देते हैं। वहाँ लंका में स्थिर पुष्पक का सौन्दर्य हनुमान् जी के द्वारा वर्णित एक स्थिर प्रासाद के सौन्दर्य का भ्रम उत्पन्न कर देता है–लगता है यह स्थिर पुष्पक

रावण का कोई राजप्रासाद या उसका एक भाग है। पर महाभारत का यह पुष्पक निश्चित एक विमान है। महाभारत के इस रामोपाख्यान के पूर्व वाल्मीकि के उत्तरकाण्ड का यह विमान-सन्दर्भ भी अस्तित्व में आ गया था। रामायण में पुष्पक विमान छीन लेने पर कुबेर रावण को यह शाप देता है–'अरे यह विमान तेरी सेवा में न आ सकेगा, जो युद्ध में तुझे मार डालेगा, उसी का यह वाहन होगा।' इन पंक्तियों के भीतर रामायण के सम्पूर्ण कथानक का भविष्य-दर्शन समाहित है–यह सिद्ध करने के लिए यह पंक्ति ही पर्याप्त है कि उत्तरकाण्ड सहित सम्पूर्ण रामायण महाभारतकार के समक्ष थी। निश्चित रूप से आदिकवि वाल्मीकि वेदव्यास से प्रथम थे। कुबेर के इस भविष्य-दर्शन के आधार-बिन्दु पर वाल्मीकि का बालकाण्ड से उत्तरकाण्ड तक की सम्पूर्ण रामायण का इतिहास यहाँ चला आता है–

विमानं पुष्पकं तस्य जहाराक्रम्य रावणः।
शशाप तं वैश्रवणो न त्वामेतद् वहिष्यति॥३४॥
यस्तु त्वां समरे हन्ता तमेवैतद् वहिष्यति।
अवमन्य गुरुं मां च क्षिप्रं त्वं न भविष्यसि॥३५॥

–महा. वनपर्व-२७५

महाभारत के कुबेर के इस भविष्य-दर्शन की टेकनीक का आधार आदिकवि का सम्पूर्ण महाकाव्य है; जिसे भगवान् मार्कण्डेय युधिष्ठिर के समक्ष प्रस्तुत करने जा रहे हैं। महाभारत-युग तक आते-आते कुबेर का महत्त्व असाधारण रूप से भारतीय समाज में प्रतिष्ठित हो चुका था। रावणाग्रज कुबेर को लोग काल की दीर्घयात्रा में भूल चुके थे। महाभारत-युग का कुबेर, इन्द्र और वरुण की पंक्ति तक चला आया था। उसके नाम के आगे अब–'राजराज' और 'महाराज' जैसे विशेषण लगने लगे थे। राम ने उसे 'इन्द्र' और 'वरुण' की तरह भयमुक्त कर दिया था, रावण के समक्ष कुबेर का व्यक्तित्व ही गौण था। महाभारत में कुबेर लंका का परित्याग कर अलका पुरी नहीं गये थे। वे गन्धमादन पर्वत पर जाते हैं–महाभारत में गन्धमादन की चर्चा अपेक्षाकृत अधिक है। यहीं रामोपाख्यान में एक महत्त्वपूर्ण सूचना यह भी दी गई है कि विभीषण कुबेर के पास गन्धमादन पर्वत पर गये थे–

विभीषणस्तु धर्मात्मा सतां मार्गमनुस्मरन्।
अन्वगच्छन्महाराज श्रिया परमया युतः॥३६॥

–महा. वनपर्व-२७५

रामायण के अनुसार विभीषण ने रावण का अनुसरण किया था; वह गन्धमादन नहीं, लंका गया था। इस बात का अनुमोदन इस उपाख्यान के कथा भाग से भी होता है–विभीषण रावण को छोड़कर राम के साथ मिलते हैं। पर ज्येष्ठ भ्राता कुबेर से विभीषण के अच्छे सम्बन्ध और सम्पर्क रावण-वध के पश्चात् ही हुए होंगे। यहाँ यह सूचना भविष्य-दर्शन की पद्धति पर ही दी गई है। इसका कारण है वेदव्यास के समक्ष उत्तरकाण्ड सहित सम्पूर्ण रामायण उनके समक्ष विद्यमान थी। उन्होंने रामायण की महत्त्वपूर्ण सामग्री को संक्षिप्त करते हुए, विभीषण का विवरण प्रस्तुत करते समय अतीत और अनागत की सारी सूचना को एक स्थान पर ही एकत्र कर दिया है। रामायण में युद्धकाण्ड के अन्त तक विभीषण के अमरत्व की कोई सूचना हमारे पास नहीं है। निश्चित रूप से यह सूचना उत्तरकाण्ड से ही ली गई है। यहाँ तक कि कुबेर ने विभीषण को यक्ष और राक्षसों की सेना का सेनापति तक नियुक्त कर दिया था। यह कार्य भी रावणवध के पश्चात् ही सम्भव हुआ होगा। वाल्मीकि ने विभीषण को लंका का राजा बनाया था; महाभारतकार ने तो इन्हें कुबेर की सेना का अध्यक्ष ही बना डाला–

तस्मै स भगवांस्तुष्टो भ्राता भ्रात्रे धनेश्वरः।
सेनापत्यं ददौ धीमान् यक्षराक्षससेनयोः॥३७॥

—महा. वनपर्व-२७५

महाभारत-युग तक सीता के लिए मायामृग के भीतर भी अवतारवाद का प्रभाव एक कथानक रूढ़ि की तरह प्रवेश कर चुका था। रामायण की सीता स्वर्णमृग के प्रति सहजरूप से आकृष्ट होती है, पर महाभारत की सीता लक्ष्मी का अवतार है। वह विधाता की इच्छा को जानकर मायामृग की आकांक्षा करती है–

दर्शयामास मारीचो वैदेहीं मृगरूपधृक्॥१७॥
चोदयामास तस्यार्थे सा रामं विधिचोदिता।

—महा. वनपर्व-२७८

रामोपाख्यान अध्याय-२७८ के ३८, ३९, ४० श्लोक में सीता ने क्रोध में रावण की भर्त्सना की है। यह भी रामायण के अरण्यकाण्ड के अनेक भर्त्सनापूर्ण वाक्यों का सार संक्षेप ही है। 'सखा दशरथस्यासीत्' जटायु के लिए दशरथ के मैत्री सम्बन्ध का वाक्यांश वाल्मीकि से यथावत् ग्रहण किया गया है। इसे वेदव्यास ने रामायण से ज्यों का त्यों लिया है। इस वाक्य का अर्थ पद्मपुराण की परम्परा से स्पष्ट होता है। रामायण और महाभारत दोनों ही जटायु और दशरथ की मैत्री की सूचना तो देते हैं, पर इसके

सन्दर्भ पर प्रकाश नहीं डालते। त्रिजटा के स्वप्नदर्शन पर वाल्मीकि का स्पष्ट प्रभाव है, इसके अतिरिक्त महाभारत-युग का तान्त्रिक प्रभाव भी वहाँ है। त्रिजटा ने लक्ष्मण को स्वप्न में हड्डियों के ढेर पर बैठकर मधुमिश्रित पायस भक्षण करते हुए भी देखा है–

अस्थिसंचयमारूढो भुञ्जानो मधुपायसम्।
लक्ष्मणश्च मया दृष्टो दिधक्षुः सर्वतोदिशम्॥७०॥

—महा. वनपर्व-२८०

वाल्मीकि के रावण के साथ मनुष्य-आहार की चर्चा नहीं है—यहाँ रामोपाख्यान में रावण स्वयं मनुष्य-भक्षक है–

किं नु शक्यं मया कर्तुं यत् त्वमद्यापि मानुषम्॥२८॥
आहारभूतमस्माकं राममेवानुरुध्यसे॥२९॥

—महा. वनपर्व-२८१

लगता है रामायण के पश्चात् रावण के प्रति घृणा का भाव बढ़ता ही चला गया है। कौवे के चोंच के आघात का प्रसंग वाल्मीकि ने अशोकवन में सुन्दरकाण्ड के अन्तर्गत कहा है। रामोपाख्यान में भी इस प्रसंग की चर्चा अशोकवन के सीता-हनुमान् संवाद के सन्दर्भ में ही हुई है–

क्षिप्तामिषीकां काकाय चित्रकूटे महागिरौ।
भवता पुरुषव्याघ्र प्रत्यभिज्ञानकारणात्॥७०॥

—महा. वनपर्व-२८२

रामायण में रावण की कटी हुई भुजाओं के पुनः उत्पन्न होने की चर्चा है। महाभारतकार ने इसे कथानकरूढ़ि की सीमा में लाकर और भी आगे तक बढ़ाया है। कुम्भकर्ण की दो भुजायें कटती हैं तो उसके स्थान पर चार भुजायें उत्पन्न होती हैं। रामोपाख्यान में मेघनाद के इन्द्र-विजय की सूचना निश्चित रूप से रामायण के उत्तरकाण्ड से ही आई है। महाभारत के इस उपाख्यान में अनेक प्रकार की चमत्कारिक कथानक रूढ़ियों की चर्चायें की गई हैं। कुबेर द्वारा भेजे गये जल की सहायता से राम और वानर सेना के नेत्र प्रक्षालन का उल्लेख हुआ है, जिसके प्रभाव से वे मेघनाद की अदृश्य माया को देख लेने में समर्थ हो सके। उनके नेत्रों में अतीन्द्रिय पदार्थों को देखने की शक्ति आ जाती है। निश्चित रूप से यह कथानक रूढ़ि रामायण के पश्चात् का विकास है। माया के विस्तार में भी रामोपाख्यान में रामायण की तुलना में अधिक वृद्धि दिखलाई पड़ती है। रावण युद्ध के समय अनेक राम और लक्ष्मण के

रूप में प्रकट होता है। माया के विस्तार से स्थितियाँ इतनी संशयास्पद हो जाती हैं कि मातलि के रथ लेकर आने पर राम को रावण के माया-रथ की शङ्का हो जाती है। महाभारत की सभ्यता में रामायण की संस्कृति की तुलना में शस्त्रास्त्रों के विस्तार की अधिक चर्चा है। रामायण में रावण के शवसंस्कार की अन्त्येष्टि का विशद वर्णन है। महाभारत में रावण के ब्रह्मास्त्र से दग्ध होने पर उसकी राख भी नहीं दिखाई देती। यह महाभारत की शस्त्र-प्रधान सभ्यता का स्पष्ट प्रभाव है–

शरीरधातवो ह्यस्य मांसं रुधिरमेव च।
नेशुर्ब्रह्मास्त्रनिर्दग्धा न च भस्माप्यदृश्यत॥३३॥

–महा. वनपर्व-२९०

रामोपाख्यान में सीता के पातिव्रत्य की परीक्षा रामायण की तरह अग्निपरीक्षा के माध्यम से नहीं होती, महाभारत-युग तक सीता गौरव-मण्डित हो चुकी थी। वहाँ स्वयं देवता–वायु, अग्नि, वरुण, ब्रह्मा प्रकट होकर सीता के पातिव्रत्य का साक्ष्य देते हैं। महाभारत की सीता को अब पुनः वेदव्यास अग्नि पर नहीं बैठाते। नलकूबर के शाप को ब्रह्मा अपनी चमत्कारी योजना का एक अंग बनाते हैं। यह उत्तरकाण्ड की सूचना यहाँ कथानक के पूर्व-दर्शन के क्रम पर ही सुनिश्चित की गई है। ब्रह्मा ने नलकूबर के शाप के माध्यम से पहले ही रावण से सीता की सुरक्षा का प्रबन्ध कर दिया था–

वधार्थमात्मनस्तेन हृता सीता दुरात्मना।
नलकूबरशापेन रक्षा चास्याः कृता मया॥३३॥
यदि ह्यकामां सेवेत स्त्रियमन्यामपि ध्रुवम्।
शतधास्य फलेन्मूर्धा इत्युक्तः सोऽभवत्पुरा॥३४॥

–महा. वनपर्व-२९१

महाभारत में आया हुआ राम का इतिहास नियति के चतुर्मुख घूमते हुए घटनाक्रम का विषय बनकर आया है। सीता द्वारा हनुमान् को अमरत्व का वरदान उत्तरकाण्ड के केवल अस्तित्व की ही हमें सूचना नहीं देता; वरन् वह इस महान् वरदान के माध्यम से सीता के देवत्व की भी हमें सूचना देता है–

सीता चापि महाभागा वरं हनुमते ददौ॥४४॥
रामकीर्त्या समं पुत्र जीवितं ते भविष्यति।

दिव्यास्त्वामुपभोगाश्च मत्प्रसादकृताः सदा॥४५॥
उपस्थास्यन्ति हनुमन्निति स्म हरिलोचन।

—महा. वनपर्व-२९१

रामायण में राम के प्रति कहीं राष्ट्रपति शब्द नहीं आया है; लेकिन महाभारत की सभ्यता के समय सम्पूर्ण राजनीतिक स्थितियाँ ही बदल गई थीं—महाभारत के इस उपाख्यान में राम के लिए राष्ट्रपति शब्द का प्रयोग किया गया है—

अयोध्यां स समासाद्य पुरीं राष्ट्रपतिस्ततः॥६०॥
भरताय हनूमन्तं दूतं प्रस्थापयत् तदा॥

—महा. वनपर्व-२९१

रामोपाख्यान के अन्तिम श्लोक में तो सारे उत्तरकाण्ड की कथा का प्रायः सारसंक्षेप ही आ गया है—

ततो देवर्षिसहितः सरितं गोमतीमनु।
दशाश्वमेधानाजह्रे जारूथ्यान् स निर्गलान्॥७०॥

—महा. वनपर्व-२९१

'जारूथ्यान्' और 'निरर्गलान्' दोनों शब्द यहाँ विचारणीय हैं। जारूथ्यान् में रामराज्य से लगाकर दस अश्वमेधों का महान् यशोगान निहित है; जिसका सम्पूर्ण विस्तार रामायण के उत्तरकाण्ड में समाहित है। निरर्गलान् की भी वही स्थिति है। पद्मपुराण में भी इसका विवरण विस्तार सहित आया है। प्रथम शब्द जारूथ्यान् में जहाँ राम के महान् यशोगान का संकेत है; वहाँ निरर्गलान् में राम के महान् अश्व की अवरोधहीन दिग्विजय का उल्लेख है।

रामायण की सूचना के अनुसार रामोपाख्यान में एक महत्त्वपूर्ण अन्तर आया है—वह है कुम्भकर्ण का वध। रामायण के अनुसार कुम्भकर्ण का निधन राम के द्वारा होता है। महाभारत के इस उपाख्यान के अनुसार उसका वध लक्ष्मण करते हैं। लगता है यह महाभारत के अवतारवाद की बदली हुई भूमिका का प्रभाव है। महाभारत का अवतारवाद विष्णु के चतुर्व्यूह के सिद्धान्त को महत्त्व देते हुए बहुत-सी नई बातें हमें बतलाता है। जान पड़ता है विष्णु के संकर्षण स्वरूप को गौरवान्वित करने के लिए ही महाभारतकार ने कुम्भकर्ण का वध लक्ष्मण के हाथों करवाया है। आगे चलकर इसी उपाख्यान में यहाँ तक कह दिया गया है कि इन्द्रादि देवता भी इस क्षत्रियधर्म के मार्ग पर चल रहे हैं—

न हि ते वृजिनं किंजिद् वर्तते परमण्वपि।
अस्मिन् मार्गे निषीदेयुः सेन्द्रा अपि सुरासुराः ॥३॥

—महा. वनपर्व-२९२

महाभारत का यह ऐतिहासिक उपाख्यान बालकाण्ड और उत्तरकाण्ड सहित सम्पूर्ण रामायण की पूर्व सूचना हमें बड़े-बड़े ऐतिहासिक साक्ष्यों के साथ देता है। महाभारतकार ने अद्यापि शब्द पर बल देते हुए—नल-सेतु का स्मरण एक पुरातत्त्व के पुरावशेष की तरह ही किया है; जो उस युग में भी एक ऐतिहासिक साक्ष्य के रूप में शेष था—

नलसेतुरिति ख्यातो योऽद्यापि प्रथितो भुवि।
रामस्याज्ञां पुरस्कृत्य निर्यातो गिरिसंनिभः ॥४५॥

—महा. वनपर्व-२८३

**(from Page 118) Dr. Sukthankar– 'Sluszkiewicz's elaborate dissertation on the recensions of the Ramayan has revised the interest in the question of the relationship between the Ramayan and the Ram episode of the Mahabharat, a question which appears to have been first mootted by Weber. Weber had contented himself with formulating the four logical alternatives; (1) the Ramopakhyan is the source of the Ramayan; (2) the Ramopakhyan constitutes an epitome of the Ramayan, but of a Ramayan more primitive than the epic in its present form; (3) the Ramopakhyan, represents an epitome of the Ramayan, but an epitome modified somewhat by the compiler of the episode himself, and lastly; (4) the two poems are derived independently from a last common source. The alternatives worked out by Weber may be admitted; but then logical possibilities, unfortunately, do not carry us very far in historical investigation.'

□

रामायण मीमांसा—
स्वरूप, आधार और अध्ययन

मा निषाद प्रतिष्ठां त्वमगमः शाश्वतीः समाः।
यत् क्रौंचमिथुनादेकमवधीः काममोहितम्॥
तस्येत्थं ब्रुवतश्चिन्ता बभूव हृदि वीक्षतः।
शोकार्तेनास्य शकुनेः किमिदं व्याहृतं मया॥

—रामायण

नानापुराणनिगमागमसम्मतं यद्
रामायणे निगदितं क्वचिदन्यतोऽपि।
स्वान्तःसुखाय तुलसी रघुनाथगाथा-
भाषानिबन्धमतिमंजुलमातनोति॥७॥

—रामचरितमानस

रामायण का रहस्यमय उद्भव सम्भवतः कहीं इतिहास के धुन्धकार के भीतर विलीन होकर समाप्त हो जाता, यदि आदिकवि अपने महाकाव्य का विषय प्रवर्तन इस महान् साक्ष्य के द्वारा न करते–

ॐ तपःस्वाध्यायनिरतं तपस्वी वाग्विदां वरम्।
नारदं परिपप्रच्छ वाल्मीकिर्मुनिपुङ्गवम्॥१॥

—वा. रा. बालकाण्ड-१

क्रौञ्च के हृदय से फूटती हुई उष्ण रक्त की धारा तन्त्री की लय पर समन्वित होती हुई श्लोक के रूप में प्रकट हो गई–

पादबद्धोऽक्षरसमस्तन्त्रीलयसमन्वितः।
शोकार्तस्य प्रवृत्तो मे श्लोको भवतु नान्यथा॥१८॥

—वा. रा. बालकाण्ड-२

हृदय का सम्पूर्ण शोक श्लोक बनकर प्रकट हो गया—'शोकः श्लोकत्वमागतः'। महाकवियों के हृदय की वेदना किस प्रकार समाक्षरों में पादबद्ध होती हुई तन्त्री की लय से सम्बद्ध होती है, यह इतिहासकार समझ पायें या नहीं; पर साहित्य के मीमांसकों से यह सत्य अलक्षित नहीं है और न उनके लिए यह मिथक ही है। रामायण के प्रथम चार सर्गों के भीतर इसके उद्भव का इतिहास विद्यमान है।

गर्भ के दुर्वह भार से खिन्न, राम के द्वारा परित्यक्ता सीता कवि की करुण संवेदिनी वेदना के मनोलोक में तप्त स्वर्ण की तरह पिघल रही थी, कवि के भीतर का सम्पूर्ण तप और स्वाध्याय उस वेदना को व्यक्त करने के लिए बहिर्भूत होना चाहता था। शब्द प्रतिक्षण वैदिक अनुष्टुप् की गणित पर पहुँचकर उस वेदना को व्यक्त करने के लिए आतुर हो रहे थे। ऋग्वेद के अनुष्टुप् की पद-पद्धति पर महाकाव्य नहीं लिखे जा सकते। तमसा के तट पर कवि ने क्रौञ्च के उस रुधिरोक्षित प्रकम्प को देखा; वैदिक अनुष्टुप् को एक नया बलाघात मिल गया, आदिकवि के हृदय से रक्तोष्ण रामायण प्रकट हो गई—

मा निषाद प्रतिष्ठांत्वमगमः शाश्वतीः समाः।
यत् क्रौञ्चमिथुनादेकमवधीः काममोहितम्॥१५॥

—वा. रा. बालकाण्ड-२

यह वैदिक अनुष्टुप् का प्रथम परिवर्तित स्वरूप था—जिसमें महाकाव्य बड़ी सहजता से लिखे जा सकते हैं। क्रौञ्च महाकवि के करुण हृदय की मुक्ति का मार्ग बन गया।

महर्षि वाल्मीकि दशरथ के समकालीन थे। राम वनवास की अवधि में इनके आश्रम में गये थे। आदिकवि को राम के विषय में पर्याप्त सूचनायें थीं। वे राम के विषय में बड़ी-बड़ी शङ्काओं को सामने रखकर सोच रहे थे। उनके समक्ष एक ओर राम का विराट् व्यक्तित्व था; दूसरी ओर रोती हुई सीता उनके आश्रम में बैठी हुई थीं। देवर्षि नारद उनके आश्रम में आये थे। यह कैसे सम्भव है, सीता को इस अवस्था में देखकर नारद उनसे वहाँ न मिले हों। सम्भावनायें अधिक हैं—वाल्मीकि की उपस्थिति में देवर्षि के सामने सीता निर्वासन को लेकर निश्चित रोयी होंगी। अयोध्या के वर्तमान

परिवेश पर भी वार्तालाप हुआ होगा। महर्षि ने अपने युग-पुरुष के विषय में नारद से पूछा–

कोन्वस्मिन साम्प्रतं लोके गुणवान् कश्च वीर्यवान्।
धर्मज्ञश्च कृतज्ञश्च सत्यवाक्यो दृढव्रतः॥२॥
चारित्रेण च को युक्तः सर्वभूतेषु को हितः।
विद्वान् कः कः समर्थश्च कश्चैकप्रियदर्शनः॥३॥
आत्मवान् को जितक्रोधो द्युतिमान् कोऽनसूयकः।
कस्य बिभ्यति देवाश्च जातरोषस्य संयुगे॥४॥

–वा. रा. बालकाण्ड-१

देवर्षि नारद ने इन समग्र गुणों का अन्वय राम के चरित्र में कर दिया। सीता के निर्वासनजनित शोक से भाराक्रान्त आदिकवि तमसा के तट पर गये थे। वहाँ बाणविद्ध क्रौञ्च को देखकर हृदय का समग्र शोक, वेदना, महाकरुणा, महर्षि का सम्पूर्ण तत्त्वज्ञान, चिन्तन, रहस्य, तप सब कुछ श्लोक बनकर प्रकट हो गया; पादबद्ध होता हुआ तन्त्री की लय पर समन्वित होता गया। आदिकवि निरन्तर क्रौञ्च के विषय में सोचते चले जा रहे थे। जिस समय ब्रह्मा ने उनके आश्रम में प्रवेश किया, वे क्रौञ्च और इस श्लोक के विषय में ही सोच रहे थे। उनके गहन अनन्यसामान्य मनोलोक से यह छोटा-सा पक्षी हट ही नहीं पा रहा था–वे पक्षी के क्रन्दन के भीतर डूबते चले जा रहे थे। महाकवियों के हृदय की गहनता को समझ लेना कठिन है–

तद्गतेनैव मनसा वाल्मीकिर्ध्यानमास्थितः।
पापात्मना कृतं कष्टं वैरग्रहणबुद्धिना॥२८॥
यत् तादृशं चारुरवं क्रौञ्चं हन्यादकारणात्।
शोचन्नेव पुनः क्रौञ्चीमुपश्लोकमिमं जगौ॥२९॥
पुनरन्तर्गतमना भूत्वा शोकपरायणः।
तमुवाच ततो ब्रह्मा प्रहसन् मुनिपुङ्गवम्॥३०॥

–वा. रा. बालकाण्ड-२

ब्रह्मा ने कवि के श्लोकरूप में समाये हुए शोक को नयी दिशा प्रदान की, उन्होंने कवि को रामचरित्र लिखने के लिए प्रेरित कर दिया। क्रौञ्च और सीता के लिए आर्तनाद करता हुआ आदिकवि का हृदय रामायण के अवतरण की उद्भव भूमि बन गया। इस क्रम को ध्यान में रखकर महाकवि ने अपने महाकाव्य के तीन नाम रख दिये हैं–

१. रामायण–राम के नाम को प्रधानता देते हुए रामचरित्र का कथन।

२. सीताचरित–सीता के नाम को प्रधानता देते हुए सीताचरित्र का कथन।

३. पौलस्त्यवध–रावण-वध की कथा।

काव्यं रामायणं कृत्स्नं सीतायाश्चरितं महत्।
पौलस्त्यवधमित्येवं चकार चरितव्रत:।।७।।

—वा. रा. बालकाण्ड-४

अनुष्टुप् छन्द का आश्रय लेते हुए, महाकवि ने उसे इस प्रकार प्रस्तुत किया है–

पाठ्ये गेये च मधुरं प्रमाणैस्त्रिभिरन्वितम्।
जातिभि: सप्तभिर्युक्तं तन्त्रीलयसमन्वितम्।।८।।

—वा. रा. बालकाण्ड-४

ब्रह्मा से प्रेरित होते हुए आदिकवि ने देवर्षि नारद के कथनानुसार रघुवंश के चरित को कहा है–

कामार्थगुणसंयुक्तं धर्मार्थगुणविस्तरम्।
समुद्रमिव रत्नाढ्यं सर्वश्रुतिमनोहरम्।।८।।
स यथा कथितं पूर्वं नारदेन महात्मना।
रघुवंशस्य चरितं चकार भगवान् मुनि:।।९।।

—वा. रा. बालकाण्ड-३

महाकवि कालिदास ने इन्हीं पंक्तियों से प्रेरित होकर अपने महाकाव्य का नाम रघुवंश रखा। रामायण सम्पूर्ण भारतीय इतिहास की कालयात्रा का अखण्ड प्रवाह है। प्रत्येक युग चाहे भास का हो या कालिदास का, भवभूति का हो या प्रवरसेन का, तुलसी हों या कम्बन; सभी सर्वप्रथम इस महानद की धारा में निमज्जित होते हुए पुन: प्रशस्त होते हैं। रामायण सम्पूर्ण उत्तर-सूरियों का आधार ग्रन्थ रहा है–

परं कवीनामाधारं समाप्तं च यथाक्रमम्।
अभिगीतमिदं गीतं सर्वगीतिषु कोविदौ।।२७।।

—वा. रा. बालकाण्ड-४

महर्षि ने प्रथम बालकाण्ड से युद्धकाण्ड तक की रचना की, राम के उत्तर भाग का चरित इसमें समाहित न था; आश्रम में बैठी हुई उस अश्रुआविल सीता के चरित का यह अन्त भी महाकवि के करुणवेदिन् हृदय के लिए इस तरह छोड़ देना सम्भव नहीं था। उन्होंने सीता के करुण भूमि-प्रवेश को अपनी आँखों से देखा था; लक्ष्मण और श्रीराम का करुण अन्त भी भगवान् वाल्मीकि इस तरह अधूरा नहीं छोड़ सकते

थे। 'रामचरित' या 'सीताचरित' के नाम की दृष्टि से अभी रामायण पूर्ण नहीं थी। 'पौलस्त्यवध' के नाम की दृष्टि से देखा जाय तो युद्धकाण्ड पर इसका अन्त अस्वाभाविक नहीं कहा जायेगा; वहाँ रावण के जीवन की सम्पूर्ण महत्त्वपूर्ण सूचनायें ही छूट गई थीं; जो इस नाम को सार्थकता प्रदान करने की दृष्टि से परम आवश्यक थीं। हनुमान् के महान् व्यक्तित्व की सूचनायें भी पूर्णतया युद्धकाण्ड तक नहीं आ पाई थीं। रामायण के सारे अन्वय को स्पष्ट करने के लिए वेदवती का उपाख्यान भी उत्तरकाण्ड में ही प्राप्त होता है। इन सब दृष्टियों पर विचार करते हुए महाकवि ने उत्तरकाण्ड की विषयवस्तु को समुचित विस्तार प्रदान किया है। महाकवि रोती हुई सीता को आश्रम में लाने के लिए दौड़ते हुए उनके पास चले गये थे–

तपसा लब्धचक्षुष्मान् प्राद्रवद् यत्र मैथिली।
तं प्रयान्तमभिप्रेत्य शिष्या ह्येनं महामतिम्॥८॥
तं तु देशमभिप्रेत्य किंचित् पद्भ्यां महामतिः।
अर्घ्यमादाय रुचिरं जाह्नवीतीरमागमत्।
ददर्श राघवस्येष्टां सीतां पत्नीमनाथवत्॥९॥
तां सीतां शोकभारार्तां वाल्मीकिर्मुनिपुङ्गवः।
उवाच मधुरां वाणीं ह्लादयन्निव तेजसा॥१०॥

—वा. रा. उत्तरकाण्ड-४९

पौलस्त्यवध के पश्चात् यह उत्तरकाण्ड महाकवि का नया उपक्रम है, जिसे उन्होंने इस प्रकार स्पष्ट किया है–

तच्चकारोत्तरे काव्ये वाल्मीकिर्भगवानृषिः॥३९॥

—वा. रा. बालकाण्ड-३

रामायण के भीतर फलश्रुति प्रत्येक काण्ड के साथ नहीं है; वाल्मीकि ने तीन स्थलों पर फलश्रुति का प्रयोग किया है–(१) मूल रामायण के अन्त में; (२) युद्धकाण्ड के शेष भाग में एवं (३) उत्तरकाण्ड की रचना के पश्चात्। लगता है, प्रथम महाकवि ने बालकाण्ड से युद्धकाण्ड तक रचना की; फिर उत्तरकाण्ड की, रामायण के उद्भव एवं रचना-शिल्प को स्पष्ट करने के लिए ही बालकाण्ड के प्रारम्भ में प्राक्कथन के रूप में चार सर्ग लिखे गए हैं, जिनमें रामायण के उद्भव और निर्माण का रहस्यमय इतिहास समाहित है।

आदिकवि ने रामायण के प्रारम्भ में 'साम्प्रतम्' शब्द के साथ अपने प्रश्न को उठाया है–साम्प्रतम् शब्द का सीधा सम्बन्ध वर्तमानकाल से है। कवि अपने वर्तमान

काल के विशिष्ट गुण-सम्पन्न पुरुष को आधार मानकर ही प्रश्न करता है। यहाँ भूत, भविष्यत् और वर्तमान तीनों कालों की क्रियाओं का प्रयोग किया गया है। इससे लगता है कि रामायण का सम्पूर्ण घटनाचक्र कवि के नेत्रों के सम्मुख है। रामायण के प्रत्येक सर्ग के अन्त में लिखी गई पुष्पिका इस प्रकार है–

'इत्यार्षे श्रीमद्रारामायणे वाल्मीकीये आदिकाव्ये'– यह छोटी-सी पुष्पिका चार महत्त्वपूर्ण ऐतिहासिक तथ्यों की जानकारी रामायण की प्रत्येक हस्तलिखित प्रति के द्वारा इतिहासकारों की आँखों में अँगुली डालकर देती है–

१. यह संस्कृत साहित्य का आदिकाव्य है। इसका स्रष्टा संस्कृत-साहित्य का प्रथम कवि है।
२. यह महर्षि प्रोक्त है।
३. यह वाल्मीकि कृत है।
४. इस महाकाव्य का नाम रामायण है।

यह विश्व का प्रथम काव्य महर्षि वाल्मीकि के द्वारा कहा गया है–पुष्पिका के इतने बड़े अर्थ का अन्वय रामायण के सम्पूर्ण सर्गों के साथ है। पता नहीं सप्त-ऋषि मण्डल का काल-चक्र किन-किन ब्रह्माण्डों के काल-चक्र का नियमन, प्रवर्तन और भेदन करता है। पर भारतीय पुराणों की प्राचीनतम परम्परा रामायण के काल-प्रवाह का प्रवर्तन सप्त-ऋषि मण्डल से मानती है। जैसे महाभारत भृगु और आङ्गिरस अग्नि का महान् चयन है; वैसे ही प्राचेतस् का यह तत्त्वशास्त्र भी वैदिक वरुण की संस्कृति का बृहत्तम उपबृंहण है। वाल्मीकि का सम्बन्ध भी भृगु के ही अग्नि-कुण्ड से है। भगवान् वाल्मीकि भृगु गोत्रीय थे।

आदिकवि वाल्मीकि भारतीय इतिहास के वह प्रथम पुरुष हैं, जिन्होंने मनुष्य की सम्पूर्ण ऊँचाइयों को भारतीय देवतावाद के ऊपर प्रतिष्ठित कर दिया। वाल्मीकि के राम अपने को मनुष्य मानते हैं–

आत्मानं मानुषं मन्ये रामं दशरथात्मजम्।११।

–वा. रा. युद्धकाण्ड-११७

भारतीय संस्कृति भगवान् श्रीराम के इस कथन का भाष्य करने में कहीं पीछे नहीं रही। आचार्य शंकर के शिष्य सुरेश्वराचार्य के परम शिष्य 'संक्षेपशारीरकम्' के महान् निर्माता भगवत्पाद श्री सर्वज्ञात्मामुनि ने– 'आत्मानं मानुषं मन्ये' के तात्पर्य को भलीभाँति स्पष्ट कर दिया–

संकल्पपूर्वकमभूद् रघुनन्दनस्य नाहं विजान इति कश्चन कालमेतत्।
ब्रह्मोपदेशमुपलभ्य निमित्तमात्रं तच्चोत्ससर्ज स कृते सति देवकार्ये।।

—संक्षेपशारीरकम् अ. २-१८२

इससे पूर्व भगवत्पाद आचार्य शंकर ने अपने ब्रह्मसूत्र भाष्य में भगवान् श्रीराम की भगवत्ता का स्पष्ट उल्लेख किया है। ब्रह्मसूत्र अ० १ पा० २ सूत्र ७ के भाष्य में वे कहते हैं– 'यथा समस्तवसुधाधिपतिरपि हि सन्नयोध्याधिपतिरिति व्यपदिश्यते।'

सत्य तो यह है वाल्मीकि ने राम को विष्णु से भी बहुत ऊपर प्रतिष्ठित कर दिया। इतिहासकार रामायण के भीतर चाहे जितने पाठ-भेद एवं क्षेपकों की कल्पना करते रहें; पर रामायण का आधार-बिन्दु मनुष्य की विष्णु के ऊपर प्रतिष्ठा है। क्रान्तद्रष्टा वाल्मीकि के आविर्भाव के साथ-साथ भारतीय संस्कृति के भीतर एक क्रान्तदर्शी असाधारण परिवर्तन हुआ। आदिकवि ने वैदिक देवतावाद के सम्पूर्ण स्वरूप को ही आद्यन्त बदल दिया। रावण से सारे देवता आतंकित थे–इन्द्र, यम, वरुण, विष्णु की महाशक्ति भी जिसे अपने नियन्त्रण में न ले सकी, उस रावण को मनुष्य ने समाप्त कर दिया। राम के आगे सर्वत्र लगे हुए विष्णु शब्द को *बुल्के* एवं सुनीतिकुमार चटर्जी के अनुसार यदि प्रक्षिप्त मान भी लिया जाय जो कदापि और कहीं भी प्रक्षिप्त नहीं है; तब भी रामायण में राम की कथानकगत स्थिति पर इसका कोई भी तात्त्विक प्रभाव नहीं पड़ता–वे सर्वदा अजय, अभय एवं मानवीय मूल्यों के सबसे बड़े आधारदण्ड हैं। ऐतिहासिक दृष्टि से देखा जाय तो रामायण की संस्कृति नर-देवतावाद की सहज संस्कृति है। महाकवि भास और कालिदास ने जिस विष्णु राम को अपने कथानक का आधार बनाया वह वाल्मीकि का विष्णु राम है–पादरी *बुल्के* का प्रक्षिप्त विष्णु राम नहीं।

वाल्मीकीय रामायण के अनुसार श्रीराम, लक्ष्मण, भरत, शत्रुघ्न चारों भाई महाविष्णु हैं, इसके शताधिक प्रमाण और सन्दर्भ वहाँ आद्योपान्त विद्यमान हैं। रामायण में श्रीविष्णुदेव अपने चार रूपों में पुत्ररूप से अवतीर्ण होते हैं। विष्णु के सभी अवतार पूर्ण हैं। प्रारम्भ में रामायण का यह कथन परम विचारणीय है। महाविष्णु से पितामह ब्रह्मा की यह प्रार्थना है–

"आप अपने चार रूप धारण कर पुत्ररूप से अवतीर्ण हों। इस प्रकार मनुष्य रूप में प्रकट होकर आप संसार के लिए प्रबल कंटक रावण को, जो देवताओं के लिए अवध्य है, उसे समर भूमि में मार डालिये"–

विष्णो पुत्रत्वमागच्छ कृत्वाऽऽत्मानं चतुर्विधम्।
तत्र त्वं मानुषो भूत्वा प्रवृद्धं लोककण्टकम्॥२१॥
अवध्यं दैवतैर्विष्णो समरे जहि रावणम्।

—वा. रा. बालकाण्ड-१५

श्रीविष्णु ब्रह्मा के कथन का अनुमोदन करते हैं–

''देवताओं को ऐसा वर देकर मनस्वी विष्णु ने मनुष्य लोक में पहले अपनी जन्मभूमि के विषय में विचार किया। इसके पश्चात् कमलनयन ने स्वयं को चार रूपों में प्रकट करके राजा दशरथ को पिता बनाने का निश्चय किया''–

एवं दत्त्वा वरं देवो देवानां विष्णुरात्मवान्॥३०॥
मानुष्ये चिन्तयामास जन्मभूमिमथात्मनः।
ततः पद्मपलाशाक्षः कृत्वाऽऽत्मानं चतुर्विधम्॥३१॥

—वा. रा. बालकाण्ड-१५

अतः राजा दशरथ के चारों पुत्र महाविष्णु हैं–खण्ड या अंश नहीं। जब आकाश के ही खण्ड या अंश नहीं हो पाते तो विष्णुतत्त्व के खण्ड या अंश की कल्पना ही असम्भव है। वेदान्त के अनुसार आकाश स्वयं विष्णु से उत्पन्न है। 'आत्मन आकाशः संभूत' – (बृहदारण्यक उप० २-१-१) आत्मा कहो या विष्णुतत्त्व एक ही है। अयोध्याकाण्ड के प्रारम्भ में भी विष्णु के अवतार का उद्देश्य स्पष्ट करते हुए यही तथ्य दोहराया गया है–

''वह (राम) साक्षात् सनातन विष्णु हैं और रावण के वध की अभिलाषा रखने वाले देवताओं की प्रार्थना पर मनुष्य लोक में अवतीर्ण हुए थे''–

स हि देवैरुदीर्णस्य रावणस्य वधार्थिभिः।
अर्थितो मानुषे लोके जज्ञे विष्णुः सनातनः॥७॥

—वा. रा. अयोध्याकाण्ड-१

बालकाण्ड को प्रक्षिप्त कहने वाले इतिहासकारों के लिए यह श्लोक सर्वाधिक महत्त्वपूर्ण है, क्योंकि अयोध्याकाण्ड के प्रारम्भ का श्लोक होने के फलस्वरूप इसका अन्वय सम्पूर्ण रामायण के साथ है।

रामायण में चारों भाइयों के वैष्णव स्वरूप के प्रभूत सन्दर्भ विद्यमान हैं। यहाँ हम विस्तारभय से उदाहरण के लिए भगवान् शत्रुघ्न को ही प्रमाण रूप से प्रस्तुत करते हैं। सर्वसमर्थ से ही तत्त्व की सैद्धान्तिक स्थापना निष्पन्न होती है। भगवान् रामानुज शत्रुघ्न लवणासुर का वध करते समय उसी बाण का प्रयोग करते हैं, जिसके द्वारा

सृष्टि के प्रारम्भ में मधुकैटभ को मारा था। रामायण का यह सम्पूर्ण सन्दर्भ इस प्रकार स्पष्ट है–

"देव ! कहीं लोकों का संहार तो नहीं होगा अथवा प्रलयकाल तो नहीं आ पहुँचा है ? प्रपितामह ! संसार की ऐसी अवस्था न तो पहले कहीं देखी गई थी और न सुनने में ही आई थी।"

कच्चिल्लोकक्षयो देव सम्प्राप्तो वा युगक्षयः।
मेदृशं दृष्टपूर्वं च न श्रुतं प्रपितामह॥२३॥

"उनकी यह बात सुनकर देवताओं का भय दूर करने वाले लोकपितामह ब्रह्मा ने प्रस्तुत भय का कारण बताते हुए कहा"–

तेषां तद् वचनं श्रुत्वा ब्रह्मा लोकपितामहः।
भयकारणमयाचष्ट देवानामभयंकरः॥२४॥

"वे मधुर वाणी में बोले–सम्पूर्ण देवताओ ! मेरी बात सुनो। आज शत्रुघ्न ने युद्धस्थल में लवणासुर का वध करने के लिए जो बाण हाथ में लिया है, उसी के तेज से हम सब लोग मोहित हो रहे हैं। ये श्रेष्ठ देवता भी उसी से घबराये हुए हैं।"

उवाच मधुरां वाणीं शृणुध्वं सर्वदेवताः।
वधाय लवणस्याजौ शरः शत्रुघ्नधारितः॥२५॥
तेजसा तस्य सम्मूढाः सर्वे स्मः सुरसत्तमाः।

"पुत्रो ! यह तेजोमय सनातन बाण आदिपुरुष लोककर्ता भगवान् विष्णु का है। जिससे तुम्हें भय प्राप्त हुआ है।"

एष पूर्वस्य देवस्य लोककर्तुः सनातनः॥२६॥
शरस्तेजोमयो वत्सा येन वै भयमागतम्।

"परमात्मा श्रीहरि ने मधु और कैटभ–इन दोनों दैत्यों का वध करने के लिए इस महान् बाण की सृष्टि की थी।"

एष वै कैटभस्यार्थे मधुनश्च महाशरः॥२७॥
सृष्टो महात्मना तेन वधार्थे दैत्ययोस्तयोः।

"एकमात्र भगवान् विष्णु ही इस तेजोमय बाण को जानते हैं; क्योंकि यह बाण साक्षात् परमात्मा विष्णु की ही प्राचीन मूर्ति है।"

एक एव प्रजानाति विष्णुस्तेजोमयं शरम्॥२८॥
एषा एव तनुः पूर्वा विष्णोस्तस्य महात्मनः।

–वा. रा. उत्तरकाण्ड-६९

महर्षि वाल्मीकि ने यहाँ भली-भाँति स्पष्ट कर दिया है—भगवान् शत्रुघ्न ने उसी बाण से लवणासुर को मारा है, जिससे मधुकैटभ को मारा था। यह बाण स्वयं विष्णु स्वरूप है, केवल विष्णु ही इसका प्रयोग कर सकते हैं। अत: भगवान् शत्रुघ्न सहित चारों भाई ही महाविष्णु हैं।

राम के जीवन का प्रथम ऐतिहासिक परिचय हमें ताटकावध के समय प्राप्त होता है; इससे पूर्व का रामचरित अयोध्या के राजप्रासाद तक ही सीमित था। महर्षि विश्वामित्र ने रात्रि के समय बारह वर्ष के राम और लक्ष्मण को मलद और करुष के घनघोर अरण्य के द्वार पर लाकर खड़ा कर दिया। आचार्य ने राम को भयंकर जंगल के भीतर ताटका को ढूँढ़ने की आज्ञा दी। राम आश्चर्यजनक चुनौतियों से घिर गये थे। रात्रि के सूचीवेध्य अन्धकार में भटकते हुए भयावह जंगल के भीतर ताटका को खोज लेना सहज नहीं था। जाने किस अन्धी अयोमुखी गुफा के भीतर; किस अँधेरी पर्वत की कन्दरा में मदाघूर्णित सोई हुई थी ताटका। धनुष के हाथ में रहते हुए आदिकवि के इस कथानायक ने किसी भी चुनौती को जीवन में कभी कोई आदर न दिया। राम ने धनुष पर ज्या के प्रबल आघात से उस भयंकर जंगल के भीतर ज्वालायें भर दीं, पर्वतों की भीषण कन्दराओं के भीतर गूँजता हुआ शब्द ताटका के कानों को अब पीड़ित कर रहा था। शब्द के प्रतिनिध्वान पर दौड़ती हुई ताटका राम के सम्मुख आकर खड़ी हो गयी। आचार्य आश्चर्य विस्फारित नेत्रों से कभी ताटका को देख रहे थे, कभी अस्त्र सम्पात के लिए सन्नद्ध राम को। किसी भी क्षण ताटका का नरान्तक प्रहार सम्भव था। विश्वामित्र और राम दोनों का चिन्तन दो भिन्न दिशाओं में चल रहा था। विश्वामित्र सोच रहे थे—क्या राम इस भीषण आकृति से डर रहे हैं ? राम के समक्ष परीक्षा का कठोर क्षण था; कठिन प्रश्न थे, चुनौतियाँ थीं, राम चिन्तित थे—उनके जीवन का यह प्रथम सामाजिक परिचय था। वे सोच रहे थे—इक्ष्वाकु और रघु के महान् वंश में क्या राम ही वह प्रथम व्यक्ति हैं या किसी श्रेष्ठ योद्धा ने इससे पूर्व भी नारी पर अस्त्र-प्रहार किया है ? राम ने आचार्य की आज्ञा का अनुगमन किया। ताटका एक ही बाण में समाप्त हो गई। विश्वामित्र के साथ उस भयंकरता की धरती पर विचरण करते हुए राम जहाँ करुण संवेदिन् हैं, वहीं वह विष्णु की तरह अभय भी हैं। सुबाहु का वध करने के उपरान्त; मारीच को अपने बाण का लक्ष्य बनाते समय राम अपने अस्त्र को बदल लेते हैं—अस्त्र परिवर्तन के समय प्रहार से पूर्व प्रयोक्ता उसे बदलने के गम्भीर अर्थ पर भी निश्चित विचार करता है। मारीच

मातृशोकाभिभूत था–राम ने कुछ समय पूर्व ही तो ताटका का विनिपात अपने बाण से कर दिया था। मातृशोकाभिभूत मारीच पर अस्त्र-सम्पात करते समय करुणार्द्र होते हुए राम उसका वध नहीं करते। राम और लक्ष्मण ने यहाँ स्वयं को एक असाधारण गुरुभक्त शिष्य के रूप में ही प्रस्तुत किया है।

सिद्धाश्रम का यह महान् ऐतिहासिक स्थान राक्षसों के आतंक से अपनी गरिमा को समाप्त कर चुका था। विश्वामित्र का वेदमन्त्रों से अभिप्रेत हविष्य अब देवताओं तक नहीं पहुँच पा रहा था। छः दिनों तक राम और लक्ष्मण आहार और निद्रा से विहीन, रात्रि-दिवस निरन्तर आकाश में चतुर्दिक उत्तर, दक्षिण, पूर्व और पश्चिम अपलक देख रहे थे। आचार्य विश्वामित्र ने यज्ञ की दीक्षा ली। किसी भी क्षण आकाश के किसी भी भाग से रक्त की एक बूँद यज्ञवेदी तक पहुँच कर यज्ञ को नष्ट कर सकती थी। इतने बड़े छात्र-तप को राम और लक्ष्मण हाथों में धनुष लेकर कर रहे थे। शिष्य ने आचार्य को दोहरी दक्षिणा प्रदान की, राम ने राक्षसों की इस महाबाधा को ही समाप्त नहीं किया, वरन् उनके कन्धों से अस्त्र-शस्त्रों के महाभार को भी हल्का कर दिया। कभी राजर्षि विश्वामित्र के रथ-चक्र के नीचे भारतवर्ष की यह सम्पूर्ण धरती आयी थी। पर अब ब्रह्मर्षि के तपः संवर्द्धित स्कन्ध पर कृशाश्व के इन अस्त्र-शस्त्रों का महाभार शोभा नहीं दे रहा था। शिवोदकी और कौमोदकी गदाओं के भार से कन्धे कुछ झुक से रहे थे। महर्षि विश्वामित्र राम को प्रजापति कृशाश्व के इन आयुधों को प्रदान कर सदा के लिए मुक्त हो गये।

राम का जन्म, उनके किशोरवय के कार्य, रुद्रधनुष की चुनौतियों पर टिका हुआ पाणिग्रहण; भार्गव विजय तक प्रस्तुत होनेवाला राम, प्रकाण्डत्व, कोमलत्व एवं तेजस्विता को अनुशासन और मधुरत्व में बदलता हुआ–अयोध्याकाण्ड में प्रवेश करता है। अयोध्या में शोक-सन्तप्त समुदाय के अप्रतिम चित्र का अनावरण करते हुए; महाकवि वाल्मीकि भरत के अप्रमेय व्यक्तित्व को हमारे समक्ष प्रस्तुत करते हैं। कैकेयी का कराल छायापात अनन्त गुणागार राम को ढँक लेने के लिए सामने आया। सत्यव्रती रघुवंशियों की महती परम्परा दशरथ के समक्ष मौत की ज्वाला बनकर खड़ी हो गयी। प्राणों का अतिक्रमण कर दशरथ ने सत्य का मूल्य चुकाया। श्रीराम के व्यक्तित्व के प्रवर्तन का सबसे बड़ा मूल्य दशानन-वध नहीं; कैकेयी का यह कराल छायापात था। दो वरदानों के अतिरिक्त कैकेयी ने कहीं कुछ भी न कहा। सम्पूर्ण रामकथा में वह मौन है। कैकेयी के लिए जो वरदान था; वह रामकथा के पाठकों

के लिए एक मर्मभेदी शल्यक्रिया है। वृद्ध दशरथ पर युवती कैकेयी का आधिपत्य आदिकवि के लिए कम शूलप्रद नहीं था। राम वनगमन के समय महाकवि के हृदय का विद्ध क्रौञ्च सारी शक्ति के साथ आर्तनाद कर उठा। श्री दशरथ का महान् व्यक्तित्व सर्वत्र असाधारण है, वे सत्यवादी, समुद्र की तरह गहन और आकाश की तरह निष्पङ्क या निर्मल हैं। महाकवि वाल्मीकि का यही कथन है–

स सत्यवाक्यो धर्मात्मा गाम्भीर्यात् सागरोपमः।
आकाश इव निष्पङ्को नरेन्द्रः प्रत्युवाच तम्॥

–वा. रा. अयोध्याकाण्ड-३४-९

आदिकवि ने यहाँ दशरथ की कामवृत्ति पर नहीं, रघुवंशियों की सत्यवृत्ति पर अधिक बल दिया है। करुणा का यह मर्मच्छेदी बाण सत्य की प्रत्यञ्चा से अपने वेग को अधिक प्राप्त करता है। कैकेयी के इस क्रूर छायापात से दशरथ और राम का ही नहीं; वशिष्ठ सहित उस पूरे समाज का चरित्र हमारे समक्ष उभर कर आता है। व्यक्तित्वों के उभरने की इस प्रक्रिया में सबसे बड़ा व्यक्तित्व–कोविदारध्वज भरत का है; राम की दूसरी आकृति, राम का दूसरा शरीर, वही आकार, वही ऊँचाई, वही रंग, बिम्ब से उठता हुआ एक प्रतिबिम्ब–आदिकवि ने भरत को अप्रमेय कहा है–(भरतायाप्रमेयाय-२-८६-१) जो प्रमा के विषय से सर्वथा परे है; जहाँ पहुँच कर प्रमाण और प्रमेय दोनों की ही गति रुद्ध हो जाती है। कुछ समय पूर्व अयोध्या की धरती पर एक प्रलयंकर तूफान उतरा था; जिसने वहाँ के राजा को समाप्त कर दिया, राज्य के सबसे बड़े उत्तराधिकारी को सुकुमार पत्नी और लक्ष्मण जैसे दुर्धर्ष भाई के साथ चित्रकूट के घने जंगलों में भेज दिया। नियति ने राज्य के भावी स्वामी के आने की प्रतीक्षा भी न की। सूर्यवंशियों का यह महान् राज्य चार प्रचण्ड तेजस्वी पुत्रों के रहते हुए भी कुछ समय तक अनाथ की तरह नियति के चरणों में अनाश्रित पड़ा रहा, जो स्वयं विष्णु थे। बड़े-बड़े ऋषि महर्षि राज्यसिंहासन को रिक्त देखकर जनपद ध्वंस के भय से काँपते हुए किसी भी व्यक्ति को महाराजा दशरथ का तेजस्वी राजदण्ड सौंप देने के लिए आतुर हो रहे थे–

इक्ष्वाकूणामिहाद्यैव कश्चिद् राजा विधीयताम्।
अराजकं हि नो राष्ट्रं विनाशं समवाप्नुयात्॥८॥
नाराजके जनपदे विद्युन्माली महास्वनः।
अभिवर्षति पर्जन्यो महीं दिव्येन वारिणा॥९॥

–वा. रा. अयोध्याकाण्ड-६७

महर्षि वसिष्ठ जैसे महाप्राज्ञ भी सही निर्णय लेने में असमर्थ थे। उनकी प्रज्ञा भी जड़ और कुण्ठित हो चुकी थी। अयोध्या की जनता पागलों की तरह जंगलों में राम के लिए भटक रही थी। कुछ मार्ग में अचेत पड़े थे। नगर का शेष जनसमुदाय अपने आँसुओं को भी न सँभाल पा रहा था। प्रकृति स्वयं भगवत् विरह में कातर और आतुर हो रही थी, क्योंकि राम स्वयं महाविष्णु हैं–

"महाराज ! आपके राज्य में वृक्ष भी इस महान् संकट से कृशकाय हो गये हैं, फूल अङ्कुर और कलियों सहित मुरझा गये हैं।"

विषये ते महाराज महाव्यसनकर्शिताः।
अपि वृक्षाः परिम्लानाः सपुष्पाङ्कुरकोरकाः॥४॥

"नदियों, छोटे जलाशयों तथा बड़े सरोवरों के जल उत्तप्त हो गये हैं। वनों और उपवनों के पत्ते सूख गये हैं।"

उपतप्तोदका नद्यः पल्वलानि सरांसि च।
परिशुष्कपलाशानि वनान्युपवनानि च॥५॥

"वन के जीव-जन्तु आहार के लिए भी कहीं नहीं जाते हैं। अजगर आदि सर्प भी जहाँ-के-तहाँ पड़े हैं, आगे नहीं बढ़ते हैं। श्रीराम के शोक से पीड़ित हुआ वह सारा वन नीरव-सा हो गया है।"

न च सर्पन्ति सत्त्वानि व्याला न प्रचरन्ति च।
रामशोकाभिभूतं तन्निष्कूजमभवद् वनम्॥६॥

"नदियों के जल मलिन हो गये हैं। उनमें फैले हुए कमलों के पत्ते गल गये हैं। सरोवरों के कमल भी सूख गये हैं। उनमें रहने वाले मत्स्य और पक्षी भी नष्टप्राय हो गये हैं।"

लीनपुष्करपत्राश्च नद्यश्च कलुषोदकाः।
संतप्तपद्माः पद्मिन्यो लीनमीनविहंगमाः॥७॥

"जल में उत्पन्न होने वाले पुष्प तथा स्थल से पैदा होने वाले फूल भी बहुत थोड़ी सुगन्ध से युक्त होने के कारण अधिक शोभा नहीं पाते हैं तथा फल भी पूर्ववत् नहीं दृष्टिगोचर होते हैं।"

जलजानि च पुष्पाणि माल्यानि स्थलजानि च।
नातिभान्त्यल्पगन्धीनि फलानि च यथापुरम्॥८॥

"नरश्रेष्ठ ! अयोध्या के उद्यान भी सूने हो गये हैं, उनमें रहने वाले पक्षी भी कहीं छिप गये हैं। यहाँ के बगीचे भी मुझे पहले की भाँति मनोहर नहीं दिखायी देते हैं।"

अत्रोद्यानानि शून्यानि प्रलीनविहगानि च।
न चाभिरामानारामान् पश्यामि मनुजर्षभ॥९॥

राजप्रासाद के भीतर तेल के कड़ाह में परिचारकों के द्वारा उलट-पुलट कर किसी तरह सुरक्षित रखा हुआ दशरथ का शव अपने इस भौतिक दाह के लिए, अपने उन पूर्णावतारों की प्रतीक्षा कर रहा था, जो स्वयं विष्णु थे। इक्ष्वाकु के प्रचण्ड राजदण्ड को राम के हाथों में सौंप कर दशरथ विकंकत का दण्ड हाथ में लेकर जंगल में जाना चाहते थे। कुछ समय पूर्व राजकुल की इस नीच गृह-कलह के कारण ही दशरथ का यह दुःखद अन्त हुआ था। नियति का यह अदृष्ट गणित कितना कठोर था—अभिषेक के जल-कलश पर बड़े-बड़े दंदशूक सर्प आकर बैठ गये थे—तीर्थों का यह पवित्र जल राम के अभिषेक के काम तो न आ सका; सम्भवतः महाराजा दशरथ का शव ही इससे प्रक्षालित हुआ था। नियति की यह कितनी बड़ी विडम्बना थी। रामायण का यह महान् पात्र भरत कैकेयी की कोख से उत्पन्न हुआ था। पाश्चात्य नाटकों की जटिलतम समस्यामूलक ग्रन्थि में भी वह कथानकगत जटिलता नहीं, जो भरत के कैकेयी पुत्रत्व के भीतर है—चाहे वह *इडिपस* की *कॉम्प्लेक्स* हो या *हैमलेट* या *मैकबेथ* की। इनके कथानक बिन्दुओं का वृत्त-बन्ध उन समस्याओं के भीतर ही घूमकर समाप्त हो जाता है; वहाँ कथानक के ऊर्ध्व संतरण की तो कल्पना भी न थी। लक्ष्मण ने ठीक ही कहा है—दो पैर वाले प्राणी संसार में माता का अनुगमन करते हैं, पिता का नहीं। इस नियम के एकमात्र अपवाद भरत ही हैं—

न पित्र्यमनुवर्तन्ते मातृकं द्विपदा इति।
ख्यातो लोकप्रवादोऽयं भरतेनान्यथा कृतः॥३४॥
भर्ता दशरथो यस्याः साधुश्च भरतः सुतः।
कथं नु साम्बा कैकेयी तादृशी क्रूरदर्शिनी॥३५॥

—वा. रा. अरण्यकाण्ड-१६

भरत के प्रति कैकेयी का यह वात्सल्य ही इस सारे विनाश का मूल कारण था। कैकेयी पणग्रहीता थी। यह विवाह इसी आधार पर हुआ था—कैकेयी का पुत्र ही राज्य का उत्तराधिकारी होगा। भरत की माता स्वभाव से योद्धा थी, उसने कभी राज्य की ओर आँख उठाकर भी न देखा, उसे भरत से भी अधिक राम प्रिय थे। कैकेयी दो वरदानों की ओट में सर्वत्र मौन रहकर घृणा, अवमानना, कालुष्य का सारा जहर पी गयी; पर महाराज दशरथ की प्रतिष्ठा को ध्यान में रखते हुए अपने विवाह की इस

शर्त को गोपनीय ही रहने दिया। यह रहस्य सदा के लिए रहस्य ही रह जाता यदि राम चित्रकूट में भरत के सम्मुख इसका उद्‌घाटन न करते–

"भैया ! आज से बहुत पुरानी बात है–पिताजी का जब तुम्हारी माता के साथ विवाह हुआ था, तभी उन्होंने तुम्हारे नाना से कैकेयी-पुत्र को राज्य देने की उत्तम प्रतिज्ञा कर ली थी।"

पुरा भ्रातः पिता नः स मातरं ते समुद्वहन्।
मातामहे समाश्रौषीद् राज्यशुल्कमनुत्तमम्॥३॥

—वा. रा. अयोध्याकाण्ड-१०७

कैकेयी द्वारा याचित वरदान के मध्य एक परम गूढ़ रहस्य और भी निहित था। महाराजा दशरथ की मृत्यु आसन्न थी। कैकेयी यह भी जानती थी कि अन्ध मुनि के शाप के फलस्वरूप महाराजा की मृत्यु पुत्रवियोग से ही घटित होगी। अतः राम के जीवन के संकटग्रस्त होने की वहाँ सम्पूर्ण सम्भावना थी। इसीलिए वनवास के बहाने पुत्रवियोग को घटित करते हुए प्रिय माता कैकेयी ने अपने प्रिय पुत्र के प्राणों की रक्षा कर दी। वर्ष शब्द के अनेक अर्थ हैं, एक दिन के लिए भी वर्ष शब्द का प्रयोग प्राप्त है, ३६५ दिनों के लिए भी। यदि कैकेयी १४ दिनों का वनवास माँग लेती तो दशरथ को पुत्र वियोग नहीं होता। अतः वर्ष पद का यहाँ अलंकारिक प्रयोग हुआ है, जिसे दशरथ न समझ सके। 'प्रतिमानाटकम्' में महाकवि भास ने इसे भली-भाँति स्पष्ट कर दिया है। वहाँ कैकेयी ने महर्षि वसिष्ठ और वामदेव से परामर्श लेकर ही राम के वनवास की याचना दशरथ से की थी।

राजघरानों की गृह-कलह से इतिहास के पृष्ठ भरे पड़े हैं। महाभारत का रचना बिन्दु भी यह गृह-कलह है, दो भाइयों की संतति सत्ता के संघर्ष में जुट जाती है। वहाँ जुआ है, अपहरण है, नग्नता है, निर्वासन है, साथ ही गीता के ज्ञान से जुड़ा हुआ भयंकर विनाश का पाञ्चजन्य है, जिसका कठोर निध्वान युग के सारे नभोमण्डल को व्यावृत करता चला जा रहा था; धरती पर खड़े, धरती के लिए लड़ते हुए, भाई-भाई का रक्तपान कर रहे थे। इस गृह-कलह का अन्त एक इतने बड़े विनाश में हुआ, जिसमें भारतीय संस्कृति का सर्वस्व स्वाहा हो गया–ज्ञान, विज्ञान, शिल्प, संस्कृति, उसका अपार वैभव सब कुछ भस्म बन गया। इस कलह को शान्त करने का कौन-सा प्रयत्न, उस युग के महान् मनीषियों ने न किया–भीष्म, विदुर सहित सारे ऋषि उस कलह को शान्त करने के लिए चले आये। युग-गुरु कृष्ण उस कलह को समाप्त करने के लिए दूत बनकर कौरव-सभा में गये, पर सुलह के नाम पर पाँच गाँव भी न मिल सके। पर वहाँ रामकथा के महान् पात्र भरत न थे, यही कारण था

समाधानमूलक निष्कर्ष सामने न आ सका। उस युग के परम ज्ञानी वसिष्ठ के मत को यदि भरत अपना लेते तो भरत, भरत नहीं रह पाते; रामायण की जगह महाभारत लिखी जाती। वसिष्ठ भरत से अयोध्या के राजसिंहासन पर बैठने का आग्रह कर रहे थे। भरत इसे स्वीकार कर लेते तो लंका के युद्ध जैसा दृश्य चित्रकूट और सरयू के मध्य मार्गों में दिखलाई देता, जहाँ भरद्वाज और वाल्मीकि के विश्वविद्यालय भारतवर्ष के उत्तरावर्त में नये प्रकाश की सृष्टि कर रहे थे। पर भरत का गहन मनोविज्ञान सम्पूर्ण रामायण के नियतिपट का महान् निर्देशक है–ठीक उस आचार्य भरत के निर्देशित रङ्गमञ्च की तरह, जिसकी प्रस्तावना के विरुद्ध नाटककार का मनोबिन्दु अपने पात्र को कहीं भी भटकने नहीं देता।

सागर पर पत्थरों का सेतु बनाने के पूर्व अयोध्या से चित्रकूट तक एक हाइवे बनाने की जरूरत थी। वानरों और ऋक्षों से मैत्री और भ्रातृत्व के सम्बन्धों को स्थापित करने के पूर्व भाई-भाई को अपने सम्बन्धों को सम्हाल लेने की बहुत बड़ी आवश्यकता उत्पन्न हो गई थी। इस गृह-कलह में पिता की आहुति पड़ चुकी थी; लक्ष्मण ज्वालामुखी पर्वत की तरह दीर्घ नि:श्वास ले रहे थे, किसी भी क्षण उनके भयंकर क्रोध का विस्फोट सम्भव था। राम इस कलह की अभेद्य ग्रन्थि को समझते हुए भी शान्त और असमर्थ थे। वे एक बहुत बड़ी दार्शनिक असंगता के साथ पिता के राज्य को छोड़कर जंगल में चले आये। अयोध्या के वर्तमान परिवेश से उनकी दृष्टि हटी हुई थी; पर विभीषण को गले लगाने से पूर्व उस मर्यादा पुरुषोत्तम के लिए भरत को भुजाओं में भर लेना बहुत आवश्यक था लेकिन यह कार्य राम की शक्ति के नितान्त बाहर था, वे भरत से दूर चले जाना चाहते थे। यह कार्य भरत के अतुलनीय सामर्थ्य के बाहर न था, यही तो भरत के व्यक्तित्व का चरम पुरुषार्थ है, जो राम विभीषण को गले लगाना चाहता है उसे पहले भरत को गले लगाना होगा। राम तो एक कुशल अभिनेता हैं; उनका मूल आधार,उनके अभिनय का महान् नान्दी तो नन्दीग्राम में बैठा हुआ भरत है।

लासेन के मत से रामायण का यहाँ तक का प्लॉट चित्रकूट से नहीं, हिमालय से सम्बद्ध है, जिसे कालान्तर में दक्षिण विजय के लिए घुमा दिया गया है। विश्व में महाकाव्यों का प्रणयन इस प्रकार नहीं होता; न इस तरह उनके प्लॉट ही कहीं बदलते हैं। महाकाव्य का अपना एक सुगठित रचना-शिल्प होता है; जिसके अनुसार ही उसके शब्दों का रचना-विधान। सम्पूर्ण रामायण कथानकगत शिल्प की दृष्टि से कहीं भी शिथिल नहीं; इसका एक-एक क्षण और शब्द नियन्त्रित है। इसकी एक-एक घटना परस्पर सम्बद्ध है। प्रत्येक श्रेष्ठ काव्यकृति में कवि कुछ ऐसे *मोटिफ* रख देता

है जिससे सुसम्बद्ध होने पर ही उसके कथाभाग का प्रवाह गति ग्रहण कर पाता है। अन्धे माता-पिता के शाप की कराल छाया दशरथ के मस्तक पर घूमती है; रावण का मस्तक वेदवती, नलकूबर और अनरण्य के शाप से उद्भ्रान्त है।

राम अयोध्याकाण्ड के पश्चात् अरण्यकाण्ड में प्रवेश करते हैं। सम्पूर्ण दक्षिण खर और दूषण के आतंक से कम्पित था। दक्षिण की धरती पर ही विराध और कबन्ध जैसे दानव थे। राम ने जनस्थान की भयंकर भूमि पर भक्षित ऋषियों की अस्थियों के ढेर देखे थे। दण्डक की धरती के बड़े-बड़े महर्षि सम्प्रदाय संघबद्ध होकर राम के समक्ष आये थे। राम ने उनके हृदय के आर्तनाद को सुना, वे आर्त स्वर में राम से इस क्रूरता को समाप्त करने की प्रार्थना कर रहे थे–उनमें वैखानस थे, बालखिल्य थे। इन तपस्वियों के सम्प्रदायों का विवरण आदिकवि ने इस प्रकार प्रस्तुत किया है–

शरभङ्गे दिवं प्राप्ते मुनिसङ्घाः समागताः।
अभ्यगच्छन्त काकुत्स्थं रामं ज्वलिततेजसम्॥१॥
वैखानसा बालखिल्याः सम्प्रक्षाला मरीचिपाः।
अश्मकुट्टाश्च बहवः पत्राहाराश्च तापसाः॥२॥
दन्तोलूखलिनश्चैव तथैवोन्मज्जकाः परे।
गात्रशय्या अशय्याश्च तथैवानवकाशिकाः॥३॥
मुनयः सलिलाहारा वायुभक्षास्तथापरे।
आकाशनिलयाश्चैव तथा स्थण्डिलशायिनः॥४॥
तथोर्ध्ववासिनो दान्तास्तथाऽऽर्द्रपटवाससः।
सजपाश्च तपोनिष्ठास्तथा पञ्चतपोऽन्विता॥५॥
सर्वे ब्राह्म्या श्रिया युक्ता दृढयोगसमाहिताः।

–वा. रा. अरण्यकाण्ड-६

इनमें कोई मात्र सूर्य की किरणों का पान करते हुए जीवनयापन करने वाले मरीचिपा थे, कोई पत्थरों को चबाने वाले अश्मकुट्ट थे, कोई पत्राहार केवल पत्ते खाकर ही तपस्या कर रहे थे। कुछ महर्षि ऐसे थे, जो जिह्वा के स्वाद का परित्याग कर दाँतों का व्यवहार उलूखल की तरह करते थे, कुछ गात्रशय्य थे, कुछ आकाशनिलय सम्प्रदाय के योगी थे, जिनकी दृष्टि में केवल आकाश ही उनका घर था, कुछ आर्द्रपटवासी थे–जीवन भर गीले वस्त्र पहनकर ही साधना करते थे। राम ने इनके करुण क्रन्दन को सुना था–हिल उठे थे राम। इन महर्षियों ने स्पष्ट कहा–हम जो फल-मूल भक्षण करते हुए कठोर तप करते हैं–उसका चतुर्थ भाग कर के रूप में तुम्हें प्राप्त होता है; इसलिए भी हमारी रक्षा करना तुम्हें उचित है। हम रोज

खाये जाते हैं, हमारा भक्षण होता है; राम हम तुम्हारी शरण में आये हैं; तुम हमारी रक्षा करो। तुम यशस्वी हो, तुम सत्यव्रती हो, तुम समर्थ और महान् हो राम—

विश्रुतस्त्रिषु लोकेषु यशसा विक्रमेण च।
पितृव्रतत्वं सत्यं च त्वयि धर्मश्च पुष्कलः॥९॥
त्वामासाद्य महात्मानं धर्मज्ञं धर्मवत्सलम्।
अर्थित्वान्नाथ वक्ष्यामस्तच्च नः क्षन्तुमर्हसि॥१०॥
अधर्मः सुमहान् नाथ भवेत् तस्य तु भूपतेः।
यो हरेद् बलिषड्भागं न च रक्षति पुत्रवत्॥११॥
युञ्जानः स्वानिव प्राणान् प्राणैरिष्टान् सुतानिव।
नित्ययुक्तः सदा रक्षन् सर्वान् विषयवासिनः॥१२॥
यत् करोति परं धर्मं मुनिर्मूलफलाशनः।
तत्र राज्ञश्चतुर्भागः प्रजा धर्मेण रक्षतः॥१४॥
सोऽयं ब्राह्मणभूयिष्ठो वानप्रस्थगणो महान्।
त्वन्नाथोऽनाथवद् राम राक्षसैर्हन्यते भृशम्॥१५॥
एहि पश्य शरीराणि मुनीनां भावितात्मनाम्।
हतानां राक्षसैर्घोरैर्बहूनां बहुधा वने॥१६॥
पम्पानदीनिवासानामनुमन्दाकिनीमपि।
चित्रकूटालयानां च क्रियते कदनं महत्॥१७॥
एवं वयं न मृष्यामो विप्रकारं तपस्विनाम्।
क्रियमाणं वने घोरं रक्षोभिर्भीमकर्मभिः॥१८॥
ततस्त्वां शरणार्थं च शरण्यं समुपस्थिताः।
परिपालय नो राम वध्यमानान् निशाचरैः॥१९॥
परा त्वत्तो गतिर्वीर पृथिव्यां नोपपद्यते।
परिपालय नः सर्वान् राक्षसेभ्यो नृपात्मज॥२०॥

—वा. रा. अरण्यकाण्ड-६

महर्षि शरभङ्ग के आश्रम में मुनियों का विशाल समुदाय राम को घेर कर क्रन्दन कर रहा था—इससे आगे की रामकथा का प्रवर्तक विन्दु इन महर्षियों के हृदय का महाक्रन्दन है, न कि *लासेन, वेबर, जकोबी* या सुनीतिकुमार चटर्जी की प्लॉट बदलने की साजिश या महर्षि वाल्मीकि का कोई षड्यन्त्र। राम के हृदय में ज्वालायें धधक रही थीं, वे भीतर ही भीतर वैश्वानर की तरह प्रज्वलित हो उठे। उन्होंने कहा,

जंगल में तो पिता की आज्ञा से आया हूँ; पर आपलोगों के निकट तो मैं एक सेवक की तरह प्रस्तुत हूँ। ये सारी क्रूरतायें अब आपकी आज्ञा से समाप्त हो जायेंगी। आप सब लक्ष्मण सहित मेरा पराक्रम देखें–

नैवमर्हथ मां वक्तुमाज्ञाप्योऽहं तपस्विनाम्।
केवलेन स्वकार्येण प्रवेष्टव्यं वनं मया॥२२॥
विप्रकारमपाक्रष्टुं राक्षसैर्भवतामिमम्।
पितुस्तु निर्देशकरः प्रविष्टोऽहमिदं वनम्॥२३॥
भवतामर्थसिद्ध्यर्थमागतोऽहं यदृच्छया।
तस्य मेऽयं वने वासो भविष्यति महाफलः॥२४॥
तपस्विनां रणे शत्रून् हन्तुमिच्छामि राक्षसान्।
पश्यन्तु वीर्यमृषयः सभ्रातुर्मे तपोधनाः॥२५॥

—वा. रा. अरण्यकाण्ड-६

राम दण्डक की भौगोलिक परिस्थितियों से ही केवल परिचित हों, ऐसी बात नहीं। वे अपने युग के ज्वलित प्रश्न–रावण को भली-भाँति जानते थे। उस युग का प्रत्येक व्यक्ति रावण के विषय में जानता था। ऋषियों को कष्ट में देखकर ही उन्होंने कहा–क्षत्रिय पृथ्वी पर आर्तशब्द को समाप्त करने के लिए ही धनुष धारण करते हैं–

किं नु वक्ष्याम्यहं देवि त्वयैवोक्तमिदं वचः।
क्षत्रियैर्धार्यते चापो नार्तशब्दो भवेदिति॥३॥

—वा. रा. अरण्यकाण्ड-१०

अगस्त्यार्चन करने के पश्चात् राम गोदावरी के पास पंचवटी में आश्रम निर्मित कर वहीं रहने लगे। यहाँ चतुर्दिक् खर का आतंक फैला हुआ था। भगवान् शरभङ्ग के आश्रम में श्रीराम के हृदय का मन्यु पावक की तरह प्रदीप्त हो उठा था। भटकती हुई शूर्पणखा उस क्रूरता की समाप्ति के लिए एक सहज माध्यम की तरह मिल गई। खर के क्रोध का भयंकर विस्फोट हुआ; श्रीराम इसके लिए प्रस्तुत थे। उन्होंने लक्ष्मण से कहा 'तुम सीता को लेकर गुफा के भीतर सुरक्षित स्थान में चले जाओ; मैं इन राक्षसों को अभी समाप्त करता हूँ।' कितना बड़ा अदम्य विश्वास था सीता और लक्ष्मण का राम के धनुष की शक्तियों पर, वे राम को चौदह हजार राक्षसों से घिरे हुए खर से युद्ध करने के लिए अकेला छोड़कर; सीता को सुरक्षित स्थान में लेकर चले गये। वहीं रावण के सन्दर्भ में – मारीच की पुकार पर भगवती सीता का भय और आतुरता क्या अभिनय नहीं, जिसके पात्र स्वयं लक्ष्मण बन गये?

वाल्मीकि का राम कभी भी किसी भी परिस्थिति में न क्षुब्ध होता था, न चञ्चल। राम ने सदा समुद्र को अपने सामने रखकर अपने सामर्थ्य को तौला है–

नहि क्षुभ्यति दुर्धर्षः समुद्रः सरितां पतिः॥४६॥

—वा. रा. अयोध्याकाण्ड-३४

प्रतिक्षण नदियों के अपरिमित प्रहारों से प्रपीड़ित और उत्तोलित होता हुआ समुद्र अपनी समग्र दुर्धर्ष शक्तियों के भीतर कभी भी क्षुब्ध नहीं होता, वह सर्वथा समाहित है। राम ने भी भयंकरता से टकराते समय अपने वजन को समुद्र के वजन के साथ तौला है। वे प्रत्येक क्षण समुद्र की तरह अक्षोभ्य हैं। परशुराम के शस्त्र की धार भी उन्हें क्षुब्ध न कर सकी, न पिता की कठोर आज्ञा। चौदह हजार राक्षसों से घिरे हुए राम जब खर की सेना को देख रहे थे उस समय उनके नेत्रों में प्रलय के अग्नि-समुद्र को उछलता हुआ देखकर; खर की वह विशालवाहिनी दूर से ही व्यूहरचना में विभक्त होती हुई चारों ओर फैलती चली जा रही थी–राम उनके हृदय के भीतर बढ़ती हुई कायरता को व्यूह के उपलक्ष से पढ़ रहे थे। वे देख रहे थे–एक व्यक्ति से युद्ध करने के लिए खर कितनी दूरी से व्यूह-रचना में आबद्ध होकर बढ़ता चला आ रहा है–

तच्चानीकं महावेगं रामं समनुवर्तत॥३१॥
धृतनानाप्रहरणं गम्भीरं सागरोपमम्।
रामोऽपि चारयंश्चक्षुः सर्वतो रणपण्डितः॥३२॥

—वा. रा. अरण्यकाण्ड-२४

राम किसी भी क्षण असावधान न थे; वह रणशास्त्र का महान् पण्डित चारों ओर आँखों को घुमाकर देख रहा था–एक व्यक्ति से लड़ने के लिए किस प्रकार सेना व्यूहाकार विभक्त होती जा रही थी। खर की सेना के चरणों के भीतर समाया हुआ प्रकम्पन राम के नेत्रों से अलक्षित नहीं था। वह सम्पूर्ण रण-भूमि राम के नेत्रों में प्रतिक्षण प्रवेश करती चली जा रही थी। राम अपने भीतर क्रोध का आहरण करते हुए; प्रलयाग्नि की तरह प्रचण्ड और दुष्प्रेक्ष्य हो उठे थे। उस समय राम का प्रतापघन-विग्रह दक्ष-यज्ञ विध्वंस के समय हाथ में धनुष धारण किये हुए रुद्र की तरह दिखलाई दे रहा था–

ददर्श खरसैन्यं तद् युद्धायाभिमुखो गतः।
वितत्य च धनुर्भीमं तूण्याश्चोद्धृत्य सायकान्॥३३॥
क्रोधमाहारयत् तीव्रं वधार्थं सर्वरक्षसाम्।
दुष्प्रेक्ष्यश्चाभवत् क्रुद्धो युगान्ताग्निरिव ज्वलन्॥३४॥

तं दृष्ट्वा तेजसाऽऽविष्टं प्राव्यथन् वनदेवताः।
तस्य रुष्टस्य रूपं तु रामस्य ददृशे तदा।
दक्षस्येव क्रतुं हन्तुमुद्यतस्य पिनाकिनः॥३५॥

—वा. रा. अरण्यकाण्ड-२४

नीले बादलों के समूह की तरह युद्ध के सारे उपकरणों से सुसज्जित होने पर भी खर की व्यूहाकार खड़ी हुई सेना का तेज और स्वरूप मन्द एवं मलिन हो गया था। राम के नेत्रों की प्रलयंकर लालिमा इतनी स्पष्टता के साथ विकट होती चली आ रही थी कि एक सीमा के पश्चात् उस सेना का अग्रगमन ही स्थिर हो गया।

इस युद्ध का सम्पूर्ण आकाश क्षुब्ध हो उठा था। देवता ऋषियों के कानों के पास झुककर इस विषम युद्ध की नियति पर भयभीत होकर प्रश्न और संशय करते जा रहे थे, देवता और ऋषियों का सारा भविष्य राम के धनुष की प्रत्यंचा पर आकर टिक गया था। इस विषम युद्ध के ज्वलन्त क्षणों की ओर बढ़ते हुए राम को, उनके अकम्पित चरणों को, ऊपर उठती हुई रुद्रावतार भृकुटियों को देव, गन्धर्व, चारण, सिद्ध सब आकाश में खड़े होकर देख रहे थे। इनकी अपलक दृष्टि राम के भीतर होते हुए एक-एक क्षण के परिवर्तन को देख रही थी। अति शीघ्रता के साथ जटाओं के महाभार को मस्तक पर बाँधते हुए राम त्रिपुरान्तक रुद्र की तरह दुष्प्रेक्ष्य हो रहे थे। धनुष के लस्तक पर उनकी भुजा दृढ़ होती जा रही थीं–

चतुर्दश सहस्राणि रक्षसां भीमकर्मणाम्।
एकश्च रामो धर्मात्मा कथं युद्धं भविष्यति॥२३॥
इति राजर्षयः सिद्धाः सगणाश्च द्विजर्षभाः।
जातकौतूहलास्तस्थुर्विमानस्थाश्च देवताः॥२४॥
आविष्टं तेजसा रामं संग्रामशिरसि स्थितम्।
दृष्ट्वा सर्वाणि भूतानि भयाद् विव्यथिरे तदा॥२५॥
रूपमप्रतिमं तस्य रामस्याक्लिष्टकर्मणः।
बभूव रूपं क्रुद्धस्य रुद्रस्येव महात्मनः॥२६॥

—वा. रा. अरण्यकाण्ड-२४

संशय का यह सम्पूर्ण आकाश एक ही उत्तर दे रहा था–जो अभय के महान् सत्य में प्रतिष्ठित हो चुके हैं; उनके समक्ष महाकाल भी काँप जाता है। गीता की इन दिव्य पंक्तियों का यही रहस्य है–'अभयं सत्त्वसंशुद्धिः जो न *लासेन* की समझ में कभी आ सकता है, न पादरी *बुल्के* के। इनकी दृष्टि में राम का यह असाधारण कर्म या

तो क्षेपक है या कवि कल्पना। चौदह हजार राक्षसों से अकेले लड़ते हुए राम के पास ठहरने के लिए सीता ने लक्ष्मण से आग्रह न किया; एक माया-मृग की पुकार पर वे विचलित हो उठीं, यह रहस्य इन विवेचकों की समझ से सर्वथा परे है।

राम ने सत्ता के वैभव से अधिक तपोवन के वैभव को आदर की दृष्टि से देखा–

राज्यं वा वनवासो वा वनवासो महोदयः।

–अयोध्याकाण्ड-२२-२९

राज्य और वनवास दोनों में जीवन के महोदय की दृष्टि से वनवास का महत्त्व सर्वोपरि है। अभिषेक के जल-कलश को देखकर राम का हृदय चञ्चल नहीं हुआ था; राम उस समय चञ्चल हो उठे थे, जब वे आर्द्रपटवासी और पञ्चाग्नि तपने वाले तपस्वी राम के समक्ष आकर क्रन्दन कर रहे थे। रुद्र के धनुष को नीचे झुकाते समय राम की भुजायें अहंकार से सर्वथा शून्य थीं; राम की जानुप्रस्थ भुजाओं का दीर्घ मण्डल आचार्य विश्वामित्र और जनक के समक्ष संकोच का अनुभव कर रहा था। पर खर की सेना के विस्तार का निरीक्षण करते समय राम की भुजा धनुष के लस्तक पर दृढ़ होती चली जा रही थी। राम ने क्षण भर में जनस्थान को भयंकर अत्याचारों से मुक्त कर दिया। वशिष्ठ ने ठीक ही कहा था–राम जहाँ हैं वहीं राष्ट्र का स्वरूप स्थिर है, चाहे अयोध्या हो या जंगल–

न हि तद् भविता राष्ट्रं यत्र रामो न भूपतिः।
तद् वनं भविता राष्ट्रं यत्र रामो निवत्स्यति॥२९॥

–वा. रा. अयोध्याकाण्ड-३७

राम ने जनस्थान की भयंकर क्रूरता को समाप्त करते हुए आचार्य वसिष्ठ के इस महावाक्य को सम्पूर्ण रूप से आदर्श बनाकर प्रस्तुत कर दिया।

खर-दूषण का पतन इतनी बड़ी घटना थी कि रावण का लका से जनस्थान में आना स्वाभाविक था। रावण कितना बड़ा योद्धा क्यों न रहा हो–खर का उदाहरण उसके सामने था। राम के सामने जाकर भिड़ जाने का साहस वह नहीं जुटा पाया। एक चोर की तरह योजनाबद्ध छिपकर आश्रम में आया और छल से सीता को उठाकर लंका में चला गया। राक्षस मारीच का वध कर चिन्तित राम लक्ष्मण के साथ आश्रम में आये। वहाँ पर सीता न थीं। राम विह्वल हो उठे। सीता के लिए उनके हृदय का सन्ताप बढ़ता जा रहा था। राम पागलों की तरह विह्वल कभी वृक्षों में, कभी गोदावरी के तट पर, कभी पर्वतों की गुफाओं के भीतर, कभी पर्वत शिखरों पर सीता को

लक्ष्मण के साथ सर्वत्र खोज रहे थे–

वृक्षाद् वृक्षं प्रधावन् स गिरींश्चापि नदीनदम्।
बभ्राम विलपन् रामः शोकपङ्कार्णवप्लुतः॥११॥

—वा. रा. अरण्यकाण्ड-६०

लक्ष्मण साथ-साथ घूमते हुए भी, राम के इस विलक्षण रुदन पर कोई शक्तिशाली अवरोध या बाधा प्रस्तुत नहीं कर रहे थे। कभी-कभी ऐसा भी लगता है, राम को समझाने के स्थान पर लक्ष्मण उनके रुदन में कुछ अभिवृद्धि ही कर रहे हैं। आदिकवि के इस लक्ष्मण का चरित्र सम्पूर्ण रामायण में बहुत गहन और निगूढ़ है। जहाँ तक क्रोध का प्रश्न है—लक्ष्मण राम की तुलना में क्रोध का आहरण बहुत ही कम करते हैं—अयोध्या में दशरथ के सन्दर्भ में लक्ष्मण का क्रोध एक विशेष अर्थ के साथ है। उन्हें भय है कहीं राम स्वयं क्रुद्ध न हो जायें; इसलिए वे पहले ही राम के क्रोध की सम्भावना का अनुमान कर क्रोध का अभिनय कुशलता से करना प्रारम्भ कर देते हैं—फल यह होता है, राम अपने नेत्रों की लालिमा को भूलकर लक्ष्मण को शान्त करने का प्रयास करते हैं—इसका उदाहरण किष्किन्धा में सुग्रीव के पास जाते हुए क्रुद्ध लक्ष्मण एवं राम के संवाद द्वारा जाना जा सकता है। लक्ष्मण स्वयं क्रोधी नहीं थे; राम के क्रोध पर नियन्त्रण का मनोवैज्ञानिक उपाय करते-करते स्वयं एक क्रोधी के रूप में प्रसिद्ध हो गये। लक्ष्मण राम के स्वभाव से भली-भाँति परिचित थे—यहाँ भी लक्ष्मण राम को रुदन करने के लिए स्वतन्त्र छोड़ देते हैं। इस लम्बे रुदन में एक ऐसी स्थिति चली आई कि राम संज्ञाशून्य होने लगे थे–

इतीव तं शोकविधेयदेहं
रामं विसंज्ञं विलपन्तमेव।
उवाच सौमित्रिरदीनसत्त्वो
न्याय्ये स्थितः कालयुतं च वाक्यम्॥१८॥

—वा. रा. अरण्यकाण्ड-६३

लक्ष्मण ने इतना ही कहा—राम धृति को धारण करो; उत्साहयुक्त व्यक्ति ही विश्व में विजय प्राप्त करते हैं। ठीक ही है, हाथों में धनुष के रहते हुए रोने की आवश्यकता भी तो नहीं है–

शोकं विसृज्याद्य धृतिं भजस्व
सोत्साहता चास्तु विमार्गणेऽस्याः।

उत्साहवन्तो हि नरा न लोके
सीदन्ति कर्मस्वतिदुष्करेषु॥१९॥

—वा. रा. अरण्यकाण्ड-६३

रोते हुए राम के पौरुष को लक्ष्मण ने संज्ञा-शून्य होने से रोकने के लिए धीरे से मात्र 'धृति' की बात कही थी; पर कुछ क्षणों के भीतर ही राम की सीता-अन्वेषण की पूर्व प्रक्रिया में सारा अन्तर चला आया। उन्होंने फूलों से पूछते-पूछते, पर्वत से पूछा—सीता कहाँ है—उत्तर दो, नहीं तो तुम्हारे सम्पूर्ण शिखरों को मैं अभी ध्वस्त कर दूँगा—ये नदियाँ, ये ऊँचे पर्वत, यह सुरम्य अरण्यराजि सब कुछ अभी भस्म बन जायेगा—

तां हेमवर्णां हेमाङ्गीं सीतां दर्शय पर्वत।
यावत् सानूनि सवार्णि न ते विध्वंसयाम्यहम्॥३१॥
ततो दाशरथी राम उवाच च शिलोच्चयम्।
मम बाणाग्निनिर्दग्धो भस्मीभूतो भविष्यसि॥३३॥
असेव्य: सर्वतश्चैव निस्तृणद्रुमपल्लव:।
इमां वा सरितं चाद्य शोषयिष्यामि लक्ष्मण॥३४॥

—वा. रा. अरण्यकाण्ड-६४

स्थितियाँ यहाँ तक पहुँच गई थीं कि खरहन्ता राम के भीतर क्रोध का आहरण इतनी तीव्रता से होता चला जा रहा था कि वे स्वयं निर्मर्यादित से हो रहे थे—मैं इन ग्रहों को इनके गतिपथ से च्युत कर दूँगा, अब विश्व में कोई प्राणी सुख से न रह सकेगा, ये ब्रह्माण्ड फट जायेंगे—आकाश से ज्वालायें बरसेंगी। मेरे क्रोध के समक्ष अब सब कुछ समाप्त हो जाएगा। राम के इस असामान्य क्रोध को आदिकवि ने इस प्रकार प्रस्तुत किया है—

ममास्त्रबाणसम्पूर्णमाकाशं पश्य लक्ष्मण।
असम्पातं करिष्यामि ह्यद्य त्रैलोक्यचारिणाम्॥५९॥
संनिरुद्धग्रहगणमावारितनिशाकरम्।
विप्रणष्टानलमरुद्भास्करद्युतिसंवृतम्॥६०॥
विनिर्मथितशैलाग्रं शुष्यमाणजलाशयम्।
ध्वस्तद्रुमलतागुल्मं विप्रणाशितसागरम्॥६१॥
त्रैलोक्यं तु करिष्यामि संयुक्तं कालकर्मणा।
न ते कुशलिनीं सीतां प्रदास्यन्ति ममेश्वरा:॥६२॥

समाकुलममर्यादं जगत् पश्याद्य लक्ष्मण।
आकर्णपूर्णैरिषुभिर्जीवलोकदुरावरैः ॥६५॥
बहुधा निपतिष्यन्ति बाणौघैः शकलीकृताः।
निर्मर्यादानिमाँल्लोकान् करिष्याम्यद्य सायकैः ॥६९॥
नाशयामि जगत् सर्वं त्रैलोक्यं सचराचरम्।
यावद् दर्शनमस्या वै तापयामि च सायकैः ॥७१॥
इत्युक्त्वा क्रोधताम्राक्षः स्फुरमाणोष्ठसम्पुटः।
वल्कलाजिनमाबद्ध्य जटाभारमबन्धयत् ॥७२॥
तस्य क्रुद्धस्य रामस्य तथाभूतस्य धीमतः।
त्रिपुरं जघ्नुषः पूर्वं रुद्रस्येव बभौ तनुः ॥७३॥

—वा. रा. अरण्यकाण्ड-६४

लक्ष्मण क्रोधी नहीं थे, क्रोध तो इस रुद्र में प्रलय की ज्वाला की तरह सर्वदा निहित था—लक्ष्मण तो राम के क्रोध को नियन्त्रित करते हुए स्वयं क्रोधी के रूप में प्रसिद्ध हो गये। लक्ष्मण जानते थे—राम आश्रम में सीता को न देखकर तत्क्षण क्रोध का आहरण अपने भीतर करेंगे। उस समय राम के क्रोध को नियन्त्रण में ले लेना किसी के लिए भी सम्भव नहीं। लक्ष्मण ने राम को रुदन के लिए स्वतन्त्र ही नहीं छोड़ा—वे सीतान्वेषण के व्यपदेश से, फूल, पत्ते और मृगी के नेत्रों के पास बार-बार ले जाकर राम को और भी विह्वल बना रहे थे। लक्ष्मण ने राम को रुदन की सीमा में अचेत और संज्ञाशून्य होते देखकर—उनकी 'धृति' की ओर किंचित् संकेत भर ही तो किया था; इतना रुदन करने पर भी—प्रलय की सुप्त अग्निशिखा उनके नेत्रों में प्रकट हो गई; जिसे लक्ष्मण को सारी शक्ति लगाकर अपने नियन्त्रण में लेना पड़ा। राम कोई कबीले का सरदार नहीं था—जैसा कि मानते हैं। आदिकवि का राम असाधारण है। वह सीता को खोजता हुआ किष्किन्धा में पहुँच गया।

रामायण-युग में किष्किन्धा सम्पूर्ण जम्बूद्वीप में शक्ति का सबसे बड़ा केन्द्र माना जाता था। दक्षिण भारतवर्ष की समग्र चट्टानें वालि के आतंक से दबी थीं। रावण यहाँ आकर अपने बल की परीक्षा दे चुका था। राम दण्डक की धरती की सबसे बड़ी क्रूरता को समाप्त कर किष्किन्धा की ओर सुग्रीव को खोजते हुए आगे बढ़ रहे थे। अभी-अभी दुन्दुभी के मित्र भयंकर कबन्ध से मल्लयुद्ध करके राम आ रहे थे। उसी ने ही सुग्रीव से मिलने की सलाह राम को दी थी। राम सुग्रीव से मिलने किष्किन्धा आये। दुन्दुभी के इतिहास को बतलाते हुए, उसकी अस्थियों के पुरावशेष को सामने

रखकर सुग्रीव ने राम के बल की परीक्षा भली-भाँति ले ली। दुन्दुभी ने एक बार अपने मस्तक को दक्षिण में घुमाकर समुद्र को प्रकम्पित किया था; दूसरी बार उसने अपने मस्तक को हिमाद्रि के वक्ष से जाकर टकराया, तीसरी बार उसने अपने महिषाकार मस्तक को किष्किन्धा की दिशा में घुमाया। वाली की वज्रकल्प मुष्टिका हिमाद्रि के शिखर से भी अधिक कठोर थी। इस महिषाकार दैत्य का शरीर वाली की भुजाओं से टकराकर विनष्ट हो गया। सुग्रीव हनुमान् जी के साथ रहते हुए भी, वाली के भय से ऋष्यमूक पर्वत से नीचे उतरने का साहस ही नहीं कर पाते थे। राम ने सुग्रीव को ऋष्यमूक पर्वत से नीचे उतारा और किष्किन्धा के उस सबसे शक्ति-सम्पन्न सिंहासन पर ले जाकर बैठा दिया, जिस पर कुछ समय पूर्व रामायण के विश्व का सबसे शक्तिशाली पुरुष शक्रसुत वाली बैठता था।

वाल्मीकि रामायण में यह स्पष्ट सूचना प्राप्त होती है कि राम ने वाली को युद्ध में ही मारा था, छिपकर नहीं। इसकी प्रथम सूचना हमें रामायण के प्रथम सर्ग में ही श्री नारद के कथन द्वारा प्राप्त होती है।

"सुग्रीव के कथनानुसार वाली को युद्ध में मारकर राम ने उसे राज्य पर बैठा दिया।"

ततः सुग्रीववचनाद्धत्वा वालिनमाहवे।
सुग्रीवमेव तद्राज्ये राघवः प्रत्यपादयत् ।।७०।।

—वा. रा. बालकाण्ड-१

प्रकारान्तर से सुन्दरकाण्ड में भी श्री हनुमान् ने राम द्वारा वाली को युद्ध में मारने की सूचना सीता को दी है।

"तदनन्तर दोनों वीर राजकुमारों ने किष्किन्धा में पहुँच कर वानरराज वाली को युद्ध में मार गिराया। युद्ध में वेगपूर्वक वाली को मारकर श्रीराम ने सुग्रीव को समस्त वानर-भालुओं का राजा बना दिया।"

ततस्ताभ्यां कुमाराभ्यां वीराभ्यां स हरीश्वरः।
किष्किन्धां समुपागम्य वाली युद्धे निपातितः ।।५१।।
ततो निहत्य तरसा रामो वालिनमाहवे।
सर्वर्क्षहरिसङ्घानां सुग्रीवमकरोत् पतिम् ।।५२।।

—वा. रा. सुन्दरकाण्ड-३५

वानरराज वाली की पत्नी तारा युद्धस्थल पर पहुँच कर उसकी मृत्यु के सभी कारणों की जाँच-पड़ताल करती है। वाली के अङ्गरक्षकों से उसके वध की घटना

के विषय में भली-भाँति पूछा, अङ्गरक्षकों का कथन था—वाली स्वयं राम लक्ष्मण पर वृक्ष एवं शिलाओं से प्रहार कर रहा था।

"वाली के चलाये हुए वृक्षों और बड़ी-बड़ी शिलाओं को अपने वज्रतुल्य वाणों से विदीर्ण करके श्री राम ने वाली को मार गिराया है। मानो वज्रधारी इन्द्र ने अपने वज्र के द्वारा किसी महान् पर्वत को धराशायी कर दिया हो।"

क्षिप्तान् वृक्षान् समाविध्य विपुलाश्च तथा शिला:।
वाली वज्रसमैर्वाणैर्वज्रेणेव निपातित:॥१२॥

—वा. रा. किष्किन्धाकाण्ड-१९

युद्ध में उन्मत्त वाली को यह ज्ञान भी नहीं रहा कि वह किससे युद्ध कर रहा है। वह यही सोचता समझता रह गया—मैं सुग्रीव से लड़ रहा हूँ, रणोन्मत्त व्यक्ति का यह मनोविज्ञान सहज है। पर वह मदान्ध सुग्रीव से हट कर राम और लक्ष्मण पर वृक्षों और शिलाओं से प्रहार करने लगा; उसका उत्तर राम ने अपने एक ही बाण से भली-भाँति दे दिया। वाली राम के समक्ष कोई बहुत बड़ा योद्धा नहीं था, वह उनके एक ही बाण से धराशायी हो गया। महर्षि वाल्मीकि ने इसे अनेक स्थलों पर दोहराया है—'हतो एकेन ब्राणेन।' श्री हनुमान् रावण को सुन्दरकाण्ड में यही सूचना देते हैं। यहाँ भी वाली को युद्ध में मारने की बात ही कही गई है। राक्षसराज रावण को हनुमान् का यह कथन इस प्रकार है—

"वानरराज वाली को तो तुम पहले से ही जानते हो। उस वानरवीर को युद्ध में श्रीराम ने एक ही बाण से मार गिराया था।"

त्वया विज्ञातपूर्वश्च वाली वानरपुङ्गव:।
स तेन निहत: संख्ये शरेणैकेन वानर:॥११॥

—वा. रा. सुन्दरकाण्ड-५१

कुम्भकर्ण वाली से कहीं अधिक शक्तिशाली था। महर्षि वाल्मीकि का स्पष्ट कथन है—

"जिन बाणों से श्रेष्ठ सालवृक्ष काटे गये और वानरराज वाली का वध हुआ वे ही वज्रोपम बाण उस समय कुम्भकर्ण के शरीर को व्यथा न पहुँचा सके।"

यै: सायकै: सालवरा निकृत्ता
वाली हतो वानरपुङ्गवश्च।

ते कुम्भकर्णस्य तदा शरीरं
वज्रोपमा न व्यथयाम्प्रचक्रुः॥१५२॥

—वा. रा. युद्धकाण्ड-६७

रामायण के अवतारवाद की भूमि पर वाली इन्द्र का अवतार था। ऋग्वेद के सारे देवता आदिकवि की इस काव्य-भूमि पर नर राम की सेवा में वानर-भालू बनकर विचरण कर रहे थे, पर इन्द्र ने तो राम के तरकश का एक शक्तिशाली बाण कम ही किया; जो सम्भवतः राम रावण युद्ध के समय काम आता। वैसे इन्द्रावतार वाली ने दुन्दुभी एवं गोलभ जैसे भयंकर दैत्यों का वध कर राम के श्रम को हल्का भी कर दिया, नहीं तो लंका तक पहुँचने के पूर्व राम को इनसे युद्ध करना पड़ता।

जहाँ तक बाण से वध का प्रश्न है—राम वाली पर कहीं से भी बाण द्वारा प्रहार कर सकते थे—ऋष्यमूक पर्वत पर खड़े होकर भी या वाली के सामने जाकर भी—धनुष बाण का प्रयोग ही दूरी को सामने रखकर किया जाता है—वाली के भीतर राम के दूसरे शक्तिशाली प्रहार को झेलने का सामर्थ्य ही न था, वह एक ही बाण में धराशायी हो गया। वैसे वाली को स्वयं मारने की इच्छा राम की थी नहीं। वे खड़े होकर इस युद्ध को देख रहे थे—वे सोच रहे थे, सुग्रीव यह कार्य स्वयं कर लेगा, उन्होंने सुग्रीव को पुनः द्वितीय बार भी उत्साहित करके वाली के पास भेजा। वे दोनों के रण-कौशल को देख रहे थे, पर उस युद्ध में सारी स्थिति ही बदल चुकी थी।

महाकवियों ने सर्वत्र वाल्मीकि का अनुकरण किया हो यह यथार्थ नहीं। युगभेद एवं रुचिभेद के अनुसार समय-समय पर कवियों एवं रचनाकारों ने स्वतन्त्रता पूर्वक कथानक में कुछ परिवर्तन भी कर दिये हैं। यही सन्दर्भ वाली वध के प्रसंग में भी घटित है। इसका विशेष कारण है वैदिक इन्द्र की सर्वोच्च मर्यादा को ध्यान में रखते हुए इन्द्रावतार वाली पर राम द्वारा सन्मुख प्रहार उन्हें रुचिकर नहीं लगा। इसके मूल में वैदिक इन्द्र का निगूढ़ अभिप्राय (*मोटिफ*) ही प्रधान था। इसीलिए कालान्तर के रचनाकारों ने कथा प्रसंग में वाली पर सन्मुख प्रहार से राम को उपरत कर दिया।

महाकवि तुलसीदासजी ने इस दृश्य को अद्भुत नाटकीय सीमा में लाकर इस सन्दर्भ को बड़ी स्पष्टता के साथ देखा है। सुग्रीव भीतर से टूट चुका था—'हिय हारा भय मानि।' क्षणभर का विलम्ब भी सुग्रीव की मौत का कारण बन जाता। धनुष हाथ में रहते हुए आँखों के सामने यदि सुग्रीव मर जाते तो इस मर्यादा पुरुषोत्तम के जीवन में सबसे बड़ी कालिख पुत जाती—जो धोये भी नहीं धुलती; जिसका कोई भी समाधान राम के लिए शेष नहीं बचता। उस समय राम के सामने कोई विकल्प नहीं

था; राम ने उसी क्षण सही निर्णय लिया। वे जहाँ थे, वहीं से उन्होंने बाण चला दिया। राम वहाँ से युद्ध रोकने के लिए वाली को पुकारते–रणोन्मत्त वाली रुकने वाला नहीं था; यदि राम वहाँ तक जाते–तब तक सुग्रीव का प्राणान्त हो जाता। राम के पास अन्य विकल्प नहीं था, उन्होंने एक ही बाण में विश्व के उस सर्व शक्तिशाली योद्धा को समाप्त कर दिया।

रामायण में सुन्दरकाण्ड हनुमान् जी के अतुलनीय पुरुषार्थ की कथा है। आदिकवि ने अपने इस काण्ड का नाम सुन्दरकाण्ड रखा है। काव्य की दृष्टि से इस काण्ड का सौन्दर्य अन्य काण्डों की अपेक्षा निश्चित रूप में असाधारण है। कुछ पण्डितों का अनुमान है–इसमें राम के अङ्ग-प्रत्यङ्ग का सौन्दर्य बड़ी सूक्ष्मता के साथ हनुमान् जी के द्वारा कहा गया है। इसलिए इसे सुन्दरकाण्ड कहा जाता है। कुछ व्यक्तियों का अनुमान है–सुन्दर वानर को कहते हैं; इसलिए इस काण्ड का सम्बन्ध हनुमान् जी से है। नष्ट द्रव्य के पुनः प्राप्त होने को भी सुन्दर कहा जाता है। इस काण्ड में ही सीता का पता चलता है–इस आधार पर भी इस काण्ड का नाम सुन्दरकाण्ड रखा जा सकता है–

नष्टद्रव्यस्य लाभो हि सुन्दरः परिकीर्तितः।

सीता मंगल देवता है, इसको ध्यान में रखकर भी सुन्दरकाण्ड की अर्थवत्ता निश्चित की जाती है। वैसे इस काण्ड में सम्पूर्ण रामायण का स्वरूप भी निहित है। हनुमान् जी के आत्म-संताप में बालकाण्ड से किष्किन्धाकाण्ड तक की सामग्री स्मरण कर ली गई है। त्रिजटा के स्वप्न में युद्धकाण्ड की सामग्री का पूर्वाभास है–इस दृष्टि से यह काण्ड रामायण के हृदय की तरह सुन्दर कहा जाता है ऐसा अनुमान भी कुछ चिन्तकों का है। वैष्णव आचार्यों की दृष्टि से शरणागति का स्वरूप इस काण्ड में बनता है, इसलिए ही यह काण्ड सुन्दर है। वाल्मीकि रामायण के महापण्डित टी. श्रीनिवास राघवाचार्य के अनुसार इस काण्ड में राम तारकमन्त्रार्थ श्लोक है। इसलिए ही इस काण्ड का नाम सुन्दरकाण्ड रखा गया है–

नमोऽस्तु रामाय सलक्ष्मणाय
देव्यै च तस्यै जनकात्मजायै ॥५९॥

–वा. रा. सुन्दरकाण्ड-१३

इस काण्ड के नामकरण पर सी० एन० मेहता की उड़ान बहुत लम्बी है; उनका कहना है–सुमात्रा जावा आदि सुन्दर द्वीप ही लंका थी, इसलिए आदिकवि ने इसका नाम सुन्दरकाण्ड रखा। वैसे देखा जाय तो सुन्दरकाण्ड ने सबको दुःख मुक्त कर

दिया–हनुमान् जी ने राम को सीता का पता बतलाकर उन्हें दु:ख मुक्त कर दिया; सीता रामदूत से मिलकर दु:ख मुक्ता हो गईं; हनुमान्‌जी ने अंगद सहित सारे वानरों को सुग्रीव के मृत्यु-दण्ड के भय से मुक्त कर दिया–सम्भवत: इसीलिए इस काण्ड का नाम सुन्दरकाण्ड है–लोग दु:ख मुक्त होने के लिए सारी रामायण का पाठ न कर केवल सुन्दरकाण्ड का ही पाठ करते हुए देखे जाते हैं। इस काण्ड में शृंगार रस, करुण रस एवं वीर रस तीनों रसों का पूर्ण परिपाक है, इसलिए भी सुन्दर है। महाकवि ने इन सारे अर्थों को ध्यान में रखते हुए ही इस काण्ड का नाम सुन्दरकाण्ड रखा होगा। हनुमान्‌जी से सीता का पता प्राप्त करने के पश्चात् राम सारी सेना के साथ समुद्र तट पर आये। समुद्र की छाती पर नल-सेतु का निर्माण करते हुए–द्रुम-कुल्य के धरातल को अपने बाण से पलटते हुए इस आम्रफलाकारा लंका के भीतर सारी वानर सेना के साथ प्रवेश कर गये। राम और रावण का भयंकर युद्ध हुआ–

गगनं गगनाकारं सागर: सागरोपम:॥५१॥
रामरावणयोर्युद्धं रामरावणयोरिव।५२।

–वा. रा. युद्धकाण्ड-१०७

इस भयंकर अतुलनीय युद्ध को ध्यान में रखकर महाकवि ने इस काण्ड का नाम ही युद्धकाण्ड रख दिया। राम ने अन्त में पृथ्वी की सबसे बड़ी क्रूरता को सदा के लिए समाप्त कर दिया। सीता - लक्ष्मण सहित राम अयोध्या में चले आये। उत्तरकाण्ड भगवान् श्रीराम के जीवन के उत्तर भाग का इतिहास है। इसे आदिकवि ने रामायण के खिल-भाग की तरह प्रस्तुत किया है। उत्तरकाण्ड देखा जाय तो रामायण के महत्त्वपूर्ण सन्दर्भों का कोश है। बहुत सी महत्त्वपूर्ण सूचनायें जो काव्य के प्रवाह के मध्य नहीं दी जा सकती, वे विस्तार के साथ एकत्र हुई हैं।

रामायण की धरती सप्तद्वीपा है, सप्तसमुद्रा है, सप्तकाण्डा है, बड़ी प्रकाण्ड धरती है रामायण की। सर्वप्रथम इस पृथ्वी के भूगोल को सप्तद्वीपों में और सप्तसमुद्रों में बाँटा गया है। जब सम्पूर्णता की दृष्टि से देखा जाता है, तब इसके लिए अण्ड शब्द का प्रयोग किया जाता है, जब जल से युक्त पृथ्वी का प्रयोग होता है तब उसे काण्ड कहते हैं–संस्कृत में 'क' शब्द का अर्थ जल है--क+अण्ड=काण्ड। रामायण की धरती रसवती है। एकार्णव के समय पृथ्वी वाराह हो जाती है। वाराह शब्द की निरुक्ति यास्क ने वारिवाह की है। वारिवाह का अर्थ है जल को वहन करने वाला। एकार्णव के समय धरती अनन्त जलों में निमग्न होकर उनका वहन कर रही थी। राम की जीवन कथा को रामायण में सात काण्डों में बाँटने के साथ-साथ कवि ने इस पृथ्वी के

प्राचीन भौगोलिक स्वरूप को भी रूपक की सीमा में लाने का प्रयास किया है। काण्डक्रम में विभाजन की पद्धति निश्चित रूप से महाभारत के पर्व क्रम से बहुत पुरानी है। जलों के हटने पर ही तो पृथ्वी के पर्व स्पष्ट हुए होंगे। काण्डों का विभाजन सर्ग में है। सर्ग का अर्थ है। सृष्टि। आदिकवि ने सर्ग और प्रलय के रूपक को रामायण के मूल में लाकर खड़ा कर दिया। जैसे-जैसे सर्ग उत्तरोत्तर बढ़ते हैं—ये प्रलय के दुर्धर्ष जल पृथ्वी से उतरते चले जाते हैं। प्रारम्भ की स्थिति बालकाण्ड है—उच्चतम उत्तरकाण्ड। यह रामायण की सर्वोत्तम रसमयी धरती है, जो रामराज्य के नाम से प्रसिद्ध है।

इतनी पुरानी कथा में पाठ-भेद अस्वाभाविक नहीं। इन पाठ-भेदों के सही तिथि क्रम पर ऐतिहासिक दृष्टि से पहुँचना असम्भव है। सर्वप्रथम अभी तक, यही निश्चित नहीं हो पाया है, रामायण का रचनाकाल क्या है। इसकी प्राचीनता काल के अनन्त समुद्र में समाहित है। रामायण के समय में न तो वेदों का ही विभाजन हो पाया था, न महाभारत के अस्तित्व की ही कहीं कोई कल्पना थी। महाभारत का काल ईसा से तीन हजार वर्ष पूर्व है, जिस पर हम आगे विचार करेंगे। महाभारत में रामायण की कथा के विभिन्न पाठ-भेद इस तथ्य को स्पष्ट करते हैं—पाँच हजार वर्ष पूर्व रामायण अपने तीनों या चारों पाठ-भेदों के साथ सम्पूर्ण भारत में प्रचलित थी। महाभारत पर रामायण के तीनों पाठ-भेदों का प्रभाव है। पाठ-भेदों के अन्वेषण की पद्धति ही कुछ इस प्रकार दूषित रही है; जिसके कारण आज तक इतिहासकार न तो कहीं एक मत हो सके हैं न किसी प्रामाणिक निर्णय पर पहुँच सके हैं। *वॉल्टर रूबेन* की पुस्तक* में पाठ-भेदों के निर्णय का प्रकार नितान्त अपूर्ण है। रामायण के पाठ-भेदों एवं उनके सही निर्णय पर पहुँचे बिना हम न तो रामायण के सही तिथि क्रम पर ही पहुँच सकते हैं, न महाभारत के पाठ-भेदों का ही सही अनुमान लगा सकते हैं। *रूबेन* ने ठीक विपरीत क्रम को ग्रहण किया है। उन्होंने महाभारत के पाठ-भेद के निर्णय की सुकठंकर पद्धति को अपना आधार बनाया; जबकि रामायण के पाठ-भेदों के निर्णय में भिन्न पद्धति का आश्रय लेना उचित था। कल्पितवृत्त को पूर्व आधार बनाने के पश्चात् व्यक्ति घूमकर वहीं आ जाता है—ये कूप के चारों ओर घूमते रह गये; यही अवस्था पादरी *बुल्के* की भी है।

रामायण का वीणा पर गान अयोध्या तक ही सीमित न था। कारुपथ से लेकर

*द्रष्टव्य परिशिष्ट—सहायक ग्रन्थ

पश्चिम में तक्षशिला और पुष्कलावती (पेशावर) तक रामायण राम के समय में ही पहुँच गई थी। चारों भाइयों के दो-दो पुत्र थे, जिन्होंने बड़े-बड़े नगरों का निर्माण किया था, बड़े-बड़े साम्राज्यों की नीवें डाली थीं। यह कैसे सम्भव है–वे आदिकवि की रामकथा को लेकर वहाँ न गये हों और वहाँ की परम्परा से जुड़ती हुई वीणा सहस्राब्दियों तक न झनझनाती रही हो। दक्षिण की वीणा दार्शनिकों के हाथों में रही, इसलिए इसका स्वर मण्डल कुछ अधिक समाहित है। उत्तर पश्चिम रामायण पाठ भारतीय सीमान्त का पाठ है। वीणा के स्वर तीव्र से तीव्रतम होते चले गये; जहाँ पूर्व की वीणा के स्वर कुछ अधिक कोमल हैं। संगीत की ये महती वीणायें पाठ-भेद को रखते हुए भी, जहाँ तक राम के यशोगान का प्रश्न है, वहाँ इनके संगीत में एक प्रतिस्पर्धा-सी दिखलाई देती है। कौन-सी वीणा स्वरों के मण्डल को कहाँ बाँधती हुई, किस तरह राम के विराट् स्वरूप को अधिक से अधिक प्रभविष्णु बनाने के लिए गान की प्रतिस्पर्धा में उतरती हुई-सी प्रतीत होती हैं–यही इनकी संगीतमयी प्रतिस्पर्धा है, यही इनका पाठ-भेद।

रामायण का यह पाठ न चारणों के हाथ में रहा न कुत्सितशील और कुसंस्कार वाले गायकों के हाथों में ही रहा है–जैसा कि पादरी *बुल्के* का अभिमत है। इनके पाठों की सुरक्षा तो महर्षि के हाथ में थी–भरद्वाज, मार्कण्डेय, लोमस, सांख्यायन, आश्वलायन, कात्यायन, बोधायन, लाटायन आदि सभी आचार्यों ने रामायण को शास्त्र ग्रन्थ की तरह पढ़ा था। इसके पाठ-भेदों को महाभारत से बहुत पूर्व वेदों के आचार्यों ने अपने-अपने सम्प्रदाय भेदों के अनुसार बड़ी प्रामाणिकता के साथ सम्हाल कर रखा है। प्राचीनतम सम्प्रदायों का शाखा-भेद जिस तरह वेदों के साथ जुड़ा है–उसी मर्यादा के साथ रामायण के साथ भी है। वैष्णव सम्प्रदाय में जितना इसका आदर रहा है, उससे कम शैव, शाक्त, गाणपत्य आदि सम्प्रदायों में नहीं। राम शाक्तों की परम्परा के साथ भी उसी प्रकार जुड़े हैं। पुराणों में आगे चलकर शिव को तो रामायण का प्रधान आचार्य ही बना दिया गया है। अध्यात्म रामायण का सम्पूर्ण स्वरूप ही शिव-पार्वती संवाद के रूप में है। आदिकवि का यह आदिकाव्य वेद की तरह ही भारतीय इतिहास में पूजित होता चला गया।

रामायण का प्रारम्भ भी कम साधारण नहीं। एक ऐसे ऋषि को दशरथ के पुत्रेष्टि यज्ञ के लिए चुना गया, जिसके सिर पर सींग था। ऋष्यशृङ्ग के नाम से ये सर्वप्रसिद्ध हैं। सभी प्रकार के मुनि देखे गये हैं, पर सींग वाले तो यही एक थे। सींग वाले मुनि के यज्ञ-फल से चारों भाई उत्पन्न हुए और काव्य की प्रमुख नायिका सीता हल के

फाल द्वारा धरती से उत्पन्न हुईं। विदेहराज की यह कन्या भी कम असाधारण नहीं थीं–यह भूमिजा थी, वीर्यशुल्का थी, अग्निरक्षिता और अग्निपरीक्षिता भी थी। राम ने शिव-धनुष को तोड़कर उन्हें प्राप्त किया था। परशुराम को हतवीर्य करते हुए विष्णु के धनुष को चढ़ाकर सुरक्षित कर दिया। फिर भी ये सुरक्षित न हो सकीं, अनसूया के अंगराग की मन्त्राग्नि के भीतर भी उन्हें सुरक्षित रखने का प्रयास किया गया, पर वह सुरक्षित न रह सकीं। नियति की आँखें सीता पर लगी थीं। रावण उन्हें उठाकर ले गया। कहना न होगा रामायण का कथानक जितना सहज है, अपने अन्त:सन्दर्भों में उतना ही जटिल और ग्रन्थित भी है। पुत्रेष्टि यज्ञ के हविष्य के बँटवारे में जिस जटिल गणित का आश्रय लिया गया है, वही क्या कम रहस्यमय है ? दशरथ के मस्तिष्क में पायस को लेकर युद्ध चल रहा था। दशरथ ने अर्द्धभाग कौसल्या को दिया, $१/_२ \times १/_२ = १/_४$; आधे में से आधा सुमित्रा को, शेष में फिर अर्द्ध कैकेयी को, बचे हुए उस अर्धांश को पुन: सुमित्रा को दे दिया–

कौसल्यायै नरपति: पायसार्धं ददौ तदा।
अर्धादर्धं ददौ चापि सुमित्रायै नराधिप:।।२७।।
कैकेय्यै चावशिष्टार्धं ददौ पुत्रार्थकारणात्।
प्रददौ चावशिष्टार्धं पायसस्यामृतोपमम्।।२८।।
अनुचिन्त्य सुमित्रायै पुनरेव महामति:।२९।

—वा. रा. बालकाण्ड-१६

इस बँटवारे में बाँटने वाले का विभक्त होता हुआ मन स्पष्ट दिखलाई देता है। इस कथा के महान् नायक को हम ईश्वर के रूप में लें या महामानव के रूप में लें, वह अपनी सहज ऊँचाइयों में अनन्त और अप्रमेय है। राम यदि मानव हैं तब भी उनके आत्म-नियन्त्रण का पक्ष सुदृढ़ है, जो उन्हें लोकोत्तर बना देता है। राम का यह देवोपम व्यक्तित्व वैदिक विचार-धारा के समानान्तर फैलता हुआ इतना ऊपर उठता चला गया कि जीवन की समग्र दृष्टियाँ उसके भीतर समाहित होती चली गईं। इस बिन्दु पर ईश्वर और मानव की विभाजक-रेखा ही समाप्त हो जाती है। मानव और उसके भगवान् का अन्तर यहीं तो समाप्त होता है। इसी अभेद की आराधना में महाकवियों की वाणी का उदय होता है।

महाकवि तुलसीदास के राम समग्र मानवीय ऊँचाइयों के आधारदण्ड हैं। आदिकवि वाल्मीकि यथार्थवादी आदर्श के कवि हैं तो कवियश: प्रार्थी तुलसीदास आदर्शवादी यथार्थ के कवि। महर्षि कवि ने एक मन्त्रद्रष्टा की तरह जिसे देखा था,

छुआ था, सुना था, गाया था। महाकवि तुलसीदास ने,पाया है, जन और जनपद तक पहुँचाया है। महर्षि वाल्मीकि के राम की प्रतिभा कालजयी थी; भारतीय प्रज्ञा ने वहाँ अर्चना के नवधा प्रकारों से पुष्पों के पहाड़ लगा दिये; वैष्णव आगमों की प्राचीनतम परम्परायें राम को खोजती हुई, बहुत पीछे तक चली गईं। मन्दिरों की दीवारें उपासना के शतकोटि-प्रदीपों से प्रकाशमान हो रही थीं। आदिकवि के क्रौञ्च-कण्ठ के करुण कल-निनाद से उमड़ता हुआ रामकथा का महानद सारे विश्व में फैल गया। उस महानद के दशाश्वमेध पर महर्षि तुलसीदास भी थे। स्वभाव और संस्कार दोनों से तुलसी वैखानस थे। इस परम्परा का दार्शनिक इतिहास बहुत पुराना है। तुलसी इसी परम्परा के महान् आचार्य हैं। तुलसीदास धार्मिक साहित्य की इस महती धारा के आत्मद्रष्टा क़वि हैं। इनका सारा जगत् आत्मानुभूति की उदात्त परिधि का केन्द्र है। तुलसी की यह अनुभूति रामाकार थी। दशरथ राम के पिता हैं, कौशल्या राम की माता। राम के वियोग में व्याकुल दशरथ और कौशल्या की आत्म-यात्रा और राम से उनका भावनात्मक राग तुलसी के लिए सबसे महत्त्वपूर्ण वस्तु है। इसी सन्दर्भ में राम और सीता का अपने पिता और माता के रूप में ग्रहण करते हुए तुलसीदास ने अपने भावनात्मक राग को अपरिमित विस्तार प्रदान किया है। यहाँ इनके सबसे बड़े सहायक हनुमान् हैं। वैसे सम्बन्ध स्थापन का जहाँ तक प्रश्न है, तुलसी अपने को भरत के साथ, ऋषि पात्रों के साथ यहाँ तक कि गीध, शबरी, केवट, विभीषण सबके साथ, अपने स्व को उनमें विलय कर देने का रहस्यवादी प्रयास करते हैं। इससे भी आगे बढ़कर चौबीस अवतारों में जुड़ी भक्तों की विभिन्न श्रेणियों में अपने व्यक्तित्व को एकाकार करते हुए वे एक आत्मानुभूत भूमाकवि की तरह प्रकट होते हैं। वे द्रौपदी की तरह करुण चीत्कार भी करते हैं; उनके हृदय में प्रह्लाद का दृढ़ निश्चय और सहिष्णुता भी है; ध्रुव के जैसी आत्म-ग्लानि भी है, उनमें केवट, गीध, शबरी की परम वैष्णव नम्रता भी है और व्यक्तित्व की सहजता भी है। अहं उनके पास भी नहीं, अजामिल और गणिका से भी अधम कोटि में अपने स्व को रखते हुए महर्षि तुलसी राम के दरबार में भारतीय संस्कृति के सबसे बड़े भक्त के रूप में हनुमान् की तरह अविचल खड़े हैं। चरणों में अंगद की दृढ़ता, वक्ष में हनुमान् का पवन-वेग और नेत्रों में राम की दृष्टि लिए हुए तुलसीदास अपने पूर्व सूरियों की परम्परा में कितने असाधारण हो उठे थे, इसका आकलन भारत सम्राट् अकबर के समग्र स्वर्ण भार से नहीं लगाया जा सकता। वह काव्य के इस अप्रमेय मन्दराचल के समक्ष तुच्छ और हल्का है, जो काल के हल्के से तूफान में तिनकों की तरह कहीं जाकर बिखर गया।

महाकवि तुलसीदास का शासन अजर है। विभीषण से भी अधिक महिमामय राजतिलक नियति ने तुलसी के विशाल-भाल पट्ट पर कर दिया।

तुलसी के मानस में वाल्मीकि का उपाख्यान-विन्यास अविकृत भाव से हुआ है। 'रामायणमंजरी' से लगता है तुलसी ने कथानक इन्डेक्सिंग में महाकवि क्षेमेन्द्र की सहायता ली थी। वाल्मीकि का चरित्रादर्श तुलसी तक आते-आते शिल्प सज्जा का विभा विग्रह बन चुका था। भास, कालिदास और भवभूति जैसे कुशल शिल्पियों के द्वारा राम की वाङ्मयी मूर्ति साहित्य में उट्टंकित हो चुकी थी। आदिकवि के महान् कृतित्व को आनन्दवर्धन ने ध्वनिकाव्य की संज्ञा दी है। वाल्मीकि का जो गहन अनन्यसामान्य ध्वनि तत्त्व था, वह रामचरित मानस में नव तन ग्रहण करते समय असाधारण हो उठा। आदिकवि का सर्वगुणाधार राम तुलसी का पूर्णावतार बन गया। महाकवि तुलसीदास ने रामचरित के समुन्नत शोध में एक नया कक्ष खोल दिया। यह कक्ष इतना भव्य और विराट् था जिसमें भारतीय संस्कृति का सम्पूर्ण आवेग समा गया। काल के स्रोत में अविराम युग पर युग आते और समाहित होते चले जाते हैं। इस स्रोत के मुख पर काल के क्रमान्तर से विराट् लहर उठती है, विराट् व्यक्तित्व का आविर्भाव होता है; जिसके ध्यान लोक में युगयुगान्तरों की भावधारा और प्राण-प्रवाह आकार ग्रहण करते हैं, बड़ी-बड़ी प्रतिमाओं की सर्जना होती है। युग के अवचेतन मन का यह स्रोत निरन्तर बहता हुआ सतत गतिमान रहता है, यह दुर्वार प्राणों का ज्वार अगणित प्रतिमाओं को अधीर बना देता है। इसी विराट् तरंग-माला का महान् रूप सम्भार तुलसी के गतिमय काव्य स्रोत से मुक्त हुआ।

भारतीय संस्कृति का पट परिवर्तन उसके घात-प्रतिघात आलोडन विलोडन का चिरन्तन क्रम सहस्राब्दियों से एक सशक्त आधार की खोज में भटक रहा था, उसे तुलसी जैसा विराट् अधिष्ठान मिल गया। या यों कहना चाहिए भारतीय संस्कृति के मृत्युञ्जयी मूल्यों को पुनः तुलसीदास के रूप में चिरन्तन मुक्ति का मार्ग मिल गया जो इस्लाम के लोहे से टकराकर विनष्ट और विच्छिन्न हो रहा था। सांस्कृतिक प्रलय में समाया हुआ भारतवर्ष पुनः महाकवि तुलसीदास की अनामिका को पकड़कर वाल्मीकि के राम को खोजता हुआ वेद और वेदान्त के शिखरों पर चढ़ गया। तुलसी का सत्य रस-निष्पत्ति और काव्य के उपादान विश्लेषण के रूढ़ सन्दर्भों तक ही सीमित नहीं था, वह तो जीवन के चिरन्तन मूल्यों का दर्शनशास्त्र है, जहाँ खण्डित युग के इस विगलित मानव ने विश्राम पाया है। विश्व के कितने काव्यों का,महाकाव्यों का निर्माण मूल्यों की इस बृहत्तम परिधि पर हुआ है, यह प्रश्न तुलनात्मक साहित्य

के अध्येता के लिए कम महत्त्व का नहीं है। महर्षि तुलसीदास का जीवन प्रतिकूलता के शिलाखण्डों से प्रतिपग दुर्गम और कठोर था। जन्म से मृत्यु-पर्यन्त ये प्रतिकूलतायें इनके जीवन से क्षण भर के लिए भी अलग न हो पाईं, पर पल भर भी तुलसीदास ने इनके अवसाद का आश्रय न लिया। कालिदास और भवभूति भी इससे मुक्त नहीं थे–'आपरितोषाद्विदुषाम् ...ये नाम केचिद्धिः नः प्रथयन्त्यवज्ञाम्' जैसे शब्द भगवान तुलसीदास के होठों तक न आये। तुलसी के राम जितने वीरोज्ज्वल हैं उतने ही प्रशान्तोज्ज्वल। अवसाद से जितना मुक्त तुलसी का नायक है, तुलसी भी उतने ही मुक्त हैं। तुलसी का राम प्रतिकूलता से एक अविचल संघर्ष है, उसकी आननश्री शाश्वत है, उसी तरह अक्लान्त तुलसी की काव्यश्री अवसाद मुक्त और प्रसन्नमुखाम्बुजश्री है। तुलसी के ध्यान-लोक का प्रत्येक क्षण राममय है, रामाकार है। यही कारण था कि इतिहास की चिरन्तन दुर्वार गति का स्पन्दन तथा समग्र विश्वमय अनादि और अनन्त प्राणलीला का कम्पन कवि के मानस लोक में जीवन के शेष पर्यन्त अविराम ध्वनित और अनुरणित होता रहा। कहीं एक स्वर उदात्त हुआ, स्तिमित, पर विरोधी कहीं न हो पाया। तुलसी कवि और दार्शनिक एक साथ हैं। दार्शनिक के रूप में उन्होंने उस परम सत्य को अखण्डित रूप में पाया, तुलसी ने अपने मार्ग की यात्रा की, एक कवि चित्त के साथ। इस यात्रा में न तो उनके साथ सम्प्रदाय-वाद का आग्रह था, न राजनीतिक दृष्टिकोण का पंक। अशान्ति के रुद्रों से घिरे तुलसी न कहीं पराजित थे और न श्लथ। मुगल-युग की ताल को उनके स्वर समर्पित न थे। इस अर्थ में तुलसी उस युग के सबसे बड़े विद्रोही रचनाकार थे। सर्वथा निरंकुश, स्वतन्त्र, विद्रोही; न उन्हें संस्कृतज्ञों के होते हुए भीषण प्रहारों का भय था, न दरबारी सुखों का लोभ। तुलसी और तुलसी की काव्य-चेतना दोनों ही मुक्त थे। *शेक्सपीयर* * के सन्दर्भ में *ऑर्नाल्ड* के ये शब्द तुलसी के लिए भी उतने ही सार्थक हैं–

*दूसरे मानते हैं या पूछते रहते हैं
तू स्वतन्त्र है
हम पूछते हैं और पूछते ही रहते हैं
तुम मुस्कुराते हो, प्रशान्त अचल*

प्राय: कवि काव्य सर्जना के समय समसामयिकता के वात्याचक्र में डूब जाता है। तुलसी का युग दरबारी चाकचिक्य का युग था, नव-रत्नों के *कॉम्पिटीशन* में

**द्रष्टव्य टिप्पण, पृष्ठ १७५

कवियों से महाराजा अकबर का दरबार भरता चला जा रहा था। तुलसी के समक्ष भी समसामयिकता के ये बड़े-बड़े प्रलोभन थे, तुलसी जैसे कवि के लिए अकबर के दरबार में सीट सुरक्षित करा लेना कोई कठिन समस्या भी न थी। वहाँ यश भी था और सोने के सिक्के भी, कवियों को बड़े-बड़े पट्टे बख्शे जा रहे थे, जागीरें मिल रही थीं, तुलसी तो तृतीय पन्था थे। काँटों से भरा प्रताड़ना का मार्ग उन्होंने चुना। सामयिकता का यह प्रलोभन इनके लिए नगण्य था और तुलसी आदिकवि की तरह कालजयी बन गये। प्राय: काव्य समसामयिक समाज की रुचि एवं उसकी छाया के अनुकरण पर निर्मित होते हैं। ये काव्य उस नियमित समाज और निर्दिष्ट समय में ही आदृत हो पाते हैं। परवर्ती और परिवर्तित समाज में उनका आदर और उपयोगिता क्रमश: क्षीण होती चली जाती हैं, जो काव्य जितने परिमाण में सामयिकता के साथ प्रतिबद्ध होते हैं वे उतने ही परिमाण में उतने ही अल्पस्थायी भी होते हैं।

तुलसी की काव्य-चेतना भारतीय इतिहास का युगान्तर व्यापी चिन्तन है, वह काल के किसी खण्ड का खण्डहर मात्र नहीं। भाषा का दैन्य और भावों की जड़ता तुलसी के सारे साहित्य में कहीं नहीं है। तुलसी के महान् प्रबन्धकाव्य का शरीर गठन सरलता और स्पष्टता के औज्ज्वल्य से हुआ है। तुलसीदास ने आदिकविकृत आदर्श पर बड़े सतर्क हाथों से वर्ण-संयोग पूर्वक तत्कालीन भारतीय जन-मानस के चित्र उसी अनुगत भाव से चित्रित किये हैं। अलंकारों के गुरुभार से उनकी कविता-सुन्दरी कहीं भी भाराक्रान्त न हुई। भारत की सांस्कृतिक आर्ति से यह महान् साधक तद्भाव भावित था। कवि जब तक तद्भाव-भावित नहीं होता, साहित्य में लोकोत्तर असाधारणता का प्रवेश ही असम्भव है। कब किस दिन कितने सहस्र वर्ष पूर्व तमसा के तट पर मा निषाद... के साथ वाल्मीकि ने अपने गान का प्रारम्भ किया था, आज भी उस गान का विराम न हुआ, भारतीय आत्मा उस गान से सतत ऊर्मिल होती रही, किसी शुभ नक्षत्र में पतितोद्धारिणी के तीर पर बैठकर तुलसी ने भी उसी तान को धरा था।

किसी भी महती कृति के दो ही प्रबल पक्ष हैं संवेदन और सम्प्रेषण। संवेदन के द्वारा कवि विश्व-आत्मा के संगोपित रहस्यों पर आरूढ़ होता है, सम्प्रेषण के द्वारा वह उसमें प्रवेश कर जाता है। तुलसी का काव्याधिष्ठान इतना व्यापक है, वह आकाश की तरह पूरे भारतवर्ष पर छाया हुआ है। किस युग और संस्कृति ने राम

पर न लिखा, चाहे वे बौद्ध हों या जैन। जैन और बौद्ध परम्पराओं की उदात्ततम भावनायें राम के लोक में प्रवेश पाने के लिए मचल उठीं थीं। आदिकवि ने सर्वप्रथम राम पर लेखनी उठाई, मानवीय गुणों की सारी उच्चतम विभूतियाँ रामाकार हो उठीं। कोई ऐसी ऊँचाई भारतीय आकाश की नहीं बची, जो रामाकार न हो उठी हो। भास, कालिदास, भवभूति, मुरारि, शक्तिभद्र, राजशेखर, जयदेव, भास्कर, सुभट, हनुमान्—यहाँ आकर सम्पूर्ण भारतीय काव्य-प्रौढि ने प्रौढ़ता प्राप्त की है। राम-नद के महाप्रवाह से सारी जनपद भाषायें, बोलियाँ उफन रही थीं। तुलसीदास ने राम के उस व्यक्तित्व को पहचाना जो पूर्ण ब्रह्म के रूप में भारतीय समाज में प्रतिष्ठा प्राप्त कर चुका था। भारतीय परम्परा हठात् किसी को ब्रह्म कह दे, यह सम्भव नहीं। भारतवर्ष के इतिहास में भी राम के ईश्वरत्व के आख्यान की ऐतिहासिक दूरियाँ कम नहीं हैं, वाल्मीकि का राम ईश्वर है या नहीं, यह इतिहासकारों के लिए विवाद का विषय है, पर भास और कालिदास ने वाल्मीकि से जिस राम को पाया था वह नर राम नहीं, ईश्वर राम था। पुराणों का विपुल साहित्य राम के ईश्वरत्व के आख्यान से भरा पड़ा है। तुलसी ने इतने बड़े व्यापक अधिष्ठान को अपने काव्य का आधार बनाया; जो कुछ भी सर्वसुन्दर था, जो कुछ भी सर्वोत्तम था, जो भी सर्वश्रेष्ठ और सर्वशक्तिमान् था, वह अपनी सारी उदात्तता के साथ तुलसी में साकार हो उठा। क्षेत्रीय, लघुकाय भाषा अवधी में निबद्ध होते हुए भी अपने सर्वसुन्दर, सर्वश्रेष्ठ, सर्वशक्तिसम्पन्न अधिष्ठान के आश्रय से तुलसी की महावाणी लोकातिशायी हो गई। महाकवि जायसी प्रतिभा की दृष्टि से तुलसीदास से कहीं कम नहीं, तुलसी से पूर्व जायसी ने अवधी को समुद्र की गम्भीरता प्रदान की, पर तुलसी का अधिष्ठान सर्वतोव्यापी था, जहाँ जायसी का कथानक कोई अस्तित्व भी नहीं रखता। भारतीय चेतना के कोटि-कोटि प्राण रामचरित मानस के अपार सौन्दर्य में अतार्किक भाव से उतरते चले गये। दर्शन तर्क से जो कार्य नहीं कर पाता काव्य वही कार्य और भी परिपूर्णता के साथ अपनी अभिव्यञ्जना से कर देता है। तुलसी ने इस दिशा में अतुलनीय सफलता प्राप्त की।

भाषा का प्रवाह तो एक महान् नदी की तरह है, किसी अज्ञात अधित्यका से, किसी अज्ञात शैलोत्स से यह उमड़ती है, कितने बृहत्, क्षुद्र, स्वच्छ, पंकिल, क्षार-मधुर स्रोत उसमें अविच्छिन्न भाव से लीन होते चले जाते हैं। यह समवेत-सलिल-समष्टि वक्र, खर-रुद्र-गम्भीर होती हुई आगे बढ़ती है। अन्त में सागर संगम तक आते-आते यह मन्थर, आयत, शतमुख हो उठती है। भाषा का प्रवाह भी यही है।

कितने आर्त-दीर्घश्वासों का स्पन्दन, प्रणयी हृदयों के प्रेमोच्छ्वास, वीरों की तर्जना, भक्तों की साधना सब कुछ इस सलिल-समष्टि में एक हो जाता है। भाषा के उद्भव की अधित्यकायें बहुत ऊँची हैं, कितने गायक, लेखक, भावुक हृदयों के काव्य-स्रोत, गीत-स्रोत, रचना-स्रोत, चिन्ता-स्रोत इसके अतल तल को आप्यायित करते रहते हैं। भाषा अपनी चरम ऊँचाई के क्षणों में जातीय साहित्य के प्रशान्त गम्भीर सर्वतोमुख प्रसार को प्रकट कर देती है। तुलसी अवधी के इस प्रकाण्ड प्रवाह के कुशल विशेषज्ञ थे। वे जानते थे इसकी प्रकृति कहाँ है, गति, स्थिति और इसका विराम कहाँ है। तुलसी की भाषा का संयोग-तन्तु बड़ा व्यापक था, वेद से लेकर समस्त भारतीय चिन्तन-प्रवाह उसमें समाहित हो गया। अवधी समग्र विश्व-कल्याण का शत-मुख आधार बन गई। सर्वकालानुयायिनी, सर्वतोव्यापिनी, सर्वतोगामिनी भाषा का यही तो सहस्र-मुख, सहस्र-शिर, सहस्र-पाद आयाम है।

रामचरित मानस में रामकथा का आयाम सागर की गहराइयों को लिये जहाँ महाकाव्यगत स्थिरता में प्रसृत और दीर्घ है, वहीं नाट्यधर्मिता के साथ उत्ताल और उत्तुंग भी है। महाकाव्य में नाटक के तत्त्वों का समानान्तर निर्वाह साधारण प्रतिभा का कार्य नहीं, महाकाव्य जहाँ जातीय संस्कृति का स्थिर महासमुद्र है, वहाँ नाटक जातीय संस्कृति के संक्रमणात्मक स्वरूप का आवेग है। इतिवृत्त प्रधान काव्य में प्रत्यक्षायमानत्व का स्थान सर्वोपरि है। वाल्मीकि ने स्वयं महाकाव्य में उसकी नाट्य धर्मिता को आवश्यक तत्त्व के रूप में स्वीकृति प्रदान की है—

चिरनिर्वृत्तमप्येतत् प्रत्यक्षमिव दर्शितम्। —वा. रा. बालकाण्ड-४-१८

रामचरितमानस की कविता में नाटकीय तत्त्व का अभिनिवेश उसे जनमानस के समक्ष एक नाटक के रूप में प्रस्तुत कर देता है। रामकथा अपने ऐतिहासिक क्रम में नाटक के रूप में कम प्रसिद्ध नहीं रही है। चित्र के रूप में भी रामकथा की प्रस्तुति कम प्राचीन नहीं, कालिदास ने इसका उल्लेख किया है। भवभूति के प्रसिद्ध नाटक उत्तररामचरितम् में चित्र-रामायण की योजना बड़ी सफलता के साथ हुई है। तुलसीदास ने अपने जगत् प्रसिद्ध महाकाव्य में रामकथा को नाटकीय अभिनिवेश प्रदान करने के पूर्व चित्रों की आलेख्य शिल्प का शैलीगत विन्यास बड़ी कुशलता से किया है। तुलसी इस शिल्प-कला में सबसे आगे बढ़े हुए हैं। इनके शिल्प सौष्ठव ने विश्व में जितना कुछ महान्, सुन्दर, नूतन, निर्मल, मनोहर था—उसे एक स्थान पर एकत्र कर दिया। भारतीय काव्य-शास्त्र का सुप्रसिद्ध कथन है—'रामादिवद्वर्तितव्यं न

रावणादिवत्' देखा जाय तो तुलसी में यह आदर्श जितना मूर्तिमान् हुआ है इससे पूर्व अन्यत्र कहीं नहीं। राम का मानस में इतना महान् समुदाय ही इसका सबसे बड़ा प्रमाण है, जो कुछ सुन्दर है, प्रकाण्ड है, अनुपम और अपापविद्ध है, वही तो तुलसी के महान् काव्य का उपजीव्य है। जो सुन्दर नहीं, उसका तुलसी स्पर्श भी नहीं करते। जिसके समुदाय से मनुष्य देवता बन जाता है, पृथ्वी स्वर्ग बन जाती है, जीवन मन्दाकिनी बन जाता है, वही तो तुलसी का प्रतिपाद्य है। वेद ने महिमामय कवि के लिए लिखा है–

कवि: कवित्वा दिवि रूपमासज... —ऋग्वेद १०-१२४-७

इसका अर्थ है कवि अपनी क्रान्तदर्शिता से आकाश को प्रदीप्त करता है। सीता के श्रम-सीकर तुलसी की कल्पना के अर्घ्य थे, भरत की असंग तपोमयी मूर्ति ही मानस का सर्वोत्कृष्ट अलंकार है। लक्ष्मण का तेजोमय व्यक्तित्व तुलसी की प्रचण्डता है।

मानस में राम का लोकातिशायी व्यक्तित्व सर्वत्र लोक-कल्याण की भावना से प्रेरित है। ऋजुता से वक्रता का संघात राम और रावण का द्वन्द्व है। जीवन की सुविशाल पट-भूमि पर व्यक्तित्व की महती प्रतिष्ठा करने में असाधारण शिल्प-प्रतिभा अपेक्षित है, इसे तुलसी जानते थे। नाना पुराण निगमागम के अनन्त सन्दर्भों को ध्यान में रखते हुए, अपनी महती शिल्प-क्षमता को तौलते हुए, प्रचेता वाल्मीकि के छन्दित-हृदय की विस्तृत-पट-भूमि का विषय प्रवर्तन वर्णानामर्थसंघानाम् से हिन्दी-साहित्य के प्राचेतस तुलसी करते हैं। तुलसी भाट्टमत के मीमांसक थे, उन्होंने इस महान् अनुष्टुप् को मानस की उपोद्घात संगति के रूप में प्रस्तुत किया है। भारतीय इतिहास की दो क्रान्तदृष्टियाँ रही हैं, एक समन्वयात्मक, दूसरी विश्लेषणात्मक। प्रथम दृष्टि के प्रवर्तक राम थे, द्वितीय के कृष्ण। राम के समन्वयात्मक अधिष्ठान में तुलसी ने पूर्वोत्तर मीमांसा को आधार बनाते हुए दर्शन की विभिन्न दृष्टियों का समन्वय कर दिया है। राम के पश्चात् भारत की इस विशाल भूमि पर समन्वय के सबसे बड़े आचार्य तुलसीदास हैं। मानस केवल दर्शन का विराट् संगमस्थल बन कर ही रह गया हो, ऐसी बात नहीं। तुलसीदास साहित्य-शास्त्र के महान् सिद्धान्ताचार्य थे। उन्होंने रस, अलंकार, ध्वनि, रीति, गुण, वक्रोक्ति, औचित्य आदि साहित्य के सारे सम्प्रदायों का समन्वय उस जीवन की कहानी में कर दिया, जो सुदीर्घकाल से विभिन्न देश भाषा, विचित्र अलभ्य परिस्थितियों में भी समन्वय के मार्ग की निरन्तर खोज कर

रही थी। नाटकीय ऐक्य के साथ इतने बड़े आयाम को एक प्रबन्ध में समेट लेना तुलसी के प्रबन्ध पाटव का लोकोत्तर उदाहरण है, रचना नैपुण्य का परमोत्कर्ष है। विश्व में कोई ऐसा महाकाव्य नहीं जिसका कथानक काव्य में शीघ्रता से प्रवेश न करता हो; बालकाण्ड आधे से अधिक जब आगे बढ़ जाता है तब मूल कथानक का प्राकट्य–'भये प्रकट कृपाला' से होता है। इसके पूर्व का काव्य रामचरित-मानस के शास्त्रपक्ष का प्रतिपाद्य है, जिसकी दृढ़ सुचिन्तित भूमि पर राम के अपार्थिव स्वरूप का अवतरण होता है। तुलसी के महाकाव्य की त्रिवेणी का यही उत्स है–जिसमें एक ओर वेद और पुराणों की परम्परा है, तो दूसरी ओर पाञ्चरात्र आगम की वैष्णव भावधारा। रामकथा का सहस्रों वर्षों का धारावाहिक इतिहास तुलसी के भीतर अविच्छिन्न भाव से समाहित है। कवि की साधना सृष्टि के त्रिविध छन्द की साधना है–विविध रूप, दर्शनीय रूप, विश्वलोचन-विश्वरूप। यही तो उसके महान् तीन छन्द हैं। यह दिव्य जल, यह विराट् वायु, यह महान् औषधि–यह उसके ही तो प्रतिरूप हैं। यह भुवन, यह धरती, इस त्रिविध छन्द की प्रतिष्ठा है। अथर्व के शब्दों में–

त्रीणि च्छन्दांसि कवयो वि येतिरे पुरुरुपं दर्शतं विश्वचक्षणम्।
आपो वाता ओषधयस्तान्येकस्मिन् भुवन अर्पितानि।

—अथर्ववेद-१८-१-१७

महर्षि तुलसीदास ने रामचरित मानस के विषय में स्वयं कहा है–

युग बिच भगति देवधुनि धारा। सोहति सहित सुबिरति बिचारा॥
त्रिबिध ताप त्रासक त्रिमुहानी। राम सरूप सिंधु समुहानी॥

—रा. मा. बालकाण्ड-३९-२

महाकवि तुलसीदास का रामचरितमानस त्रिविध तापनाशक त्रिमुहानी, त्रिविधछन्दा, देवधुनि की वह त्रिलोक पावन धारा है, जो नगाधिराज महर्षि वाल्मीकि से उतरती हुई रामरूपी नीलसिन्धु में समा गई।

** (from Page 170) Shakespeare –
Others abide or question
Thou art free
We ask and ask
Thou smile stand art still.

महाभारत—
उद्भव, इतिहास, संरचना और पाठ

मन:सागरसम्भूतां महर्षेर्भावितात्मनः।
कथयस्व सतां श्रेष्ठ सर्वरत्नमयीमिमाम्॥

हन्त ते कथयिष्यामि महदाख्यानमुत्तमम्।
कृष्णद्वैपायनमतं महाभारतमादितः॥

त्रिभिर्वर्षैः सदोत्थायी कृष्णद्वैपायनो मुनिः।
महाभारतमाख्यानं कृतवानिदमद्भुतम्॥

धर्मे चार्थे च कामे च मोक्षे च भरतर्षभ।
यदिहास्ति तदन्यत्र यन्नेहास्ति न तत् क्वचित्॥

—*महाभारत*

महाभारत का विशाल रङ्गमञ्च द्वापर की चिताभस्म पर खड़ा है। भारतीय संस्कृति के अर्जित मूल्य अपने तीसरे चरण द्वापरयुग पर पहुँचते-पहुँचते धराशायी हो गये। किसी भी विशाल संस्कृति के सर्वव्यापी अधिष्ठान की मूल्य विच्युति बड़ी भयावह होती है। युद्ध के तत्त्वदर्शन की दुर्वह विभीषिका इस संस्कृति की अन्तिम नियति बन गई। महाभारत में महर्षि वेदव्यास ने भारतीय इतिहास के सुदीर्घ कालचक्र की उपपत्ति से निष्पत्ति तक का पर्यवेक्षण एक कवि और इतिहासकार के रूप में ही नहीं, एक सांस्कृतिक नृतत्त्वशास्त्र के तत्त्ववेत्ता के रूप में भी किया है।

कोई भी संस्कृति कितनी भी उदात्त क्यों न हो; जब उसके भीतर पशुत्व का उदय होता है, उस समय उस संस्कृति के सम्पूर्ण प्रभविष्णु तत्त्व शिलीभूत होते चले जाते हैं। कौरवों और पाण्डवों की यह कथा एक श्रेष्ठ सभ्यता की मौत का इतिहास है। इसे व्यक्ति परिसीमित दु:खान्त न कह कर एक सांस्कृतिक दु:खान्त कहना अधिक

समीचीन होगा। विशेष्यों की सीमा में उभरती हुई 'अन्धता' पूरे युग की विशेषता बन गई। धृतराष्ट्र अन्धे हैं, गान्धारी आरोपित अन्धता का प्रबल प्रतीक है। धर्मवीर भारती ने तो अपने 'अन्धा युग' में महाभारत युद्ध के सभी पात्रों को आरोपित अन्धता के अभिनेता के रूप में ग्रहण करते हुए अपने काव्य-नाटक का नाम 'अन्धा युग' ठीक ही रखा है। इस विशाल सांस्कृतिक निकाय की तल-बद्ध गहराइयों के भीतर एक ग्रन्थि-बद्ध अन्धता तलहीन कूप की तरह है। महायुद्ध एक भयावह अन्धे तूफान की तरह सारे धरातल को पलट देता है। संस्कृति और सभ्यता जब निरर्थकता के सामूहिक बोध की ओर अग्रसर होती है; तब विवशता का मरुस्थल अभिशाप की तरह फैलता चला जाता है। महाभारत एक *इवेंट* भी है, एक *हैपेनिंग* भी है; वह एक काल भी है, एक नियति भी है। एक युग का अन्त है, इसलिए काल है; इस अन्त के मूल में मूल्यों का धारावाहिक स्खलन है, इसलिए नियति है। जब काल और नियति एक बिन्दु पर आकर मिलते हैं तब इतिहास के तत्त्व-दर्शन का उपोद्घात निर्मित होता है। अतः महाभारत इतिहास का बहुत बड़ा दर्शन-शास्त्र है जिसमें ऋग्वेद-युग से लेकर द्वापर के अन्तिम चरण तक के इतिहास के गतिशास्त्र का व्यापक तत्त्व-दर्शन समाहित है।

महाभारत जितना विस्तृत है, उतना ही सुगठित; जितना प्रचण्ड है, उतना ही उज्ज्वल; जितना गम्भीर है, उतना ही उत्ताल और उच्छल भी है। काल के प्रवाह पर स्थिर महाभारत को वेदव्यास ने वट-वृक्ष के बिम्ब-रूपक द्वारा स्पष्ट किया है; काल के रूप में गतिशील महाभारत नदी के बिम्ब द्वारा स्पष्ट है। सम्पूर्ण भारतीय संस्कृति का इतिहास अपने अतीत के साथ एक विशाल न्यग्रोध की तरह खड़ा है। वहीं अपने वर्तमान के विराट् इतिहास को समेटकर गतिशील होता हुआ महाभारत एक विशाल नदी की तरह है। नदियों का कितना जल उनके उद्भव के पश्चात् समुद्र के भीतर समाहित होता चला गया, इसे तो समुद्र जाने, पर रामायण-महाभारत रूपी महती नदियों का कितना जल काल-समुद्र के भीतर समाहित है, इसका आयतन भारतीय इतिहास के काल-प्रवाह में सुरक्षित है।

रामायण की तरह महाभारत की उद्भव भूमि इतिहासकारों के द्वारा अनावश्यक रूप से जटिल और विवादग्रस्त बना दी गई है। महाभारत के उद्भव, उसके निर्माण एवं पाठ का सम्पूर्ण इतिहास स्पष्ट है।

महाभारत के निर्माण एवं इसके पाठ को लेकर हमारे सामने तीन तथ्य हैं–(१) वेदव्यास के द्वारा महाभारत की रचना, (२) वैशम्पायन द्वारा जनमेजय के सर्प-सत्र

में इसका प्रथम पाठ और (३) लोमहर्षण-पुत्र उग्रश्रवा सौति द्वारा नैमिषारण्य में द्वितीय पाठ। आज प्रचलित महाभारत उग्रश्रवा सौति द्वारा कहा गया है। सौति ने महाभारत के विषय में कुछ भी अपना महत्त्व बढ़ाने की दृष्टि से छिपाकर नहीं रखा, सारे तथ्य आज हमारे सामने स्पष्ट हैं। सौति ने नैमिषारण्य के उस विशाल ऋषि समुदाय के मध्य उस इतिहास को अक्षरश: कहा है, जिसे उन्होंने जनमेजय के सर्प-सत्र में स्वयं वेदव्यास की उपस्थिति में आचार्य वैशम्पायन के मुख से सुना था। आचार्य सौति ने कुछ अध्यायों में महाभारत की महत्त्वपूर्ण भूमिका लिखी है। इस भूमिका में सौति ने महाभारत के उन ऐतिहासिक सन्दर्भों पर प्रकाश डाला है, जिनका महाभारत के निर्माण के इतिहास से सीधा सम्बन्ध है। भूमिका के भीतर महाभारत के सन्दर्भ में बहुत सी ऐसी ज्ञातव्य बातें प्राप्त होती हैं; जिनकी जानकारी के बिना इस महासमुद्र के भीतर प्रवेश कर इसके गाम्भीर्य को समझ पाना ही कठिन हो जाता है। भूमिका के भीतर महाभारत के उद्भव का इतिहास, ग्रन्थ के निर्माण के पूर्व वेदव्यास की स्थिति, वेदव्यास के समक्ष कठिनाइयाँ और समस्यायें, ग्रन्थ निर्माण का स्थान, समय, महाभारत में आई हुई सामग्री का विभिन्न दृष्टिकोण से सूचीपत्र; यहाँ तक कि सौति ने इस वर्तमान महाभारत के विषय में एक-एक शब्द की सूचना दी है। आचार्य सौति जंगल के अन्धकार के भीतर पागलों की तरह नहीं बड़बड़ा रहे थे, वे कुलपति महर्षि शौनक के समक्ष महाभारत का पाठ सम्पूर्ण प्रामाणिकता के साथ प्रस्तुत करने जा रहे थे। उस समय वेद और इतिहास के अनूचान पण्डितों से वह सभामण्डप भरा था। उस विशाल यज्ञ-सभा का आचार्यत्व भृगुवंश के महर्षि शौनक कर रहे थे। मीमांसकों की शास्त्रीय परम्परा में यदि कहा जाय तो महाभारत का प्रथम अध्याय आचार्य सौति का उपक्रम-पराक्रम है।

नैमिषारण्य के इस इतिहास प्रसिद्ध क्षेत्र में सारा ऋषि समाज बड़ी तत्परता के साथ सौति की सारी बातों को एक कुशल परीक्षक की तरह सुन रहा था। सौति महाभारत के एक-एक अध्याय के श्लोकों की संख्या तक गिनकर उसकी विषय-वस्तु का वर्गीकरण करते चले जा रहे थे। सौति का यह व्याख्यान धारावाहिक रूप से नहीं हो रहा था। सभी स्थलों पर चारों ओर से प्रश्न और संशय होते चले जा रहे थे। न तो सौति की झूठ बोलने की इच्छा थी; न वहाँ असत्य सुनने के लिए ही बड़े-बड़े विद्वान् एकत्र हुए थे, न वहाँ *हॉपकिन्स* या पादरी *बुल्के* के भावी आक्रमणों का भय था। महाभारत की अनुक्रमणिका को सुनते ही, सौति से समन्तपञ्चक के इतिहास पर प्रश्न किया गया--जिसका सीधा सम्बन्ध महाभारत युद्ध

से है। इसके पश्चात् अक्षौहिणी सेना के जटिल गणित पर प्रश्न हुआ; इस प्रकार कुलपति शौनक के सभा-मण्डप में आने तक आचार्य सौति के साथ महाभारत के विषय और महत्त्व पर प्रश्न और उत्तर का दीर्घक्रम चलता रहा। सौति के गम्भीर उत्तरों को सुनकर, ऋषियों ने उनके महाभारत विषयक गहन पाण्डित्य का अनुमान लगाया। आचार्य शौनक के सभा में आते ही, उग्रश्रवा सौति को महर्षि शौनक के अभिमुख कर दिया गया। भृगुवंशी आचार्य शौनक वेद और इतिहास के महापण्डित थे। कुलपति शौनक उग्रश्रवा सौति के पिता महर्षि लोमहर्षण के पौराणिक पाण्डित्य से भली-भाँति परिचित थे। उनका प्रथम प्रश्न यही था--क्या तुमने भी इन प्राचीन विषयों की जानकारी प्राप्त की है ? कुलपति शौनक का रुख यहाँ एक विशुद्ध परीक्षक का था। वे प्रथम सौति के महाभारत विषयक ज्ञान की परीक्षा करना चाहते थे। उन्होंने पूछा--

पुराणमखिलं तात पिता तेऽधीतवान् पुरा।
कच्चित् त्वमपि तत् सर्वमधीषे लोमहर्षणे॥१॥
पुराणे हि कथा दिव्या आदिवंशाश्च धीमताम्।
कथ्यन्ते ये पुरास्माभि: श्रुतपूर्वा: पितुस्तव॥२॥

—महा. आदिपर्व-५

उग्रश्रवा सौति महाभारत की सारी विषय सूची सुनाकर, महाभारत सुनाने के लिए प्रस्तुत थे। पर आचार्य शौनक ने उग्रश्रवा से महाभारत सुनाने के लिए न कहा। इसके पूर्व वे सम्यक् प्रकार से परीक्षा कर यह जान लेना चाहते थे, सौति महाभारत सुनाने के योग्य हैं या नहीं। आचार्य शौनक महाभारत सुनने के पूर्व भृगुवंश का प्राचीन इतिहास सुनना चाहते थे। यह एक ऐसा विकट प्रश्न था, जिससे सौति की महाभारत विषयक योग्यता की पूरी जानकारी प्राप्त हो जाती है। भृगुवंश का सम्बन्ध मात्र वेदों की अग्नि से ही नहीं है, सम्पूर्ण महाभारत का धरातल भृगुवंश के इतिहास से नियन्त्रित होकर आगे बढ़ता है। आचार्य शौनक का सीधा प्रश्न था--

तत्र वंशमहं पूर्वं श्रोतुमिच्छामि भार्गवम्।
कथयस्व कथामेतां कल्या: स्म श्रवणे तव॥३॥

—महा. आदिपर्व-५

भृगुवंश के इतिहास को सुनने के पश्चात् शौनक ने आस्तीक के प्राचीन इतिहास पर प्रश्न किया, जिसका सम्बन्ध नाग एवं सर्पों के प्राचीन इतिहास से रहा है। इसमें सृष्टि के प्राचीन इतिहास पर बड़े-बड़े प्रश्न और उत्तर हैं। सर्वत्र आचार्य शौनक का एक परीक्षक के रूप में व्यक्तित्व स्पष्ट हुआ है। वे इस कथा को सुनते हुए सौति के

प्रत्येक शब्द पर ध्यान दे रहे थे–

मधुरं कथ्यते सौम्य श्लक्ष्णाक्षरपदं त्वया।
प्रीयामहे भृशं तात पितेवेदं प्रभाषसे॥२॥

—महा. आदिपर्व-१६

आचार्य शौनक सुनकर यह तो समझ गये कि सौति की जानकारियाँ व्यास शिष्य लोमहर्षण की तरह ही हैं, पर वे यह निश्चय करना चाहते थे कि सौति के कथन में लोमहर्षण वाली प्रमाणिकता है या नहीं। इसलिए उन्होंने फिर कहा। तुम उस उपाख्यान को ठीक वैसे ही कहो जैसा तुमने अपने पिता से सुना है क्योंकि मैं उनकी शैली से भली-भाँति परिचित हूँ–

अस्मच्छुश्रूषणे नित्यं पिता हि निरतस्तव।
आचष्टैतद् यथाख्यानं पिता ते त्वं तथा वद॥३॥

—महा. आदिपर्व-१६

सौति ने यहाँ शौनक की बात का अनुमोदन करते हुए स्पष्ट कहा—मैं इसे ठीक वैसे ही कहूँगा जैसा मैंने अपने पिता से सुना है–

आयुष्मन्निदमाख्यानमास्तीकं कथयामि ते।
यथाश्रुतं कथयतः सकाशाद् वै पितुर्मया॥४॥

—महा. आदिपर्व-१६

सौति की परीक्षा और प्रश्नों का यह क्रम यहीं नहीं रुकता। आचार्य शौनक उनसे समुद्र मन्थन के प्राचीन इतिहास पर प्रश्न पूछते हैं, गरुड़ एवं सर्पों की प्राचीन जातियों के इतिहास पर प्रश्न पूछा जाता है। यहाँ इन्हें सौति के उत्तर से पूरा सन्तोष नहीं होता। सौति ने प्रथम सर्पों की प्राचीन जातियों के नाम नहीं गिनाये थे, इसलिए शौनक ने बिना संकोच के पुनः पूछा—आप सर्पों की प्राचीन जातियों के नाम बतलाते हुए, उनके वंश का विस्तार सहित परिचय दें–

पन्नगानां तु नामानि न कीर्तयसि सूतज।
प्राधान्येनापि नामानि श्रोतुमिच्छामहे वयम्॥३॥

—महा. आदिपर्व-३५

इस विकट प्रश्न के उत्तर में उग्रश्रवा सौति को लगभग ८० नाम प्राचीन सर्पों की जातियों के बतलाने पड़े। परीक्षित-पुत्र महाराजा जनमेजय के सर्प-सत्र का पूरा इतिहास शौनक ने सौति से पूछा। क्योंकि इतिहास सत्र में महाभारत का प्रथम वाचन वैशम्पायन के द्वारा किया गया था। भृगुवंश से लेकर सम्पूर्ण इतिहास जिसमें सर्पों की अपरिमित जातियों के विध्वंस का इतिहास भी सम्मिलित था, सुनने के अनन्तर,

कुलपति शौनक ने सौति को महाभारत का एक प्रामाणिक विद्वान् मानते हुए वेदव्यास के उस महान् इतिहास की कथा को सुनाने का आग्रह किया जो महाभारत के नाम से प्रसिद्ध है–

भृगुवंशात् प्रभृत्येव त्वया मे कीर्तितं महत्।
आख्यानमखिलं तात सौते प्रीतोऽस्मि तेन ते॥१॥
वक्ष्यामि चैव भूयस्त्वां यथावत् सूतनन्दन।
याः कथा व्याससम्पन्नास्ताश्च भूयो विचक्ष्व मे॥२॥

–महा. आदिपर्व-५९

यहाँ यह स्पष्ट प्रतीत होता है कि यहाँ तक के अध्याय महाभारत नहीं, यह महाभारत का सौति कथित उपोद्घात है। यह सन्दर्भ भी व्यास शिष्य लोमहर्षण से ही अपना सम्बन्ध अधिक रखता है। शौनक महाभारत सुनने के पूर्व सौति के पाण्डित्य की जानकारी ले रहे थे। उपोद्घात यह बतलाने के लिए पर्याप्त है कि उग्रश्रवा सौति को महाभारत की सम्पूर्ण प्रामाणिक जानकारियाँ थीं। *हॉपकिन्स* या *विंटरनिट्ज* सौति को महाभारत के सन्दर्भ में कुछ भी समझें, जो इतना महत्त्वपूर्ण नहीं; पर कुलपति शौनक सहित नैमिषारण्य के सहस्रों प्राचीन इतिहास के पण्डित ऋषियों ने उग्रश्रवा सौति को महाभारत का प्रामाणिक विद्वान् समझकर ही उनसे सम्पूर्ण महाभारत को सुना था। आधुनिक इतिहासकारों की दृष्टि में महाभारत के ये अध्याय ईसा के दो या चार सौ वर्ष पश्चात् जोड़े गये हैं। यह इनका अनुमान मात्र है कि ईसा के पश्चात् ये अध्याय चार सौ वर्षों के भीतर कभी भी जोड़ दिये गये होंगे। कब, किस समय, किस सन्दर्भ में, क्यों, इसका एक भी तर्क-संगत प्रमाण इनके पास नहीं। भारतीय इतिहासकार के पास कहीं कोई ऐसी सूचना नहीं है जिसके आधार पर यह कहा जा सके कि कुलपति शौनक के आचार्यत्व में नैमिषारण्य में ऐसी कोई घटना हुई हो। इतिहास, इतिहासकार के सन्देह मात्र से इतिहास की प्रामाणिकता को ग्रहण नहीं करता, उसके लिए अकाट्य प्रमाण चाहिए। पर इतिहासकारों के पास एक दुर्बल प्रमाण भी नहीं है, जिसके आधार पर वे यह कह सकें कि ये अध्याय आचार्य पाणिनि के पश्चात् कहे गये हैं। आचार्य शौनक ने सौति के लम्बे पुराण प्रवचन को तर्क की कसौटी पर रखने के पश्चात् ही इन शब्दों के साथ–'याः कथा व्यास सम्पन्नाः', कहकर महाभारत सुनाने का आग्रह किया। इसके उत्तर में सौति स्पष्ट कहते हैं–

कर्मान्तरेष्वकथयन् द्विजा वेदाश्रयाः कथाः।

व्यासस्त्वकथयच्चित्रमाख्यानं भारतं महत्॥५॥

—महा. आदिपर्व-५९

यज्ञ-कर्म से अवकाश प्राप्त होने पर अन्य ब्राह्मण तो वेदों की कथा ही कहते थे, पर व्यासदेव अति चित्र विचित्र महाभारत की कथा सुनाते थे। यहाँ सौति ने महाभारत के स्थान पर—भारतम् पद का प्रयोग किया, पर महत् पद के साथ। इसके अर्थ को स्पष्ट करने के लिए आचार्य पाणिनि को एक सूत्र में इसके खण्ड अवयव को लेना पड़ा—

महान्व्रीह्यपराह्णगृष्टीष्वासजाबालभारभारतहैलिहिलरौरवप्रवृद्धेषु।

—अष्टाध्यायी सूत्र-६-२-३८

इससे लगता है महाभारत के ये अध्याय पाणिनि के पूर्व अस्तित्व में आ चुके थे, क्योंकि 'भारत' के साथ 'महत्' शब्द कई स्थलों पर आया है। इसके अर्थ को स्पष्ट करने के लिए ही उन्हें अपने सूत्र में 'भारत' शब्द का ग्रहण करना पड़ा—कहना न होगा, इस सूत्र ने योरोप के पण्डितों को कई स्थलों पर व्याकरण की जानकारी के अभाव में 'महाभारत' शब्द के स्पष्टार्थ तक पहुँचने में बाधा उत्पन्न की है—स्वयं *गोल्डस्टुकार* इसके उदाहरण हैं। यहाँ सौति द्वारा प्रयुक्त पद व्युत्पत्ति सहित 'महाभारत' शब्द के अर्थ को ही प्रस्तुत करता है। यहाँ 'भारत' 'महत्' पद से कुलपति शौनक ने महाभारत शब्द का ही ग्रहण किया है। इससे आगे की पंक्ति शौनक ने महाभारत शब्द को आगे रखकर इस प्रकार कही है—

महाभारतमाख्यानं पाण्डवानां यशस्करम्।
जनमेजयेन पृष्टः सन् कृष्णद्वैपायनस्तदा॥६॥
श्रावयामास विधिवत् तदा कर्मान्तरे तु सः।
तामहं विधिवत् पुण्यां श्रोतुमिच्छामि वै कथाम्॥७॥
मनःसागरसम्भूतां महर्षेर्भावितात्मनः।
कथयस्व सतां श्रेष्ठ सर्वरत्नमयीमिमाम्॥८॥

—महा. आदिपर्व-५९

आचार्य शौनक के इस प्रश्न के भीतर बड़ी-बड़ी ऐतिहासिक सूचनायें हैं; जो महाभारत के प्रारम्भिक इतिहास को स्पष्ट करने में बहुत सहायक है।

(१) सर्प-सत्र के समय—महाभारत का प्रथम वाचन 'जय' या 'भारत' के नाम से नहीं, महाभारत के नाम से हुआ था।

(२) आचार्य शौनक ने महाभारत को एक आख्यान कहा है। आख्यान का अर्थ

है–इतिहास।

(३) महाभारत का प्रथम वाचन–'पाण्डवों की यशोगाथा थी'–पाण्डवानां यशस्करम्।

(४) वेदव्यास का दूसरा नाम महाभारत के सन्दर्भ में कृष्णद्वैपायन था।

(५) कृष्णद्वैपायन व्यास ने विधिवत् यह कथा सर्प-सत्र के विभिन्न कर्मों में अवकाश के समय सुनाई।

(६) आचार्य शौनक के समय यह कथा–सर्वरत्नमयी समझी जाने लगी थी।

(७) महाभारत की इस कथा को यहाँ कृष्णद्वैपायन की–'मन:सागरसम्भूताम्' कहा गया है, अर्थात् यह विशाल आकार वाली महाभारत कथा वेदव्यास के मनः समुद्र से उत्पन्न हुई है।

(८) सबसे महत्त्वपूर्ण सूचना यह है कि इसका लेखक एक चारण नहीं था–एक महर्षि था–'महर्षेर्भावितात्मनः'।

हॉपकिन्स और *विंटरनिट्ज* की परम्परा को मानने वाले इतिहासकार इन महत्त्वपूर्ण अध्यायों को ईसा के दो या चार सौ वर्षों पश्चात् स्वीकार करते हैं। तब भी महाभारत के ये उपोद्घात अंश हमें इस ग्रन्थ के विषय में उपर्युक्त आठ महत्त्वपूर्ण सूचनायें देते हैं। महाभारत कथा सर्वरत्नमयी के रूप में उस युग में प्रसिद्ध हो गयी थी। इसका लेखक भी कोई चारण नहीं था। जंगल के भीतर रहने वाला एक विद्वान् तपस्वी तो वह कम से कम होगा ही। महाभारत जैसे विशाल ग्रन्थ के उपोद्घात अध्याय अर्वाचीन होने पर भी वे निश्चित रूप से महाभारत के विषय में उस समय की ऐतिहासिक जानकारियाँ हमें देते हैं। यदि इन अध्यायों में कुछ भी प्रामाणिक सामग्री न होती, तो ये महत्त्वपूर्ण अध्याय महाभारत जैसे महत्त्वपूर्ण ग्रन्थ के उपोद्घात कैसे बन जाते। यह कैसे स्वीकार किया जाय कि महाभारत के इन महत्त्वपूर्ण प्रारम्भिक अध्यायों में महाभारत के विषय में प्राचीनतम प्रामाणिक सूचनायें नहीं हैं, जो ग्रन्थ विश्व के समक्ष सत्य और दर्शन की बड़ी-बड़ी व्याख्यायें प्रस्तुत करता है, वह ग्रन्थ अपने प्रारम्भिक अध्यायों में ही हल्के ढंग का झूठ बोलता चला आ रहा है। दर्शनशास्त्र का इतना गम्भीर ग्रन्थ यदि एक चारण कृत हो तो विश्व में दो चार चारण ऐसे भी दिखलाई देने चाहिए जो कालिदास, शेक्सपियर, शंकराचार्य या कांट हों। वाल्मीकि, वेदव्यास, शेक्सपियर, कांटादि के लिए यदि कोई इतिहासकार, चाहे वह *लासेन* हों, डॉ० सुनीति कुमार चैटर्जी; यह तो एकेडेमिक झूठ बोलने वाले इतिहासकारों का अपना हीनताबोध है जो महर्षि वाल्मीकि और वेदव्यास को चारण कहता है। चारण शब्द के अर्थ के समक्ष पहुँचकर 'महर्षि' या 'भावितात्मा' जैसे शब्द

एक निरा ढोंग बन जाते हैं; रामायण और महाभारत ढोंगियों के गीत। उपर्युक्त सूचनाओं से लगता है—महाभारत का स्वरूप आठ हजार श्लोकों के महाभारत तक ही सीमित नहीं था। उसके भीतर बड़े-बड़े रत्न समाहित थे।

सौति ने शौनक का अनुमोदन करते हुए इस प्रकार कहा—

हन्त ते कथयिष्यामि महदाख्यानमुत्तमम्।
कृष्णद्वैपायनमतं महाभारतमादितः॥९॥

—महा. आदिपर्व-५९

सौति के इस उत्तर से भी महाभारत के स्वरूप पर प्रकाश पड़ता है—

(१) सौति ने यहाँ महाभारत को—'महदाख्यान' कहा है।
(२) यहाँ 'जय' या 'भारत' सुनने की बात उग्रश्रवा सौति ने नहीं कही। वे महाभारत प्रारम्भ से सुनाने की बात ही कहते हैं।
(३) जिस कथा को वे कहना चाहते हैं, उसे उन्होंने श्रीकृष्णद्वैपायन वेदव्यास का अभिमत कहा है।

आचार्य शौनक को स्वयं महाभारत के पाठ को लेकर गहरा भ्रम था। वे सोच रहे थे—जनमेजय के सर्प-सत्र में वेदव्यास ने स्वयं महाभारत सुनाई होगी। इसी दृष्टि से वे अपना प्रश्न पूछते हैं, पर उग्रश्रवा सौति ने अपना महत्त्व बढ़ाने के लिए कहीं भी झूठ नहीं कहा। वे चाहते तो यह भी कह सकते थे—मैं वही महाभारत सुनाता हूँ जो सर्प-सत्र के समय वेदव्यास के द्वारा कही गई है। सौति की यह बात निभ भी जाती, क्योंकि आचार्य शौनक यही समझ रहे थे—महाभारत व्यास ने ही सुनाया है। पर सौति ने सत्य का आश्रय लिया और स्पष्ट कहा—मैं व्यास के अभिमत को कह रहा हूँ। महाभारत की सम्पूर्ण कथा व्यास ने यहाँ नहीं कही—उनकी आज्ञा से उनके शिष्य वैशम्पायन ने उनकी उपस्थिति में कही थी। यही महाभारत का प्रथम पाठ था, जो वैशम्पायन के द्वारा व्यास के समक्ष उनकी आज्ञा से सर्प-सत्र में किया गया—जिसे सौति यहाँ नैमिषारण्य में कुलपति शौनक के समक्ष उपस्थित करने जा रहे थे।

सौति ने यहाँ स्पष्ट कहा है—जनमेजय के पूछने पर व्यास ने वैशम्पायन को पाठ की आज्ञा दी—

तस्य तद् वचनं श्रुत्वा कृष्णद्वैपायनस्तदा।
शशास शिष्यमासीनं वैशम्पायनमन्तिके॥२१॥

व्यास उवाच

कुरूणां पाण्डवानां च यथा भेदोऽभवत् पुरा।
तदस्मै सर्वमाचक्ष्व यन्मत्तः श्रुतवानसि॥२२॥
गुरोर्वचनमाज्ञाय स तु विप्रर्षभस्तदा।
आचचक्षे ततः सर्वमितिहासं पुरातनम्॥२३॥
राज्ञे तस्मै सदस्येभ्यः पार्थिवेभ्यश्च सर्वशः।
भेदं सर्वविनाशं च कुरुपाण्डवयोस्तदा॥२४॥

—महा. आदिपर्व-६०

यहाँ महाभारत के विषय में महत्त्वपूर्ण सूचना इस प्रकार दी गई है–

(१) जनमेजय के सर्प-सत्र में वैशम्पायन ने व्यास की आज्ञा से महाभारत सुनाया।

(२) वैशम्पायन ने महाभारत वेदव्यास से पढ़ा था।

(३) महाभारत का केन्द्र कौरव और पाण्डवों की फूट है।

(४) महाभारत की प्रधान विषयवस्तु फूट से लेकर दोनों के विनाश तक की कथा अर्थात् आदिपर्व से लेकर स्वर्गारोहण पर्व तक की कथा है।

इसके अतिरिक्त वैशम्पायन ने महाभारत के विषय में कुछ महत्त्वपूर्ण सूचनायें निम्न श्लोकों के द्वारा दी हैं, जिनके द्वारा महाभारत के उद्भव और विषयवस्तु पर समुचित प्रकाश पड़ता है। जनमेजय की सम्पूर्ण महाभारत सुनने की प्रबल इच्छा को देखकर वैशम्पायन ने अलग से समय निश्चित करने को कहते हुए महाभारत के एक लाख श्लोकों के अपरिमित विस्तार की बात कही है–

क्षणं कुरु महाराज विपुलोऽयमनुक्रमः।
पुण्याख्यानस्य वक्तव्यः कृष्णद्वैपायनेरितः॥१२॥
महर्षेः सर्वलोकेषु पूजितस्य महात्मनः।
प्रवक्ष्यामि मतं कृत्स्नं व्यासस्यामिततेजसः॥१३॥
इदं शतसहस्रं हि श्लोकानां पुण्यकर्मणाम्।
सत्यवत्यात्मजेनेह व्याख्यातममितौजसा॥१४॥
चतुरो वार्षिकान् मासान् सर्वपापैः प्रमुच्यते।
विज्ञेयः स च वेदानां पारगो भारतं पठन्॥३२॥

—महा. आदिपर्व-६२

(१) 'इदं शतसहस्रं हि श्लोकानाम्' कहकर वैशम्पायन ने महाभारत के

प्रथमवाचन को करने के पूर्व एक लाख श्लोकों से युक्त महाभारत की सूचना दी है, 'विपुलोऽयमनुक्रमः' के द्वारा इसके क्रमानुसार विस्तार को बहुत विस्तृत कहा है।

(२) वर्ष में चार महीने तक इसके पाठ की व्यवस्था बतलाई है। यहाँ प्रश्न यह उठता है–यदि ८८०० श्लोकों का महाभारत होता तो यह पाँच-सात दिन के आह्निक का कार्य होता, इसके लिए चार महीने का समय अपेक्षित नहीं था। चार महीने के समय का अर्थ ही है श्लोकों की संख्या निश्चित रूप से एक लक्ष है।

महाभारत अपनी श्लोक संख्या की सूचना बड़ी स्पष्टता से देता है–८८००, २४०००, १००००० । महाभारत की ग्रन्थ-ग्रन्थि या सिनोप्सिस वेदव्यास ने ८८०० श्लोकों की बनाई जिसमें ग्रन्थ के निगूढ़ कूट श्लोक थे–

ग्रन्थग्रन्थिं तदा चक्रे मुनिर्गूढं कुतूहलात्।
यस्मिन् प्रतिज्ञया प्राह मुनिर्द्वैपायनस्त्विदम्॥८०॥
अष्टौ श्लोकसहस्राणि अष्टौ श्लोकशतानि च।
अहं वेद्मि शुको वेत्ति संजयो वेत्ति वा न वा॥८१॥

–महा. आदिपर्व-१

ये महाभारत के वे कूट श्लोक हैं, जिनके लिए सौति ने यहाँ तक कहा कि पता नहीं संजय के लिए भी ये बहुत स्पष्ट थे या नहीं। सौति तक भी आते-आते वे बहुत स्पष्ट न हो पाए थे, जैसा कि उन्होंने कहा है–

तच्छ्लोककूटमद्यापि ग्रथितं सुदृढं मुने।
भेत्तुं न शक्यतेऽर्थस्य गूढत्वात् प्रश्रितस्य च॥८२॥

–महा. आदिपर्व-१

२४००० हजार श्लोकों के महाभारत से स्पष्ट तात्पर्य है यहाँ यह संख्या महाभारत के उपाख्यान भाग को छोड़कर बतलायी गई है, जिसका प्रमाण महाभारत में ही है–

चतुर्विंशतिसाहस्रीं चक्रे भारतसंहिताम्॥१०२॥
उपाख्यानैर्विना तावद् भारतं प्रोच्यते बुधैः।१०३।

–महा. आदिपर्व-१

एक लाख श्लोकों से युक्त महाभारत को उपाख्यान के श्लोकों की संख्या के

साथ जोड़कर कहा गया है–

इदं शतसहस्रं तु लोकानां पुण्यकर्मणाम्॥१०१॥
उपाख्यानैः सह ज्ञेयमाद्यं भारतमुत्तमम्।१०२।

—महा. आदिपर्व-१

एक लाख श्लोकों की चर्चा आगे भी स्पष्ट की गई है–

एकं शतसहस्रं तु मानुषेषु प्रतिष्ठितम्।१०७।

—महा. आदिपर्व-१

यहीं फिर सौति महत्त्वपूर्ण सूचना हमें देते हैं–'मैं उन व्यास शिष्य वैशम्पायन के कहे हुए एक लाख श्लोकों का महाभारत कहता हूँ जो उन्होंने कहा था'–

अस्मिंस्तु मानुषे लोके वैशम्पायन उक्तवान्॥१०८॥
शिष्यो व्यासस्य धर्मात्मा सर्ववेदविदां वरः।
एकं शतसहस्रं तु मयोक्तं वै निबोधत॥१०९॥

—महा. आदिपर्व-१

वैशम्पायन ने स्वयं भी इसी मत की पुष्टि की है; जैसा कि ऊपर हमने उद्धरण दिया है। ग्रन्थ के भीतर ग्रन्थ का साक्ष्य जब इतनी स्पष्टता से दिया हुआ हो तो बाहर इसके प्रमाण को खोजने की भी आवश्यकता नहीं। यदि महाभारत के बाह्य साक्ष्यों पर विचार किया जाय तो भी इस संख्या के प्रतिवाद में सम्पूर्ण विशाल भारतीय वाङ्मय में एक वाक्य तो बहुत दूर, एक शब्द भी कहीं नहीं लिखा गया है। बल्कि इसके विपरीत भारतीय पुराण साहित्य सर्वत्र महाभारत के एक लाख श्लोकों का समर्थन करता है। २४००० श्लोकों को महाभारत में स्वीकार कर लेने पर तो सम्पूर्ण महाभारत में ८८०० कूट श्लोकों का सारा अनुपात ही बिगड़ जायेगा; इस अनुपात से ८८०० कूट श्लोकों को २४००० श्लोकों में बाँट देने पर प्रत्येक २१/२ या ३ श्लोक पर एक कूट श्लोक पड़ेगा–सम्पूर्ण महाभारत ही एक अभेद्य चट्टान की तरह बन जायेगा, जिसको पढ़ना और समझना ही कठिन हो जायेगा। यह ८८०० कूट श्लोकों का अनुपात एक लक्ष श्लोकों के साथ ही ठीक बैठता है, २४००० श्लोकों के साथ नहीं। संस्कृत भाषा के इतिहास के सही तिथि क्रम पर ईसा से नहीं, पाणिनि की सहायता से पहुँचा जा सकता है। महाभारत के श्लोकों की इस संख्या के लिए पाणिनि को बाह्य साक्ष्य की दृष्टि से सबसे बड़ा प्रमाण बनाया जा सकता है। क्या इतने बड़े व्याकरण के समक्ष महाभारत के ८८०० श्लोक या २४००० श्लोक ही थे, जो नितान्त असम्भव है। इतिहासकार पाणिनि से पूर्व किसी ग्रन्थ की सूचना नहीं

देते, रामायण इनके अनुसार बहुत बाद में लिखी गई है। वैशम्पायन ने महाभारत के निर्माण की अवधि स्पष्ट दी है, वेदव्यास ने तीन वर्ष में इसका निर्माण किया था–

त्रिभिर्वर्षैः सदोत्थायी कृष्णद्वैपायनो मुनिः।
महाभारतमाख्यानं कृतवानिदमद्भुतम्।।५२।।

–महा. आदिपर्व-६२

तीन वर्ष में एक लाख श्लोकों की रचना अधिक नहीं है। नित्य प्रति अधिक से अधिक १०००००÷३६० x ३ = इस अनुपात से १०० श्लोक भी पूरे प्रति दिन नहीं होते।

इस महत्त्वपूर्ण निर्माण को सुसम्पन्न करने के लिए वेदव्यास हिमालय पर गये थे। सौति ने अपनी ओर से कुछ भी नहीं छिपाया, सारी सूचना महाभारत के उद्भव के विषय में स्पष्ट दी है। महाभारत के केवल तीन नाम ही नहीं थे। विभिन्न सन्दर्भों को ध्यान में रखते हुए इसके अनेक नामों की चर्चा महाभारत में है। मानवीय मूल्यों की 'जय' उदीरणा का इतिहास होने के कारण इसका नाम 'जय' रखा गया। जय शब्द के अर्थ को यहाँ पापों पर विजय के अर्थ में ही महाभारतकार ने ग्रहण किया है–

मुच्यते सर्वपापेभ्यो राहुणा चन्द्रमा यथा।
जयो नामेतिहासोऽयं श्रोतव्यो विजिगीषुणा।।२०।।

–महा. आदिपर्व-६२

लाघव के लिए महाभारत के स्थान पर 'भारत' शब्द का व्यवहार भी महाभारत के लिए किया गया है। वैसे महाभारत शब्द की निरुक्ति ग्रन्थकार ने दो प्रकार से की है, एक इसकी विषय-वस्तु को देखकर; इसके शब्दार्थ को ध्यान में रखते हुए–

भरतानां महज्जन्म महाभारतमुच्यते।।३९।।
निरुक्तमस्य यो वेद सर्वपापैः प्रमुच्यते।
भरतानां यतश्चायमितिहासो महाद्भुतः।।४०।।

–महा. आदिपर्व-६२

इसमें भरतवंशीय लोगों का महान् जन्म-वृत्तान्त या इतिहास कहा गया है इसलिए इसका नाम महाभारत है। दूसरा नाम इसके विशाल आकार-प्रकार एवं इसके अर्थ गाम्भीर्य और विषय गाम्भीर्य को देखकर महाभारत रखा गया है–

एकतश्चतुरो वेदान् भारतं चैतकदेकतः।।२७१।।
पुरा किल सुरैः सर्वैः समेत्य तुलया धृतम्।
चतुर्भ्यः सरहस्येभ्यो वेदेभ्यो ह्यधिकं यदा।।२७२।।

तदा प्रभृति लोकेऽस्मिन् महाभारतमुच्यते।
महत्त्वे च गुरुत्वे च ध्रियमाणं यतोऽधिकम्॥२७३॥
महत्त्वाद् भारवत्त्वाच्च महाभारतमुच्यते।२७४।

—महा. आदिपर्व-१

वेदव्यास ने अपनी ओर से महाभारत के तीन नाम और रखे हैं–(१) धर्मशास्त्र (२) अर्थशास्त्र (३) मोक्षशास्त्र। इन तीनों विषयों का ही महाभारत विस्तार सहित विवेचन करता है–

धर्मशास्त्रमिदं पुण्यमर्थशास्त्रमिदं परम्।
मोक्षशास्त्रमिदं प्रोक्तं व्यासेनामितबुद्धिना॥२३॥

—महा. आदिपर्व-६२

महाभारत में सम्पूर्ण धर्मशास्त्र का स्वरूप समाहित है; महाभारत अधिकांश भारतीय स्मृतिशास्त्र के ग्रन्थों की प्रेरणा भूमि रही है इसलिए यह धर्मशास्त्र है। महाभारत का सम्पूर्ण कथावृत्त राजनीति और अर्थशास्त्र के चतुर्दिक घूमता है। राजधर्म और अर्थ व्यवस्था की सर्वत्र चर्चा होने के कारण यह अर्थशास्त्र है। मानव को सतत जीवन के उच्चतम लक्ष्य की ओर यह प्रेरित करता है इसलिए मोक्षशास्त्र है। वैसे महाभारत को पुराण शब्द के द्वारा सर्वत्र सम्बोधित किया गया है। महाभारत भारत-सूर्य और भारत-सावित्री के नाम से भी बहुत प्रसिद्ध है–

अज्ञानतिमिरान्धस्य लोकस्य तु विचेष्टतः।
ज्ञानाञ्जनशलाकाभिर्नेत्रोन्मीलनकारकम्॥८४॥
धर्मार्थकाममोक्षार्थैः समासव्यासकीर्तनैः।
तथा भारतसूर्येण नृणां विनिहतं तमः॥८५॥
पुराणपूर्णचन्द्रेण श्रुतिज्योत्स्नाः प्रकाशिताः।
नृबुद्धिकैरवाणां च कृतमेतत् प्रकाशनम्॥८६॥
इतिहासप्रदीपेन मोहावरणघातिना।
लोकगर्भगृहं कृत्स्नं यथावत् सम्प्रकाशितम्॥८७॥

—महा. आदिपर्व-१

यहाँ महाभारत के कुछ महत्त्वपूर्ण नामों की जानकारी इसके अनन्यसामान्य महत्त्व को स्पष्ट करते हुए हमें प्राप्त होती है–भारत-सूर्य, पुराण-पूर्णचन्द्र, इतिहास-प्रदीप आदि। वैसे वेदव्यास ने इसे काव्य की ही सीमा में रखा है–

उवाच स महातेजा ब्रह्माणं परमेष्ठिनम्।

कृतं मयेदं भगवन् काव्यं परमपूजितम्॥६१॥
ब्रह्मन् वेदरहस्यं च यच्चान्यत् स्थापितं मया।
साङ्गोपनिषदां चैव वेदानां विस्तरक्रिया॥६२॥
इतिहासपुराणानामुन्मेषं निर्मितं च यत्।
भूतं भव्यं भविष्यं च त्रिविधं कालसंज्ञितम्॥६३॥

—महा. आदिपर्व-१

यहाँ व्यास ने महाभारत के आधार ग्रन्थों की संक्षिप्त चर्चा की है जो महाभारत निर्माण के पूर्व निश्चित थे—वेद, षडङ्ग, उपनिषद्, विभिन्न इतिहास और पुराण। इतना बड़ा विपुल साहित्य महाभारत निर्माण के पूर्व वेदव्यास के समक्ष था; जिसका उपबृंहण इतनी प्रामाणिकता के साथ किया गया कि महाभारत का नाम ही पञ्चमवेद हो गया। यह नाम इतना प्रसिद्ध है कि पञ्चमवेद कहने से लोग महाभारत का ही अर्थ ग्रहण करते हैं।

यह पञ्चमवेद भारतीय संस्कृति के आचार्य और महर्षियों ने कहीं भी अरक्षित नहीं छोड़ा। इसे वेदों की तरह आदर देते हुए इसके पाठ को श्रुतियों की तरह सर्वत्र सम्हाला गया है। महाभारत के महान् आचार्यों का उल्लेख इस प्रकार किया गया है—

वेदानध्यापयामास महाभारतपञ्चमान्।
सुमन्तुं जैमिनिं पैलं शुकं चैव स्वमात्मजम्॥८९॥
प्रभुर्वरिष्ठो वरदो वैशम्पायनमेव च।
संहितास्तैः पृथक्त्वेन भारतस्य प्रकाशिताः॥९०॥

—महा. आदिपर्व-६३

यहाँ यह स्पष्ट उल्लेख है—इसे वेदव्यास ने स्वयं सुमन्तु, जैमिनि, पैल, अपने पुत्र शुक एवं वैशम्पायन को इसका अध्ययन करवाया, पुनः उन सभी ने पृथक्-पृथक् महाभारत की संहिताएँ प्रकाशित कीं। यहाँ स्पष्ट रूप में महाभारत के साथ संहिता पद का व्यवहार किया गया है। इससे यह पता लगता है—महाभारत उस समय वेदों के गौरवपूर्ण स्थान को प्राप्त कर चुका था, आचार्यों के सम्प्रदाय भेद के अनुसार महाभारत का भी शाखा भेद हो चुका था। आज उपलब्ध होने वाले महाभारत का पाठ-भेद इन आचार्यों से प्राप्त होने वाला शाखा-भेद ही है; जिसके अनुसार प्रस्तुत महाभारत में पाठ भेदों का यह अन्तर चला आया। इसके शाखा भेद को श्रुतियों की तरह ही सुमन्तु, जैमिनि, पैल, शुक और वैशम्पायन ने सम्हाला है। इतने बड़े ग्रन्थ को सुरक्षित रखने के लिए इसे लिपिबद्ध किया गया। महाभारत के निर्माण और

लिपिबद्ध होने की सूचना हमें एक साथ प्राप्त होती है। इसके पूर्व हमें ग्रन्थों के लिपिबद्ध होने की सूचना कहीं प्राप्त नहीं होती। व्यास इसकी रचना करते जा रहे थे—श्री गणेश इसे लिपिबद्ध कर रहे थे—

लेखको भारतस्यास्य भव त्वं गणनायक।
मयैव प्रोच्यमानस्य मनसा कल्पितस्य च॥७७॥

—महा. आदिपर्व-१

श्री गणपति के परम प्रतिष्ठित स्वरूप को केन्द्र में रख कर ही कौरवों की राजधानी का नाम हस्तिनापुर रखा गया है। नगर के केन्द्र में कभी भगवान् श्री गणपति की मूर्ति विद्यमान थी। टी.ए.गोपीनाथ ने अपने महत्त्वपूर्ण ग्रन्थ में भलीभाँति स्पष्ट कर दिया है।

ब्रिटिश म्यूजियम तक खोज करने के पश्चात् भी दुर्बल इतिहासकारों को श्रीगणेश के हाथ की पाँच हजार वर्ष पूर्व लिखी हुई महाभारत की हस्तलिखित प्रति न मिली, वह कहीं वैशम्पायन के पुस्तकालय में ही रह गई। पर महाभारत की प्रतियाँ उस समय लगता है अनेक हुई होंगी, क्योंकि महाभारत की हस्तलिखित प्रतियों के दान की प्रथा प्रचलित थी—इसका प्रमाण स्वयं महाभारत ही है। वैशम्पायन ने स्वयं कहा है—

"राजन् ! जो वाचक को यह महाभारत दान करता है, उसके द्वारा समुद्र से घिरी हुई सम्पूर्ण पृथ्वी का दान सम्पन्न हो जाता है।"

य इदं भारतं राजन् वाचकाय प्रयच्छति।
तेन सर्वा मही दत्ता भवेत् सागरमेखला॥५०॥

—महा. आदिपर्व-६२

सौति ने स्वयं महाभारत के एक-एक श्लोक एवं एक-एक अध्याय की गणना पर्वसंग्रह के साथ प्रस्तुत की है। इसके अनुसार प्राप्त होने वाला अन्तर तो काल के इस विपुल व्यवधान का अन्तर है। पाँच हजार वर्षों के भीतर हस्तलिखित प्रतियों में यह अन्तर होना अस्वाभाविक नहीं।

महाभारत के पास अपने एक-एक दिन के तिथि क्रम का हिसाब है। पर योजनाबद्ध कूट श्लोकों में संगोपित। वेदव्यास ने अज्ञातवास की तिथि को बड़े कौशल के साथ महाभारत के भीतर रखा है। यहाँ हम आदरणीय श्री कवीश्वर जी के मत को संक्षेप में प्रस्तुत कर रहे हैं। पाण्डवों के हिसाब से अज्ञातवास की तिथि समाप्त होने पर वे राज्य के समुचित हकदार हो चुके थे। पर दुर्योधन के अनुसार यह

तिथि अठारह दिन के पश्चात् समाप्त हो रही थी, दुर्योधन के अनुसार ये अठारह दिन पूर्व ही पहचान लिये जाने के कारण राज्य के नैतिक हकदार नहीं थे। यह गणना क्रम ही महाभारत के विशाल युद्ध का केन्द्र है। इसलिए, यह अठारह दिन तक लड़ा गया। इस युद्ध का कारण यही था; दुर्योधन के अनुसार अठारह दिन कम थे। श्रीकृष्ण जब उपप्लव्य से हस्तिनापुर दौत्य कार्य के लिए जाते हैं, उस समय वह तिथि कार्तिक पूर्णिमा के दो तीन दिन पूर्व थी, उस समय चन्द्रमा रेवती नक्षत्र में विचरण कर रहे थे। हस्तिनापुर से लौटते समय श्रीकृष्ण की अन्तिम भेंट महारथी कर्ण से हुई थी। कर्ण के पाण्डव पक्ष में आने से अस्वीकार करने पर श्रीकृष्ण ने आगामी अमावास्या के दिन युद्ध की तिथि घोषित कर दी। उस समय के प्राकृतिक परिवर्तन पर श्रीकृष्ण ने इस प्रकार प्रकाश डाला है–

ब्रूयाः कर्ण इतो गत्वा द्रोणं शान्तनवं कृपम्।
सौम्योऽयं वर्तते मासः सुप्रापयवसेन्धनः॥१६॥
सर्वौषधिवनस्फीतः फलवानल्पमक्षिकः।
निष्पंको रसवत्तोयो नात्युष्णशिशिरः सुखः॥१७॥
सप्तमाच्चापि दिवसादमावास्या भविष्यति।
संग्रामो युज्यतां तस्यां तामाहुः शक्रदेवताम्॥१८॥

–महा. उद्योगपर्व-१४२

इस घोषणा के अनुसार अमावास्या सात दिन के पश्चात् प्राप्त होती है। कूट श्लोकों में यह निर्णय करना कठिन है कि यह अमावास्या पूर्णिमान्त मास पद्धति से प्राप्त होने वाली मार्गशीर्ष की अमावास्या है या अमावास्यान्त पद्धति की कार्तिक की।

भगवान् श्री बलराम ने अपनी तीर्थ यात्रा युद्ध से पूर्व प्रारम्भ की थी, वे भीम और दुर्योधन का गदायुद्ध देखने आये थे–

"तीर्थ यात्रा के लिए निकले हुए आज मुझे बयालीस दिन हो गये। पुष्य नक्षत्र में चला था और श्रवण नक्षत्र में पुनः लौट आया हूँ। अपने दोनों शिष्यों का गदायुद्ध देखना चाहता हूँ।"

चत्वारिंशदहान्यद्य द्वे च मे निःसृतस्य वै।
पुष्येण सम्प्रयातोऽस्मि श्रवणे पुनरागतः॥६॥
शिष्ययोर्वै गदायुद्धं द्रष्टुकामोऽस्मि माधव॥७॥

–महा. शल्यपर्व-३४

इस गणना को लेकर डॉ. दफ्तरी आदि विद्वानों के मध्य पर्याप्त विवाद है,

जिसका कारण श्लोकों के कूट प्रयोग हैं, पर इनसे अन्तर दिनों का ही आता है जिसका महाभारत ग्रन्थ की काल-रचना पर कोई प्रभावी अन्तर नहीं। पर ऐसा अन्तर है नहीं, युद्ध १८ दिन तक हुआ था, इस युद्ध में १६ दिन का अवकाश सेनाओं ने लिया था, युद्ध के सात दिन पूर्व बलराम ने अपनी यात्रा प्रारम्भ की थी, तो यह संख्या ४२ आ जाती है, नक्षत्रों का स्थान भी यहाँ बराबर बैठ जाता है। पुष्य नक्षत्र से श्रवण नक्षत्र पन्द्रहवें स्थान पर पड़ता है; सत्ताइस दिन के नक्षत्र चक्र में यह संख्या १५ जोड़ देने पर ४२ आ जाती है।

युद्ध के पश्चात् पाण्डव एक महीने तक नदी के तट पर अशौच पालन करने के लिए नगर के बाहर टिके रहे–

तत्र ते सुमहात्मानो न्यवसन् पाण्डुनन्दनाः।
शौचं निवर्तयिष्यन्तो मासमात्रं बहिः पुरात्॥२॥

—महा. शान्तिपर्व-१

आज भीष्म के निधन की तिथि भी बहुत रहस्यमय बनी हुई है, जिसका सम्बन्ध महाभारत युद्ध के वर्ष विनिश्चय से है। युद्ध के दशवें दिन सन्ध्या समय पितामह भीष्म का पतन हुआ था। वे शरशय्या पर उत्तरायण के शुभारम्भ की प्रतीक्षा कर रहे थे। इसके पश्चात् शेष युद्ध आठ दिन तक होता रहा, जिसमें अवकाश के दिन भी सम्मिलित हैं। इसके पश्चात् अशौचपालन का एक मास एवं भीष्म के धर्मोपदेश के दिवस भी वहाँ जुड़े हुए हैं। अन्त में हमें उनके देहत्याग पर महाभारत में यह बहुत ही महत्त्वपूर्ण श्लोक मिलता है–

अष्टपंचाशतं रात्र्यः शयानस्याद्य मे गताः।
शरेषु निशिताग्रेषु यथा वर्षशतं तथा॥२७॥
माघोऽयं समनुप्राप्तो मासः सौम्यो युधिष्ठिर।
त्रिभागशेषः पक्षोऽयं शुक्लो भवितुर्महति॥२८॥

—महा. अनुशासनपर्व-१६७

भीष्म यहाँ स्पष्ट कहते हैं–५८ रात्रियाँ बीत चुकी हैं, माघ महीने का शुक्ल पक्ष यहाँ कहा गया है। इस समय त्रिभाग शेष है। कहीं-कहीं क्या, सर्वत्र १८ दिन का युद्ध भी पण्डितों को सदा चक्र में डालता रहा है–वैसे युद्ध १८वें दिन शल्य वध के साथ समाप्त हो गया था, पर दुर्योधन एवं भीम का गदा युद्ध १९वें दिन हुआ था। १८ दिन के युद्ध में १६ दिन अवकाश के हो जाते हैं–एक दिन सेना बिना अवकाश

के लड़ी थी। दुर्योधन के विलम्ब के कारण १ दिन और बढ़ जाता है, ७ दिन श्री बलभद्र युद्ध के पूर्व तीर्थ यात्रा पर निकले थे अत: १९+१६+७= यह ४२ इस प्रकार है।

इस प्रकार हम देखते हैं युद्ध आरम्भ की तिथि अमावास्या है। इस प्रकार ९ दिन अवकाश एवं १० दिन भीष्म के युद्ध के जोड़ देने पर १९ दिन होते हैं, इस दिन कृष्ण पक्ष की तृतीया पड़ती हैं। प्रत्यक्ष लड़ाई के चौदहवें दिन जिसकी तिथि कृष्ण द्वादशी थी, सन्ध्या समय जयद्रथ वध हुआ था।

युद्ध के दिन चन्द्रमा किस नक्षत्र में था; इसको लेकर विद्वानों ने गम्भीर चर्चायें की हैं। वैसे महाकवि ने 'शक्रदेवताम्' कह कर स्पष्ट संकेत दिया है। भारतीय ज्योतिष में प्रत्येक नक्षत्र का देवता है। उस अमावास्या के नक्षत्र का देवता इन्द्र था। गदा युद्ध के दिन श्रवण नक्षत्र से पैंतीस स्थान पीछे की ओर गणना करने पर युद्ध के दिन का नक्षत्र हमें प्राप्त हो जाता है। कुछ पण्डितों ने भरणी, रोहिणी, पुनर्वसु और पुष्य नक्षत्र को स्वीकार किया है। डॉ. काणे, डॉ. दफ्तरी, श्री गोखले ने अमावास्या से युद्धारम्भ स्वीकार करते हुए ज्येष्ठा नक्षत्र बतलाया है, जो नितान्त असंगत है। श्रीकृष्ण ने जिस दिन यह घोषणा की उस दिन पुष्य नक्षत्र था, उक्त अमावास्या सात दिन बाद आती है। पर पुष्य से ज्येष्ठा दस स्थान दूर है। सात दिन में चन्द्रमा का दस स्थान पार कर लेना असम्भव है। दर्शन के अध्यापक श्री जी. डब्ल्यू. कवीश्वर ने इस असाधारण कूट प्रसंग को जिस असाधारण प्रज्ञा से हल किया है वह सर्वाधिक महत्त्वपूर्ण है। कहना न होगा इस समस्या का हल आज तक डॉ. काणे, डॉ. दफ्तरी, श्री गोखले और सुकठंकर जैसे पण्डित न कर सके, उस कार्य को श्रीकवीश्वर जी ने सम्पन्न कर महाभारत के भावी अध्ययन की दिशा में नये और महत्त्वपूर्ण क्षितिज का उद्घाटन किया है। यहाँ हमने इस प्रसंग में श्रीकवीश्वर जी के मत को ही आदर के साथ संक्षिप्त किया है।

''फिर वास्तव में महाकवि द्वारा संकलित युद्धारम्भ नक्षत्र कौन-सा था ? वह चित्रा था। इसमें कूट यह है कि ज्येष्ठा तथा चित्रा दोनों के ही देवता इन्द्र बताये गये हैं। पुष्य से चित्रा छ: स्थान दूर है। अत: घोषणा दिन और युद्धारम्भ के बीच के सात दिनों में एक नक्षत्र वृद्धि मान (जो पूर्णतया सम्भव है) अमावास्या को चित्रा नक्षत्र आता है। इसी आधार से आगे दी हुई तिथि तालिका में बलराम की यात्रा समाप्ति पर ठीक श्रवण नक्षत्र भी आता है। इसके अतिरिक्त युद्धारम्भ के समय बुध, गुरु आदि

अन्य ग्रहों की स्थिति का जो वर्णन महाकवि ने दिया है उसकी भी संगति चन्द्रमा को चित्रा में मानने से ठीक बैठती है।'' भीष्म के निधन की वास्तविक तिथि को श्रीकवीश्वर जी ने इस प्रकार स्पष्ट किया है–

''अमावास्या को ही युद्धारम्भ मानकर आगामी कृष्ण तृतीया को (जो प्रत्यक्ष लड़ाई का दसवाँ दिन था) शाम के समय भीष्म का पतन हुआ। तभी से उनकी भयानक शरशय्या प्रारम्भ हुई। आइये उस कृष्ण तृतीया से हम ठीक अठावन रात्रि गिनकर देखें''–

१३ रात्रि, उस कृष्ण पक्ष की शेष
१५ रात्रि, अगले शुक्ल पक्ष की (पौष मास)
१५ रात्रि, अगले कृष्ण पक्ष की
१५ रात्रि, अगले शुक्ल पक्ष की (माघ मास)
५८

महाभारत अपने तिथिक्रम को लेकर एवं अपने निर्माण के समय को लेकर सर्वत्र स्पष्ट है। कलियुग और द्वापर के मध्य में समन्तपञ्चक में कौरव और पाण्डवों का युद्ध हुआ था–

अन्तरे चैव सम्प्राप्ते कलिद्वापरयोरभूत्।
समन्तपञ्चके युद्धं कुरुपाण्डवसेनयो:॥१३॥

–महा. आदिपर्व-२

पुराणों के अनुसार कलि का आरम्भ, महाभारत का युद्ध काल, एवं राजा परीक्षित का जन्म एक ही युग का काल है। परीक्षित के जन्म के समय सप्तर्षि मघा नक्षत्र पर थे, उनकी मृत्यु के समय भी मघा पर ही थे; प्रत्येक नक्षत्र पर सप्तर्षि सौ वर्षों तक रहते हैं। सप्तर्षि मघा पर युद्ध के समय थे; परीक्षित का जन्म युद्ध के कुछ महीने पश्चात् हुआ था; कलियुग का प्रारम्भ भी इसी नक्षत्र स्थिति में हुआ। महाभारत की इस आकाशीय स्थिति को भागवत इस प्रकार स्पष्ट करता है–

तेनैत ऋषयो युक्तास्तिष्ठन्त्यब्दशतं नृणाम्।
ते त्वदीये द्विजा: काले अधुना चाश्रिता मघा:॥२८॥
यदा देवर्षय: सप्त मघासु विचरन्ति हि।
तदा प्रवृत्तस्तु कलिर्द्वादशाब्दशतात्मक:॥३१॥

–भागवत-स्कन्ध, १२-अध्याय-२

वराहमिहिर ने अपनी बृहत्संहिता में स्पष्ट लिखा है, युधिष्ठिर के शासन काल

में सप्तर्षि मघा नक्षत्र पर थे–

आसन् मघासु मुनयः शासति पृथ्वीं युधिष्ठिरे नृपतौ॥३॥

–बृहत्संहिता-अध्याय-१३

इस श्लोक की टीका करते समय भट्टोत्पल ने वृद्ध गर्ग का वचन इस प्रकार उद्धृत किया है–

कलिद्वापरसंधौ तु स्थितास्ते पितृदैवतम्।
मुनयो धर्मनिरताः प्रजानां पालने रताः॥

कलि और द्वापर के सन्धि स्थल पर उस समय सप्तर्षि पितृदैवत–अर्थात् मघा नक्षत्र में स्थित थे। यहाँ महाभारत, भागवत और वराहमिहिर एकमत हैं। इसी बात को प्रकारान्तर से आर्यभट्ट ने दशगीतिपाद में इस प्रकार स्पष्ट किया है। इसमें भी कलि के प्रारम्भ में महाभारत युद्ध के आरम्भ की बात दोहराई गई है।

काहो मनवोढ मनुयुग पूरव गतास्तेत मनु युगछ्ना च।
कल्पादेर्युग पादाग च गुरुदिवसाच्च भारतात्पूर्वम्॥३॥

ये सारे प्रमाण महाभारत युद्ध को ईसा पूर्व ३१०२ वर्ष ले आते हैं। महाकवि कल्हण के भ्रम ने भी कुछ कम चमत्कार पैदा नहीं किया, इससे ६५३ वर्षों का अन्तर चला आया। वराहमिहिर के 'सप्तर्षिचार' में महाराजा युधिष्ठिर के शासन काल को एवं शक काल के उल्लेख को भट्टोत्पल की टीका में वृद्ध गर्ग के वचन को देखकर यह भ्रम पैदा हुआ–शालिवाहन शकारम्भ में युधिष्ठिर संवत् २५२६ था; एतदर्थ कलि गताब्द ६५३ में महाराजा युधिष्ठिर का समय सिद्ध होता है। इसीलिए महाकवि कल्हण ने राजतरंगिणी में समग्र प्राचीन राजवंशों की गणना के प्रसंग में ६५३ वर्ष घटाकर ही लिखे। पर कलि संवत् और युधिष्ठिर संवत् को एक मानकर ही सर्वत्र यह गणना हुई है–चाहे वे पुराण हों, चाहे ज्योतिष ग्रन्थ, पञ्चाङ्ग, शिलालेख। महाकवि के इस भ्रम का अन्यत्र कहीं भी कोई उल्लेखनीय प्रभाव न पड़ा। महाभारत स्वयं अपने तिथि नक्षत्र वार की गणना स्वयं करता है–

तपसो ब्रह्मचर्यस्य पृथिव्याश्चन्द्रसूर्ययोः॥६५॥
ग्रहनक्षत्रताराणां प्रमाणं च युगैः सह।
ऋचो यजूंषि सामानि वेदाध्यात्मं तथैव च॥६६॥

–महा. आदिपर्व-१

इस ग्रन्थ की रचना के समय को भी इस प्रकार स्पष्ट किया गया है–धृतराष्ट्र,

पाण्डु और विदुर को उत्पन्न कर वेदव्यास फिर अपने आश्रम पर चले आये। जब वे तीनों पुत्र वृद्धावस्था प्राप्त करने के पश्चात् देह त्याग करते हैं, इसके पश्चात् वेदव्यास ने महाभारत का प्रवचन किया। महाराजा जनमेजय सहित हजारों ब्राह्मणों के प्रश्न करने पर वेदव्यास ने अपने पास बैठे हुए वैशम्पायन को महाभारत सुनाने की आज्ञा दी।

त्रीनग्नीनिव कौरव्यान् जनयामास वीर्यवान्।
उत्पाद्य धृतराष्ट्रं च पाण्डुं विदुरमेव च॥९५॥
जगाम तपसे धीमान् पुनरेवाश्रमं प्रति।
तेषु जातेषु वृद्धेषु गतेषु परमां गतिम्॥९६॥
अब्रवीद् भारतं लोके मानुषेऽस्मिन् महानृषिः।
जनमेजयेन पृष्टः सन् ब्राह्मणैश्च सहस्रशः॥९७॥
शशास शिष्यमासीनं वैशम्पायनमन्तिके।
ससदस्यैः सहासीनः श्रावयामास भारतम्॥९८॥

—महा. आदिपर्व-१

इन श्लोकों से यह स्पष्ट सूचना प्राप्त होती है कि वेदव्यास ने विदुरादि तीनों पुत्रों के दिवंगत होने के पश्चात् एवं जनमेजय के सर्प-सत्र के प्रारम्भ होने के मध्य में ही महाभारत का निर्माण किया होगा।

वेदव्यास जी की प्रेरणा एवं धर्मराज युधिष्ठिर से राय लेने पर धृतराष्ट्र, युद्ध के सोलहवें वर्ष जंगल में चले गये थे। उस समय तक धृतराष्ट्र को युधिष्ठिर के राज्य में रहते हुए पन्द्रह वर्ष बीत चुके थे।

ततः पञ्चदशे वर्षे समतीते नराधिपः॥१२
राजा निर्वेदमापेदे भीमवाग्बाणपीडितः।

—महा. आश्रमवासिकपर्व-३

इस समय जंगल में इन्होंने सम्भवतः एक वर्ष तक धर्मानुष्ठान किया होगा। देवर्षि नारद यहाँ आकर यह सूचना देते हैं—'धृतराष्ट्र के जीवन के अब तीन वर्ष शेष हैं।'

तत्राहमिदमश्रौषं शक्रस्य वदतः स्वयम्।
वर्षाणि त्रीणि शिष्टानि राज्ञोऽस्य परमायुषः॥३२॥

—महा. आश्रमवासिकपर्व-२०

महाराजा पाण्डु की मृत्यु के समय युधिष्ठिर की आयु सोलह वर्ष की थी। अर्जुन

महाराजा युधिष्ठिर से दो वर्ष छोटे थे। उपर्युक्त प्रमाणों के अनुसार लगता है—युद्ध के प्राय: २० वर्ष पश्चात् धृतराष्ट्र आदि की मृत्यु हो गई थी। अत: महर्षि वेदव्यास ने महाभारत की रचना युद्ध के २० वर्ष पश्चात् की। इसके पश्चात् वैशम्पायन ने जनमेजय के सर्प-सत्र के समय इसका वाचन किया। महाराजा परीक्षित के राज्याभिषेक के समय युद्ध को ३६ वर्ष बीत चुके थे, परीक्षित ने ६० वर्षों तक राज्य किया।

प्रजा इमास्तव पिता षष्टिवर्षाण्यपालयत्।
ततो दिष्टान्तमापन्न: सर्वेषां दु:खमावहन्॥१७॥

—महा. आदिपर्व-४९

यह साठ वर्ष वाला तथ्य सौप्तिक पर्व के इस वचन से भी स्पष्ट होता है—

विदित्वा परमास्त्राणि क्षत्रधर्मव्रते स्थित:॥१४॥
षष्टिवर्षाणि धर्मात्मा वसुधां पालयिष्यति॥१५॥

—महा. सौप्तिकपर्व-१६

वर्षों की इस संख्या से ऐसा लगता है, वैशम्पायन ने महाभारत युद्ध के ११५ से १२० वर्ष के पश्चात् महाभारत जनमेजय को सुनाया था। महाभारत युद्ध के ३६ वर्ष पश्चात् परीक्षित का राज्याभिषेक हुआ, ६० वर्ष तक इनका राज्यकाल है।

परिश्रान्तो वय:स्थश्च षष्टिवर्षो जरान्वित:।२६।

—महा. आदिपर्व-४९

इस प्रकार ३६+६०=९६ वर्ष जनमेजय के राज्यारोहण तक महाभारत युद्ध को व्यतीत हो चुके थे। महाराजा जनमेजय का राज्यारोहण अल्प आयु में ही हुआ था। युवा होने पर विवाह एवं इसके कुछ समय पश्चात् जनमेजय ने अपने इतिहास प्रसिद्ध सर्प-सत्र का प्रारम्भ किया। इसी सत्र में आचार्य वैशम्पायन ने महाभारत का प्रथम वाचन किया था। यह समय अधिक से अधिक महाभारत युद्ध के पश्चात् ११५ से १२० वर्ष रहा होगा। ग्रन्थ के भीतर जब ग्रन्थ के सारे प्रमाण प्रस्तुत हों तो निश्चित रूप से उन्हें ही सर्वत्र प्रधानता दी जायेगी। इसके अतिरिक्त ग्रन्थ के सम्पूर्ण बाह्य साक्ष्य भी इसका कहीं विरोध नहीं करते। भारतीय संस्कृति की समग्र शब्दाकार ग्रन्थराशि सर्वत्र इस मत का अनुपद समर्थन ही करती है। जहाँ तक क्वचित् न्यूनान्तर से कोई विरोध कल्हणादि में दिखलाई देता है, वह अत्यन्त ही दुर्बल है।

इतिहासकारों के मत से महाभारत के प्रारम्भ के कुछ अध्याय सौति द्वारा आचार्य

शौनक को कथित दूसरी शती ईस्वी में महाभारत के भीतर जोड़े गये हैं। पर इसके लिए इतिहासकारों के पास कोई भी या एक भी ठोस प्रमाण नहीं है। जबकि आचार्य शौनक के ऐतिहासिक अस्तित्व की सूचना स्वयं आचार्य पाणिनि हमें ईसा से पाँच सौ वर्ष पूर्व देते हैं। नैमिषारण्य में आचार्य शौनक की उपस्थिति में महाभारत का यह वाचन ईसवी शती के पश्चात् हुआ, इसका एक प्रमाण या एक सूचना भी हमें सम्पूर्ण भारतीय वाङ्मय में प्राप्त नहीं होती। यदि ऐसी कोई महत्त्वपूर्ण सभा हुई होती, जिसमें चौबीस हजार श्लोकों का महाभारत एक लाख श्लोकों तक परिवर्धित हुआ–तो कम से कम एक आध सन्दर्भ तो निश्चित ही प्राप्त होते। न आचार्य वैशम्पायन ही कल्पित या अनैतिहासिक हैं, न आचार्य शौनक; आचार्य पाणिनि ने दोनों का ही उल्लेख किया है। चाहे शिलालेख हों, चाहे ग्रन्थाभिलेख, जहाँ भी महाभारत का उल्लेख हमें प्राप्त होता है–वहाँ दो सूचनायें सर्वत्र इसके साथ जुड़ी हैं–(१) महाभारत व्यास कृत है और (२) इसकी श्लोक संख्या एक लक्ष है। जहाँ गणित और ज्योतिष स्वयं अपने प्रमाण को प्रस्तुत करते हैं, वहाँ इतिहासकार की आधारहीन कपोल-कल्पना या कपाल-कल्पना का मूल्य भी क्या है ? इस तरह की कल्पनायें कितने दुर्बल आधार पर अवलम्बित हैं, इन्हें पाठक स्वयं देखें।

मेगस्थनीज नामक ग्रीक पण्डित चन्द्रगुप्त के समय भारतवर्ष में आया था। इसकी पुस्तक इण्डिका में महाभारत का उल्लेख नहीं किया गया है। इसलिए *वेबर* और सी. वी. वैद्य का अनुमान है, उस समय लक्ष श्लोकात्मक महाभारत नहीं था। यह अनुमान ही कितना भ्रामक और आधारहीन है कि मेगस्थनीज की पुस्तक में महाभारत का उल्लेख न होने से ही वह एक लक्षात्मक श्लोक का महाभारत नहीं था, जबकि यह ग्रन्थ ही सम्पूर्ण रूप से उपलब्ध नहीं; खण्डित अवस्था में ही प्राप्त है। इसके विपरीत *डॉयन क्रेयासोस्टेम* ने अपने विवरण में ईसा की प्रथम शताब्दी में ही एक लक्षात्मक महाभारत के श्लोकों की सूचना दी है। इतिहासकारों के लिए महाभारत में सबसे अधिक पीड़ा जनक यवन शब्द है। पर यवन शब्द महाभारत की दृष्टि में ग्रीक शब्द का द्योतक नहीं–उसका सन्दर्भ, अर्थ और इतिहास भारतीय संस्कृति के प्राचीन इतिहास से जुड़ा है। यह प्राचीन भारतीय राजवंश का ही एक नाम है। वैद्य महोदय ने इसका सम्बन्ध सिकन्दर से स्थापित किया है; पर इसके लिए काल्पनिक अनुमान को छोड़कर छोटा-सा एक भी प्रमाण नहीं है। महाभारत में अर्जुन के यवनराज को पराजित करने का उल्लेख है। यहाँ इतिहासकारों का यौधेय व्यक्तित्व निरर्थक ही स्वयं को सिकन्दर समझने का भ्रम पैदा करता है। यहाँ न सिकन्दर है न ग्रीस। इसे हेलेनिक

संस्कृति के प्रति भारतीय इतिहासकार की अत्यधिक श्रद्धा के अतिरेक से अधिक कुछ भी नहीं कहा जा सकता। महाभारत का सन्दर्भ यहाँ यह सूचना देता है–जिस यवनराज का निग्रह स्वयं महाराजा पाण्डु नहीं कर सके, उसे पाण्डुनन्दन अर्जुन ने अपने अधीन कर लिया–

न शशाक वशे कर्तुं यं पाण्डुरपि वीर्यवान्।
सोऽर्जुनेन वशं नीतो राजाऽऽसीद् यवनाधिपः॥२१॥

–महा. आदिपर्व-१३८

यवन नाम की महाभारत स्वयं स्पष्ट जानकारी देता है। महाराजा ययाति के पुत्र तुर्वसु थे और तुर्वसु के पुत्र का नाम यवन था–

यदोस्तु यादवा जातास्तुर्वसोर्यवनाः स्मृताः।३४।

–महा. आदिपर्व-८५

यदु से यादवों का वंश और तुर्वसु से यवन हुए। ययाति के पौत्र ही महाभारत में यवन के नाम से प्रसिद्ध हैं। इसके लिए सिकन्दर को लेकर आधारहीन कल्पना करना सन्दर्भ-हीन ही नहीं, वह नितान्त हास्यास्पद भी है। इसी तरह की कुछ आधार-हीन कल्पना पर इतिहासकारों का सारा वाग्-जाल और भ्रम विस्तृत होता रहा है। महाभारत की दृष्टि में यवन विदेशी नहीं थे, हस्तिनापुर के कौरव परिवार के ही लोग थे–दोनों के ही पूर्वपुरुष थे महाराजा ययाति। शर्मिष्ठा के पुत्र पूरु को इन्होंने अपनी राजगद्दी सौंप दी। इनके अन्य पुत्र थे–शर्मिष्ठा से–अनू और द्रुह्यु, देवयानी से–यदु और तुर्वसु। यवन ययाति पुत्र महाराजा तुर्वसु की सन्तान हैं। संक्षेप में भारतीय प्राचीनतम इतिहास में यवनों का यह ऐतिहासिक स्वरूप रहा है। इसका पौराणिक स्वरूप है–नन्दिनी गाय की योनि से यवन उत्पन्न हुए। यह महाभारत का यवनों के विषय में कथा-रूपक है।

सहदेव और नकुल के दिग्विजय विवरण से लगता है–यवन जाति भारतवर्ष के उत्तर-पश्चिम एवं दक्षिण दो स्थानों में थी। अंगराज कर्ण ने भारत के पश्चिमी सीमान्त के यवन राज्य को जीता था। वनपर्व के कलि प्रसंग का यवन शब्द भारतवर्ष की अन्य जातियों के साथ परिगणित होने के कारण भारत से बाहर अपने अर्थ को जोड़ ही नहीं पाता–आन्ध्र, शक, पुलिन्द, यवन, कम्बोज, वाह्लिक आदि–

मृषानुशासिनः पापा मृषावादपरायणाः।
आन्ध्राः शकाः पुलिन्दाश्च यवनाश्च नराधिपाः॥३५॥
कम्बोजा वाह्लिकाः शूरास्तथाऽऽभीरा नरोत्तम।

न तदा ब्राह्मणः कश्चित् स्वधर्ममुपजीवति॥३६॥

—महा. वनपर्व-१८८

इनमें कुछ राजवंश भारत के हैं, कुछ भारतीय सीमान्त के। भीष्मपर्व के दशम अध्याय में भारतवर्ष के भूगोल की विस्तृत चर्चा है, जिसमें भारतवर्ष की सम्पूर्ण पर्वत शृंखलाओं को जिनमें सहस्रों पर्वतों का अस्तित्व है—सात भागों में बाँटा गया है; लगभग पौने दो सौ नदियों के नाम गिनाये गये हैं। महाभारत को छोड़कर आज तक किसी एक ग्रन्थ में इतनी नदियों के नाम एक साथ नहीं लिखे गये। भारतीय जनपदों के प्रायः सवा दो सौ नाम हैं, जिनमें भारतीय सीमान्त के जनपद भी सम्मिलित हैं। इस गणना क्रम में आने वाला यूनान भी ग्रीस नहीं, पश्चिमी भारत का एक जनपद है।

जहाँ तक कुरुक्षेत्र युद्ध के तिथि क्रम का प्रश्न है—भारतीय परम्परा स्वयं महाभारत एवं अन्य पौराणिक साहित्य इसे पाँच हजार वर्ष पूर्व स्वीकार करता है। डी. एस. त्रिवेदी* ने विभिन्न ऐतिहासिक एवं ज्योतिष सम्बन्धी आधारों पर बल देते हुए युद्ध का समय ३१३७ ईसा पूर्व निश्चित किया है; पी. सी. सेनगुप्ता* के अनुसार महाभारत में आये हुए कुछ ज्योतिष सम्बन्धी प्रमाण युद्ध का समय २४४९ ईसा पूर्व निश्चित करते है; आगे चलकर इन्होंने युद्ध के तीनों तिथि क्रमों की परीक्षा की जो इस प्रकार है–(१) आर्यभट्ट—३१०२ ईसा पूर्व, (२) वृद्धगर्ग—२४४९ ईसा पूर्व, (३) पुराणों के अनुसार परीक्षित से लेकर महापद्मनन्द तक की पीढ़ियों का आकलन जो १०१५, १०५०, ११२५ एवं १५०० वर्ष के लगभग चला आता है। ये वृद्धगर्ग के वचन को अधिक महत्त्व देते हुए युधिष्ठिर संवत् का समय ईसा से २४४९ वर्ष पूर्व निश्चित करते हैं। इसके लिए इन्होंने महाभारत को अन्तिम आधार मानते हुए युद्ध का समय यही निश्चित किया है। देव महोदय* ने आर्यभट्ट, वराहमिहिर एवं प्राचीन राजवंशावली के शासन काल को जोड़ते हुए युद्ध के समय का अनुमान ईसा से १४०० वर्ष पूर्व लगाया है। जे. एस. करन्दीकर* के अनुसार युद्ध १९३१ ईसा पूर्व हुआ था। युद्ध के प्रथम दिन मृगशिरा नक्षत्र था। वी. बी. आठावले* के अनुसार युद्ध की तिथि ३०१६ ईसा पूर्व है। इन्होंने अपने मत के पक्ष में तीन ठोस आधार इस प्रकार दिए हैं–(१) युद्ध के समय १३ दिन पश्चात् सूर्य एवं चन्द्र ग्रहण हुए; जो अक्टूबर मास (आश्विन और कार्तिक) में दिखलाई दिए, (२) उसी समय पुष्य नक्षत्र

---

*द्रष्टव्य परिशिष्ट—सहायक ग्रन्थ

में धूमकेतु प्रकट हुआ, (३) बृहस्पति और शनि उस समय एक वर्ष तक विशाखा नक्षत्र में स्थित थे। युद्ध की यह स्थिति ३०१६ ईसा पूर्व थी। पी. आर. चिदम्बरम के अनुसार उस समय की भौगोलिक एवं आकाशीय स्थिति को देखते हुए–इस युद्ध का समय ३०३८ ईसा पूर्व है। इन्होंने प्रधान रूप से अपने मत का आधार आठावले को ही बनाया है। इसके लिए इनके मत से महाभारत की कटपयादि अक्षर विन्यास की गणित ठीक है; साथ ही 'मुश्चति गात्रम्' वाली प्रहेलिका पर भी इन्होंने बल दिया है। तारकेश्वर भट्टाचार्य ने सेनगुप्त महोदय की १४३२ ईसा पूर्व वाली तिथि से विरोध प्रकट करते हुए २४४९ ईसा पूर्व युद्ध की तिथि निश्चित की है। एम. राजाराव* ने महाभारत के पाठ को ज्योतिष के आधार पर लेते हुए मघा के अनुसार २४४२ ईसा पूर्व एवं ज्येष्ठा के अनुसार २४२० ईसा पूर्व युद्ध की तिथि को स्वीकार किया है। अत: इनके अनुसार युद्ध का समय ईसा से २५०० वर्ष पूर्व सिद्ध होता है। एच. सी. सेठ ने ब्राह्मण साहित्य के निर्माण और विकास पर विचार करते हुए युद्ध के तिथि क्रम को छठी शती ईसा पूर्व सिद्ध किया है।

सी. वी. वैद्य के अनुसार महाभारत युद्ध के कुछ समय के पश्चात् ही महाभारत का निर्माण हुआ था। इनके अनुसार भारत युद्ध का समय ३१०२ ईसा पूर्व है। इन्होंने महाभारत के द्वितीय विकास सोपान का समय १४००-१२०० ईसवी पूर्व निश्चित किया है। इनके मतानुसार सूत का कथन २५० वर्ष ईसा पूर्व महाभारत के भीतर जोड़ा गया है। आचार्य वैद्य के अनुसार सूत एवं वैशम्पायन दोनों ही कल्पित व्यक्ति हैं–मात्र ग्रन्थ का महत्त्व बढ़ाने की दृष्टि से ही इनकी योजना ग्रन्थ के भीतर की गई है। *एफ़.ऑटो स्क्रेडर* और *ग्रियर्सन* के अनुसार महाभारत के निर्माण का काल चार सौ से सात सौ वर्ष ईसा पूर्व है। *जोज़फ़ डालमन* के अनुसार महाभारत बौद्ध युग से पूर्व की कृति है। इनके विचार से महाभारत का समय ईसा से पाँचवीं शती पूर्व है। *फ़िक* का भी लगभग यही मत है। इनके अनुसार महाभारत एवं जातक कालीन संस्कृति में कई शताब्दियों का अन्तर है। *एच. जकोबी* महाभारत के विकास को चार सोपानों में विभक्त करते हैं। इनके अनुसार महाभारत का नवीन रूप ईसा से दो तीन सौ वर्ष पश्चात् स्थिर हो चुका था। महाभारत के नवीनतम मतों पर सर्वाधिक प्रभाव *हॉपकिनस्* का है। इन्होंने महाभारत के विकास सोपान को इस प्रकार विभक्त किया है–(१) प्रथम विकास ईसा से ४०० वर्ष पूर्व, (२) द्वितीय विकास ईसा से २०० से ४०० वर्ष पूर्व तक, (३) तृतीय सोपान ३०० वर्ष ईसा पूर्व से १०० या २०० वर्ष

ईसा के पश्चात् (४) इनके मत से महाभारत के भीतर ईसा के ४०० वर्ष पश्चात् तक पर्याप्त जोड़ घटाव होते रहे हैं। जिनका उल्लेख इस पुस्तक के भीतर विस्तार सहित हुआ है। *विन्टरनिट्ज* के अनुसार महाभारत का प्राचीनतम रूप चौथी शती ईसा पूर्व से अधिक प्राचीन नहीं; इनके मत से महाभारत का नवीनतम रूप ईसा के ४०० वर्ष पश्चात् तक विकसित होता रहा।

इन पण्डितों के द्वारा रामायण का तिथि क्रम इस प्रकार निश्चित किया गया है। *वेबर* के अनुसार रामायण की तिथि महाभारत के पश्चात् तीसरी चौथी शती ईसा के पूर्व तक जुड़ती चली गई है। *सर एम. विलियम्स* के अनुसार रामायण का समय ईसा से तीन सौ वर्ष पूर्व है। लगभग यही मत *विन्टरनिट्ज* का भी है। *मैक्डॉनल्ड* के मत से रामायण का मूल स्वरूप ईसा से पाँच सौ वर्ष पूर्व निश्चित हो चुका था। *कीथ* रामायण को ईसा से छः सौ वर्ष पूर्व स्वीकार करते हैं। *एच. जकोबी* के मत से रामायण का समय ईसा से छः सौ से आठ सौ वर्ष पूर्व है।

अधिकांश इतिहासकारों के अनुसार महाभारत का रचना काल रामायण से पूर्ववर्ती है। बालकाण्ड एवं उत्तरकाण्ड ईसा के पश्चात् प्रथम या द्वितीय शती में ही अस्तित्व में आये हैं। पुस्तक के पिछले अध्यायों में हमने भली-भाँति यह सिद्ध किया है—बालकाण्ड एवं उत्तरकाण्ड सहित सम्पूर्ण रामायण महाभारत के पूर्व अस्तित्व में आ चुका था। सम्पूर्ण रामायण महाभारत के भीतर आकाश की तरह व्याप्त है; जिसके प्रभाव को महाभारत से पृथक् करके देखना असम्भव है, चाहे राजनीति हो या युद्ध, चाहे वर्ण्य विषय हों या काव्य का रचनात्मक शिल्प; यहाँ तक कि सर्वत्र महाभारत की कथावस्तु रामायण से अनुपद प्रभावित है। रामायण और महाभारत युग का यह सांस्कृतिक अन्तर निश्चित ही युग-युगान्त का कालान्तराल है। रामायण से पूर्व महाभारत को स्वीकार करने वाले पण्डित कालदोष के भ्रम से ग्रस्त हैं। १८वीं १९वीं शती के नृतत्त्वशास्त्र वेत्ता यह मानते थे—इतिहास की काल रेखा जटिलता से सरलता की ओर गमन करती है, पर नृतत्त्वशास्त्र, समाजशास्त्र एवं इतिहास की नवीनतम शोध ने कार्ल मार्क्स के पश्चात् इतिहास की इस भ्रान्त धारणा को ही निर्मूल सिद्ध कर दिया। नई मान्यता के अनुसार इतिहास सरलता से जटिलता की ओर गमन करता है। इस मान्यता के अनुसार रामायण युग की सहजता एवं महाभारत युग की जटिलता में दीर्घतम कालखण्ड का व्यवधान तो निश्चित ही है, जिसे किसी भी परिस्थिति में अस्वीकार नहीं किया जा सकता। यदि जटिलता के इस सिद्धान्त को मान लिया जाय

तो पाँच हजार वर्ष पश्चात् आनेवाला इतिहासकार हमारे युग की जटिलताओं को देखकर इस युग को महाभारत युग से भी पूर्व रखने का प्रयत्न कर सकता है। हमारे युग की जटिलतायें तो महाभारत युग की जटिलता से भी अधिक व्यापक और घनघोर हैं। जटिलता से सरलता की ओर इतिहास के निर्गमन का सिद्धान्त सर्वथा दूषित ही नहीं, सम्पूर्ण रूप से भ्रान्त भी है।

रामायण और महाभारत युग का यह सुदीर्घ पार्थक्य १००० वर्ष से बहुत पूर्व है, यदि महाभारत का समय ईसा से तीन हजार वर्ष पूर्व मान लिया जाय तो—जैसा कि महाभारत के प्रबलतम बाह्य एवं आभ्यन्तर साक्ष्यों से सिद्ध होता है; ऐसी अवस्था में रामायण का समय ईसा से बहुत वर्ष पूर्व निश्चित करना होगा। महाभारत को ईसा से तीन हजार वर्ष पूर्व से इधर का स्वीकार करने का अर्थ होगा—हम भारतीय इतिहास की प्राचीनतम काल-धारा के साथ भली-भाँति न्याय नहीं कर सकेंगे; न राजवंशों की दीर्घ वंशावली के काल-क्रम के साथ ही न्याय होगा।

इतिहासकारों के सबसे बड़े आक्रमण का केन्द्र हैं—श्रीकृष्ण। यशोदानन्दन श्रीकृष्ण से भारतीय इतिहास लेखक बहुत अप्रसन्न हैं—पता नहीं क्यों? *डाल्मन* के अनुसार महाभारत के प्राचीन अंश में श्रीकृष्ण का अस्तित्व है। *एस. लेवी* के अनुसार श्रीकृष्ण की भूमिका सम्पूर्ण महाभारत में अन्यतम रही है। पर *विन्टरनिट्ज* के अनुसार महाभारत के प्राचीनतम अंश में तो श्रीकृष्ण का अस्तित्व ही नहीं है। इनके मत से श्रीकृष्ण महाभारत में कालान्तर में सम्मिलित किये गये हैं। *ओल्डेनबर्ग, जकोबी, एलिकॉट* आदि अन्य विद्वानों के मत से श्रीकृष्ण का प्रवेश महाभारत में मौलिक नहीं, बहुत बाद का है। भारतीय संस्कृति के इतिहास में श्रीकृष्ण कब यशोदानन्दन नहीं थे—श्रीकृष्ण देवकीपुत्र की अपेक्षा यशोदानन्दन के नाम से अधिक प्रसिद्ध हैं। वसुदेवनन्दन के रूप में या वसुदेव शब्द के गोत्रापत्यम् वाले अर्थ में कृष्ण आज भी उतने प्रसिद्ध नहीं, जितने 'नन्दनन्दन' के रूप में हैं। गीता में अर्जुन ने भगवान् को सखा आदि शब्दों से सम्बोधित किया है, पर श्रीकृष्ण गोपीजनवल्लभ के रूप में कब प्रसिद्ध नहीं थे? *लासेन* का अनुकरण करते हुए डॉ. भण्डारकर तीन और चार कृष्ण की कल्पना करते हैं। जो जितना बड़ा इतिहासकार है, वह उतने ही अधिक श्रीकृष्ण स्वीकार करता है। श्रीकृष्ण को लेकर सर्वप्रथम *लासेन* को यह सन्देह हुआ। कालान्तर में योरोपियन विद्वानों की यह संख्या बढ़ती चली गई। *वेबर, जकोबी, ओल्डेनबर्ग* आदि विद्वान् इनमें प्रमुख थे। बड़े परिश्रम के साथ इन्होंने संस्कृत भाषा

के इन प्राचीन ग्रन्थों का अध्ययन किया था। कुछ शंकायें इनके भीतर उत्पन्न हुईं, यह स्वाभाविक भी था। श्रीकृष्ण का व्यक्तित्व सर्वत्र विभक्त है–दो पिता, दो माता, दो नगर–मथुरा और द्वारका, दो ग्राम–गोकुल और वृन्दावन, एक ओर कृष्ण योद्धा हैं तो दूसरी ओर एक सारथि; एक ओर स्त्रियों के प्रेमी दूसरी ओर ईश्वर, श्रीकृष्ण जहाँ ग्वालों और गोपियों के बीच वंशीवादन करते हैं तो दूसरी ओर गीता के दर्शनशास्त्र के वे प्रवक्ता भी हैं। श्रीकृष्ण की सभी वस्तुयें एक से अधिक हैं। श्रीकृष्ण का व्यक्तित्व सर्वत्र विराट् है–वैविध्य से युक्त है। कृष्ण मथुरा में जेल के भीतर जन्म लेते हैं–वे वहाँ रुकते नहीं–तत्क्षण अपना स्थान बदलकर गोकुल चले आते हैं। गोकुल भी वे अधिक समय तक रुकते नहीं। वे इसे त्याग कर वृन्दावन चले आते हैं और यहाँ से फिर मथुरा। श्रीकृष्ण का शैशव अनवरत प्रहारों से घिरा था। हर स्थान पर श्रीकृष्ण को नष्ट करने के विपुल प्रयत्न और षड्यन्त्र राजकीय स्तर पर चल रहे थे। पर भय की ये अनवरत विभीषिकायें कहीं भी श्रीकृष्ण पर विजय न प्राप्त कर सकीं। वे सर्वत्र अविचल थे। सम्पूर्ण इतिहास में शायद ही किसी शिशु पर इतने अत्याचार और प्रहार हुए हों, जितने श्रीकृष्ण पर हुए थे। फिर भी उनकी वंशी के स्वर सर्वत्र उसी तरह अनन्त सौन्दर्य की सृष्टि करते रहे। श्रीकृष्ण सर्वत्र और सर्वदा गतिशील थे। वे भारतवर्ष के पूर्वाञ्चल का परित्याग कर सुदूर पश्चिम आनर्त प्रदेश में चले आये; मथुरा को छोड़कर द्वारावती को केन्द्र बनाया और द्वारकाधीश्वर बन गये। यहाँ भी सात्त्वत शिरोमणि श्रीकृष्ण स्थिर नहीं, मगधराज जरासन्ध एवं चेदिराज शिशुपाल से आरक्षित रुक्मिणी को लेकर ये द्वारिका पहुँच गये। श्रीकृष्ण ने महाभारत युग की सबसे बड़ी शक्ति शिशुपाल को क्षण भर में समाप्त कर दिया। अपनी बहन सुभद्रा को महाभारत के सबसे बड़े योद्धा अर्जुन को सौंप कर स्वयं उनके सारथि बन गये। पाश्चात्य परम्परा के इतिहासकारों के अनुसार भारत के चारणों को महाभारत में गीता को एक चोर की तरह घुसा देने का मौका मिल गया। योरोप के पण्डितों को श्रीकृष्ण के इतने विशाल स्वरूप को श्रेणीबद्ध या सुशृंखलित करके देखने में निश्चित कठिनाई होती है; कहाँ मुरलीमनोहर श्रीकृष्ण और कहाँ महाभारत के आकाश को पाञ्चजन्य के घनघोर निध्वान से प्रकम्पित कर देनेवाला श्रीकृष्ण? कृष्ण के इस विराट् वैविध्य को शृंखला के भीतर रखकर देख लेना एक योरोपियन पण्डित के लिए सहज नहीं। भारतीय इतिहासकार के समक्ष इस सहज और असहज का कोई प्रश्न ही नहीं था–उसे तो उसी ओर अपनी गर्दन घुमानी थी, जिधर साहब की घूमती

है। विदेशी हुकूमत का विरोध भारतीय इतिहासकार ने कभी नहीं किया। इस अर्थ में ये परम स्वामिभक्त थे। हमारे स्वतन्त्रता-संग्राम को जब साहब लोगों ने गदर कहा, तब ये भी 'म्यूटिनी' या 'गदर' लिखने लगे। सत्य कहने का साहस इनमें क़भी नहीं रहा–अब तो शिष्य और प्रशिष्यों की ऐसी परम्परा चल पड़ी है; जिसे काट कर बाहर निकल आने का लगता है, साहस ही नहीं है। यदि उस समय भारतीय इतिहासकार अपने सांस्कृतिक वर्चस्व पर कुछ भी विचार करते हुए योरोपीय हुकूमत के विरोध में लिखते तो भारत दश वर्ष पहले ही स्वतन्त्र हो गया होता। *लासेन* को दो कृष्ण का सन्देह हुआ–महाराष्ट्र में बैठे भण्डारकर जी को तीन-चार कृष्ण दिखलाई दे गए। *वेबर* को यह सन्देह हुआ, सम्भवत: रामायण इलियड से प्रभावित है। पिछले दिनों आपात काल के समय *वेबर* के इस क्षीण सन्देह को नया बल प्राप्त हुआ। भाषा-विज्ञान के प्रसिद्ध पण्डित सुनीति कुमार चैटर्जी को तत्त्वज्ञान हुआ। उन्होंने मस्तिष्क की सारी शक्ति लगाकर यह सिद्ध करने का मिथ्या प्रयास किया था–वाल्मीकि ने *होमर* की नकल की है। आपात काल की अन्य उपलब्धियों की तुलना में सुनीति बाबू की यह शोध सबसे बड़ा महत्त्व रखती है। रामायण को नये सन्दर्भ में समझने का एक नया आधार मिल जाता है।

वाल्मीकि के पास ग्रीक भाषा के कौन-कौन से शब्द-कोश होंगे, कौन-कौन से व्याकरण ग्रन्थ होंगे; यह तो पता नहीं, सुनीति बाबू के नोटबुक या डायरी में कहीं नोट किये हुए हों। इतिहास में भारत और यूनान के इस तरह के सम्बन्ध सूत्रों की कोई ऐसी सूचना प्राप्त नहीं होती–इसे इतिहास के प्राय: सभी विद्वान् मानते हैं। *वेबर* की इस कपोल कल्पना का उत्तर प्रो. तैलंग आदि विद्वानों ने भली-भाँति दिया है; जिसको हम यहाँ दोहराना नहीं चाहते। तमसा के तट पर रहने वाला एक चारण कैसे यूनान पहुँचा होगा–यह तो डॉ. चैटर्जी ही जानें। महर्षि वाल्मीकि ने अपनी इस यूनान यात्रा के लिए कौन सा मार्ग चुना–इसका कहीं भी कोई विवरण या मैप इतिहास में नहीं। क्या उस समय सहज ही था–यूनान और भारत का यह यात्रा पथ ? यह सूचना सामान्य रोमांचक नहीं कि उस समय भारत के एक कवि या चारण कहे जाने वाले प्राणी ने अपना महाकाव्य रामायण पूर्ण करने के पूर्व यूनान की यात्रा की–*होमर* के इलियड का गौरवमय पारायण किया। वाल्मीकि को ग्रीक और संस्कृत दोनों भाषाओं का ज्ञान था। आश्चर्य तो यह है कि सारी सुविधाओं के रहते हुए भी आज का भारतीय इतिहासकार, भाषाविज्ञान वेत्ता और कवि हाईस्कूल स्टैंडर्ड की ग्रीक भाषा

सामान्यतया नहीं जानता; *होमर* की ग्रीक भाषा का पारायण तो बहुत दूर।

इसी तरह के मानसिक विलास पर इतिहासकारों का श्रीकृष्ण और उनकी गीता भी आधारित है। भारतीय दर्शन के प्राय: सभी सम्प्रदायों ने गीता पर बड़े-बड़े भाष्य लिखे हैं। भगवद्गीता को भारतीय परम्परा में वेदान्त दर्शन के तृतीय प्रस्थान के रूप में आदर प्राप्त हुआ है—पर कुछ इतिहासकारों की दृष्टि में यह प्रक्षिप्त है। ये इतिहासकार गीता पर जब, कहीं और जहाँ कहीं भी कुछ कहते हैं तो केवल एक शब्द—'प्रक्षिप्त'—इस परम्परा के भीतर इतिहासकारों का वह दल है जिन्होंने गीता जैसी पुस्तक पर अच्छे दश पृष्ठ भी न लिखे। इनके मन्तव्य को पढ़कर लगता है—यह बेचारी गीता इन्हें क्रुद्ध करने के लिए ही महाभारत के भीतर चोरी से जोड़ दी गई है। भगवद्गीता विश्व में दर्शन-शास्त्र का कितना बड़ा ग्रन्थ भी क्यों न हो, इनके प्रच्छन्न व्यक्तित्व और प्रक्षिप्त हृदय में वह एक झूठ के बहुत बड़े पुलिन्दे से अधिक और कुछ भी नहीं।

आचार्य शौनक ने महाभारत को 'सर्वरत्नमयी' कहा है। महाभारत के भीतर बड़े-बड़े रत्न माने गये हैं—गीता, भीष्म-स्तवराज, विष्णुसहस्रनाम आदि-आदि। इतिहासकारों के मत से ये सारे ही रत्न महाभारत के भीतर प्रक्षिप्त हैं। इन्होंने जो कुछ भी इन पर लिखा है वह इस 'प्रक्षिप्त' शब्द पर ही लिखा है, इनकी विषय-वस्तु पर नहीं। क्योंकि इनकी दृष्टि में ये सारे रत्न ही खोटे हैं। अँधेरी गुफाओं के भीतर पुरानी शिलाओं पर घिसी हुई लिपियाँ पढ़ते-पढ़ते इतनी शक्ति और इतना सामर्थ्य ही नेत्रों में नहीं शेष रह पाता जो गीता जैसे रत्नों की प्रकाश धारा पर कहीं स्थिर हो सके। ये महान् रत्न तो साहित्य और दर्शन के पण्डितों के विवेचन की विषय-वस्तु ही रहे हैं, इतिहासकार के जड़ एवं निष्क्रिय सामर्थ्य का विषय नहीं।

महाभारत का सर्वाधिक सशक्त पक्ष है उसका सुसम्बद्ध आकार और यही इतिहासकारों का सर्वाधिक दुर्बल पक्ष भी है। वे इसके इस आकार को देखकर ही इसके हर युग में परिवर्तन, परिवर्धन और परिमार्जन का अनुमान लगाते हैं—यहाँ तक कि इनकी दृष्टि में इसका मूल कथानक ही तीन बार बदल दिया गया है। पर यदि ऐसा होता तो महाभारत का स्वरूप इतना संश्लिष्ट कदापि नहीं रह पाता। प्लॉट को बदलने का अर्थ ही है सम्पूर्ण ग्रन्थ की संगठनात्मक विच्युति। पर महाभारत का प्रवाह कहीं भी खण्डित और विश्रृंखलित नहीं। महाभारत के कुछ समीक्षकों ने इसे एक अन्योक्ति-परक या रूपक-प्रधान काव्य के रूप में स्वीकार किया है। रूपक या

प्रतीक-प्रधान काव्य इतने बड़े आकार को कभी नहीं प्रस्तुत कर सकता। एक प्रतीक को लेकर कभी भी एक लक्ष श्लोकों का आकार नहीं पहुँच सकता। इसके लिए एक ठोस ऐतिहासिक आधार बहुत आवश्यक है; जिसके बिना इतने बड़े महाकाव्य की योजना असम्भव है। इतना बड़ा युद्ध वर्णन एक प्रतीक का आश्रय लेकर कभी द्वारीकृत नहीं हो पाता। महाभारत में सर्वत्र प्राचीन राजाओं का इतिहास वैदिक युग से प्रारम्भ करते हुए ही लिखा गया है। जिसे कल्पना मानकर अस्वीकार करने का अर्थ है, प्राचीन भारतीय इतिहास की समग्र कालधारा को अस्वीकार करना, जो नितान्त असम्भव है। श्रीकृष्ण यशोदा के घर में मक्खन चुराने के लिए एक चोर की तरह भले ही घुसे हों, पर भारतीय दर्शन की सर्वोच्च परम्परा में भगवान् श्रीकृष्ण का प्रवेश एक चोर की तरह नहीं है।

अद्वैतसिद्धिकार एवं गूढ़ार्थदीपिका के महान् निर्माता आचार्य मधुसूदन सरस्वती के शब्दों में—श्रीकृष्ण भारतीय संस्कृति के परमतत्त्व हैं—

कृष्णात् परं किमपि तत्त्वमहं न जाने।

□

आचार्य पाणिनि से पूर्व और उत्तर भारत के सांस्कृतिक इतिहास की काल-धारा

वासुदेवार्जुनाभ्यां वुन्।
कलापिवैशम्पायनान्तेवासिभ्यश्च।
पुराणप्रोक्तेषु ब्राह्मणकल्पेषु।
शौनकादिभ्यश्छन्दसि।
पाराशर्यशिलालिभ्यां भिक्षुनटसूत्रयोः।

—आचार्य पाणिनि

पाणिनीयं महत्सु विहितम्।

—आचार्य पतंजलि

भारतीय साहित्य के इतिहास की कालधारा को ईसा के पूर्व और उत्तर नहीं, आचार्य पाणिनि के पूर्व और उत्तर विभक्त कर देखना ही अधिक समीचीन है। पाणिनि संस्कृत भाषा के प्रौढ़तम आचार्य हैं। इनका जगत् प्रसिद्ध व्याकरण चार हजार सूत्रों में विद्यमान है। आचार्य पाणिनि के पूर्व वैदिक संस्कृत पर अनेक व्याकरण ग्रन्थ विद्यमान थे। आचार्य यास्क का समय पाणिनि से पूर्व है। इन्होंने अपने निरुक्त में अनेक प्राचीन वैदिक व्याकरण के आचार्यों के मतों की चर्चा और उनका नाम उल्लेख किया है। पर लौकिक संस्कृत भाषा पर आचार्य पाणिनि का ही एक मात्र प्राचीनतम और विशाल व्याकरण ग्रन्थ समुपलब्ध है। *गोल्डस्टूकर* के अनुसार पाणिनि का समय सातवीं शती ईसा पूर्व है, अन्य इतिहासकारों के मत से ईसा से पाँचवीं शती पूर्व। पतंजलि के समय आचार्य पाणिनि का यश अध्ययन और अध्यापन की कक्षाओं तक

फैल चुका था–

आकुमारं यश: पाणिने: एषास्य यशसो मर्यादा।

—महाभाष्य १-४-८९

यहीं तक ही नहीं, पतंजलि के समय आचार्य पाणिनि प्रमाणभूत आचार्य के रूप में सर्वत्र प्रसिद्ध हो चुके थे–

प्रमाणभूत आचार्यो दर्भपवित्रपाणि: शुचावकाशे प्राङ्मुख
उपविश्य महता यत्नेन सूत्रं प्रणयति स्म।

—महाभाष्य १-१-१ वा० ७

शालातुर पाणिनि का सर्वमान्य समय ईसा से पाँच सौ वर्ष पूर्व एवं महाभाष्यकार पतंजलि का समय ईसा से दो सौ वर्ष पूर्व माना गया है। शालातुर पाणिनि गन्धार देश के थे–आचार्य पतंजलि दाक्षिणात्य। यह सर्वथा असम्भव है कि तीन सौ वर्षों के भीतर एक कृति सम्पूर्ण भारतवर्ष में अध्ययन-अध्यापन के क्रम में प्रसिद्ध होकर प्रचलित हो गई। यह भी सर्वथा असम्भव है कि तीन सौ वर्षों के भीतर एक कृति पर महाभाष्य जैसे ग्रन्थ भी निर्मित हो जाएँ। किसी भी कृति के अध्ययन, अध्यापन, प्रचार, लोकप्रियता, उसके गाम्भीर्य का महाभाष्य के स्तर पर आकलन तीन सौ वर्षों के भीतर असम्भव है। जबकि दो हजार वर्ष पूर्व आवागमन, परस्पर सम्पर्क के साधन ही इतने विकसित न थे। इतिहास के पण्डित आचार्य पाणिनि और पतंजलि के काल की कल्पना को एक रूढ़ि की तरह ही ग्रहण करते हैं–ईसा से पाँच सौ वर्ष पूर्व पाणिनि, उसके सौ डेढ़ सौ वर्ष पश्चात् वार्तिककार कात्यायन एवं उसके सौ दो सौ वर्ष पश्चात् महाभाष्यकार पतंजलि। सौ दो सौ वर्षों के इस अन्तर पर भौगोलिक एवं अन्य सम्पर्क सूत्रों के इतने क्षीण होने पर एक प्रौढ़तम सूत्र ग्रन्थ पर वार्तिक और महाभाष्य की रचना कैसे सम्भव हो सकी, इस रहस्य को इतिहासकार ही समझें। ईसा के पूर्व भारतवर्ष के बाह्य और आभ्यन्तर सम्पर्क सूत्रों का क्रम इतना सहज नहीं था। यहाँ इनके इस काल विभाजन के क्रम पर न उलझ कर हम प्रचलित मान्यता के अनुसार ही पाणिनि के समय को लें–तब भी यह प्रश्न कम महत्त्व का नहीं; आचार्य पाणिनि के समक्ष लौकिक संस्कृत भाषा के कौन-कौन से ग्रन्थ रहे होंगे जिनसे अनुप्राणित होकर, जिनके अर्थों को स्पष्ट करने के लिए आचार्य ने अपने विशालकाय व्याकरण की संरचना की ? पर भारतीय इतिहासकार के पास इसका कोई भी स्पष्ट उत्तर नहीं है। क्या इतने बड़े व्याकरण की रचना बिना विशाल साहित्य के केवल शून्य पर ही आधारित थी ?

आचार्य पाणिनि के व्याकरण का सम्बन्ध प्रधानत: लौकिक संस्कृत भाषा से

है; वैदिक व्याकरण का उल्लेख सन्दर्भगत है। ऐसी अवस्था में यह प्रश्न इतिहास लेखक के समक्ष बड़े ही स्वाभाविक ढंग से उपस्थित होता है–पाणिनि के समक्ष लौकिक संस्कृत का वह कौन-सा विशाल वाङ्मय था, जिसकी भाषागत एकरूपता को स्थिर करने के लिए पाणिनि ने इतने बड़े वैज्ञानिक व्याकरण की रचना की? निश्चित रूप से पाणिनि के समक्ष लाखों श्लोक एवं सहस्रों ग्रन्थों से परिपूर्ण लौकिक संस्कृत भाषा का विशालकाय साहित्य रहा होगा, जिसको आधार बनाकर, उसकी भाषागत समस्याओं को सामने रखकर आचार्य ने अपने अतिकाय व्याकरण की रचना की। इतिहासकार इस प्रश्न पर पहुँचते-पहुँचते स्वयं निरुत्तर हो जाता है। अधिक से अधिक उत्तर के नाम पर उसके पास आठ हजार आठ सौ श्लोकों का महाभारत या 'जय' है। क्या आठ हजार श्लोकों के अर्थ को स्पष्ट करने के लिए आचार्य पाणिनि ने चार हजार सूत्रों का विशालकाय व्याकरण लिखा है। आचार्य पाणिनि के व्याकरण के अस्तित्व में आने के लिए 'जय' के आठ हजार श्लोक कदापि पर्याप्त नहीं हो सकते। *लासेन* और *वेबर* से लेकर उनके अनुगामी केवल एक ही बात दोहराते रहे हैं–आचार्य पाणिनि से १०० या २०० वर्ष पूर्व उनके समक्ष लौकिक संस्कृत भाषा के ग्रन्थ के नाम पर 'जय' ही था।

इतिहासकारों की दृष्टि में आचार्य पाणिनि के समक्ष रामायण ग्रन्थ नहीं था। रामायण इनके मतानुसार ईसा से तीन सौ वर्ष पूर्व की कृति है। बालकाण्ड और उत्तरकाण्ड तो महाकवि भास, महाभाष्यकार पतंजलि एवं अश्वघोष के पश्चात् ही जोड़े गये हैं। रामायण, महाभारत एवं अन्य ग्रन्थ–पुराणों के अस्तित्व की सूचना भले ही दें, पर इतिहासकार पुराणों का अस्तित्व अपने प्रभु ईसामसीह के जन्म के पश्चात् ही स्वीकार करते हैं। पादरी *बुल्के* तो अपने खोटे चार्ट में पुराणों को ईसा के पश्चात् तीसरी चौथी शती के इधर हिलने भी नहीं देते। इन्होंने सर्वप्रथम तीसरी चौथी शती ईसवी में विष्णुपुराण और ब्रह्माण्डपुराण को ही नोटिस में लिया है।

लौकिक संस्कृत भाषा की तरह ही वैदिक संस्कृत भाषा के ग्रन्थों को भी पाणिनि से पूर्व ग्रहण करने में इतिहासकारों को कठिनता का ही अनुभव होता है। इनके मत से उपनिषदों का कोई भी अंश पाणिनि से पूर्व का नहीं। यही अवस्था शतपथ सहित समग्र ब्राह्मण और आरण्यक साहित्य की भी है। इसके अतिरिक्त आश्वलायन, आपस्तम्ब, कात्यायन, बौधायन, शांख्यायन, लाटायन आदि वैदिक वाङ्मय के आचार्य एवं स्वयं मनुस्मृतिकार मनु सभी आचार्य पाणिनि से पाश्चात्यवर्ती ही हैं। वैदिक वाङ्मय के नाम पर पाणिनि के समक्ष वेदों की ऋचायें थीं, लौकिक

संस्कृत के नाम पर 'जय' के आठ हजार श्लोक, वह भी पाणिनि से सौ या पचास वर्ष पूर्व। सम्भवत: इतिहासकारों के मत से ये श्लोक पाणिनि से सौ पचास वर्ष पूर्व इसलिए स्वीकार करना बहुत आवश्यक हो गया था कि व्याकरण लिखने के लिए पाणिनि के सामने एक छोटी पुस्तक रहना तो जरूरी है, नहीं तो बेचारा पाणिनि व्याकरण क्यों, कैसे और किस पर लिखेगा! लगता है यहाँ इतिहासकारों को आचार्य पर दया आ गई। यह है भारतीय इतिहासकारों का अन्तिम निष्कर्ष सारी खुदाई के पश्चात्, सारे शिलालेखों के पश्चात्, सारे ताम्र-पत्रों और सिक्कों के अध्ययन के पश्चात्। महाभारतकार वेदव्यास के समक्ष तो साहित्य के नाम पर विशुद्ध शून्य ही था—केवल वेदों की ऋचायें थीं, जिनको इधर-उधर खींच-तान करके वे वेदव्यास बन बैठे।

भारतीय साहित्य की इस तरह की दयनीय स्थिति वेदव्यास और आचार्य पाणिनि के पास निश्चित ही नहीं थी। पर *लासेन* और *विन्टरनिट्ज* के ऐतिहासिक शोध की यह परम्परा अपने गतसार मनोविलास और पोचे अन्वेषण में उलझी हुई, अपनी इस दयनीय स्थिति में यहाँ तक पहुँच गई। इसकी सत्यता को सामान्य ज्ञान के आधार पर रखकर भी प्रमाणित नहीं किया जा सकता। आचार्य पाणिनि के समक्ष लाखों श्लोकों में विस्तृत, सहस्रों ग्रन्थों का विशाल साहित्य अपने सहस्रों वर्षों के इतिहास के साथ प्रस्तुत था। जिसके भीतर भाषा की एकरूपता, उसका स्वरूप, उसकी निरुक्ति बड़े-बड़े सहस्रों जटिल प्रश्न प्रस्तुत थे। पाणिनि की सूत्र शैली का स्वरूप इसका स्वयं प्रमाण है। भाषा के इन बड़े-बड़े प्रश्नों का उत्तर और उसका विस्तृत इतिहास महाभाष्य के भीतर लिखा है; इसका एक छोटा-सा अनुमान हम यहाँ महाभाष्य के इस वाक्य से लगा सकते हैं—

"ऐसा सुनते हैं– (देवगुरु) बृहस्पति ने एक सहस्र दिव्य वर्षों तक इन्द्र को प्रतिपदोक्त शब्दपारायण कराया, पर समाप्ति तक नहीं पहुँचे।"

एवं हि श्रूयते—बृहस्पतिरिन्द्राय दिव्यं वर्षसहस्रं -
प्रतिपदोक्तानां शब्दानां शब्दपारायणं प्रोवाच नान्तं जगाम।

—महाभाष्य - पस्पशाह्निक

एक ओर आठ हजार श्लोकों की प्रहेलिका दूसरी ओर आचार्य पाणिनि, कात्यायन और पतंजलि का विशाल कृतित्व दोनों के मध्य इतिहासकार का यह प्रक्षिप्त अन्धविश्वास—इसे कोई अन्धविश्वास से ग्रस्त छात्र ही परीक्षा में उत्तीर्ण होने

के लिए भले ही स्वीकार कर ले; बीसवीं शती के ज्ञान-विज्ञान से सम्पन्न मेधा के लिए तो यह कदापि ग्राह्य नहीं। महाभाष्यकार ने इस विशाल शब्द-राशि का अनुमान अत्यन्त संक्षेप में इस प्रकार प्रस्तुत किया है–

"शब्द प्रयोग का बहुत बड़ा क्षेत्र है। प्रथम तो पृथिवी के ही सात द्वीप हैं। तीन लोक हैं। चार वेद हैं अङ्ग और रहस्य सहित। इनके नाना भेद हैं–यजुर्वेद की १०१ शाखा हैं, सामवेद के हजार मार्ग हैं, बह्वृचों का आम्नाय २१ प्रकार से भिन्न है और अथर्ववेद ९ प्रकार से। (यही नहीं) वाकोवाक्य भी है, इतिहास है, पुराण है और वैद्यक भी–इतना शब्द के प्रयोग का विषय है।"

महाच्छब्दस्य प्रयोगविषयः। सप्तद्वीपा वसुमती त्रयो लोकाः, चत्वारो वेदाः साङ्गाः सरहस्या बहुधा भिन्ना एकशतमध्वर्युशाखाः, सहस्रवर्त्मा सामवेदः, एकविंशतिधा बाह्वृच्यं, नवधाऽऽथर्वणो वेदः, वाकोवाक्यम्, इतिहासः, पुराणं वैद्यकमित्येतावच्छब्दस्य प्रयोगविषयः। —महाभाष्य - पस्पशाह्निक

यहाँ चारों वेद, उनके छः अंग, उपनिषद्, विभिन्न शाखायें, यजुर्वेद की १०१ शाखायें, सामवेद की १००० शाखायें, ऋग्वेद की २१ शाखायें, अथर्ववेद की ९ शाखायें, वाकोवाक्य–प्रश्नोत्तर संवाद विषयक साहित्य, इतिहास, पुराण, वैद्यक, यह संक्षिप्त सूची है। इन विषयों के व्याख्यात्मक एवं इनसे सम्बद्ध कितने ग्रन्थ रचे गये होंगे–यह चिन्तन का विषय है। आचार्य पाणिनि के और पतंजलि के समक्ष रामायण और एक लाख श्लोकों से युक्त महाभारत ही नहीं, बड़े-बड़े पुराण, इतिहास, वैद्यक, वास्तुशास्त्र, गज और अश्व-आयुर्वेद आदि के अनेक ग्रन्थ थे। काव्य, महाकाव्य, नाटक भी थे। महाभाष्यकार कंसवध, बलीवध जैसे नाटकों सहित रामायण की सूचना देता है। आचार्य पाणिनि ने अपने सूत्र में शिलाली के नटसूत्र का उल्लेख किया है। आचार्य पाणिनि द्वारा लिखित कुछ सरस काव्य श्लोक प्राप्त हैं, यथा–

उपोढरागेण विलोलतारकं तथा गृहीतं शशिना निशामुखम्।
यथा समस्तं तिमिरांशुकं तया पुरोऽपि रागाद्गलितं न लक्षितम्॥

राजानकरुय्यक मंख के 'अलङ्कारसर्वस्वम्' में यह श्लोक श्लिष्ट विशेषण साम्य का उदाहरण है– "अनुराग भरे चन्द्रमा ने निशा का चञ्चल तारों से भरा मुखमण्डल इस प्रकार पकड़ लिया, वह रागवशीभूत होकर यह भी न जान सकी, उसका अन्धकार रूपी वस्त्र कब खिसक गया।"

आचार्य पाणिनि के समय श्लोक, गाथा, आख्यान सब प्रचलित हो चुके थे–

न शब्दश्लोककलहगाथावैरचाटुसूत्रमन्त्रपदेषु।

—पाणिनि अष्टाध्यायी ३-२-२३

इनके रचनाकार श्लोककार और गाथाकार के रूप में प्रसिद्ध थे। आख्यानों का विपुल साहित्य निर्मित हो चुका था; पाणिनि के सूत्र से यह सूचना प्राप्त होती है—

दिक्शब्दा ग्रामजनपदाख्यानचानराटेषु।

—पाणिनि अष्टाध्यायी ६-२-१०३

काशिका और महाभाष्य ने भार्गव परशुराम और ययाति के प्राचीन आख्यानों वाले ग्रन्थों की चर्चा की है। यहाँ तक कि पाणिनि ने साहित्य और काव्य के रूप में शिशुक्रन्दीय, यमसभीय और इन्द्रजनीय का उल्लेख किया है—

शिशुक्रन्दयमसभद्वन्द्वेन्द्रजननादिभ्यश्छः।

—पाणिनि अष्टाध्यायी ४-३-८८

शिशुक्रन्दीय सम्भवतः श्रीकृष्ण की बाललीला पर आश्रित था। पाणिनि की अष्टाध्यायी में महाभारत की महत्त्वपूर्ण चर्चा एवं अन्य ऐतिहासिक सन्दर्भों का उल्लेख है, जिससे महाभारत के ऐतिहासिक स्वरूप पर भली-भाँति प्रकाश पड़ता है। आचार्य पाणिनि के पूर्व 'जय' कहा जाने वाला महाभारत—महाभारत के रूप में ईसा से पाँच सौ वर्ष पूर्व प्रसिद्ध हो चुका था। निम्न सूत्र से इसकी स्पष्ट सूचना प्राप्त होती है—

महान्व्रीह्यपराह्णगृष्टीष्वासजावालभारभारतहैलिहिलरौरव प्रवृद्धेषु।

—पाणिनि अष्टाध्यायी ६-२-३८

यहाँ महत् शब्द दश शब्दों के साथ लगाया गया है, जिसका निष्पन्न स्वरूप इस प्रकार है—महाजावालः महाभारः महाभारतः, महाहैलिहिलः, महारौरवः, महाप्रवृद्धः। न कि यहाँ जैसा वासुदेवशरण अग्रवाल ने अपने ग्रन्थ 'पाणिनि कालीन भारतवर्ष' में लिखा है—'पाणिनि ने भारत और महाभारत इन दोनों का उल्लेख किया है।' पर ऐसी बात नहीं। डॉ. अग्रवाल की यह धारणा व्याकरण के अध्ययन पर आधारित नहीं, *गोल्डस्टूकर* की भ्रान्त समझ का अन्धा अनुकरण है। पाणिनि ने यहाँ केवल शब्द के उसी निष्पन्न रूप का ग्रहण सर्वत्र दश शब्दों में किया है; जो महत् शब्द को ग्रहण करके निष्पन्न होते हैं। पाणिनि की अष्टाध्यायी इतिहास की सूचना का इन्डेक्स ग्रन्थ नहीं—जैसा डॉ. अग्रवाल ने समझा है—यह व्याकरण है जिसमें मनः कल्पित अर्थ के लिए कोई स्थान नहीं। आचार्य ने शिलाली के नटसूत्र का उल्लेख भी किया है। इससे लगता है, नाटक साहित्य पाणिनि ही नहीं शिलाली के पूर्व ही अस्तित्व में आ

चुका था—नहीं तो नाटकों की विधा पर सूत्र ग्रन्थ का निर्माण ही असम्भव था—

पाराशर्यशिलालिभ्यां भिक्षुनटसूत्रयोः।

—पाणिनि अष्टाध्यायी ४-३-११०

यहाँ पाराशर्य शब्द से स्पष्ट महर्षि पराशरपुत्र वेदव्यास का ही ग्रहण है। वेदव्यास के नाम के साथ 'भिक्षुसूत्र' का उल्लेख हुआ है, जो उनके द्वारा निर्मित 'ब्रह्मसूत्र' के अर्थ को ही स्पष्ट करता है। वेदान्त के कारण यह संन्यासियों के द्वारा उस समय पूजित हो रहा था, इसलिए यहाँ भिक्षुसूत्र शब्द से ब्रह्मसूत्र का ग्रहण किया गया है। इससे यह सिद्ध होता है, आचार्य पाणिनि से पूर्व ब्रह्मसूत्र अस्तित्व में आ गया था एवं व्यास की कृति के रूप में ही प्रसिद्ध था। यहाँ भिक्षुसूत्र को लेकर इतिहास के पण्डितों में वितण्डा है। जैन, बौद्ध एवं पाशुपत आदि मतों के खण्डन को देखकर, इतिहासकार इसे परवर्ती काल का मानते हैं, पर इसके लिए दो विकल्प हमारे सामने हैं। वैसे जैन और बौद्ध मत भगवान् महावीर और बुद्ध से पूर्व प्रचलित थे—यह मान्यता स्वयं जैन एवं बौद्ध आगमों की है। ये धर्म महावीर और बुद्ध दोनों से बहुत प्राचीन हैं। ऐसी अवस्था में व्यासकृत ब्रह्मसूत्र में, इन मतों का खण्डन काल दोष से दूषित नहीं। दूसरा विकल्प यह भी है, जैनों और बौद्धों के दर्शन का बीज वैदिक दर्शन के भीतर है—वे अमौलिक नहीं और न उनका मूल कहीं यूनान में है। बौद्ध दर्शन के पाश्चात्य पण्डितों ने इसके मूल को उपनिषदों के भीतर खोजने का प्रयत्न किया है। अतः पूर्वापर क्रम में उसकी सांकेतिक उपपत्ति का ब्रह्मसूत्र के भीतर होना कोई आश्चर्य की बात भी नहीं। कालान्तर की दार्शनिक परम्परा में उनका ग्रहण और उपादान बौद्ध और जैन आदि परम्पराओं के द्वारा सिद्धान्त रूप से ग्रहीत होने पर आचार्य शंकर आदि भाष्यकारों ने सीधा अन्वय उन दर्शनों से करते हुए उसे तत् तत् दर्शन के खण्डन और मण्डन के रूप में निश्चित कर दिया। यह भी सम्भव है, कुछ सूत्र वहाँ वार्तिक के रूप में कालान्तर में कल्पित कर लिये गये हों, जो आगे चलकर अपने महत्त्व के कारण व्यास सूत्र के रूप में ही प्रसिद्ध हो गये हों। पर प्रथम विकल्प ही यहाँ अधिक समीचीन दिखलाई देता है। जैन और बौद्ध धर्मों की महती परम्परा को असत्य मान लेने के लिए भी कोई कारण या हेतु इतिहास में होना चाहिए। भगवान् महावीर तो जैन धर्म की परम्परा के अन्तिम महान् तीर्थंकर थे। इनके पूर्व नेमिनाथ, पार्श्वनाथ, ऋषभदेव आदि तीर्थंकर हैं। जैन आगमों में चौबीस तीर्थंकरों की परम्परा है, इसी तरह भगवान् बुद्ध के पूर्व भी यह परम्परा बोधिसत्व के रूप में बौद्ध ग्रन्थों में सुरक्षित

है। अत: आचार्य पाणिनि के इस सूत्र का सन्दर्भ कहीं भी वितण्डा का विषय नहीं।

वेदव्यास ही नहीं महाभारत से सम्बद्ध अन्य आचार्यों के नाम भी पाणिनि के सूत्रों में आये हैं। वेदव्यास के पूर्व समग्र वैदिक वाङ्मय पिण्डीभूत था। इन्होंने ही सर्वप्रथम इसे विभक्त करते हुए अपने शिष्यों को इसकी शाखा-प्रशाखा का विस्तार सौंपा था। महाभारत के महान् आचार्य वैशम्पायन की प्रामाणिक सूचना पाणिनि का यह सूत्र हमें देता है–

कलापिवैशम्पायनान्तेवासिभ्यश्च।

—पाणिनि अष्टाध्यायी ४-३-१०४

कठ, कलापि ये कृष्ण यजुर्वेद के चरण संस्थापक आचार्य थे, वेदव्यास शिष्य वैशम्पायन इनके गुरु। आचार्य वैशम्पायन चरक के नाम से भी प्रसिद्ध रहे हैं। चरक शब्द का अर्थ है। जो विद्वान् विद्यार्जन के लिए विचरण करता है। मीमांसा दर्शन के भाष्यकार आचार्य शबर ने तो इन्हें वेदों की सम्पूर्ण शाखाओं का पण्डित कहा है–

वैशम्पायन: सर्वशाखाध्यायी–

—मीमांसा दर्शन पर शबर भाष्य १-१-३०

कलापि स्वयं आचार्य वैशम्पायन के शिष्य थे। इन्होंने चरकों के उ़दीच्य चरण का प्रवर्तन किया था। महाभाष्यकार के अनुसार कठ भी आचार्य वैशम्पायन के शिष्य थे। आचार्य पाणिनि का सूत्र इस प्रकार है–

कठचरकाल्लुक्। —पाणिनि अष्टाध्यायी ४-३-१०७

इसी प्रकार व्यास शिष्य पैल का उल्लेख आचार्य पाणिनि ने इस प्रकार किया है–

पैलादिभ्यश्च। —पाणिनि अष्टाध्यायी २-४४-५९

वैशम्पायन जहाँ यजुष् की परम्परा में थे, वहाँ व्यास ने पैल को ऋग्वेद के अध्ययन की परम्परा के शाखा विस्तार को सौंपा था। आचार्य पैल के क्रम की दो अवान्तर शाखा वाष्कल और माण्डूकेय के नाम से आगे जाकर प्रसिद्ध हुईं। वैशम्पायन शिष्य कठ आचार्य खाडायन के गुरु थे। कात्यायन ने यहाँ अपना वार्तिक इस प्रकार समाधान के रूप में प्रस्तुत किया है–

कलापि खाडायन ग्रहणं ज्ञापकं

वैशम्पायनान्तेवासिषु प्रत्क्षकारिग्रहणस्य।

—वा. ४-३-१०४

आचार्य पाणिनि ने वेदव्यास और वैशम्पायन का नाम ही नहीं, उनके सूत्रों में उनके शिष्य और प्रशिष्यों के नाम का उल्लेख भी किया है। लोमहर्षण पुत्र उग्रश्रवा सौति ने आचार्य शौनक को नैमिषारण्य में सम्पूर्ण महाभारत सुनाया था। इतिहासकारों के मत से शौनक और सौति कल्पित नाम हैं, जिनका सन्दर्भ ईसा के पूर्व कहीं भी प्राप्त नहीं है। पाणिनि ने आचार्य शौनक के ऐतिहासिक नाम का उल्लेख अपने व्याकरण शास्त्र में किया है–

शौनकादिभ्यश्छन्दसि।

–पाणिनि अष्टाध्यायी ४-३-१०६

इस सन्दर्भ से स्पष्ट सिद्ध होता है–उग्रश्रवा सौति से महाभारत सुनने वाले आचार्य शौनक पाणिनि से पूर्व थे।

योरोप की परम्परा के पण्डित यह मानते हैं–महाभारत का प्लॉट ईसा से तीन सौ वर्ष पूर्व सम्पूर्ण रूप से बदल दिया गया था। इसके पूर्व वह कुरुओं के यशोगान तक ही सीमित था। उसे इस युग में बदलकर पाण्डव और श्रीकृष्ण को केन्द्र मानते हुए नया रूप प्रदान किया गया। पर आचार्य पाणिनि का निम्न सूत्र यहाँ भी ईसा से पाँच सौ वर्ष पूर्व श्रीकृष्ण और अर्जुन के अस्तित्व की ऐतिहासिक सूचना हमें देता है–

वासुदेवार्जुनाभ्यां वुन्।

–पाणिनि अष्टाध्यायी ४-३-९८

यहाँ हमने बहुत ही संक्षेप में महाभारत के पाणिनीय सन्दर्भों की चर्चा की है। महर्षि के समक्ष लौकिक संस्कृत भाषा का अपार साहित्य था। जिसकी किंचित् छाया या आभास मात्र ही पाया जा सकता है। पाणिनि ने इतिहास तो लिखा नहीं, व्याकरण के अति संक्षिप्त सूत्र ही लिखे हैं, जिनमें प्रयोग साधन की दृष्टि से ही अत्यावश्यक शब्दों का ग्रहण है। सहस्रों ग्रन्थ काल के प्रवाह में नष्ट हो गये, पर रामायण, महाभारत और पुराणों का विशाल साहित्य आज भी वर्तमान है। यह तो नितान्त असम्भव है कि महर्षि पाणिनि के समक्ष मात्र आठ हजार श्लोकों का केवल 'जय' ही था। जब तक इसका कोई बाधक प्रमाण प्राप्त न हो, तब तक यह कैसे मान लिया जाय कि पाणिनि के समक्ष लौकिक संस्कृत भाषा का विशाल ग्रन्थागार न था।

क्रतूक्थादिसूत्रान्ताट्ठक्। –पाणिनि अष्टाध्यायी ४-२-६०

सूत्र पर आचार्य कात्यायन का यह वार्तिक स्पष्ट कहता है–

आख्यानाख्यायिकेतिहासपुराणेभ्यश्च।

यहाँ इस वार्तिक में आख्यान, आख्यायिका, इतिहास और पुराणों का सूचनात्मक उल्लेख है। महाभाष्यकार पतंजलि ने 'यवक्रीत' 'प्रियंगु' तथा 'ययाति' के आख्यानों का उल्लेख किया है। महाभारत में यवक्रीत का उपाख्यान वनपर्व में आया है, ययाति का आदिपर्व में एवं अन्यत्र भी है।

आचार्य पाणिनि ने इतिहास तो नहीं लिखा, पर उनकी शब्द मीमांसा प्राचीन भारतीय इतिहास की सबसे महत्त्वपूर्ण शोध पंजिका है। यह शब्दों का वह महान् दीपक है, जिसको हाथ में लेकर काल की तमाच्छादित गुफा के भीतर बड़ी सहजता से प्रवेश किया जा सकता है। भाषा किसी भी संस्कृति के आकलन का सबसे बड़ा रजिस्टर है, व्याकरण उसका दिशा निर्देशक यन्त्र। आचार्य पाणिनि का यश सर्वत्र प्रथित है–पाणिनि का शास्त्र महान् और सुविरचित है–

पाणिनीयं महत्सुविहितम्।

–महा. भा. ३-२-३

□

रामायण–महाभारत की ऐतिहासिक परम्परा—बौद्धयुग

वाल्मीकिरादौ च ससर्ज पद्यम्
जग्रन्थ यन्न च्यवनो महर्षिः।
चिकित्सितं यच्च चकार नात्रिः
पश्चात्तदात्रेय ऋषिर्जगाद॥

क्व तद्बलं कंसविकर्षिणो हरे
स्तरंगराजस्य पुटावभेदिनः।
यमेकबाणेन निजघ्निवान् जरा
क्रमागता रूपमिवोत्तमं जरा॥

बलं कुरूणां क्व च तत्तदाभवत्
युधि ज्वलित्वा तरसौजसा च ये।
समित्समिद्धा ज्वलना इवाध्वरे
हतासवो भस्मनि पर्य्यवस्थिताः॥

—महाकवि अश्वघोष

जातक साहित्य में भगवान् बुद्ध के अनेक पूर्व जन्मों की कथा है–जैसे शिविकाराज, मत्स्यावतार आदि। रामायण और महाभारत की अनेक कथाओं को बौद्ध परम्परा के अन्तर्गत विकृत और परिवर्धित किया गया है। महाराज शिवि की कथा बोधिसत्त्व-शिविकाराज के जातक में परिवर्धित की गई है। मत्स्यावतार की कथा में तो आमूल चूल परिवर्तन ही कर दिया गया है–भगवान् बोधिसत्त्व सिन्धु नदी के तट पर अकाल पीड़ित लोगों के जीवन धारण करने के लिए महामत्स्य बोधिसत्त्व के रूप में प्रकट

हुए थे। दुर्भिक्ष के समय वहाँ के लोगों ने इस मत्स्य का मांस भोजन करते हुए बहुत वर्षों तक जीवन धारण किया। इससे हम अनुमान कर सकते हैं, बौद्ध परम्पराओं के भीतर रामायण और महाभारत की कथाओं को किस चमत्कार के साथ विकृत किया गया है। राम की कथा में भी पर्याप्त परिवर्तन उसे बोधिसत्त्व के ढाँचे तक लाने में किये गये। फलतः राम की कथा भी इन पाश्चात्यवर्ती जातकों की बौद्ध परम्पराओं के भीतर, अधिक से अधिक विकृत होती रही। उदाहरण–दशरथ कथानक, अनामक जातक आदि।

अन्य जातकों की तरह दशरथ जातक भी भगवान् बोधिसत्त्व का एक प्रसिद्ध जातक है। इतिहासकारों ने व्यर्थ ही रामायण और दशरथ जातक के मध्य एक युद्ध की स्थिति पैदा कर दी। रामायण को दशरथ जातक का आधार मान लेने पर ये दोनों ही असत्य एवं आधार-हीन सिद्ध होते हैं। दोनों की कथा के देश, पात्र और काल तीनों भिन्न हैं। रामायण के पश्चात् भारतवर्ष के हजारों लाखों परिवारों ने अपने घरों में दशरथ, राम, लक्ष्मण, भरत, सीता आदि नाम रखे हैं। दशरथ जातक के आदरणीय वाराणसी नरेश ने भी अपने परिवार के भीतर रामायण के इन महान् पात्रों के नाम इन इतिहासकारों से भयमुक्त होकर ही रखे थे। भगवान् बुद्ध ने वाराणसी के इस श्रेष्ठ राजपरिवार से अपने बोधिसत्त्व व्यक्तित्व का सम्बन्ध स्थापित किया है। यदि हम रामायण की कथा को ५वीं शती के इस सिंहली भाषा के अनूदित जातक पर आधारित मान लें तो ये दोनों महान् कृतियाँ ही आधारहीन और मिथ्या सिद्ध होंगी। ५वीं शती का यह अति लघुकाय जातक रामायण की रचना का आधार कैसे बन सकता है ? दोनों रचनाओं का देश भिन्न है, काल भिन्न है, पात्र भिन्न हैं, इनका इतिहास और परम्परायें भिन्न हैं। अनामक जातक का राम भी दशरथ जातक का राम नहीं; जब दशरथ जातक के राम और सीता अनामक जातक के राम और सीता नहीं हैं, तब रामायण के राम और सीता के होने का तो प्रश्न ही नहीं उठता। दशरथ कथानक का राम भी दशरथ जातक का राम नहीं है। बौद्ध परम्परा राम और रामायण से भली-भाँति परिचित है।

अनामक जातक का राम आदिकवि वाल्मीकि का राम होते हुए भी रामायण का प्रतापघन राम नहीं, वह बोधिसत्त्व राम है। राम को बोधिसत्त्व की सीमा में रखकर देखने की इस प्रक्रिया में जातक के कथानक पर बौद्ध परम्परा का गहरा प्रभाव है। रावण का नाग के रूप में ग्रहण और उसके क्रोध की अभिव्यक्ति पर वैदिक वृत्र के

प्रतीकार्थ का भी हल्का-सा प्रभाव है। बौद्ध संस्कृति में दुष्ट नागों के निग्रह की अनेक कथायें हैं। बौद्ध धर्म में नागों के निग्रह का प्रतीकार्थ बहुत प्रचलित है। कहना न होगा, नागों के इन प्रतीकार्थों पर दो वैदिक परम्पराओं का प्रत्यक्ष और अप्रत्यक्ष प्रभाव सर्वाधिक है–वृत्र-निग्रह एवं श्रीकृष्ण का यमुना स्थित नाग निग्रह। 'वी' राज्य के प्रसिद्ध ऐतिहासिक यात्री सुङ्युन् एवं श्यूआन् चुआङ् ने अपने यात्रा वर्णन में भी नागों की भयङ्कर चर्चा की है। अनामक जातक में डरकर भागता हुआ बालि–राम के व्यक्तित्व को बोधिसत्त्व की परम्परा में रखकर देखने का एक सफल प्रयास है। बुद्ध का सम्बन्ध धनुष बाण से कहीं भी नहीं, पर राम के साथ कथानकगत बोधिसत्त्व का अन्वय होने पर सम्पूर्ण जातक में राम धनुष को साथ रखते हुए भी, केवल नाग को समाप्त करने के लिए वे मात्र एक बाण का प्रयोग करते हैं। पर सीता के लिए तो यह धरती ठीक उसी तरह फट जाती है, जैसा रामायण में है।

दशरथ कथानक भी चीनी भाषा के माध्यम से प्राप्त अवदान कथा है। इसका राम अनाम जातक की तरह अनाम राम नहीं। इस जातक का राम भी रामायण और बौद्ध परम्परा का राम है। इस अवदान के कथाशिल्प की सबसे बड़ी विशेषता है, सम्पूर्ण रामकथा बिना सीता की चर्चा के ही कह दी गई है।

बौद्ध परम्परा में समुपलब्ध दशरथ जातक को इतिहास के कुछ पण्डितों ने रामायण का मूल आधार माना है। *वेबर* ने सर्वप्रथम अपने सन्देह को स्पष्ट किया है। राम, लक्ष्मण, सीता, भरत, कौशल्या, विमाता सब के नाम इस छोटे से जातक में आये हैं। देश, काल, पात्र, परम्परा पर सम्यक् विचार न करने पर ऐसा भ्रम होना स्वाभाविक है। *वेबर* इसी भ्रम से ग्रस्त थे। डॉ. दिनेशचन्द्र सेन ने 'दी बेंगॉली रामायण' में *वेबर* के इस मत का लोहा माना है। आदरणीय सेन महोदय पर १९वीं शती के विदेशी पण्डितों का गहरा प्रभाव था। सेन ने अपने इस ग्रन्थ में 'दशरथ जातक' की *वेबर* कल्पित समस्या पर इतना अधिक बल दिया है, जिसका परिणाम यह हुआ–इनके मत से रामायण ही तीसरी चौथी ईसवी की एक झूठी प्रतीक कथा बन गई।

जातक में आये हुए पात्रों के नामगत सादृश्य को आधार मानने का दूसरा कुफल यह हुआ कि भगवान् बोधिसत्त्व का यह महान् जातक भी झूठा सिद्ध हो गया। दशरथ जातक के इस नामगत सादृश्य के आधार पर इसे रामायण का आधार मान लेने पर रामायण की प्राचीनता का सम्पूर्ण ऐतिहासिक आधार ही समाप्त हो जाता है, साथ ही बोधिसत्त्व की वह परम्परा भी समाप्त हो जाती है–जो बुद्ध से पूर्व बोधिसत्त्व को

प्राचीन इतिहास के सन्दर्भों से जोड़कर देखती है। पिछले दिनों डॉ. चैटर्जी के द्वारा यह जातक दैनिक पत्रों की सामान्य चर्चा का विषय बन गया। इस जातक की समस्या को सुनीति बाबू ने *वेबर* और सेन महोदय की अपेक्षा और गहराई से उठाया। इनके अनुसार दशरथ जातक का प्रत्यक्ष या अप्रत्यक्ष प्रभाव रामायण पर है। चैटर्जी के पास इसके लिए कोई भी नया तर्क न था, तर्क के नाम पर उनके पास केवल हठ और अहंकार ही था। यही कारण था कोई भी समाधान-मूलक ठोस निष्कर्ष सामने न आ सका। रामायण पर प्रभाव तो बहुत दूर इस छोटे से जातक के विषय में यह कहना भी कठिन है कि इसकी कथा निश्चित रूप से कहाँ रही होगी। यह जातक 'कट्ठवण्णना' नाम के संग्रह में संकलित है। चौथी शती ईसवी से पूर्व इस भाषा में ग्रन्थ रचना ही नहीं हुई। मूल रूप प्राप्त न होने के कारण, इस अनूदित जातक की प्रामाणिकता भी सम्पूर्ण रूप से सन्दिग्ध हो उठी है। लेखक का कहना है मैंने अनुराधापुर की कोई पुरानी पाली गाथा के आधार पर इसे बनाया है। इन सारे तथ्यों के कारण दशरथ जातक की स्वयं की प्रामाणिकता ही सन्दिग्ध हो गयी है–

(१) यह जातक पाँचवीं शती ईसवी का सिंहली अनुवाद है।

(२) लेखक अज्ञात है।

(३) दशरथ जातक स्वयं एक अनुवाद है।

(४) इस अनुवाद का मौलिक रूप अप्राप्य है।

(५) लेखक का कथन है–उसने स्वयं भी मूल को नहीं देखा।

(६) यह लेखक का अनुवाद भी नहीं है।

(७) यह जातक एक पाली गाथा को आधार मानकर पुनः लिखा गया है।

इतनी विसंगतियों के रहने पर मात्र डॉ. चैटर्जी की जिद्द को प्रतिष्ठा देने के लिए रामायण को दशरथ जातक पर आधारित नहीं माना जा सकता। वैसे देखा जाय तो यह परम्परा 'खुद्दक निकाय' से पूर्व तो जाती ही नहीं; स्वयं 'खुद्दक निकाय' तीसरी शती ईसा पूर्व से इधर का है।

पादरी *बुल्के* के अनुसार यह जातक राम कथा का विकृत रूप है। पादरी साहब को सारी सामग्री विकृत और प्रक्षिप्त ही दिखलाई देती है। पर इस जातक का रामायण की विकृति से कोई सम्बन्ध नहीं। यह वाराणसी के एक राजपरिवार की जातक शैली में लिखी हुई कथा है। जैसे भारतवर्ष के लाखों परिवार राम परिवार के नाम रखकर प्रसन्न होते हैं, वैसे ही इस परिवार ने भी दुर्भाग्यवश अपने सदस्यों का नाम राम, लक्ष्मण आदि रख लिया था। उसे क्या पता था, *बुल्के* और चैटर्जी का दम्भ आगे

जाकर क्या प्रमाणित या अप्रमाणित करेगा। क्या राम कथा के पात्रों का नाम रखने से ही यह बौद्ध परम्परा का महान् जातक विकृत हो गया ? यह कहना भी बड़ा कठिन है *बुल्के* के लिए कि भारतीय साहित्य और संस्कृति में क्या मौलिक है और क्या अमौलिक। *विन्टरनिट्ज* ने भी इसे राम कथा का विकृत रूप माना है। *वेबर* के अनुसार रामायण का पूर्व भाग इस जातक पर आधारित है और उत्तर भाग *इलियाड* पर। अश्वघोष के पास भी बालकाण्ड से उत्तरकाण्ड तक की स्पष्ट जानकारियाँ हैं। अश्वघोष ने सीता के दोनों पुत्रों का उल्लेख किया है, यह सूचना निश्चित रूप से उत्तरकाण्ड पर आधारित है। बौद्ध परम्परा और दशरथ जातक को लेकर *बुल्के* अपनी पुस्तक के ९० परिच्छेद में एक साथ दो विरोधी बातें लिखते हैं। इसलिए उनके मत को स्पष्ट रूप से जान लेना कठिन है।

श्रीराम जिस इक्ष्वाकु वंश में उत्पन्न हुए थे, उसी में भगवान् बुद्ध भी थे; जिस प्रकार वाल्मीकि के राम और वेदव्यास के श्रीकृष्ण और द्रौपदी अयोनिज हैं, उसी तरह महाकवि अश्वघोष के काव्य नायक बुद्ध भी हैं। इन अयोनिज आदि समग्र काव्य-रूढ़ियों को अश्वघोष ने वाल्मीकि और वेदव्यास आदि पूर्व सूरियों से ही प्राप्त किया था। महाकवि वाल्मीकि तो बहुत दूर, अश्वघोष पर भी दशरथ जातक का कोई प्रभाव नहीं था। दशरथ जातक स्वयं, अश्वघोष के छः सात सौ वर्ष पश्चात् का सिंहली भाषा का एक अनूदित जातक है। अश्वघोष के समय तो सिंहली भाषा में साहित्य रचना ही नहीं होती थी। उस समय इस भाषा का अस्तित्व ही सन्दिग्ध था। ग्रन्थ रचना का एक सन्दर्भ या संकेत भी वहाँ प्राप्त नहीं होता। बौद्ध कवि अश्वघोष पर सर्वाधिक प्रभाव आदिकवि वाल्मीकि और वेदव्यास का ही है। उस युग में साहित्य के नाम पर सर्वाधिक प्रचलित और श्रेष्ठतम ग्रन्थ रामायण और महाभारत ही थे। बुद्धचरित और सौन्दरानन्द पर सबसे अधिक प्रभाव रामायण और महाभारत का हैं, दशरथ जातक की तो वहाँ कल्पना भी न थी। डॉ. सरकार के अनुसार तो इन जातक लेखकों को संस्कृत भाषा का भी समुचित ज्ञान नहीं था। महाकवि अश्वघोष का यह अयोनिज बुद्ध रामायण की परम्परा का बुद्ध है, वेदव्यास की महाभारत परम्परा के प्रभावों का बुद्ध है–

ततः प्रसन्नश्च बभूव पुष्यस्तस्याश्च देव्या व्रतसंस्कृतायाः।
पार्श्वत्सुतो लोकहिताय जज्ञे निर्वेदनं चैव निरामयं च॥९॥
ऊरोर्यथौर्वस्य पृथोश्च हस्तान्मान्धातुरिन्द्रप्रतिमस्य मूर्ध्नः।
कक्षीवतश्चैव भुजांसदेशात्तथाविधं तस्य बभूव जन्म॥१०॥

क्रमेण गर्भादभिनिःसृतः सन् बभौ च्युतः खादिव योन्यजातः।
कल्पेष्वनेकेषु च भावितात्मा यः संप्रजानन्सुषुवे न मूढः॥११॥

—बुद्धचरित-१

'माता को प्रसव के समय न पीड़ा हुई, न रोग। पुष्य नक्षत्र में व्रत से पवित्र रानी के पार्श्वभाग से लोकहित के लिए भगवान् बुद्ध का जन्म हुआ।' वैदिक परम्परा में तो आगे चलकर बुद्ध का सम्बन्ध केवल विष्णु की अवतार परम्परा से ही जुड़ता है; पर यहाँ महाकवि अश्वघोष का बुद्ध तो रामायण और महाभारत की समग्र प्राचीन परम्परा के साथ जुड़ा है। 'जैसे और्व का जन्म जाँघ से, महाराजा पृथु का हाथ से, इन्द्रतुल्य मान्धाता का मस्तक से, महाराजा कक्षिवान् का काँख से—वैसे ही बुद्ध का जन्म माता के पार्श्वभाग से हुआ।' यहाँ अश्वघोष बुद्ध जन्म सम्बन्धी बौद्ध सिद्धान्त को प्रामाणिक सिद्ध करने के लिए प्रमाण के रूप में अपने सिद्धान्त का आधार और अन्तिम आश्रय रामायण और महाभारत को ही बनाते हैं।

महाकवि अश्वघोष के मत से रामायण ही नहीं, पद्य मात्र के प्रथम निर्माता वाल्मीकि हैं। प्रथम पद्य निर्माता के रूप में वाल्मीकि का आदिकवि के रूप में उल्लेख भारतीय साहित्य के इतिहास में अश्वघोष में प्राप्त होता है।

"सर्वप्रथम वाल्मीकि ने पद्य का सृजन किया, महर्षि च्यवन ने नहीं, जिस चिकित्साशास्त्र का अत्रि ने निर्माण नहीं किया, उसे आत्रेय ने कालान्तर में कहा।"

वाल्मीकिरादौ च ससर्ज पद्यं जग्रन्थ यन्न च्यवनो महर्षिः।
चिकित्सितं यच्च चकार नात्रिः पश्चात्तदात्रेय ऋषिर्जगाद॥४३॥

—बुद्धचरित-१

महाकवि अश्वघोष के समक्ष अन्तःसाक्ष्य के रूप में वाल्मीकि रामायण की—मा निषाद प्रतिष्ठां वाली दूसरी तीसरी ईसवी की प्रक्षिप्त कही जाने वाली पंक्ति निश्चित रूप से थी, जिसको एक ऐतिहासिक साक्ष्य के रूप में ग्रहण करते हुए ही इन्होंने यह श्लोक लिखा है। बाह्य साक्ष्य के रूप में यहाँ महर्षि च्यवन का निषेध करते हुए ये निषेध के व्यपदेश से अपने प्रथम मत को ही यहाँ पुष्ट करते हैं। यहीं तक नहीं, वे पुनः अपने मत को दृढ़ करने के लिए अगली पंक्ति में उपमान और उपमेय का आश्रय लेते हुए अत्रि और आत्रेय के चिकित्सा शास्त्र के सन्दर्भ में उदाहरण देते हुए आदिकवि के रूप में वाल्मीकि की प्रथमता को ही स्वीकार करते हैं। यहाँ अश्वघोष ने वाल्मीकि को आदिकवि के रूप में स्वीकार करते हुए अन्तः और बाह्य दोनों साक्ष्यों को अपना आधार बनाया है। यहाँ यह तथ्य भी स्पष्ट हुआ है—महर्षि च्यवन ने भी लगभग उसी

समय राम पर कोई महाकाव्य निश्चित रूप से लिखा था। दोनों भृगु गोत्री थे और समकालीन भी थे। दोनों का ही राम परिवार से गहरा सम्बन्ध था, दोनों ही भार्गव के नाम से प्रसिद्ध थे। इसलिए इस भ्रम की, प्रवाद के रूप में प्रचलित होने की बहुत सम्भावना थी। किस भार्गव ने प्रथम रामायण की रचना की, च्यवन भार्गव ने, या वाल्मीकि भार्गव ने। लवणवध के सन्दर्भ में च्यवन और शत्रुघ्न का सम्पर्क रामायण में हुआ है। बहुत सम्भव है भगवान् शत्रुघ्न ने इन्हें राम पर महाकाव्य लिखने के लिए प्रेरित किया हो। इस पद्य को देखने से लगता है महाकवि अश्वघोष के समक्ष बालकाण्ड ही नहीं, उसके प्रारम्भिक सर्ग भी थे एवं उत्तरकाण्ड का महर्षि च्यवन का प्रसंग भी था। बहुत सम्भव है अन्यान्य प्रमाणों का विनिश्चय करने के पश्चात् ही अश्वघोष इस निर्णय पर पहुँचे हों–महर्षि च्यवन ने पीछे एवं वाल्मीकि ने प्रथम पद्य की रचना की। महाकवि अश्वघोष का यह प्रमाण निश्चित रूप से दशरथ जातक का तो नहीं, पर महाभारत के पूर्व एक नहीं, दो काव्य ग्रन्थों की सूचना देता है। महर्षि च्यवन ने यदि पद्य रचना न की होती तो अश्वघोष के लिए प्रथमता का यह प्रश्न ही नहीं उठता। यहाँ प्रश्न यह नहीं है कि च्यवन ने काव्य रचना नहीं की; प्रश्न है–प्रथम काव्य रचना किसने की? यहाँ इस प्रथमता का ऐतिहासिक अन्वय महाकवि अश्वघोष ने भार्गव वाल्मीकि के साथ ही किया, भार्गव च्यवन के साथ नहीं।

महाकवि अश्वघोष पर केवल रामायण का प्रभाव ही नहीं, महाभारत की प्रक्षिप्त कही जाने वाली भगवद्गीता का भी है। वैसे इतिहासकारों के मत से गीता महाभारत के भीतर ईसा के दो-तीन सौ वर्ष पश्चात् जोड़ी गई है। पर निम्न सन्दर्भ यह सिद्ध करते हैं–१०० या २०० वर्ष ईसा से पूर्व भगवद्गीता अश्वघोष के समक्ष थी। सौन्दरानन्द में गीता के श्लोक किञ्चित् शब्द परिवर्तन के साथ यथावत् अश्वघोष के द्वारा लिखे गये हैं। निम्न सन्दर्भ हमारे मन्तव्य को स्पष्ट करने के लिए पर्याप्त है–

नास्ति बुद्धिरयुक्तस्य न चायुक्तस्य भावना।
न चाभावयतः शान्तिरशान्तस्य कुतः सुखम्॥६६॥

—भगवद्गीता, अध्याय-२

अतृप्तौ च कुतः शान्तिरशान्तौ च कुतः सुखम्।
असुखे च कुतः प्रीतिरप्रीतौ च कुतो रतिः॥३३॥

—सौन्दरानन्द-११

मात्र यह श्लोक ही नहीं, अश्वघोष के 'बुद्धचरित' और 'सौन्दरानन्द' के भीतर रामायण और महाभारत के शताधिक श्लोकों की छाया है कहीं-कहीं तो उपर्युक्त

श्लोक की तरह ही अविकल शब्दों के साथ चली आयी है। स्थानाभाव से उन सभी सन्दर्भों को हम यहाँ उद्धृत नहीं कर रहे हैं।

भगवान् बुद्ध के जीवन और दर्शन पर सर्वाधिक प्रभाव गीता का है। यह प्रभाव इतना गहरा था, इसने सम्पूर्ण गीता के भावी चिन्तन को प्रभावित किया। गीता अपने मूल रूप में युद्ध का दर्शन-शास्त्र है। श्रीकृष्ण विभिन्न तर्कों एवं दार्शनिक विचारधाराओं के द्वारा एक ही तत्त्व अर्जुन को समझाते हैं–तस्माद् युद्धस्व भारत। सम्पूर्ण गीता का उद्देश्य और तत्त्वदर्शन युद्ध को केन्द्र मानकर प्रवृत्त होता है और यही इसकी अन्तिम स्थापना है। अर्जुन भिक्षावृत्ति के द्वारा एक संन्यासी की तरह जीवन यापन करना चाहता था–श्रेयो भोक्तुं भैक्ष्यमपीह लोके। युद्ध के नाम पर उसकी यह भरतवंशीय क्षत्रिय त्वचा भीतर ही भीतर जल रही थी–त्वक् चैव परिदह्यते। पर बुद्ध के पश्चात् पाश्चात्यवर्ती भारतीय साहित्य में गीता संन्यास और दर्शन के तत्त्वज्ञान का सर्वाधिक लोकप्रिय ग्रन्थ बन जाती है। युद्ध के प्रश्न को नितान्त गौण बनाते हुए ज्ञान और साधना को प्रधानता देते हुए गीता पर बड़े-बड़े गम्भीर भाष्य लिखे गये। गीता का युक्ताहार विहार बौद्ध जीवनचर्या का मध्यम मार्ग बन गया; और गीता स्वयं दर्शन-शास्त्र की व्याख्या का गम्भीरतम ग्रन्थ। महाकवि अश्वघोष के काव्य पर गीता के गम्भीर चिन्तन का स्पष्ट प्रभाव है।

महाकवि अश्वघोष ने एक ही श्लोक में श्रीकृष्ण के जीवन की सूचना बाल्यकाल से उनके देहत्याग तक की दी है। लगता है केवल महाभारत ही नहीं अश्वघोष ने हरिवंश सहित पूरा महाभारत पढ़ा था–

"कंस का वध करने वाले, अश्वराज (केशी) के मुख को विदीर्ण करने वाले कृष्ण का वह बल कहाँ है ? जरा (नामक व्याध) ने एक ही बाण से मार डाला, जैसे क्रमागत आई हुई वृद्धावस्था उत्तमरूप की हत्या करती है।"

क्व तद्बलं कंसविकर्षिणो हरेस्तुरङ्गराजस्य पुटावभेदिनः।
यमेकबाणेन निजघ्निवान् जरा क्रमागता रूपमिवोत्तमं जरा॥१८॥

–सौन्दरानन्द-९

इस श्लोक में श्रीकृष्ण के द्वारा केशी दैत्य के वध एवं कंसनिग्रह की ओर संकेत करते हुए उनके बाल्यकाल से लेकर उनके परमधाम गमन तक का संकेत है। यहाँ अश्वघोष ने श्रीकृष्ण के ऐतिहासिक महत्त्व को स्पष्ट करने के लिए पाँच सूचनायें दी हैं–

(१) श्रीकृष्ण द्वारा कंस-वध।

(२) अन्त में बाण द्वारा देहत्याग।

(३) विष्णु के लिए प्रयुक्त होने वाले प्रसिद्ध 'हरि' शब्द का श्रीकृष्ण के अर्थ में प्रयोग।

(४) हरि शब्द का प्रयोग करते हुए तुरङ्गराजस्य पुटावभेदिनः– यहाँ केशी वध के माध्यम से श्रीकृष्ण के वृन्दावन निवास का संकेत है।

(५) कंस वध के मथुरा सन्दर्भ से लेकर महाभारत युद्ध के पश्चात् बाण द्वारा देह त्याग करने वाला व्यक्ति एक ही कृष्ण था; दो, तीन या चार कृष्ण नहीं।

हॉपकिन्स और भण्डारकर के पास दो या चार कृष्ण भले ही हों, पर महाकवि अश्वघोष के बौद्ध साक्ष्य की दृष्टि से भी श्रीकृष्ण एक ही थे। महाभारत और उसके ऐतिहासिक युद्ध की विभीषिका का संकेत आगे के श्लोक में अश्वघोष ने इस प्रकार किया है–

"कौरवों का वह बल उस समय कहाँ चला गया जब वे युद्ध में पराक्रम एवं वीरता पूर्वक प्रज्वलित होकर, यज्ञ में लकड़ियों से प्रज्वलित अग्नि के समान निष्प्राण और भस्मसात् हो गए ?"

बलं कुरूणां क्व च तत्तदाभवत् युधि ज्वलित्वा तरसौजसा च ये।
समित्समिद्धा ज्वलना इवाध्वरे हतासवो भस्मनि पर्यवस्थिताः॥२०॥

—सौन्दरानन्द-९

अश्वघोष के समक्ष सम्पूर्ण महाभारत एक ऐतिहासिक साक्ष्य की तरह था। महाभारत के प्रारम्भिक अध्यायों को इतिहासकारों ने दूसरी शती का माना है–ययाति के उपाख्यान में आये हुए इस प्रसिद्ध श्लोक का छायानुवाद अश्वघोष ने इस प्रकार किया है–

न जातु कामः कामानामुपभोगेन शाम्यति
हविषा कृष्णवर्त्मेव भूय एवाभिवर्धते॥१२॥

—महा. आदिपर्व-८५

न कामभोगा हि भवन्ति तृप्तये हवींषि दीप्तस्य विभावसोरिव।
यथा यथा कामसुखेषु वर्त्तते तथा तथेच्छा विषयेषु वर्द्धते॥४३॥

—सौन्दरानन्द-९

अश्वघोष के समय 'तुषित' लोक से भी महाभारत का 'परमपद' अधिक लोकप्रिय और सर्वश्रेष्ठ था। वे गीता के परमपद की ही प्रकारान्तर से चर्चा करते हैं

बौद्ध परम्परा के तुषित लोक की नहीं–

"इसलिए विस्तार और संक्षेप से कृपया मुझे वह बताएँ, जिसे सुनकर, हे श्रोताश्रेष्ठ, मैं परमपद प्राप्त करूँ।"

तस्माद्व्याससमासाभ्यां तन्मे व्याख्यातुमर्हसि।
यच्छ्रुत्वा शृण्वतां श्रेष्ठ परमं प्राप्नुयां पदम्॥१७॥

–सौन्दरानन्द-१२

घट जातक की परम्परा तक आते-आते वासुदेव कृष्ण के साथ बौद्ध धर्म में 'कान्ह' जैसे प्रयोगों का संकेत स्पष्ट रूप से प्राप्त होने लग गया था।

महाकवि अश्वघोष और कालिदास के समय भगवान् वाल्मीकि और वेदव्यास की पूजा भारतवर्ष में सर्वत्र विष्णु के रूप में हो रही थी। इनकी प्रतिमा निर्माण के लक्षण प्रतिमा-निर्माणशास्त्र में लिखे जाने लगे थे। विष्णुधर्मोत्तर पुराण अपने सैकड़ों वर्षों की ऐतिहासिक परम्पराओं को समेटता हुआ यह सूचना हमें प्रदान करता है। आठवीं और नवीं शताब्दी तक तो भारतवर्ष के बाहर इण्डोनेशिया में वाल्मीकि के मन्दिर बन गये थे। विष्णुधर्मोत्तर में भगवान् वाल्मीकि की तपोमयी प्रतिमा का रचनाविधान–३-८५ श्लोक में इस प्रकार दिया है; ५वीं शती तक भारतवर्ष वाल्मीकि के आकार, ऊँचाई, वर्ण, आयतन और व्यक्तित्व से भली-भाँति परिचित था। जटामण्डल से आच्छन्न, तपोनिष्ठ एवं परम शान्त वाल्मीकि न कृश हैं न स्थूल, इनका वर्ण गौर था–

गौरस्तु कार्यो वाल्मीकिः जटामण्डलदुर्दृशः।
तपस्याभिरतः शान्तो न कृशो न च पीवरः॥

–विष्णुधर्मोत्तर पुराण

महाकवि अश्वघोष ने वाल्मीकि को 'धीमान्' शब्द से अभिहित किया है–

वाल्मीकिरिव धीमांश्च

–सौन्दरानन्द-१-२६

□

भारतीय इतिहास का तत्त्वशास्त्र : पूर्व और पश्चिम—काल, इतिहास और सिद्धान्त

कालो अश्वो वहति सप्तरश्मिः
सहस्राक्षो अजरो भूरिरेताः।
तमा रोहन्ति कवयो विपश्चित-
स्तस्य चक्रा भुवनानि विश्वा॥

—*अथर्ववेद १९-५३-१*

कोऽन्यः कालमतिक्रान्तं नेतुं प्रत्यक्षतां क्षमः।
कविप्रजापतींस्त्यक्त्वा रम्यनिर्माणशालिनः॥

—*महाकवि कल्हण*

भारतीय परम्परा ने ऐतिहासिक अतीत की पहचान अनेक प्रकार से प्राप्त की है। उसके प्रत्यक्ष और अप्रत्यक्ष अनेक मनोवैज्ञानिक प्रकार हैं, उसके भौतिक और आध्यात्मिक अनेक आधार हैं, जो धर्म, दर्शन और विज्ञान के तत्त्वचिन्तन पर प्रतिष्ठित हैं। ईजिप्ट ने अतीत की स्मृति प्राप्त की, पश्चिम की परम्परा का अतीत-चिन्तन वा इतिहास-चिन्तन कब्रों से जुड़ा है। ममी, पिरामिड, स्टैच्यू, म्यूजियम इसी मृतक प्रतीकवाद के परिपोषक हैं। मृतकों के प्रतीकवाद के पास भविष्य-दर्शन की कोई विधा व रूपरेखा नहीं, जहाँ तक कब्रों का अस्तित्व प्राप्त होता है – वहीं तक उनके मानवीय इतिहास का अस्तित्व है, वहीं तक है उनके ऐतिहासिक काल की परिसीमा। यही कारण है कि जहाँ तक मानवीय हड्डियों के खण्ड प्राप्त होते हैं, वहीं उनके वैज्ञानिक चिन्तन की सीमा स्थिर हो जाती है, पुनः नये टुकड़े के प्राप्त हो जाने

पर वह फिर बदल जाती है। भौतिक नृतत्त्वशास्त्र (*फ़िजिकल एन्थ्रोपोलोजी*) का अभी तक यही इतिहास रहा है। अतीत का वर्तमान से क्या सम्बन्ध है – इस दृष्टि का समुचित सूत्रपात यूरोप में १९वीं शती में वहाँ के विद्यापीठों में भारतीय विद्याओं के प्रवेश एवं उनके तुलनात्मक अध्ययन के पश्चात् प्रारम्भ हुआ है। भारतीय संस्कृति में इतिहास के तत्त्व-चिन्तन की सीमा अपने वर्तमान के लिए – अतीत की स्मृति के रूप में रही है। वैदिक युग से ही इतिहास याज्ञिक कर्मकाण्ड के साथ अङ्गाङ्गिभाव से समन्वित रहा है, अश्वमेधयज्ञ के प्रकरण में इसका ग्रहण आवश्यक अंग के रूप में किया गया है। इतिहास की दृष्टि से 'पारिप्लवाख्यान' का महत्त्व पुराणपाठ के सन्दर्भ में असाधारण है (शतपथ ब्राह्मण – १३-४-३-१५)। महर्षि कात्यायन कृत श्रौतसूत्र में इस अनुष्ठान का सम्पूर्ण प्रयोग भली-भाँति समझाया गया (कात्यायन श्रौतसूत्र -१))। धार्मिक दृष्टि से इतिहास का ग्रहण याज्ञिक कर्मकाण्ड की सीमा में एक आवश्यक विधि के रूप में घोषित हुआ, अतः यह प्रशिक्षण का एक प्रधान विषय भी रहा है।

भारतवर्ष की संस्कृति में काल और इतिहास की धारणा अत्यन्त प्राचीन है। आचार्यप्रवर यास्क ने निरुक्त में इसका सम्बन्ध ऋग्वेद से जोड़ा है–

''यह सूक्त कूप में गिरे हुए त्रित के मन में प्रकट हुआ था। इस प्रसङ्ग में एक प्रार्थना है, जो कि इतिहास, मन्त्र (ऋक्) तथा गाथा से मिश्रित है।''

त्रितं कूपेऽवहितमेतत् सूक्तं प्रतिबभौ।
तत्र ब्रह्मेतिहासमिश्रमृङ्मिश्रं गाथामिश्रं भवति॥ –निरुक्त ४-६

निरुक्त में 'इतिहासमाचक्षते' जैसे स्पष्ट प्रयोग भी प्राप्त हैं। यास्क के समय तक इतिहास एक स्वतन्त्र अध्ययन का विषय बन गया था। अध्ययन की विभिन्न शाखा एवं विषय विस्तार में इतिहास का अपना विशिष्ट स्थान था–निरुक्त में–'इति ऐतिहासिकाः' जैसे प्रयोग प्राप्त होते हैं। उपनिषदों में ज्ञान के शाखा परिगणन के क्रम में इतिहास का एक विषय के रूप में स्वतन्त्र परिगणित हुआ है–

''भगवान्! मुझे ऋग्वेद, यजुर्वेद, सामवेद और चौथा अथर्ववेद (याद है) इतिहास पुराण पाँचवाँ वेद....।''

ऋग्वेदं भगवोऽध्येमि यजुर्वेदंसामवेदमथर्वणं
चतुर्थमितिहासपुराणं पंचमं वेदानां वेदम्....॥

–छान्दोग्य उपनिषद् ७-२

महाभारत स्वयं इतिहास के रूप में प्रसिद्ध है। वेदों के अर्थ निर्णय के समय व्यास

ने इतिहास और पुराण को ही प्रधान रूप से मान्यता प्रदान की है–

इतिहासपुराणाभ्यां वेदं समुपबृंहयेत्॥२६७॥
बिभेत्यल्पश्रुताद् वेदो मामयं प्रहरिष्यति॥२६८॥

–महा. आदिपर्व-१

आचार्य कौटिल्य का दृष्टिकोण इतिहास के विषय में बहुत ही विशाल है। इन्होंने इतिहास को वेदों के समकक्ष रखते हुए इसकी गणना अथर्ववेद के साथ की है; यहाँ तक कि इतिहास शब्द के अर्थ विस्तार की परिसीमा में पुराण, इतिवृत्त, आख्यायिका, उदाहरण, धर्मशास्त्र और अर्थशास्त्र को भी समेट लिया है–

अथर्ववेद इतिहासवेदौ च वेदा:।
पश्चिमं इतिहास श्रवणे पुराणमितिवृत्तमाख्यायिकोदाहरणं
धर्मशास्त्रमर्थशास्त्रंचेतीतिहास:॥

–कौटिल्य अर्थशास्त्र

निर्वचन की स्थूल दृष्टि से इतिहास के दो भेद किए गये हैं–(१) परिक्रिया और (२) पुराकल्प। परिक्रिया में नायक एक ही होता है, पुराकल्प में यह संख्या निश्चित नहीं, रामायण परिक्रिया का उदाहरण है, महाभारत पुराकल्प का।

भारतीय साहित्य में काल, युग और इतिहास पर गम्भीरतम चिन्तन किया गया है, फलत: जिसका सर्वाधिक प्रभाव आधुनिक इतिहास के तत्त्वदर्शन पर पड़ा। युग-धर्म का सिद्धान्त और उसका ऋतु-चक्र की तरह चक्राकार प्रवर्तन भारतीय चिन्तन की अपनी मौलिक देन है–

''जैसे वर्षाकाल में जल की वर्षा होने से स्थावर और जङ्गम समस्त पदार्थ वृद्धि को प्राप्त होते हैं और वर्षा बीत जाने पर उनका ह्रास होने लगता है, उसी प्रकार प्रत्येक युग में धर्म और अधर्म की वृद्धि एवं ह्रास होते रहते हैं। जैसे वसन्त आदि ऋतुओं में फूल और फल आदि नाना प्रकार के ऋतुचिह्न दृष्टिगोचर होते हैं और भिन्न ऋतुओं में उनका विलोप हो जाता है, उसी प्रकार ब्रह्मा, विष्णु और महेश्वर की सृष्टि, रक्षा और संहार की शक्तियाँ कभी न्यून और कभी अधिक दिखाई देती हैं।''

यथा विश्वानि भूतानि वृष्ट्या भूयांसि प्रावृषि।
सृज्यन्ते जङ्गमस्थानि तथा धर्मा युगे युगे॥३९॥
यथर्तुष्वृतुलिङ्गानि नानारूपाणि पर्यये।
दृश्यन्ते तानि तान्येव तथा ब्रह्महरादिषु॥४०॥

–महा. शान्तिपर्व-२३२

पश्चिम आज इतिहास के तत्त्वदर्शन को ऋतुचक्र के प्रवर्तन की तरह ग्रहण कर रहा है क्योंकि काल के सरलरेखा गमन का सिद्धान्त अब धूमिल हो गया, वहीं काल के सर्पिल गमन की अवधारणा निश्चित हो चुकी है अत: इतिहास का क्रम भी चक्राकार सर्पिल होता जा रहा है। *ओ.स्पेंगलर* ने अपनी पुस्तक* में इसी सिद्धान्त को स्थापित किया है। इसके पूर्व *हेगेल* ने भी इतिहास के द्वन्द्वात्मक स्वरूप का प्रभाव भी भारतीय चिन्तन से ही ग्रहण किया—

"(काल ही) सभी प्राणियों को संयम और नियम में रखता है। स्वभाव से ही सभी द्वन्द्वयुक्त होकर स्थित होते हैं या वर्तन करते रहते हैं।"

दधाति प्रभवे स्थानं भूतानां संयमो यमः।
स्वभावेनैव वर्तन्ते द्वन्द्वयुक्तानि भूरिशः।।४२।।

—महा. शान्तिपर्व-२३२

काल स्वयं इतिहास की सीमा में आकर स्वयं नियति या एक स्थिर-कारणता बन जाता है—

"काल की सहायता से मैंने तुम पर विजय प्राप्त की और काल के सहयोग से ही तुम पराजित हो गये हो। काल ही जाने वाले के साथ जाता है या उन्हें गमन की शक्ति प्रदान करता है और वही सब पर नियन्त्रण करता है।"

कालेनाहं त्वामजयं कालेनाहं जितस्त्वया।
गन्ता गतिमतां कालः कालः कलयति प्रजाः।।३५।।

—महा. शान्तिपर्व-२२७

सम्पूर्ण भागवत को सुनाने के पश्चात् भगवत्पाद श्रीशुक परीक्षित को स्वायम्भुव मन्वन्तर से लेकर अपने समय तक का इतिहास वर्णित करने का उद्देश्य स्पष्ट करते हैं, जो भारतीय संस्कृति में इतिहास के लक्षणभूत उद्देश्य और उसकी परम उपयोगिता के तात्त्विक सन्दर्भ को उजागर करता है –

"परीक्षित ! इस लोक में अनेक महान् पुरुष हो चुके हैं, जो इस पृथ्वी पर अपने तेज और यश का विस्तार करके चले गये। उनकी ये इतिहास-कथाएँ तुम्हें विज्ञान और वैराग्य की प्राप्ति के लिए कही गई हैं। इन्हें तुम वाणी का वैभव और विलास मात्र न समझो, इनमें जीवन का परम अर्थ व तत्त्व समाहित है।"

---

*द्रष्टव्य परिशिष्ट—सहायक ग्रन्थ

कथा इमास्ते कथिता महीयसां विताय लोकेषु यशः परेयुषाम्।
विज्ञानवैराग्यविवक्षया विभो वचोविभूतीर्न तु पारमार्थ्यम्॥

—भागवत पुराण १२-३-१४

भगवत्पाद शुक के कथन से स्पष्ट है कि प्राचीन भारत में इतिहास का अध्ययन विज्ञान, आध्यात्मिक ज्ञान और वैराग्य की प्राप्ति के लिए किया जाता था। इसीलिए पौराणिक इतिहास में विज्ञान-चिन्तन के प्रभूत सन्दर्भ प्राप्त होते हैं, वहाँ विशेषतया सृष्टि और प्रलय के स्वरूप पर सर्वत्र विचार किया गया है। पौराणिक इतिहास के पाँच लक्षणों में दो लक्षण – संर्ग और प्रतिसर्ग का सीधा सम्बन्ध विज्ञान से है, मन्वन्तर का सम्बन्ध आंशिक रूप में विज्ञान के साथ है, शेष लक्षण मानव इतिहास प्रधान हैं। आध्यात्मिक ज्ञान की दृष्टि से शेष लक्षणों की उद्धृति वहाँ चरित्र कोश के रूप में की गई, प्राचीनता के सूचनात्मक ज्ञान का संकलन ही पुराण शब्द के द्वारा किया गया है।

सृष्टि की संरचना और विकास का इतिहास तो बहुत दूर, पश्चिम की संस्कृति इतिहास के सन्दर्भ में कभी भी कब्र की सीमाओं से बाहर न निकल सकी – चाहे वह ईसाइयत से आक्रान्त मध्ययुग हो, चाहे वर्तमान। १९वीं शती में हड्डियों की खोज का कार्य विधिवत् प्रारम्भ हुआ – *पैलेंटोलॉजी* की आधारशिला रखी गई। फलतः पुरानी हड्डियों के 'सैम्पलसर्वे' के माध्यम से पृथ्वी के पुराने इतिहास को खोजने का असफल और भूल भरा कार्य प्रारम्भ हुआ, जैसे-जैसे हड्डियाँ प्राप्त होती गईं – इतिहास का अनुमान भी चलता रहा, यह प्रमाण विनिश्चयन की तर्क और विज्ञानसंगत पद्धति नहीं है। मनुष्य १ करोड़ या १० करोड़ वर्ष पहले नहीं था – यह धारणा प्रधानतया इसी बात पर आधारित है कि इतनी पुरानी हड्डियाँ प्राप्त नहीं होतीं, ऐसी सम्भावनाएँ कभी भी प्रमाण-कोटि में नहीं रखी जा सकतीं। यह पद्धति इतनी अपूर्ण है कि छोटा-सा दाँत का टुकड़ा कहीं मिल जाए तो पूर्व स्थापित मूल सिद्धान्त सम्पूर्ण रूप से अप्रमाणित हो जाता है, जैसा कि समय-समय पर होता रहा है। अस्थियों के सैम्पलसर्वे पर आधारित इतिहास प्रामाणिक नहीं हो सकता, जिस प्रकार पृथ्वी की जीवन-धारा के इतिहास को पश्चिम में हड्डियों के सैम्पलसर्वे के द्वारा अनेक रूपों में सजाया गया है, उसी प्रकार इतिहास के द्वारा वहाँ का इतिहास भी रूपक अलङ्कारों से सजाया गया है – 'स्वर्णयुग' 'ताम्रयुग' नामों की अर्थवत्ता रूपक की सीमा तक है, तात्त्विक नहीं। ऐसी ही अवस्था एन्सिएन्ट, मेडिईवल और मॉडर्न जैसे

शाब्दिक विभाजन की है। काल का प्रत्येक खण्ड अपने ऐतिहासिक क्रम में एन्सिएन्ट, मेडिईवल और मॉडर्न होता है।

पश्चिम के पास काल की अवधारणा स्पष्ट नहीं, न वहाँ अनन्त की सिद्धान्त दृष्टि ही रही है। यूनान के विज्ञानवेत्ता *एरिस्टारकुस* स्वयं *कॉपरनिकस* के 'हेलियोसेंट्रिक' विश्व में दो हजार वर्ष पूर्व पहुँच चुके थे, पर वहाँ की विज्ञानघातिनी संस्कृति ने उसे वहीं दफना दिया: अन्यथा पश्चिम की दीर्घ विज्ञानयात्रा कॉपरनिकस से डेढ़ हजार वर्ष पूर्व सम्पन्न हो गई होती। यूनान की सांस्कृतिक चेतना विज्ञान विरोधी ही नहीं अपितु इतिहास विरोधी भी रही है। प्रसिद्ध इतिहास तत्त्ववेत्ता *आर. जी. कैलिंगवुड* ने अपने उल्लेखनीय ग्रन्थ* में स्पष्ट लिखा है – "यूनान के इतिहासकारों के लिए, अत: यूनान के इतिहास जैसी कोई वस्तु नहीं थी।"

पश्चिम की इतिहास दृष्टि बाइबिल के धार्मिक विश्वास से आक्रान्त और संस्कारित है – वहाँ न काल की अवधारणा है, न इतिहास की दीर्घदृष्टि। वहाँ इतिहास और मानवीय समुद्भव के सुदूर अतीत की खोज विराट् शून्य में महानगर की खोज जैसा ही कार्य है। *कार्ल जैस्पर्स* * ने इतिहास के सन्दर्भ में *सेंट ऑस्टिन* से *हेगेल* तक के ईसाई धर्म के प्रभाव को इन शब्दों में स्पष्ट किया है –

"पश्चिम के जगत् में इतिहास का तत्त्व दर्शन ईसाई धर्म के विश्वास पर टिका है। सेंट ऑगस्टाइन से हेगल तक का कार्य आडम्बर के अनुक्रम पर टिका है, इस विश्वास ने ईश्वर के कार्यकलाप को इतिहास के माध्यम से देखा है। हेगल ही अब तक ऐसा कहते हैं – सम्पूर्ण इतिहास ईसामसीह तक जाता है और वहाँ से आता है। ईश्वर के पुत्र का आविर्भाव सम्पूर्ण संसार के इतिहास की धुरी है। हमारा कालानुक्रम विश्व के इतिहास का प्रतिदिन का साक्षी है, जिसका निर्माण ईसाई धर्म के द्वारा हुआ है।" *क्रोनोलॉजी* शब्द का प्रयोग यथार्थ में ग्रीक भाषा के *कायरोलॉजी* पद के प्रति शब्द के रूप में हुआ है। *कायरोज़* का अर्थ है *नॉन-लीनियर*। *कायरोज़* और *क्रोनोज़* एक दूसरे के विपरीतार्थवाची शब्द हैं।

उपर्युक्त पंक्तियों में लेखक ने पश्चिम की इतिहास-दृष्टि को प्रस्तुत किया है, यह ईसाइयों का अपना धार्मिक विश्वास हो सकता है, इतिहास या उसका तत्त्व-दर्शन नहीं। *कार्ल जैस्पर्स* * ने स्वयं अगली पंक्तियों में इस इतिहास- बोध का प्रबल खण्डन किया है–

---

*द्रष्टव्य परिशिष्ट—सहायक ग्रन्थ, **द्रष्टव्य टिप्पण, पृष्ठ २६९

ईसाई धर्म की यह निष्ठा तो केवल एक विश्वास मात्र है, पर सम्पूर्ण मानव जाति का विश्वास नहीं। जगतिक इतिहास का यह दृष्टिकोण भूल से भरा है, जो मात्र एक ईसाई धर्मावलम्बी के लिए प्रमाण है। तदुपरान्त मात्र पश्चिम में ही ईसाइयों ने इतिहास की अनुभववादी अवधारणा को अपनी निष्ठा से नहीं बाँध रखा है। विश्वास का विषय यथार्थ इतिहास के सन्दर्भ में अनुभववादी अन्तर्दृष्टि का विषय नहीं हो सकता, जो अपने अर्थ की दृष्टि से नितान्त भिन्न है। एक ईसाई धर्मावलम्बी भी इस धार्मिक परम्परा की गवेषणात्मक दृष्टि से परीक्षा कर सकता है।

पश्चिम की इस चिन्तन परम्परा का ही परिणाम था कि *रैन्के* जैसे इतिहास के महापण्डित पश्चिम के इतिहास को ही विश्व का इतिहास समझ बैठे – **विश्व का इतिहास पश्चिम का इतिहास था।* – यहाँ तक कि १८वीं-१९वीं शती के विख्यात इतिहासज्ञों की मान्यता थी, यह पृथ्वी छः सात हजार वर्ष पूर्व बनी है। उदाहरण के लिए *कार्ल मार्क्स* के गुरु एवं इतिहास-दर्शन के प्रसिद्ध तत्त्ववेत्ता *शेलिंग* का नाम विशेषतया उल्लेखनीय है। उनका यह दृढ़ विश्वास था कि विश्व छः हजार वर्ष पूर्व बना है। इस अन्धविश्वास पर तीव्र प्रहार करते हुए *जैस्पर्स* *लिखते हैं –

*........सम्पूर्ण अवधारणा की प्रत्येक संरचना को हम आज कहते हैं – यह अनुभव के धरातल पर प्रामाणिक होनी चाहिए। हम घटनाओं की उन सभी अवधारणाओं को अस्वीकार करते हैं, जो कल्पना पर अनुमानित हों। हम परम्परागत यथार्थ को सभी ओर लालायित होकर खोजते हैं। जो यथार्थ नहीं, वह और अधिक टिक नहीं पाता। इसे देखने के लिए शेलिंग का श्रेष्ठ उदाहरण प्रस्तुत है। वे अब तक इसी धारणा से जुड़े हैं, दुनिया ६००० वर्ष पहले बनी थी। आज किसी को भी यह सन्देह नहीं, धरती पर मानव जीवन शत सहस्र वर्ष पूर्व विद्यमान था।**

प्रश्न पुनः प्रस्तुत होता है – एक लाख वर्ष से अधिक ही क्यों ? जो भूल *शेलिंग* जैसे विद्वान् दुहरा रहे हैं, वही समस्या छः हजार वर्षों को भूल कर अब लाख से कुछ अधिक वर्षों पर अटक गई है। अस्थिखण्ड के मिलने या न मिलने से मानवीय अस्तित्व के कालखण्ड को निर्धारित नहीं किया जा सकता।

काल और इतिहास के सन्दर्भ में जैसी हास्यास्पद स्थिति पश्चिम के इतिहासकारों की रही है, उससे कम वैज्ञानिकों की नहीं। प्रसिद्ध वैज्ञानिक *केप्लर* की सुनिश्चित मान्यता थी कि पृथ्वी ६,००० वर्ष पूर्व निर्मित हुई है। *कार्ल सेगान*

---

*द्रष्टव्य परिशिष्ट—सहायक ग्रन्थ, **द्रष्टव्य टिप्पण, पृष्ठ २७०

अपनी पुस्तक* में कहते हैं – *......मैं ग्रन्थ लिख रहा हूँ – जो चाहे अभी पढ़ा जाय या फिर भविष्य में, कोई बात नहीं। यह पाठक के लिए पूरी शताब्दी प्रतीक्षा कर सकता है, जिस प्रकार ईश्वर ने स्वयं ६००० वर्षों तक साक्ष्य के लिए प्रतीक्षा की है।** इस सन्दर्भ में विज्ञान के महान् आचार्य *न्यूटन* क्रान्तिकारी और प्राज्ञ थे। इनके अनुसार विश्व का निर्माण ५० हजार से १ लाख वर्षों के मध्य हुआ था। वैज्ञानिक की तुलना में इतिहासज्ञ अधिक परम्परा परायण होता है। १९वीं शती के अधिकांश इतिहासवेत्ता प्रत्यक्ष और परोक्ष भाव से विश्व को ६,००० वर्ष पुराना स्वीकार करते थे, वैज्ञानिकों की अवस्था थोड़ी भिन्न थी। कुछ वैज्ञानिक तो *न्यूटन* के समर्थक थे, पर *डारविन* जैसे प्रगतिशील वैज्ञानिक पृथ्वी को १०-१२ लाख वर्ष अधिक पुराना ही स्वीकार करते थे। पृथ्वी के उद्भव के सन्दर्भ में ६,००० वर्ष और १० लाख वर्ष की संख्या दोनों स्थलों पर ही समान रूप से महत्त्वहीन है। बेचारे इतिहासज्ञ को दोष देना निरर्थक है, जो स्वभाव से ही परम्परावादी होता है। यथार्थ तो यह था कि १९वीं शती के प्रारम्भ तक अधिकांश वैज्ञानिक पृथ्वी को छः सात हजार वर्ष पुराना स्वीकार करते थे। इस सन्दर्भ में *आसिमोव* * की निम्न सूचना प्रामाणिक है – **सचमुच १९वीं शती के प्रारम्भ से ही यूरोप के अधिकांश वैज्ञानिक बाइबिल के शब्दार्थ की तन्द्रा में खोए हुए थे और बाइबिल के शब्दार्थ को स्वीकार करते थे, यह पृथ्वी केवल ६००० वर्ष से ही विद्यमान है। १ करोड़ ८० लाख वर्षों का अनुमान उनके लिए ईश्वर की निन्दा के समान था।*

यह स्थिति १९वीं शती के प्रारम्भ से अन्त तक विद्यमान थी। पृथ्वी के लिए वैज्ञानिक एच.वी.*हेल्महोल्ट्ज़* द्वारा निर्धारित १ करोड़ ८० लाख वर्ष का कालमान तत्कालीन विज्ञान को सह्य न था, उनकी भर्त्सना विज्ञान के क्षेत्र में बार-बार होती रही। ऐसी स्थिति में भारतीय विज्ञान और इतिहास द्वारा सुनिश्चित विश्व के समुद्भव का १० अरब ६१ करोड़ वर्ष से भी अधिक समय एवं पृथ्वी के कल्पारम्भ का १ अरब ९७ करोड़ वर्ष का काल – कल्प, मन्वन्तर और महायुग की कालगणना का सिद्धान्त सर्वतोभावेन मिथक और कपोल-कल्पना मान लिया गया एवं तत्सम्बद्ध भारतीय वाङ्मय का विज्ञान, दर्शन वा चिन्तन एक आधारहीन बुद्धि विलास समझा गया था। जब *केप्लर, न्यूटन* और *डारविन* सहित अधिकांश वैज्ञानिक एवं पश्चिम के प्रमुख इतिहासज्ञ निराधार, गतसार और अवैज्ञानिक मान्यताओं के साथ चिपके

---

*द्रष्टव्य परिशिष्ट—सहायक ग्रन्थ, **द्रष्टव्य टिप्पण, पृष्ठ २७०

हुए थे, तब हमारे पराधीन देश के प्राचीन विज्ञान-चिन्तन की तो दुर्गति होनी ही थी। उस समय न तो विज्ञान में 'बिग-बैंग' के १० अरब वर्षों के कालमान का कहीं अता-पता था, न युरेनियम डेटिंग द्वारा निश्चित पृथ्वी की ४ अरब ५० करोड़ वर्ष की आयु का अनुमान था, न प्रोटीन-स्ट्रक्चर से प्राप्त मानवीय उद्भव के सन्दर्भ में ७ करोड़ वर्षों के काल की अवधारणा थी। तत्कालीन योरोप में *हेल्महोल्ट्ज़* के बाल सर्वत्र नोचे जा रहे थे, क्योंकि उनके मुख से १ करोड़ ८० लाख वर्षों की संख्या निकल चुकी थी। डार्विन का आदमी भी उस समय लाख-पचास हजार वर्ष पूर्व वानर की औलाद के रूप में उत्पन्न हुआ था।

योरोप के विद्यापीठों में भारत के काल-चिन्तन और इतिहास-दर्शन का मखौल *मेक्समूलर* जैसे विद्वान् उड़ा रहे थे। गौरांग शासकों के विज्ञान और इतिहास चिन्तन से इस पराधीन देश के पण्डित और इतिहासज्ञ भी आक्रान्त थे, क्योंकि उनका रोब और प्रभाव भी सामान्य न था। भारतीय विद्वान् समझते थे कि कल्प, मन्वन्तर और महायुग की काल-गणना के उच्चारण मात्र से ही उन्हें दकियानूस और पोंगा-पण्डित का खिताब मिल जाएगा, अतः भारतीय सृष्टितत्त्व की प्रमाणमीमांसा को कालगणना की उपपत्तियों के साथ प्रस्तुत करने का साहस यहाँ के इतिहासज्ञों में नहीं था। वे भी सुर में सुर मिलाकर पश्चिम के इतिहास चिन्तकों की हाँ में हाँ मिला रहे थे। जब सृष्टि छः हजार वर्ष पूर्व बनी है, तब वेद पुराणों की प्राचीनता का प्रश्न ही निराधार है। ४००४ बी. सी. में पृथ्वी की उत्पत्ति स्वीकार कर ली गई, उसी प्रकार ईसा से १०००-५०० वर्ष आगे पीछे भारतीय वाङ्मय का काल निर्धारित कर दिया गया। वेद इससे हजार-पन्द्रह सौ वर्ष पीछे चले गये, रामायण-महाभारत को दो-पाँच सौ वर्ष पूर्व रखा गया, पुराणों का समय ईसा के बहुत पश्चात् स्वीकार कर लिया गया। फलतः भारतवर्ष का समग्र प्राचीन इतिहास, महाराजा ध्रुव से लेकर पृथु-बलि-राम-कृष्ण तक, मिथक की भ्रान्ति में कहीं खो गया। यहाँ तक कि तीन-चार कृष्णों की कल्पना कर ली गई। पाँच हजार वर्ष पुराने वेदव्यास के नाम पर एक श्लोक भी 'एलॉट' नहीं हुआ, क्योंकि महाभारत की रचना प्रक्रिया ईसा से ४०० वर्ष पूर्व से लेकर २०० वर्ष पश्चात् तक स्वीकार की गई। इसी प्रकार रामायण का रचना काल ३०० बी.सी. से २०० ए.डी. तक मान लेने के कारण वेदव्यास की तरह आदिकवि का सम्पूर्ण व्यक्तित्व ही अप्रामाणिक और लेजेन्ड्री बन गया। फलतः भारतीय वाङ्मय के मूल्यांकन में तीन प्रश्न ही इतिहास की मीमांसा के मुख्य विषय बन कर

रह गए, जो अद्यावधि यथावत् विद्यमान हैं - (१) ईसा के उत्तर और पूर्व हजार दो हजार वर्षों के मध्य सम्पूर्ण भारतीय वाङ्मय का काल निर्धारण, (२) सर्वत्र 'प्रक्षेपक' की मीमांसा और स्थापना, (३) वाङ्मय के सम्पूर्ण प्रतिपाद्य में इतिहास के स्थान पर मिथक का अस्तित्व और उसका प्रतिपादन। पश्चिम की इसी परम्परा के प्रभावान्तर्गत भारतीय वाङ्मय के वैज्ञानिक और ऐतिहासिक प्रतिपाद्य का मूल्यांकन उपर्युक्त तीन प्रश्नों के सन्दर्भ में अब तक हो रहा है। आज का प्रगतिशील विज्ञान २०वीं शती के उत्तरार्ध में बड़ी प्रखरता से अपनी १७वीं १८वीं और १९वीं शती की भ्रान्त-धारणाओं का परिमार्जन करते-करते भारतीय विज्ञान-दृष्टि के बहुत निकट चला आया है, पर इतिहासज्ञ को उसका पूर्वाग्रह और हठधर्मिता आगे बढ़ने से रोक देती है। वह लकीर का फकीर बन कर, वही १८वीं-१९वीं शती की असंगत मानसिकता में खोया हुआ है, पर योगिराज अरविन्द का यह वचन उनके विषाद को कम करने में सम्भवत: सहायक होगा – 'इतिहास में चार अत्यन्त महत्त्वपूर्ण घटनाएँ घटित हुई हैं – ट्रॉय नगर का घेरा, ईसा का जन्म और उनका सूली पर चढ़ना, वृन्दावन में कृष्ण का आगमन और कुरुक्षेत्र की रणभूमि पर अर्जुन के साथ उनका संवाद। ट्रॉय के घेरे ने हेलास को उत्पन्न किया, कृष्ण के वृन्दावन आने पर भक्तिमार्ग का उदय हुआ। ईसा ने अपने फाँसी के तख्ते पर से योरोप को मानवोचित गुण प्रदान किये, कुरुक्षेत्र का वार्तालाप अब भी मनुष्य को मुक्ति प्रदान करेगा।' फिर भी यह कहा जाता है कि इन चारों में से कोई भी घटना घटित नहीं हुई। इतिहासकारों का विसंवाद कुछ भी बोलता रहे, सत्य यह है – 'कानू बिना गान नेइ', वटपत्रशायी के बिना विश्व संस्कृति नहीं।

इतिहास के तत्त्व-दर्शन का एक सत्य है कि मनुष्य सहसा संस्कारमुक्त नहीं हो पाता, इतिहास की चिन्तन-दृष्टि सौ-पचास वर्षों के वैज्ञानिक चिन्तन से शुद्ध और संस्कारित हो जाए, यह सहज सम्भव नहीं। पश्चिम की इतिहासदृष्टि के द्वारा छः हजार वर्षों की सृष्टि का सिद्धान्त वैज्ञानिक चिन्तन के पश्चात् भी क्या वहाँ परिष्कृत और संशोधित हो पाया है ? यह सन्देहास्पद है। स्वयं आचार्य *जैस्पर्स** तक इस सन्देह की सीमा से परे नहीं, वे अपने ग्रन्थ की भूमिका में लिखते हैं – **सभी मानव मूल रूप से आदम से जुड़े हैं, ईश्वर के हाथ से उत्पन्न हैं, उसके ही प्रतिबिम्ब का पश्चाद्भावी कृत्य।** पूर्व की पंक्ति इस प्रकार प्रारम्भ है –

मेरी यह रूपरेखा विश्वास के सूत्र पर आधारित है। *जैस्पर्स* जहाँ दर्शन के

---

*द्रष्टव्य परिशिष्ट—सहायक ग्रन्थ, **द्रष्टव्य टिप्पण, पृष्ठ २७०

महान् आचार्य हैं – वहीं वे इतिहास के तत्त्वद्रष्टा के रूप में भी उतने ही प्रसिद्ध हैं।

निऐण्डरथाल मानव के मृतक कर्मकाण्ड का इतिहास अब तक बहुत कुछ स्पष्ट हो चुका है। इसका अस्तित्व ४० हजार वर्ष से १ लाख वर्ष पूर्व तक विद्यमान था, इसे मानव स्वीकार करते हुए भी *होमोसेपियन्स* से पृथक् श्रेणी में रखा गया है। मानव की दो जातियाँ मान ली गई, तीसरी जाति *पीकिंग मैन* है, जो पाँच लाख वर्ष पूर्व विद्यमान थी, जिसे अग्नि के उपयोग से लेकर सामाजिक व्यवहार तक की जानकारियाँ थीं। चौथी जाति *ऑस्ट्रालोपिथिकस* है, जिसका अस्तित्व २० से ३० लाख वर्ष पूर्व तक माना गया है। वैसे इसे *'होमो'* न कह कर *'होमीनिड'* श्रेणी में रखा जाता है। एक ज्वालामुखी की राख के ढेर से १९७२ में एक नरमुण्ड निकाला गया, जो *होमोसेपियन्स* से बिलकुल मिलता-जुलता है, विशेषज्ञों के अनुसार यह मुण्ड २६ लाख वर्ष पूर्व का अनुमानित हुआ है। फलतः पूर्व पाषाणकाल भी पत्थर के आयुधों के सन्दर्भ में इतने ही लाख वर्ष पीछे चला आया, इसे साक्ष्यगत दौर्बल्य के आधार पर अस्पष्टताओं के कारण *'अनइन्टेन्शनल रेकॉर्ड'* की संज्ञा प्रदान की गई; स्पष्ट रूप में पाये जानेवाले आयुध २० हजार से ३० हजार वर्षों के मध्य के हैं। फ्रांस और स्पेन की गुफाओं में प्राप्त भित्तिचित्र अति प्राचीन हैं, जिनका समय एक लाख वर्ष अनुमानित हुआ है। लिपि सुमेर सभ्यता की प्राचीनतम स्वीकार की गई है, जिसका काल निर्धारण पाँच से सात हजार वर्षों के मध्य स्वीकार किया गया। बाह्य साक्ष्यों के आधार पर इसे *'प्रीहिस्ट्री'* की संज्ञा दी गई। संक्षेप में पश्चिम की परम्परा पृथ्वी के साढ़े चार अरब वर्षों के सुदीर्घ इतिहास में मानव के प्राचीन इतिहास की यही रूपरेखा प्रस्तुत करती है।

उसमें भी इतिहास के नाम पर इन मान्यताओं के अनुसार पाँच-सात हजार वर्षों का इतिहास समुपलब्ध है। इस युग में पृथ्वी के एक विशेष भाग पर सभ्यता का विकास वायुमण्डल की तरह व्यापक है। इसमें भारत, मिस्र, सुमेरिया, चीन, यूनान, मेसोपोटामिया, अमेरिका की पेरू, एन्डीज आदि संस्कृतियाँ विशेष रूप से उल्लेखनीय हैं। तुलनात्मक दृष्टि से भारत, मिस्र एवं सुमेरिया का सांस्कृतिक इतिहास अधिक महत्त्वपूर्ण है। वैसे लेम्यूरिया, एटलांटिस जैसी प्राचीन संस्कृतियाँ उस युग तक महासमुद्र के उदर में समाहित हो चुकी थीं। उस समय नव्य हिमयुग का प्रभाव प्रारम्भ हो गया था। *हिमनदों के भूगर्भशास्त्रीय स्वरूप* के अनुसार *'महाहिमयुग'* वहाँ *प्लीस्टोसिन एज* के नाम से प्रसिद्ध है, इसके अन्तर्गत 'महाहिमयुग' एवं 'अन्त:हिमयुग'

दोनों का ही उल्लेख होता है। इस कालखण्ड में हिमनदों का सम्प्रसारण एवं उनका अपसरण दोनों ही सम्मिलित हैं। इसका प्रधान विवेच्य विषय पुरातन हिमनदों का विलोप एवं नव हिमनदों का उदय वा आगमन है। हमारा वर्तमान हिमयुग इसके अन्तर्गत वा मध्यवर्ती है। हिमनदों का आगमन और विलोप वहाँ क्यों घटित होता है – यह विज्ञान में आज भी जटिल विवाद का सन्दिग्ध विषय है। वहाँ इसका सूत्र वा फॉर्मूला यही है – *वर्तमान अतीत की पूँजी है।* हमारी पृथ्वी का दश प्रतिशत भाग अभी भी हिमाच्छादित है। भूगर्भशास्त्र में हमारे वर्तमान युग का नाम – *प्लीस्टोसिन एपॉक* रखा गया है। पृथ्वी पर नवीन हिमयुग का प्रारम्भ पन्द्रह से सत्रह हजार वर्ष पूर्व हुआ था, जिसका व्यापक प्रभाव भू-पटल पर हमारे वर्तमान काल से छः-सात सहस्र वर्ष पूर्व तक विद्यमान था। भारतीय मत के अनुसार यह द्वापरयुग का हिमप्रलय से ग्रस्त सन्धिकाल था। अतः उस काल में पश्चिमोत्तर यूरेशिया के भू-खण्डों से जनसंख्या के दबाव के फलस्वरूप आर्यों के आगमन का प्रश्न ही नहीं उठता। सात से दस हजार वर्ष पूर्व वहाँ हिमयुग का प्रबल प्रभाव विद्यमान था, ऐसी अवस्था में जनसंख्या के दबाव का प्रश्न ही नहीं। ठीक इसके विपरीत, जिस अनुपात में हिम का प्रभाव मन्द होने लगा, लोग उत्तर-पश्चिम की ओर बढ़ते चले गए। इसी क्रम में भारतीय मूल के लोग यूरेशिया की ओर अपनी भाषा और संस्कृति के साथ पहुँचे, जिसका विपुल प्रभाव पश्चिम की भाषा और संस्कृति पर आज भी विद्यमान है। इतने महत्त्वपूर्ण वैज्ञानिक तथ्य (*जियोलॉजिकल एविडेंस*) के उद्घाटन के पश्चात् भी इतिहासकार अपनी १९वीं शती की भ्रान्त मानसिकता में खोया हुआ है, उसका कथन है – छः-सात हजार वर्ष पूर्व आर्य योरोप और मध्येशिया से आए थे।

इसी प्रकार इतिहास की पाठ्यपुस्तकों में मानवीय समुद्भव का काल डेढ़ लाख वर्ष के आस-पास चर्चित है, वहीं लूसी के कंकाल के आधार पर नृतत्त्वशास्त्र में छत्तीस लाख वर्ष। पर मूर्धन्य इतिहासवेत्ताओं की यह मान्यता अब नहीं रही, *ट्वायन्बी. ए.जे.** जैसे विश्वविश्रुत इतिहासज्ञ मानवीय अस्तित्व को दो से ढाई करोड़ वर्षों के मध्य स्वीकार करते हैं। उनका स्पष्ट अभिमत है – *मानव अब से दो करोड़ से ढाई करोड़ वर्षों के मध्य अस्तित्व में आ चुका था।*

इससे पूर्व के कालमान पर *ट्वायन्बी* मौन हैं। इन दो से ढाई करोड़ वर्षों के

---

*द्रष्टव्य परिशिष्ट—सहायक ग्रन्थ, **द्रष्टव्य टिप्पण, पृष्ठ २७०

इतिहास की कोई सूचना पश्चिम के इतिहास चिन्तन के पास नहीं है। मानव को पेड़ से नीचे उतर कर गुहानिवास तक पहुँचने में कितना समय लगा ? सामाजिक इकाई का निर्माण काल आदि स्थितियाँ खोखले और काल्पनिक अनुमानों पर आधारित हैं। भाषा का उद्भव तो बहुत ही परवर्त्ती माना गया है, वहाँ पाँच लाख वर्षों का न्यूनतम काल भी स्वीकृत नहीं। इधर के दस सहस्र वर्षों को यदि पृथक् कर दें तो २ करोड़ ५० लाख वर्षों के दीर्घकाल में क्या मनुष्य का विकास अग्नि, सामान्य-सा आवास, साधारण पत्थर के औजार, चक्के और कृषि तक ही सीमित रहा ? तब तो विगत दो सौ वर्षों की वैज्ञानिक उपलब्धियों का त्वरित-विकास पृथ्वी के अरबों वर्षों के क्रमिक विकास शृंखला की एक कड़ी नहीं, बल्कि अतिप्राकृत और अधिप्राकृत हस्तक्षेप का असम्भावित परिणाम और प्रभाव है। पृथ्वी के साढ़े चार अरब वर्षों के कालमान की तुलना में विगत दो सौ वर्षों का कालखण्ड एक क्षण से भी अल्प है। लगता है लोकोमोटिव, रॉकेट, स्काइशटल्स, आकाशगंगा से लेकर परमाणु तक का अतुलनीय वैज्ञानिक अनुसन्धान और प्रगति पृथ्वी के इतिहास में एक आकस्मिक बौद्धिक विस्फोट है, जो इस पर्यावरण में विश्व की अपार्थिव सत्ता के हस्तक्षेप के बिना कदापि सम्भव नहीं।

विश्वतोमुख काल की अवधारणा—सूर्य-संकेन्द्रित विश्व का स्वरूप, इतिहास का कालसंक्रान्त विभाजन, एवं विश्व-मानव की सैद्धान्तिक भूमि हमें स्पष्ट रूप से ऋग्वेद में प्राप्त होती है। 'पुरुषसूक्त' और 'अस्यवामस्य' सूक्त इसके ऐतिहासिक उदाहरण हैं। पश्चिम में सूर्यसंकेन्द्रित विश्व की नई खोज *कॉपरनिकस* ने १६वीं शती में की, काल-संक्रान्त युग की अवधारणा १८वीं शती से अभी तक विकासोन्मुख है – जो इतिहास से लेकर विश्व के संरचनात्मक सन्दर्भ तक १० अरब वर्ष से लेकर २० अरब वर्ष तक चली गई है। पश्चिम में 'विश्वमानव' या *युनिवर्सल मैन* शब्द के प्रथम यशस्वी निर्माता *जेकब बरवार्ड* हैं, जिन्होंने १९वीं शती में सर्वप्रथम इस शब्द का प्रयोग किया था। ऋग्वेद में विश्वचर्षणीम् (ऋग्वेद ३-५-६) शब्द अनेक बार आया है, जिसका अर्थ है– 'विश्व-मानव'। ऋग्वेद का सम्पूर्ण विश्व सूर्यसंकेन्द्रित है –

सूर्य आत्मा जगतस्तस्थुषश्च।

—ऋग्वेद १-११५-१

इतिहास और विकास के भारतीय सिद्धान्त-पक्ष पर आने के पूर्व पश्चिम की युगदृष्टि और इतिहास की नियामक आधारदृष्टि पर एक अति संक्षिप्त दृष्टिपात समुचित होगा।

पश्चिम की परम्परा के पास इतिहास की अवधारणा कभी भी स्पष्ट नहीं रही, आज भी नहीं है। यूनान, रोमनयुग और मध्ययुग का तो प्रश्न ही नहीं – योरोप में इस दृष्टि का किंचित् उन्मेष हमें १८वीं-१९वीं शती में दिखलाई देता है। इतिहासतत्त्व की शास्त्रीय दृष्टि से ऊहापोह का क्रम सर्वप्रथम *जी.वाइको(१७२५)* एवं *हर्डर(१७७४)* से प्रारम्भ होता है। इतिहास की तत्त्वदृष्टि का आश्रय है – काल का तत्त्व-दर्शन, जिसकी अवधारणा के बिना हम इतिहास को कहीं नहीं समझ सकते। योरोप की सभ्यता के पास इसका अभाव प्रारम्भ से ही रहा है। यही कारण था कि यूनान के इतिहास चिन्तक अपने सम्पूर्ण इतिहास को सर्वदा कुछ सौ वर्ष का ही समझते रहे। हाँ, ईसाई धर्म की तत्त्वदृष्टि के आधार पर इतना तो मानना ही पड़ेगा कि वहाँ की परम्परा को ठोस ६००० वर्षों का कालमान विरासत के रूप में प्राप्त हुआ – विश्व की उत्पत्ति इस युगमान के अनुसार छः हजार वर्ष पूर्व है। किसी भी संस्कृति में उसकी धर्मदृष्टि ही उस संस्कृति की इतिहास-दृष्टि बनती है, और वही आगे चलकर दर्शन और चिन्तन के रूप में प्रशस्त होती है। यही सत्य योरोप के इतिहास और इतिहासकारों के साथ भी है। इतिहास-तत्त्व को स्थिर करने और उसकी परम्परा के प्रामाणिक स्वरूप के विनिश्चय की दृष्टि से सौ-दो सौ वर्षों की एकेडेमिक परम्परा कोई उल्लेखनीय अर्थ इस सन्दर्भ में नहीं रखती। फलतः पश्चिम की चिन्तन पद्धति में आज तक इतिहासतत्त्व के प्रतिमान निश्चित नहीं हो पाये। प्रत्येक चिन्तक अन्त में इसे वैयक्तिक मनोवधारणा का विषय बना देता है। इतिहास के तत्त्वदर्शन की विश्लेषणात्मक पद्धति के आचार्य *आर.जी.कॉलिंग्वुड** का कथन है – *सम्पूर्ण इतिहास चिन्तन व विचार का इतिहास है।*

योरोप की परम्परा यूनान से प्रारम्भ होती है। यह संस्कृति सम्पूर्ण रूप से इतिहास विरोधी ही रही है क्योंकि यहाँ के दर्शन में इतिहास के लिए कोई चिन्तन नहीं था। इन्होंने यहूदियों की तरह कभी यह नहीं सोचा था कि यह सृष्टि किसी उल्लेखनीय अन्त या उद्देश्य को सम्मुख रखकर प्रवर्तित हुई है, न आधुनिकों की तरह इनके पास काल की ही कोई सर्जनात्मक अवधारणा थी। इतिहासशास्त्र के सुप्रसिद्ध विद्वान् *हर्बर्ट बटरफील्ड** ने इस सत्य को बड़ी स्पष्टता के साथ अपने महत्त्वपूर्ण प्रबन्ध *हिस्टोरियोग्राफ़ी** में उजागर किया है।

आज यह सुनिश्चित सा हो गया है कि होमर के पूर्व एक बहुत बड़ी संस्कृति

---

*द्रष्टव्य परिशिष्ट—सहायक ग्रन्थ, **द्रष्टव्य टिप्पण, पृष्ठ २७०

यूनान में थी, जो *माइसेनियन* संस्कृति के नाम से प्रसिद्ध है, पर होमर के माध्यम से हम उसका संकेत मात्र ही प्राप्त करते हैं। वहाँ के इतिहास पण्डितों की दृष्टि में होमर के भीतर जनश्रुति और कल्पना का इतना अधिक अंश है कि स्लीमान से पूर्व १९वीं शती तक के सम्पूर्ण इतिहासकार इस सुविशाल सांस्कृतिक परम्परा को मिथक ही मानते रहे हैं। निश्चित रूप से यह कहा जा सकता है कि वहाँ इतिहासतत्त्व का इतना बड़ा अभाव था, फलतः इतने दीर्घ इतिहास के अस्तित्व को ही अस्वीकार कर दिया गया। इतिहासतत्त्व का यह अभावजनित प्रभाव इतना प्रबल है कि आज भी निश्चय के साथ यह कहना कठिन है कि *होमर* के पूर्व यूनान की भाषा ग्रीक ही थी। यहाँ तक कि यूनान के इतिहास का दीर्घ युग बीतने पर भी वहाँ के इतिहासकारों की दृष्टि में यह दीर्घकाल, मात्र कुछ सौ वर्षों का ही था। कुछ *लीगल ट्रिटाइज़ेज़* ऐसी मिली हैं – जिनपर सौ वर्ष लिखे हुए हैं, पर तिथि आदि का कोई संकेत वहाँ न होने के कारण पाँच-दश वर्ष में कहीं भी यह सौ की संख्या समाप्त हो जाती है। यही कारण है यूनान का ट्रोजन-युग से लेकर सैकड़ों वर्षों का सम्पूर्ण इतिहास ही अन्धकारमय है। होमर का समय ९ बी.सी. अनुमानित है। इस कालान्तर के मध्य इतिहास के नाम पर कुछ पुरोहितों और अफसरों के नामों की सूची ही प्राप्त होती है, राजवंशों का तो वहाँ कुछ पता भी नहीं। लगता है, इस दिशा में वहाँ न किसी सम्राट का ही ध्यान गया, न किसी इतिहास चिन्तक का ही। *हेरोडेटस* (४८०-४३) और *थूसीडीड्स* (४ बी.सी.) ने भी यूनान का इतिहास प्रस्तुत नहीं किया, इनके इतिहास का सम्बन्ध अपने वर्तमान समय के पड़ोसी राज्यों से है। *हेरोडेटस* ने अपने समय की *ग्रीको-पर्शियन-वॉर* पर लिखा है, *थूसीडीड्स* के इतिहास की विषयवस्तु *पेलोपोनेसियन वॉर* है। ये दोनों इतिहासकार यूनान के अतीत को किंचित् भी उजागर न कर सके। इनके पश्चात् इतिहास की परम्परा में *पॉलीबियस* का उल्लेखनीय नाम प्राप्त होता है। इनका समय १९८ बी.सी. के आसपास है। अपने पूर्ववर्तियों की तुलना में अपेक्षाकृत *पॉलीबियस* का इतिहास चिन्तन कालगत आयाम की दृष्टि से अधिक व्यापक है, ये अपने लेखन में १५० वर्ष पूर्व तक चले जाते हैं। इस प्रकार वे अपनी वर्तमान पीढ़ी से पाँच पीढ़ी पूर्व तक के घटनाक्रम को अपने इतिहास का विवेच्य विषय बना लेते हैं। इनसे किंचित् पूर्व *पेलोपोनेसिवन वॉर* के घटनाक्रम पर इनका कथन है – 'उसे निश्चित रूप से नहीं कहा जा सकता।'

जहाँ तक तथ्यों का प्रश्न है, *हेरोडोटस* ने *एविडेंस* शब्द की कहीं कोई चर्चा

नहीं की, इसका प्रयोग सर्वप्रथम *थूसीडीड्स* ने किया है – *जब मैं साक्ष्य के आधार पर विचार करता हूँ।* इतिहास को कविता के माध्यम से प्रस्तुत करने की प्रक्रिया को यूनानी संस्कृति ने पहचाना था, यूनानी कलाविद् थे। अरस्तू का कथन है – 'कविता इतिहास से अधिक वैज्ञानिक और प्रामाणिक है', अरस्तू के इस कथन में सत्य का बहुत बड़ा अंश विद्यमान है। यदि योरोप के इतिहासकार अरस्तू के इस कथन की सच्चाई को समझ पाते तो यूनान के इतिहास की सत्यता को समझने के लिए इन्हें १९वीं शती तक प्रख्यात पुरातत्त्वविद् *स्लीमान, एच.* की प्रतीक्षा नहीं करनी पड़ती। *स्लीमान* की दृष्टि में होमर का काव्य काल्पनिक कथा (*फिक्शन*) नहीं, इतिहास का परम सत्य था। यूनान के इतिहास लेखकों के लिए, वहाँ का इतिहास अतीत का घटना-प्रवाह या स्मृति-चित्र कभी भी नहीं रहा, वह अधिक से अधिक जीवन चरित्र की लघु आयामिकता के भीतर समसामयिकता के घटनाचक्र तक ही स्थित और सीमित था। इतिहास की सम्पूर्ण सीमा और समझ *आइ विटनेस* तक ही सीमित थी। शब्दप्रमाण और आप्तवाक्य के स्मृति-सन्दोह तक वे परम्परा के अभाव में पहुँच ही नहीं पाये, नेत्रगत साक्ष्य तो तात्कालिक होता है, उसमें न देशगत व्यापकता है, न कालगत विनिश्चय। उसका अतीत के घटनाप्रवाह पर न कोई अधिकार है, न उससे सम्बन्ध। *फ्रायड* ने यूनानी संस्कृति की बड़ी-बड़ी 'कॉम्प्लेक्सिटीज़' का उद्घाटन किया है – इनमें *इडिपस कॉम्प्लेक्स* आदि बहुचर्चित हैं। यह यूनान की २०वीं शती के मनोविज्ञान को बहुत बड़ी देन है। उसी प्रकार यह *आइ विटनेस कॉम्प्लेक्स* यूनान की ऐतिहासिक परम्परा से सम्प्राप्त होने वाली एक महाकॉम्प्लेक्स है, जिसने योरोप के इतिहास-चिन्तन और इतिहासकारों को जकड़ कर रख दिया। 'पुरातत्त्व शास्त्र' और 'अस्थिअश्म शास्त्र' यद्यपि इस कॉम्प्लेक्स के विकसित मन:परिणाम हैं, तथापि यथार्थ के मार्ग में प्रस्तुत होने वाले भ्रम को दूर करने में सहायक भी हैं। सिद्धान्त है – मकड़ी अपने ही बनाये हुए जाल में फँसती है – यूनान का सारा इतिहास इसी – *आइ विटनेस* की कॉम्प्लेक्स परम्परा के कारण सर्वत्र असिद्ध होता रहा – कहीं भी स्थापित न हो पाया – न *हेरोडोटस* के द्वारा, न *पॉलिबियस* के द्वारा, न मध्ययुग के द्वारा और १८वीं १९वीं शती का सुविशाल चिन्तन भी इसे सिद्ध और स्थापित न कर सका। इस ग्रन्थि का विमोचन तो स्लीमान के तीक्ष्ण कालजयी फावड़े से ही हुआ है।

---

*द्रष्टव्य परिशिष्ट—सहायक ग्रन्थ, **द्रष्टव्य टिप्पण, पृष्ठ २७१

प्राचीन इतिहास के सन्दर्भ में पुरातत्त्वशास्त्र की कुछ अपनी भी मान्यताएँ रही हैं। १९वीं शती में प्राचीनता के सन्दर्भ में उभरते हुए संवाद-विसंवाद के मूल में प्रत्नपुरातत्त्वशास्त्र, आधिभौतिक नृतत्त्वशास्त्र (*फिजिकल एन्थ्रोपॉलोजी*), प्रत्नभाषातत्त्वशास्त्र की नवीन मान्यताओं ने विक्टोरियन युग के उस संघर्ष को बहुत पीछे ढकेल दिया, जो ४००४ बी.सी. में सृष्टिसंरचना के सिद्धान्त को स्थापित करने के लिए संघर्षरत था। मूल समस्या का प्रारम्भ यहीं से होता है – मानव कितना प्राचीन है, विश्व की नवीन 'होरोस्कोप' में उसके समुद्भव की तिथि कहाँ है ? *मारियो* ने जिनेवा के पार्श्ववर्ती *डिपॉजिट्स* की घनता का आकलन करते हुए पाषाणयुग के प्रारम्भ का अनुमान ७ हजार वर्ष निश्चित कर दिया, *ग्रीलियरर* एवं *मारियो* दोनों का ही अनुमान था – नव्यपाषाणकाल के उदय का काल भी यही है – ६ हजार से ७ हजार ईसा पूर्व के मध्य। *होमर* द्वारा मिस्र में किये गए अनुसन्धान के अनुसार नव्यपाषाणकाल *नियोलिथिक एज* १३ सहस्र वर्ष पूर्व प्रारम्भ होता है, फलतः पूर्वपाषाणकाल (*पैलियोलिथिक एज*) और पीछे चला गया। मानव का प्रारम्भिक काल भी तदनुसार और भी पीछे चला जाता है। *सर चार्ल्स लायल* के अनुसार उस युग की प्राप्त पाषाणनिर्मित वस्तुओं के आधार पर यह काल एक लाख वर्ष पूर्व सुनिश्चित है। *क्वाटर्नरी आइस एज* नामक हिमयुग का काल २ लाख २० हजार वर्ष माना गया है। इस आधार पर *गैब्रियल डि मॉर्टिलेट* ने प्रत्नपाषाणकाल का समय २ लाख ३० हजार से २ लाख ४० हजार वर्षों के मध्य स्वीकार किया है। जहाँ तक भूगर्भशास्त्रीय कालक्रमागतता (*जियोक्रोनोलॉजी*) का प्रश्न है – यह २०वीं शती के पुरातत्त्वशास्त्र एवं कार्बन – १४ (*कार्बन-१४*) की देन है, जिसका यथार्थ विश्लेषणात्मक स्वरूप १९४५ से प्रारम्भ होता है, इसके प्रथम आविष्कर्ता शिकागो के वैज्ञानिक *लिबी* हैं। कार्बन-१४ के उपरान्त कुछ अन्य टेकनीक्स भी विकसित हुईं – यथा, *फ्लोरिन एनैलिसिस*, पाषाण की – *पेट्रोलॉजिकल एनैलिसिस*, धातुओं का विश्लेषण – *मेटलर्जिकल एनैलिसिस ऑफ मेटल्स* आदि। कुल मिलाकर कहा जाए तो विक्टोरियन युग का अन्त होते होते यह सिद्ध हो गया कि मानव ४००४ ईसवी पूर्व वाली बाइबिल की मान्यता एवं नूह प्रलय – *नोवाशियन डिल्यूज* के भी बहुत पूर्व विद्यमान था। *लूबक* के सुप्रसिद्ध ग्रन्थ – *प्रीहिस्टॉरिक टाइम* के प्रकाशित होने के तीन वर्ष पश्चात् १८६८ में हेनरिख़ स्लीमान ने *इथाक* एवं *हिसार्लिक* में उत्खनन कार्य के अनन्तर १८७१ में *ट्रॉय* का पता लगाया, फलतः महाकवि होमर पुरातात्त्विक साक्ष्यों के साथ *ट्रॉय* से एकाकार हो गए। मानव के अतीत पर स्लीमान ने इतिहास

का एक नया अध्याय लिख दिया – कविता के सन्दर्भ में कथित महापण्डित अरस्तू का उपर्युक्त कथन इतिहास के सन्दर्भ में सत्य सिद्ध हो गया। पुरातन अपने मौन को तोड़ कर सदा के लिए बोलने लगा, इस नई खोज ने इतिहास में एक नया प्रश्न खड़ा कर दिया – *मायसिनियन* कौन थे ? कुछ इतिहासकारों का अनुमान है, वे आर्य थे।

प्राचीनता के सन्दर्भ में ऐतिहासिक दृष्टि से देखा जाय तो यूनान में इतिहासतत्त्व की व्याख्या *हीसियड* और *थियोनिज़* में दिखलाई देती है, तत्पश्चात् *प्लैटो, ऐरिस्टॉट्ल, थूसीडीड्स* और *पॉलीबियस* ने यह कार्य किया। रोमन युग तक आते-आते इस परम्परा को *लुक्रिशियस, सिसरो, वारो, फाइलो, अपोलोनियस, प्लूटार्कोस, अपूलियस* ने आगे बढ़ाया, कालान्तर में *सेन्सोरिनस* जैसे अलङ्कारवादियों ने, *सेंट ऑगस्टीन* ने अपने प्रसिद्ध ग्रन्थ* में एवं *ओरोसियस* ने अपनी पुस्तक* में इतिहासतत्त्व की चर्चाएँ कीं। सांस्कृतिक सन्दर्भ में देखा जाय तो यह कालखण्ड मूल्यों की दृष्टि से बहुत ही अस्थिर था। *पी.ए.सॉरोकिन* जैसे समाजशास्त्रियों की मान्यता है – जब सभ्यता और संस्कृति में मूल्य विच्युति की स्थिति अत्यधिक बढ़ जाती है, तब उस युग की चेतना इतिहास के प्रति अधिक से अधिक उत्कण्ठित और जागरूक हो उठती है। इनकी दृष्टि में ९० प्रतिशत इतिहास चिन्तन मूल्य-विच्युति के ऐसे ही क्षणों में हुआ है।

मध्ययुग में इतिहासतत्त्व की उल्लेखनीय व्याख्या *ज़ोकिम ऑफ़ फ्लोरिस* की पुस्तक* के माध्यम से हुई – यह १२वीं शती का काल था। मध्ययुग के म्रियमाण मूल्य नई जमीन की तलाश में भटक रहे थे, जिन्हें आगे जाकर १३वीं १४वीं शती के नये परिवेश में आश्रय प्राप्त हुआ। १४वीं शती की सर्वोत्कृष्ट इतिहास दर्शन की पुस्तक *इब्न ख़ल्दून** ने लिखी है। यह भी उसी मूल्य-विच्युति का युग था, जिसके भीतर से अरब की संस्कृति अपनी अन्तिम साँस ले रही थी, जिसका विवरण स्वयं *इब्न ख़ल्दून** ने अपने प्रसिद्ध ग्रन्थों में दिया है।

इतिहास के चिन्तन पर किया गया यह विपुल संख्याविस्तार सामान्य नहीं है। इनमें से कुछ उल्लेखनीय नाम इस प्रकार हैं – *मकियावेली**, *विको**, *हॉब्स**, *लॉक** इसके अनन्तर *वॉल्टेयर**, *रूसो**, *दे माइस्त्रे**, *दे बोनाल्द एम.** आदि पचासों नाम ऐसे हैं, जिनकी सूची यहाँ विस्तार भय से सम्भव नहीं, यह सम्पूर्ण चिन्तन *क्राइसिस* का चिन्तन है। इन शताधिक चिन्तकों में ७० से ८० प्रतिशत तो वे चिन्तक हैं, जिन्हें

---

*द्रष्टव्य परिशिष्ट—सहायक ग्रन्थ

अपने युग की *क्राइसिस* के कारण अनेक संकट नाना प्रकार की यातनाएँ, कैद और निर्वासन का दण्ड तक झेलना पड़ा था। २०वीं शती के महान् इतिहासवेत्ताओं में तीन नाम कदापि नहीं भुलाये जा सकते – *ओ.स्पेंगलर, ए.जे.ट्यायंबी, सॉरोकिन पी.ए.*। इनमें प्रथम इतिहास दर्शन के तत्त्ववेत्ता हैं, द्वितीय तत्त्ववेत्ता इतिहासकार, तृतीय समाजशास्त्री। वैसे यह सूची बहुत लम्बी है। *निट्से एँफ़., मार्क्स के., हाइडेगर मार्टिन, मर्लियो पॉन्टी, मॉरिस, डेरिडा जेक्स, हबेरमास जुर्गेन, अडार्नो थियोडोर, हैंस जॉर्ग गडामर* – आदि अनेक विद्वानों के अन्तर्विरोधों को ध्यान में रखते हुए, इतिहास की *हर्मेनॉटिकल* दृष्टि से व्याख्या करते हुए *जॉर्ग गडामर* ने लिखा है– *वास्तव में इतिहास हमारे लिए नहीं, हम इतिहास के लिए हैं, आत्मनिरीक्षण द्वारा स्वयं को समझने के बहुत पूर्व हम परिवार, समाज, देश के माध्यम से स्वयं को स्वयं की ही प्रमाण-पद्धति से समझ लेते हैं, जिसमें हम निवास करते हैं......यही कारण है अपनी मान्यता से भी अधिक अपने पूर्वग्रहों को महत्त्व देते हुए अपने ऐतिहासिक बोध का निर्माण कर लेते हैं।* ये अन्यत्र अपनी *हर्मेनॉटिकल* दृष्टि को स्पष्ट करते हुए लिखते हैं – *प्रत्येक अनुभव का प्रतिद्वन्द्वी होता है। क्योंकि प्रत्येक अनुभव अपने पुराने अनुभव के सामने अपना कुछ नया रख देता है और प्रत्येक अवस्था में सिद्धान्त दृष्टि उत्पन्न हो जाती है – क्या नया स्वीकृत होगा....या फिर पुरातन, पूरा अभ्यस्त, अत: भविष्य चर्चा को अन्त में ही स्वीकृति प्रदान होती है।*

अपने प्रसिद्ध ग्रन्थ में *पी.ए.सॉरोकिन** ने सम्पूर्ण मानव इतिहास को उसके परिवर्तित मूल्यों के आधार पर विभाजित और वर्गीकृत करते हुए (१) सत्ययुग (२) त्रेतायुग (३) द्वापरयुग (४) कलियुग–इन चार युगों में ही बाँटकर समझने का प्रयास किया है। इनके नामों का उन्होंने सन्दर्भगत उल्लेख करते हुए, इस प्रकार अनुवाद किया है–(१) *इकलेक्टिक* (२) *आइडियलिस्टिक* (३) *आइडिएशनल* और (४) *सेंसेट*। कलियुग का नया नामकरण मानवीय मूल्यों की विच्युति और *क्राइसिस* के सन्दर्भ में *सेंसेट कल्चर* किया गया है। भारतीय इतिहासकारों की दृष्टि में महर्षि वाल्मीकि और वेदव्यास को इतिहास लेखन का ज्ञान भले ही न हो, पर *सॉरोकिन* जैसे इतिहास और समाज-शास्त्र के पण्डित ने व्यास के इस युग विभाजन को *स्पेंगलर* और *ट्यायंबी* की भारतीय चिन्तन से प्रभावित परम्परा का आहरण करते हुए, अपने विवेचन का महत्त्वपूर्ण आधार बनाया है।

---

*द्रष्टव्य परिशिष्ट—सहायक ग्रन्थ, **द्रष्टव्य टिप्पण, पृष्ठ २७१

भारतीय चिन्तन पुरुष शब्द के अर्थ को चार भागों में बाँटकर देखता है–'पुरुषार्थ' शब्द का अर्थ ही है–पुरुष का अर्थ या उसकी व्याख्या। ये चार पुरुषार्थ या पुरुष के अर्थ–(१) अर्थ (२) धर्म (३) काम और (४) मोक्ष, भारतीय साहित्य में सर्व प्रसिद्ध हैं। महाभारत जहाँ जीवन को 'धर्म' के चारों ओर केन्द्रित करके देखता है, वहाँ वह 'अर्थ' को भी इतना ही बड़ा महत्त्व प्रदान करता है। महाभारत की दृष्टि में 'अर्थ' मानव इतिहास का सबसे बड़ा प्रवर्तक तत्त्व है। जैसे पर्वतों से नदियाँ प्रवर्तित होती हैं, वैसे ही समग्र कार्यों का प्रवर्तन 'अर्थ' से होता है। अर्जुन ने धर्म, काम और मोक्ष तीनों के लिए ही 'अर्थ' को प्रथम कारणता के रूप में स्वीकार किया है–

''जैसे पर्वतों से बहुत-सी नदियाँ बहती रहती हैं, उसी प्रकार बढ़े हुए संचित अर्थ से सब प्रकार के शुभकर्मों का सम्पादन होता रहता है। नरेश्वर ! अर्थ से ही धर्म, काम और स्वर्ग की सिद्धि होती है। लोगों के जीवन का निर्वाह भी अर्थ के बिना नहीं होता।''

अर्थेभ्यो हि विवृद्धेभ्यः सम्भृतेभ्यस्ततस्ततः।
क्रियाः सर्वाः प्रवर्तन्ते पर्वतेभ्य इवापगाः॥१६॥

अर्थाद् धर्मश्च कामश्च स्वर्गश्चैव नराधिप।
प्राणयात्रापि लोकस्य विना ह्यर्थं न सिद्ध्यति॥१७॥

–महा. शान्तिपर्व-८

भारतीय साहित्य में अर्थ को शेष तीन पुरुषार्थों के प्रवर्तक या साधक तत्त्व के रूप में स्वीकार किया गया है। 'धर्म' का अर्थ है व्यवस्था–जो एक आधारतत्त्व के रूप में परमाणविक संरचना से लेकर जटिलतम मानवीय व्यवस्था तक सर्वत्र व्यापक है। 'काम' सृष्टि का प्रजननात्मक व्यापक आधार है, 'मोक्ष' का अर्थ है–सम्पूर्ण बन्धनों का अभाव।

१९वीं शती के तुलनात्मक भाषा विज्ञान में जिस तरह भारतीय चिन्तन ने आचार्य पाणिनि के द्वारा नई क्रान्ति की, उसी तरह रामायण और महाभारत के द्वारा इतिहास के तत्त्वदर्शन को नई दिशा प्राप्त हुई। इसके पूर्व योरोप के समक्ष न तो इतिहास का तत्त्वदर्शन ही स्पष्ट था, न काल की अवधारणा ही स्पष्ट थी। ईसाई मतवाद के पास काल की कोई स्पष्ट अवधारणा ही नहीं थी। इस मत के अनुसार यह पृथ्वी ईसा से प्रायः चार हजार वर्ष पूर्व ही उत्पन्न हुई है; उस युग के वैज्ञानिक खींचतान कर इसे पचास हजार वर्ष पूर्व ले जाते थे। काल की व्यापक अवधारणा के अभाव में इतिहास

के सारे पाण्डित्य पूर्ण निष्कर्ष ही अस्पष्ट और अपूर्ण थे। *हेगेल* के समक्ष भारतीय चिन्तन का स्वरूप बहुत कुछ स्पष्ट था। उन्होंने 'धर्म' और 'अध्यात्म' के चतुर्दिक् इतिहास के तत्त्व-शास्त्र की सर्वप्रथम नींव डाली। भारतीय संस्कृति में काल और इतिहास का निर्वचन, नियति की गाणितिक इकाइयों पर स्थिर है। इतिहास का निर्गमन और संक्रमण स्वतन्त्र नहीं; उसकी पृष्ठभूमि में गणित की नियमबद्ध शृंखला है; जो इतिहास के गतिशास्त्र को प्रतिपद नियन्त्रित करती है। योरोप में सर्वप्रथम इतिहास के इस गतिशास्त्र का प्रारम्भ *हेगेल* से होता है। विश्व के इतिहास की काल-धारा को *हेगेल* ने विभिन्न संस्कृतियों के इतिहास में एक तार्किक पद्धति के रूप में समझने का प्रयास किया, जो दर्शन के इतिहास में 'इतिहास के द्वन्द्वात्मक' दर्शन के नाम से प्रसिद्ध है। यह इतिहास का तत्त्वदर्शन *मार्क्स* के हाथों में पहुँच कर द्वन्द्वात्मक भौतिकवाद बन गया।

हेगेल और *मार्क्स* के इस दर्शन और भौतिकवाद ने विश्व के इतिहास चिन्तन के क्षेत्र में बड़ी-बड़ी क्रान्तियाँ कीं। *मार्क्स* ने 'अर्थ' के सन्दर्भ में सम्पूर्ण इतिहास की व्याख्या की। *डारविन* ने जो कार्य जीव विज्ञान के क्षेत्र में किया, उससे बहुत बड़ी क्रान्ति *कार्ल मार्क्स* ने राजनैतिक अर्थशास्त्र के माध्यम से की। *फ्रायड* ने 'काम' को अपनी व्याख्या का प्रधान आधार बनाया। जो स्थान राजनैतिक अर्थशास्त्र में *मार्क्स* का है, वही स्थान मनोविज्ञान में *फ्रायड* का है। मानव व्यक्तित्व जैव धरातल से लेकर सांस्कृतिक चेतना के स्तर तक काम से नियन्त्रित होकर ही आगे बढ़ता है। *फ्रायड* के चिन्तन के चतुर्दिक घूमते हुए मनोविज्ञान ने गुहा मानव से लेकर मनुष्य के अधुनातन विकास तक के रहस्य को समझने में अत्यधिक सहायता प्रदान की। यह सिद्धान्त मानवीय अवचेतन की विकृतियों तक परिसीमित है। वहीं वैदिक काम तत्त्व का स्वरूप विश्वतोमुख एवं परम व्यापक है। नासदीय सूक्त का मन्त्र दर्शन है। जिसमें सृष्टि के परम चैतन्य का रहस्य समाहित है –

"सर्वप्रथम परम में काम विद्यमान था – यही सृष्टि का आदिम इच्छारूप बीज है। विद्वानों ने हृदय में विचार किया एवं असत् में सत् के कारण को खोज लिया।"

कामस्तदग्रे समवर्तताधि मनसो रेत: प्रथमं यासीत्।
सतो बन्धुसति निरविन्दन् हृदि प्रतीष्या कवयो मनीषा॥

—ऋग्वेद १०-१२९-४

'अर्थ' और 'काम' की तरह 'धर्म' को इतिहास का प्रवर्तक तत्त्व स्वीकार करते

हुए इस सन्दर्भ में व्यापक चिन्तन हुआ। इस दिशा में *अल्बर्ट स्वाइट्ज़र, निकोलस बर्डेव* आदि पण्डितों के नाम विशेष उल्लेखनीय हैं। अस्तित्ववादी दार्शनिक जहाँ धर्म पर एक दार्शनिक की तरह विचार करते हैं; वहीं *तिलहर्ड दे चार्डिन* जैसे *पैलेऑन्टोलॉजिस्ट* एक वैज्ञानिक की तरह चिन्तन करते हैं। 'धर्म' को इतिहास के तत्त्वदर्शन का आधार मानते हुए *फ्रेड्रिक थियोडोर विशर* ने तो यहाँ तक कहा है–*धर्म इतिहास के लक्षण की परम सम्पत्ति है, बुद्धि को मापने का यन्त्र है (नीलोमीटर)।*

तुलनात्मक दृष्टि से देखा जाए तो विकास और काल के सन्दर्भ में *न्यूरोकॉस्मोलॉजी* का कथन अत्यधिक सार्थक है। *टॉड सिलर* * ने अपने प्रसिद्ध ग्रन्थ में कहा है – *तुम कह सकते हो विकास यथोचित है, विधिसंगत है – पर यह न अग्रवर्ती है न पश्चगामी, न ऊर्ध्वगामी न अधोमुखी – लेकिन मनोगामी है।** वे आगे लिखते हैं – *स्नायु के दिशावकाश के मध्य काल न तो नियन्ता रूप है, न किसी मापजोख का साधन। यह 'यहाँ' से 'वहाँ' तक हमारे विकास को मापने का संसाधन है। (जो किसी समय किसी काल में सम्भव है), (यह वह बिन्दु है जहाँ से हम प्रारम्भ करते हैं, जबकि हम इसे नया नाम प्रदान करते हैं – जैसा अन्त में) बिना काल के, हम समझते हैं कोई भी गति नहीं। और हमारी धारणा है बिना गति के विचार का स्फुरण नहीं।*

काल के अखण्ड प्रवाह में मानवीय अस्तित्व का गतिमय स्वरूप इतिहास है, मानवीय प्रज्ञा द्वारा किया गया इस गति का विभाजन युग। प्रज्ञा काल के अखण्ड स्वरूप को विभाजन के माध्यम से ही ग्रहण करती है। भाषा इसे भूत, भविष्य और वर्तमान के निर्देश द्वारा व्यक्त करती है। ऐसी अवस्था में इस प्रवाह के स्वरूप को स्पष्ट करने के लिए संख्यात्मक संकेत आवश्यक हो जाता है। मात्र भूत और वर्तमान शब्द का व्यवहार संख्यात्मक निर्देश के बिना पर्याप्त नहीं – जो भविष्य और वर्तमान है, वही कालान्तर में अतीत हो जाता है, ऐसी अवस्था में अनादि-अनन्त कालप्रवाह में किसी भी घटना को पुनः काल के सन्दर्भ में संकेतित करना कठिन ही नहीं, असम्भव हो जाता है। शताब्दी और सहस्राब्दी तो बहुत दूर, यदि कालगत संकेत का मात्रक सुनिश्चित न हो तो हम किसी भी कालबिन्दु की पहचान वर्ष के लघुतम मान में भी नहीं कर पाते, ऐसी अवस्था में इतिहास की वही अवस्था होती है, जो यूनान के इतिहास की हुई है। हमारे इतिहासकार जहाँ क्षेपकों के गट्ठर को माथे पर रख

---

*द्रष्टव्य परिशिष्ट—सहायक ग्रन्थ, **द्रष्टव्य टिप्पण, पृष्ठ २७१

कर ईसामसीह के चारों ओर परिक्रमा कर रहे हैं, वहीं *कालिया* सिद्धान्त समग्र बौद्धिक चेतना के साथ हमारे अतीत और वर्तमान के नये आयामों का उद्घाटन कर रहा है।

इतिहास में प्राय: पाँच प्रकार का युग-विभाजन रेखांकित किया गया है – (१) एक वह युग-विभाजन जो सृष्टि के तिथिक्रम पर आधारित है, इसका व्यवहार भारतवर्ष में प्राचीन इतिहास की परम्परा को रेखांकित करने की दृष्टि से हुआ, यथा – कल्प, मन्वन्तर, महायुग, युग ; (२) यह परम्परा संवत् प्रधान संवत्सर के गणनाक्रम पर आधारित है – यथा सृष्टि संवत्, युधिष्ठिर संवत्, विक्रम संवत्, शक संवत्, शालिवाहन संवत्, ईसाई संवत् आदि-आदि ; (३) यह प्रकार न्यूनाधिक रूपकात्मक है, इसका सम्बन्ध जहाँ इतिहास से है वहीं विकासवाद से भी है, यथा, पाषाणयुग, ताम्रयुग, लौहयुग आदि ; (४) इस विभाजन का आधार सांस्कृतिक इतिहास की युग प्रधान काल्पनिक भावना है – स्वर्णयुग, रजतयुग, रेनेसां, वरोक, इन्लाइटेन्मेन्ट, एज ऑफ रीजन आदि ; (५) यह विभाजन काल के रूपकात्मक परिवेश की प्रतिबद्धता के आधार पर किया गया है – आदिमयुग, प्राचीनयुग, मध्ययुग आदि-आदि।

पश्चिम में यह विभाजन *एरा* शब्द के द्वारा प्राप्त होता है। रोमन राज्यकाल के प्रसिद्ध इतिहासकार *लिवी* ने २ बी.सी. में इसका प्रथम बार उपयोग किया, जिसका आधार रोम की स्थापना से सम्बन्धित दन्तकथाएँ थीं। *ओल्ड टेस्टामेन्ट* की सृष्टि-कथा के आधार पर ईसाई धर्मावलम्बियों ने एक नये संवत् की सृष्टि की, यह सृष्टि ६ दिनों में बनी, प्रत्येक दिन का मानवीय मान ५०० वर्ष है। अत: इस दृष्टि से सृष्टि को बने ईसा तक ४००० वर्ष व्यतीत हो चुके थे, १७वीं १८वीं शती तक तो यह व्यवहार ईसाई मत की दृष्टि से ही होता रहा, पर कालान्तर में यह धर्म से हट कर सामान्य कालमान के रूप में स्वीकृत हुआ, फलत: बी.सी. (*ईसापूर्व*) के माध्यम से सुदूर अतीत का भी अनुमान ग्रहण कर लिया गया, ए.डी. (*ईसापश्चात्*) का व्यवहार मध्ययुग से ही प्रचलित होना प्रारम्भ हो गया, ईसा के अवतरण की घटना को यहाँ केन्द्र में रख दिया गया। *सेन्चुरिया* या शती शब्द का व्यवहार भी अति नवीन है – इसका प्रथम प्रयोग १७वीं १८वीं शती के मानवतावादियों ने किया, प्राचीन एवं मध्ययुगीन लेटिन में इसका व्यवहार कहीं नहीं देखा जाता। पूर्व में प्राचीनता की दृष्टि से देखा जाय तो इसका प्रथम व्यवहार ऋग्वेद में प्राप्त होता है – जीवेम शरद: शतम्, पश्चिम की परम्परा में इतिहास का शती या 'सेंचुरी' के रूप में विभाजन अपेक्षाकृत नूतन या *मॉडर्न* है।

यह *मॉडर्न* या *मॉडर्नस* शब्द का प्रयोग *ऐन्टीक* या *ऐन्टीकूज़* के विरुद्ध अर्थ में मध्ययुग में प्रचलित हो चुका था। इस शब्दसंकेत द्वारा काल का स्पष्ट विभाजन तो नहीं होता, पर प्राचीन सन्दर्भ में नूतन की अवधारणा भर होती है। पूर्व की संस्कृति में प्रत्न, पुराण, पुरा, पूर्व शब्द के बहुश: प्रयोग ऋग्वेद में प्राप्त होते हैं। यहाँ तक कि 'पूर्व' और 'नूतन' दोनों शब्दों का एक साथ प्रयोग विश्व की प्राचीनतम पुस्तक ऋग्वेद में ठीक प्रारम्भ के प्रथम मन्त्र को छोड़कर दूसरे में ही हुआ है – 'अग्निः पूर्वेभिर्ऋषिभिरीड्यो नूतनैरुत।' (ऋग्वेद १-१-२)

ईश्वर के द्वारा इतिहास के नियन्त्रण के सिद्धान्त को प्रथम बार चुनौती 'रेनेंसा' युग के माध्यम से ही दी गई, उस युग के मानवतावादी दृष्टिकोण के आचार्यों ने कला और ज्ञान के नव जन्म या पुनर्जन्म की घोषणा *रीनासीता* या *रेनेसाँ* शब्द से की, इस नवोदय में मध्यवर्ती कालखण्ड को *डार्क एज, मेडिवल एज* अन्धयुग की संज्ञा प्रदान की गई, चाहे कारण कुछ भी रहा हो, यह प्रथम वज्रपात सोलहवीं शती के मध्य के प्रोटेस्टेन्टों द्वारा ही हुआ था। अन्ततः मध्ययुग की ईसाई संस्कृति को अन्धकार-युग की संज्ञा दे दी गई, फलतः ईसाईधर्म से निःस्यूत सरल-रेखा में गमन वाला इतिहास-दर्शन पुनः चक्राकार गतिक्रम में सोचा जाने लगा, जिसे कभी यूनान ने भारतीय प्रभावों के कारण सोचा था। सत्रहवीं शती के मध्य में *हॉर्नियस* (१६६६) ने प्राचीन और नवीन के मध्य एक नया युग विभाजन उत्तरप्राचीन युग के नाम से व्यवहृत किया, जिसकी चर्चा कभी *पेट्रार्क* ने की थी। प्राचीनता और नवीनता के मध्य *वॉल्टेयर* के द्वारा १८वीं शती के मध्य स्पष्ट रेखा खींची गई। रोमन राज्य के अधःपतन के पश्चात् नवीन युग का प्रारम्भ स्वीकार किया गया। इस नवीन युग का नामकरण *इन्लाइटेन्मेन्ट* शब्द के द्वारा हुआ। १९वीं शती में योरोप के विश्वविद्यालयों में *मॉडर्न हिस्टरी* के पीठ स्थापित होने लगे, कालान्तर में *मॉडर्न* शब्द अपने अर्थ विस्तार की प्रक्रिया में संकुचित होते-होते *रीसेन्ट* और *कॉन्टेम्पोरैरी* के अर्थ में व्यवहृत हुआ; फ्रांस के इतिहास पण्डितों ने इसका व्यवहार वहाँ की प्रसिद्ध क्रांति से जोड़ कर किया, पश्चिम की परम्परा में इतिहास और युग दोनों का स्वरूप कहीं स्पष्ट नहीं है। युग व *पीरियड* शब्द *ग्रीक* भाषा के *पेरी* और *होडॉज़* शब्द की उपज है, जिसका अर्थ है *पेरी=अराउण्ड* एवं *होडॉज़=वे, मैनर* उसी प्रकार *एपीसोड* पद की निरुक्ति है – *एपी-स-होडॉज़।* जिसका अर्थ है *मेथड* अर्थात् *मेटा-होडॉज़* वहाँ इनका महत्त्व एक 'मनोविचार' से अधिक कभी नहीं रहा, उसी प्रकार काल की सैद्धान्तिक अवधारणा एक सरल-रेखा की तरह रही है, जो दो पाँच सहस्र वर्ष पश्चात् कहीं

भी दिखाई नहीं देती।

पृथ्वी के व्यवस्थित जैवपर्यावरण का प्रारम्भ १ अरब ९७ करोड़ वर्ष पूर्व हुआ था, जो भारतीय पौराणिक इतिहास में श्वेतवाराह-कल्प के नाम से प्रसिद्ध है। विज्ञान के अनुसार यह समय दो अरब वर्ष के आस-पास अनुमानित है, जो *ऐस्ट्रोफिज़िक्स* (नभोभौतिकी) के अनुसार गुरुत्वाकर्षण की लचक का परिणाम है। इसके व्यापक सन्दर्भ को वाराह अवतार की तत्त्वकथा के माध्यम से प्रस्तुत किया गया है। इस कथा में वर्तमान जैव-विकास के अनुकूल बनने वाले वायुमण्डल का वैज्ञानिक इतिहास है, जिसका समुचित निर्माण १,९७,२९,४९,१०५ से १,९५,५८,८५,१०५ वर्षों के मध्य हुआ (ईसवी संवत् २००५ तक), पुराणों की प्राचीनतम ऐतिहासिक परम्परा में पृथ्वी के जैव इतिहास का प्रारम्भ यहीं से होता है, जो श्वेतवाराह कल्प के नाम से प्रसिद्ध है, जिसका आधार है, ग्रह नक्षत्रों की स्थिति एवं गति। वराह शब्द का अर्थ है – वायु। श्रुति का कथन है –

प्रजापतिर्वायुर्भूत्वा व्यचरत्।

—तैत्तिरीय संहिता ७-१-५

वायु के दो कार्य हैं – वस्तु को चारों ओर से घेरकर उसे संघात रूप से प्राप्त करना, इसे लक्ष्य में रखकर ब्राह्मणग्रन्थों में वराह शब्द की व्युत्पत्ति की गई है –

वृणोति च अह्नोति च वराहः।

—पदनिरुक्ति

दूसरा अर्थ है प्राण। प्राण का प्रधान कार्य है जल को शुद्ध करते हुए उसमें जीवन-शक्ति का संचार करना। इस कल्प के प्रारम्भ के पूर्व पृथ्वी पर विकृत वा असुर-प्राण का ही एकमात्र साम्राज्य था। वायु नामक वराह ने उस कीट-मेद को सुखा कर, जल को शुद्ध करते हुए पृथ्वी का कल्प-प्रवर्तन ही कर दिया। इसीलिए शुद्ध प्राण के द्वारा प्रवर्तित होने वाले कल्प का नाम श्वेत है, जो यहाँ शुद्धता का पर्यायवाची है। सूर्य की प्रचण्ड किरणों से तप्त होती हुई वायु ने पृथ्वी पर फैले हुए जल को बहुत कुछ सुखाकर शुद्ध बना दिया, जल के सूख जाने के फलस्वरूप पृथ्वी का बहुत बड़ा भाग जल से बाहर निकल आया। सूर्य के प्रचण्ड ताप से वायु उत्तप्त हो गई, फलतः सूर्य का भी एक नाम वराह है। इस शुद्धीकरण और प्राणों की प्रतिष्ठा का कार्य व्यवस्थित रूप से संचालित होता है, इसीलिए प्रकृति के इस कल्प-प्रवर्तक घटना-चक्र को एक यज्ञसंस्था के अति व्यवस्थित क्रम के रूप में देखा समझा गया।

अतः यज्ञरूपक के माध्यम से उसकी व्याख्या की गई, इसीलिए उसका एक सर्वप्रसिद्ध नाम यज्ञवराह है।

महावायु सम्पूर्ण विश्व का एक विराट् ब्रह्माण्डीय तत्त्व है। वह कई स्तरों पर कई प्रकार से इसके स्वरूप का निर्माण और संचालन करता है। इसे केन्द्र में रखकर उसके कार्यभेद के अनुसार अनेक नाम हैं, यथा – (१) विश्व को ब्रह्माण्डीय स्तर तक ले आने के कारण वह आदिवराह है, (२) उन ब्रह्माण्डों के अन्तःस्वरूप को संगठित करता है, इसीलिए उसे यज्ञवराह कहते हैं, (३) सूर्यमण्डल द्वारा संरचनात्मक स्वरूप की दृष्टि से उसका तृतीय नाम श्वेतवराह है, (४) प्राणों की सत्ता का पार्थिवप्रवर्तन चन्द्रमा से सम्बद्ध है, इस प्रतिबद्धता से उसका अन्य नाम ब्रह्मवराह या ब्रह्मा है, (५) पृथ्वी का कल्प-प्रवर्तन इस वायुमण्डल के द्वारा होता है, अतः इस दृष्टि से वह एमूषवराह के नाम से भी प्रसिद्ध है। श्वेतवराह कल्प का प्रवर्तन सूर्य के कारण होता है, इसीलिए वर्तमान कल्प का नाम श्वेतवाराह कल्प है। प्रति मन्वन्तर के अन्त में प्रलय होता है, तदुपरान्त पुनः नये प्राणों का संचार, इसका विशेष सम्बन्ध एमूषवराह से है। विश्व स्वयं एक यज्ञ-चक्र है, इसीलिए इसके महान् प्रवर्तक वायुरूप महाविष्णु को ही यज्ञवराह कहा जाता है। दशावतार में परिगणित वराह – आदिवराह नहीं, वह एमूष है। एमूषवराह का अर्थ है, पृथ्वीपिण्ड को चारों ओर से दबाने वाला वायु। प्रलय के समय प्रचण्ड सूर्यताप से वायुमण्डल का दबाव कम हो जाता है, मन्वन्तरीय प्रलय के पश्चात् वह ताप शक्ति की शिथिलता से पुनः बढ़ जाता है। यही दबाव प्रधान वायुमण्डल एमूषवराह है। इसका पदविभाग है – आ+इम+उष। इन्द्र के अर्थ को लक्ष्य में रखकर इसे निरुक्त में –

वराहमिन्द्र एमुषम् –ऋग्वेद ८-७७-१०

कहा गया है, ब्रह्मणस्पति भी वराह हैं –

ब्रह्मणस्पतिर्वृषभिर्वराहैः –ऋग्वेद १०-६७-७

अन्तरिक्ष स्थानीय देवता भी वराह हैं अतः वायु एवं रुद्र भी वराह हैं। बादल को भी निरुक्त में वराह कहा गया है, अतः

वराहो मेघो भवति वराहारः। –निरुक्त – आचार्य श्रीयास्कमुनिकृत ५-१-४

वैदिक संस्कृति का वराहतत्त्व परम व्यापक और गहन है।

भारतीय इतिहास का विषय-प्रवर्तन दो पाँच सहस्र वर्षों के काल प्रवाह से नहीं, वह हिरण्यगर्भ आदिअण्ड की संरचना के काल-बिन्दु से होता है। ऋषि-मनीषा ने

इतिहास और विज्ञान दोनों को समान धरातल पर देखा और समझा है, वहाँ इन दोनों का प्रवर्तक बिन्दु एक है। अत: इतिहास वहाँ स्वयं एक विज्ञान है। इसीलिए भारतीय परम्परा में उसकी विषयवस्तु कुछ सहस्र वर्षों का घटना प्रवाह मात्र नहीं, उसके कालचक्र का प्रवर्तन सृष्टि के प्रारम्भ से होता है। भारतीय प्रज्ञा ने वर्तमान विज्ञान से बहुत आगे बढ़कर विश्व के काल-चक्र का स्पर्श किया है और उसके पुनरावर्तक तत्त्व के स्वरूप को भलीभाँति पहचाना है। कहा जा चुका है कि भारतीय चिन्तनदर्शन में काल और इतिहास दो नहीं, इनमें बिम्ब-प्रतिबिम्ब भाव है, काल बिम्ब है, इतिहास उसका प्रतिबिम्ब। वहाँ जो काल है वही इतिहास है, जो इतिहास है वही काल। इतिहास के प्रामाण्यशास्त्र का आधार उपपत्ति और परम्परा दोनों हैं। उपपत्ति के द्वारा हम उसके तथ्यात्मक स्वरूप की वैज्ञानिकता तक पहुँचते हैं। परम्परा उसके बाह्य एवं आभ्यन्तर आधारों का अन्वेषण करती हुई, स्वयं इतिहास के रूप में प्रस्तुत होती है। फलत: भारतीय इतिहास की तत्त्वदृष्टि और परम्परा दोनों का ही विषय प्रवर्तन विश्व की संरचना के मूल आधार से होता है, जहाँ यह सम्पूर्ण विश्व परिणमन की एक विस्तारधर्मा गतिशील इकाई है।

इतिहास पद अंग्रेजी के *हिस्टरी* शब्द का अनुवाद नहीं, न इनका अर्थबोध की सीमाओं में परस्पर सम्बन्ध ही स्थापित हो पाता है। दोनों की अर्थतत्त्वमूलक आधार भूमि *सिमैन्टिक्स* भिन्न है। *हिस्टरी* शब्द का अर्थ है *इन्कायरी,* वहाँ सम्भावना मूलक अर्थ की प्रधानता है। अत: हिस्ट्री सर्वत्र अपने अर्थबोध की सीमा में एक सम्भावना मूलक इन्कायरी मात्र है। विज्ञान से न जुड़ पाने के कारण उसका अर्थविस्तार सम्भावना की सीमाओं में ही संकुचित होकर रह गया है, सिद्धान्त की सीमाओं तक नहीं पहुँच पाया। इसके विपरीत इतिहास पद का अर्थ विनिश्चयार्थक है। इस पद में तीन पदों के शक्तिग्रह उसके अर्थ को स्पष्ट करते हैं– 'इति-ह-आस'। इति पद का अर्थ है – ऐसा वा इस प्रकार, ह – निश्चित, आस– था, अत: सम्पूर्ण पद का अर्थ – 'ऐसा निश्चित था' या 'ऐसा निश्चित हुआ था'। 'इति' पद यहाँ अतीत में वर्तमान घटना के प्रकार अर्थ में है, जो उसकी कालगत सम्पूर्णता का सूचक है, 'ह' पद का प्रयोग विनिश्चय के अर्थ में है, 'आस' क्रिया भूतकाल में घटना के समापन के अर्थ को स्पष्ट करती है। अत: इतिहास पद को 'हिस्ट्री' शब्द का अनुवाद स्वीकार करना समुचित नहीं, इसे यहाँ समानार्थ में प्रयुक्त करना भारतीय इतिहास दृष्टि के साथ न्याय न होगा – भारतीय इतिहास दर्शन वैज्ञानिक है। सर्वप्रथम इस ग्रह के विगत दो

अरब वर्षों के इतिहास को वहाँ युग विभाजन के साथ प्रस्तुत किया गया है। पश्चिम की परम्परा के द्वारा इस दिशा में किये गये अब तक के सारे प्रयास क्या अपूर्ण नहीं? यहाँ तक कि वैज्ञानिक उपलब्धियों पर आधारित विगत १०० वर्षों का अन्वेषण अपूर्ण ही नहीं, वरन् अनेक मतभेद एवं विसंगतियों से ग्रस्त है। जहाँ तक मानवीय संस्कृति के इतिहास का प्रश्न है, वर्तमान हिस्ट्री की दृष्टि पाँच छः हजार वर्ष की काल अवधि तक ही पहुँच पाती है। ईसा से पूर्ववर्ती कालखण्ड में पहुँच कर यह और भी धुँधली और अस्पष्ट हो जाती है, ऐसी अवस्था में पृथ्वी के दो अरब वर्षों की इतिहास रचना की प्रक्रिया का महत्त्व ऐतिहासिक और वैज्ञानिक दोनों ही दृष्टियों से कम महत्त्वपूर्ण नहीं। विश्व की प्राचीनतम संस्कृतियों में इस तरह का पुरुषार्थ कहीं भी विद्यमान नहीं है। पश्चिम की हिस्टोरिकल कही जाने वाली सभ्यता के पास १९वीं शती के अन्त तक इस तरह की कोई कल्पना भी नहीं थी। वहाँ पृथ्वी के जन्म से अभी तक का सम्पूर्ण इतिहास छः हजार वर्षों से अधिक पुराना नहीं है।

बहुत सम्भव है कि दो अरब वर्षों के इतिहास में, जो श्वेतवाराह कल्प से आरम्भ होता है, बहुत-सी घटनाएँ छूट गई हैं, अनेक शृंखलाएँ लुप्त हो गई हैं, कितनी ही परम्पराएँ विस्मृत हो चुकी हैं, बहुत सारे तथ्य काल के अतल-तल में समाहित हो गये हैं। पुराणों ने जिस इतिहास को प्रस्तुत किया है, उसके अनेक सांकेतिक अर्थ और प्रतीक आज अस्पष्ट हैं। वहाँ अनेक तथ्य प्रतीक, रूपक, संकेतक, बिम्ब एवं विज्ञान कथाओं के माध्यम से प्रस्तुत किये गये हैं, जिनका मूल आज कालधर्म से ग्रस्त होकर अस्पष्टार्थ और लुप्तार्थ की सीमाओं में प्रविष्ट हो चुका है। एतद् अतिरिक्त तथ्यों और प्रतीकों के अर्थ और सन्दर्भ, उनकी अभिव्यक्ति के प्रकार काल के विपुल प्रवाह में कितनी बार बदले होंगे, इसका अनुमान लगाना भी सहज नहीं है। उदाहरणतः 'श्वेतवाराह कल्प' शब्द ही रहस्यमय हो उठा है। आकाशगंगा के तत्कालीन अपसर्पण से प्राप्त आदिम अवस्था के अनेक अर्थों को जहाँ यह शब्द स्पष्ट करता है, (नभोगंगाओं का अपसर्पण और महागुरुत्वाकर्षण की लचक का प्रवाह। *रिसेशन ऑफ़ गैलेक्सीज़ ऐण्ड ग्रैविटेश्नल फ्लक्स ऑफ़ सुपरग्रैविटी)* वहीं दूसरा अर्थ – 'यज्ञ-वराह' की दार्शनिक अवधारणा को रूपक की सीमा में ले आता है, तीसरा अर्थ भगवान् वराह के सहज कथा प्रवाह की वैज्ञानिकता के साथ जुड़ा हुआ है।

भारतीय परम्परा में मिथक की संरचना कभी नहीं हुई, यह संस्कृति मिथक-प्रधान नहीं, तत्त्वदर्शन प्रधान है। मिथक और रूपक में पर्याप्त अन्तर है। भारतीय

वाङ्मय में संकेतार्थ को विपुल गाम्भीर्य और अर्थविस्तार प्रदान करने की दृष्टि से 'रूपक' और 'प्रतीक' का आश्रय लिया गया, उन्हें विविध तत्त्वकथाओं के माध्यम से स्पष्ट किया गया, पर मिथक का तो वहाँ स्पर्श मात्र भी नहीं है। जब रूपक और प्रतीक अपने शक्तिग्रह से भटक कर तत्त्ववाची संकेतार्थ के सन्दर्भ में अस्पष्ट और अनेक सन्देहार्थों से घिर जाते हैं, तब मिथक की संसृष्टि होती है।

फलत: वह पूरी सभ्यता ही वैज्ञानिक चिन्तन से विच्युत और भ्रष्ट होती हुई मिथक के मायालोक में खो जाती है, उदाहरण के लिए ईसाई संस्कृति ने दो अति उल्लेखनीय वैज्ञानिक तथ्य भारतीय सभ्यता से प्राप्त किये थे – (१) प्रकृति के सप्त आवरण के अनन्तर विज्ञानघन सत्ता का अस्तित्व, (२) इस ग्रह की सृष्टि छ: मन्वन्तरीय दिन की संरचना है और सातवाँ दिन अभी चल रहा है। फलत: ईश्वर वहाँ सातवें आसमान पर पहुँच गया, छ: दिन का अर्थ तीन हजार वर्ष कर लिया गया है। दुष्परिणाम यह हुआ कि ईसाईधर्म में वैज्ञानिक दृष्टि का ही लोप हो गया। यूनान की सभ्यता ने कभी शक्तिशाली मिथकों का निर्माण किया था, क्योंकि काल की संख्यात्मक अवधारणा एवं ऐतिहासिक दृष्टि के अत्यन्ताभाव के कारण यह अपने परम्परागत स्वरूप और उसके संकेतार्थों को ग्रहण करने में नितान्त असमर्थ थी। अत: तथ्यात्मक इतिहास और विज्ञान के स्थान पर मिथकों की सृष्टि वहाँ धारावाहिक रूप में होती रही। इसका ही दुष्परिणाम हुआ कि होमर द्वारा प्रस्तुत ट्रॉय की महत्त्वपूर्ण ऐतिहासिक घटना मिथक मान ली गई, ऐतिहासिक होते हुए भी इसे पिछले दिनों तक अनैतिहासिक ही समझा गया। यहाँ तक कि किसी यूनानी गणितज्ञ को सौ अरब की संख्या लिखने के लिए कहा जाए तो पता नहीं वह कितने दिनों में लिख पाएगा या नहीं, वहीं एक भारतीय कुछ क्षणों में, इसके उपरान्त भी यूनानी संख्या की सत्यता अन्त तक संदिग्ध ही रहेगी। मिस्र की संस्कृति प्रतीकप्रधान थी, फलत: इस संस्कृति ने यूनान की तुलना में अधिक जीवन पाया। यूनान का इतिहास ईसा से दो सहस्र वर्ष पुराना है, पर यूनानी इतिहासकारों की दृष्टि में वह सर्वदा कुछ सौ वर्ष पूर्व का ही था। कैलेन्डर की जानकारी के अभाव में कोई भी सौ वर्ष का सन्धिपत्र (*ट्रीटी*) वहाँ पाँच-दस वर्ष में समाप्त हो जाता है। वहाँ के सौ-पचास वर्षों के प्रतिज्ञा-पत्रों पर कहीं कोई तारीख तक नहीं। जो संस्कृति जितनी अधिक मिथकाश्रित होगी, वह उतनी ही अल्पस्थायी होगी। काल की अवधारणा का अभाव ही मिथक को जन्म देता है। यूनान के पास काल की धारणा का नितान्त अभाव था, इसीलिए मूर्तिकला इतनी विकसित होकर

भी वहाँ मूर्तियाँ (*स्टैच्यू*) अन्धी बनाई गई हैं। काल की चेतना अनन्त की चेतना है, पर वहाँ कोई मूर्ति भी ऊर्ध्वमुखी नहीं। अनन्त का रंग नीला ही कल्पित है, वहाँ की कला इस रंग के स्पर्श से भी शून्य है। भारतवर्ष में मिथक के स्थान पर सत्कथाएँ और तत्त्वकथाएँ लिखी गई हैं, आचार्य भरतमुनि ने अपने नाट्यशास्त्र में लिखा है – नाटक का विषय प्रख्यात एवं ऐतिहासिक होना चाहिये, यथा राजर्षिवंश का चरित्र, उदात्त नायक आदि –

प्रख्यातवस्तुविषयं प्रख्यातोदात्तनायकञ्चैव।
राजर्षिवंश्यचरितं तथैव दिव्याश्रयोपेतम्॥

—नाट्यशास्त्र – श्रीभरतमुनिकृत २०-१०

भारत की पौराणिक परम्परा विज्ञान सम्बन्धी विषयों के गम्भीरार्थ को स्पष्ट करते समय प्रतीक और रूपक का आश्रय लेती है। परम्परा के सुदीर्घ कालप्रवाह में कुछ सत्य और संकेत अब भी स्पष्टार्थ के बहुत निकट हैं, जिनके आधार पर सृष्टि के विकास का वैज्ञानिक इतिहास बड़ी प्रामाणिकता के साथ लिखा जा सकता है। पश्चिम की परम्परा के इतिहासकार जहाँ इन सत्यों को मिथक कहते हैं, वहीं वे तथ्य और सत्य आज आधुनिक विज्ञान से हाथ मिलाने के लिए प्रस्तुत हैं। यही नहीं, वे भारतीय संस्कृति की इतिहासदृष्टि के वैज्ञानिक स्वरूप को सर्वतोभावेन भली-भाँति उजागर करते हैं। (विशेष द्रष्टव्य–विश्व की कालयात्रा, कालपुरुष–इतिहासपुरुष; लेखक - वासुदेव पोद्दार। प्रकाशक - अखिल भारतीय इतिहास संकलन योजना- नई दिल्ली २००० ई०)। उपनिवेशवाद की दासता से प्रभावित इतिहासकार कुछ भी कहें या लिखें, पर भारतीय संस्कृति के सन्दर्भ में विश्व इतिहास के महान् लेखक *विल ड्यूरेंट** का निम्न कथन परम यथार्थ है –

"यह सत्य है कि हिमालयी अवरोध के उस पार भारतवर्ष ने हमलोगों तक अनेक उल्लेखनीय उपहार भेजे हैं, यथा – व्याकरण और तर्कशास्त्र, दर्शनशास्त्र और लोक कथाएँ, सम्मोहन विद्या और शतरंज, सर्वोपरि हमारे पास संख्या और दशमलव प्रणाली है। यह सब उसकी महान ऊर्जा का सारभाग नहीं, जो हम इससे भविष्य में प्राप्त करना चाहते हैं; उसकी तुलना में यह सभी नगण्य है। यद्यपि आविष्कार, उद्योग और व्यवसाय महाद्वीपों को परस्पर जोड़ते हैं या फिर ये हमें एशिया के साथ संघर्ष

---

*द्रष्टव्य परिशिष्ट—सहायक ग्रन्थ

में ढकेल देते हैं। सम्भवत: अहंकार, दर्प, लोलुपता के विजयोल्लास के बदले में भारत हमें सर्वदा सहिष्णुता, सौजन्य, आत्मदृष्टि, चेतना की अकलुष निर्मलता और प्राणीमात्र के प्रति सर्वात्मभाव का सद्भाव सिखाएगा।*

भारतीय परम्परा में कल्प का कालमान निश्चित है, वेद ही इसका मूल है। अथर्वण का वचन है –

शतं तेऽयुतं हायनान्द्वे युगे त्रीणि चत्वारि कृण्मः।

—अथर्ववेद ८-२-२१

अर्थात् सौ अयुत वर्षों के पूर्व २,३,४ की संख्या लिखने से कल्प का कालमान प्राप्त हो जाता है। अयुत दश हजार की संख्या है, अत: सौ अयुत का मान–१०,००,००० दश लाख वर्ष होता है। इस संख्या में सात शून्य हैं, इसके पूर्व क्रमश: २,३,४ का अङ्क लिख देने पर कल्प की संख्या ४,३२,००,००,००० वर्ष अर्थात् ४ अरब ३२ करोड़ वर्ष प्राप्त होती है। इसी प्रकार यजुर्वेद में चारों युगों के नाम भी वहाँ कहे गये हैं –

....कृतायादिनवदर्शं त्रेतायै कल्पिनं द्वापरायाधिकल्पिनमास्क सभास्थाणुम्......

—यजुर्वेद ३०-१८

शुभ कार्य में किये जाने वाले संकल्प में हम बोलते हैं –

ब्रह्मणोऽह्नि द्वितीयपरार्द्धे श्रीश्वेतवाराहकल्पे वैवस्वतमन्वन्तरे
अष्टाविंशतितमे युगे कलियुगे कलिप्रथमचरणे....

—चतुर्वर्ग चिन्तामणि – आचार्य श्रीहेमाद्रिकृत संकल्प

यथार्थ यह है कि भारतीय धर्मशास्त्रों में कल्प-युगादि की कालगणना नक्षत्रगति के आधार पर की गई है। सूर्यसिद्धान्त के अनुसार कृतयुग के अन्त में पादमन्दोच्च को छोड़कर सभी ग्रहों का मध्यस्थान मेष में था –

अस्मिन् कृतयुगस्यान्ते सर्वे मध्यगता ग्रहा:।
विना तु पादमन्दोच्चान्मेषादौ तुल्यतामिता:॥

—सूर्यसिद्धान्त – आचार्य श्रीभास्कराचार्यकृत १-५७

कल्पाब्द के पश्चात् १,७०,६४,००० वर्ष का कालमान पृथ्वी के पटल पर पर्यावरण के निर्माण का काल है। कल्पाब्द के प्रारम्भ काल १,९७,२९,४९,१०५ वर्ष के काल में से प्राकृत संरचना काल १,७०,६४,००० को घटा देने पर – सृष्टि

---

*द्रष्टव्य परिशिष्ट—सहायक ग्रन्थ, **द्रष्टव्य टिप्पण, पृष्ठ २७१

काल का प्रारम्भ १,९५,५८,८५,१०५ (ईसवी संवत् २००५ तक) वर्ष पूर्व है। दिन कालगत स्पष्टता की दृष्टि से चैत्र शुक्ला प्रतिपदा रविवार प्रात:काल सूर्योदय के समय अश्विनी नक्षत्र मेषराशि के आदि में सब ग्रह थे। सृष्टि रचना के साथ कालगणना का प्रारम्भ हुआ। 'पञ्चसिद्धान्त' के अनुसार यह स्थिति इस प्रकार है –

अधिमासकोनरात्रग्रहदिनतिथिदिवसमेषचन्द्रार्क:।
अयनत्वार्क्षगतिनिशा: समं प्रवृत्ता युगस्यादौ॥

—पञ्चसिद्धान्त

यहाँ शास्त्र का आशय है – कल्प, मन्वन्तर, युग के आदि में अधिमास, क्षयतिथि, ग्रह, सावनदिन, तिथि मेषराशि पर सूर्य, अयन, ऋतु, नक्षत्र, गति, निशा सब एक साथ सृष्टि के प्रारम्भ में प्रकट हुए अर्थात् कालगणना का प्रारम्भ हुआ।

इसी कालगणना के कालक्रम में नक्षत्रगति के आधार पर कलियुग के प्रारम्भ का समय निश्चित हुआ है। भागवत के अनुसार – जिस समय सप्तर्षि मघा नक्षत्र पर विचरण कर रहे थे, उसी समय १२०० वर्ष (दिव्यवर्ष) युगमान वाले कलियुग का प्रारम्भ हुआ —

यदा देवर्षय: सप्त मघासु विचरन्ति हि।
तदा प्रवृत्तस्तु कलिर्द्वादशाब्दशतात्मक:॥

—भागवत पुराण १२-२-३१

इस विषय में गर्ग संहिता का भी यही अभिमत है – द्वापर और कलियुग के सन्धिकाल में सप्तर्षि मघा नक्षत्र पर थे –

कलिद्वापरसंधौ तु स्थितास्ते (सप्तर्षय:) पितृदैवतम् (मघा)

—गर्गसंहिता

कलियुग के प्रारम्भ में मघा नक्षत्र पर सप्तर्षियों की स्थिति का उल्लेख पौराणिक वाङ्मय में अनेक स्थलों पर होता है। यहाँ भागवत का उद्धरण इसलिए और भी महत्त्वपूर्ण है, कि इसकी संरचना का काल महाभारत एवं अन्य पुराणों के पश्चात् होने के कारण यह मत पूर्ववर्ती सन्दर्भों के साथ अन्वित है।

योरोप के सुप्रसिद्ध ज्योतिर्विद – *बेली* ने गणित द्वारा जानने का प्रयत्न किया कि किस समय सातों ग्रह एक युति पर आए थे। उनके निष्कर्ष का उल्लेख *काउन्ट जॉन्सजर्ना** के ग्रन्थ में इस प्रकार है –

---

*द्रष्टव्य परिशिष्ट—सहायक ग्रन्थ

हिन्दुओं के खगोलशास्त्र की गणित के अनुसार संसार का वर्त्तमान युग – कलियुग ईसा के जन्म के ३१०२ वर्ष पूर्व २० फरवरी, २ घण्टे २७ मिनट और ३० सेकेण्ड पर प्रारम्भ होता है, यहाँ काल का गणित मिनट और सेकेण्ड तक स्पष्ट कर दिया गया है। उनका कथन है उस समय ग्रहों की यही युति बनी थी, उनकी सरणी या पंचांग इसी युति को प्रस्तुत करते हैं। इस ग्रह की स्थिति के समय ग्रहों का यह योग घटित होना ही स्वाभाविक है। ब्राह्मणों की यह गणित पूर्ण रूप से यथार्थ है, जिसका समर्थन हमारी खगोलशास्त्रीय गणित करती है, यह गणितफल यथार्थ दृष्ट पद्धति पर आधारित है।

इस कथन का संक्षिप्त आशय है – हिन्दू ज्योतिषशास्त्र के अनुसार कलियुग का प्रारम्भ ईसा के जन्म से ३१०२ वर्ष पूर्व २० फरवरी की रात्रि में २ बजकर २७ मिनट और ३० सेकेण्ड पर हुआ था। इस समय नक्षत्रों का एक स्थान पर एकत्रीकरण हो जाता है। ग्रहों की यह गणित भारतीय गणना के अनुसार भी यथार्थ है। सूर्यसिद्धान्त के अनुसार कलियुग का प्रारम्भ १७ फरवरी ३१०२ ईसा पूर्व अर्धरात्रि के समय होता है। आर्यभट्ट के मतानुसार प्रात: १८ फरवरी ३१०२ ईसा पूर्व है। भारतीय पञ्चाङ्ग परम्परा में सर्वमान्य मत ३१०२ वर्ष ईसा पूर्व है। विक्रम संवत् २०६२ चैत्रशुक्ल प्रतिपदा शनिवार दिनांक ९ अप्रैल २००५ ईस्वी के दिन कलियुग अपने ५१०६ वर्ष पूर्ण कर ५२वीं सदी में प्रवेश करता है।

भारतीय तत्त्वदृष्टि से यह सम्पूर्ण विकास एक सुनिश्चित चक्राकार परिवर्तन की उत्तरोत्तर सर्पिल गति पर आश्रित है। विश्व के समुद्भव को लेकर आज हमारे समक्ष विज्ञान के अनेक 'प्रतिमान' – *पैराडिम्स* – प्रस्तुत हैं, उनमें सर्वाधिक उल्लेखनीय हैं – यथा 1. *कॉस्मिक एग* सिद्धान्त से प्रसूत *बिग-बैंग थियरी*, 2. *स्टेडी स्टेट थियरी* 3. *थियरी ऑफ़ ऑसिलेटिंग युनिवर्स* आदि-आदि। ऋषि विज्ञान में इन सभी 'मॉडल्स' का भली-भाँति विवेचन विद्यमान है। उदाहरण के लिए *बिग-बैंग* का काल विज्ञान मुख्य धारा में १० अरब वर्ष अनुमानित है (*रॉजर पेनरोज़* * पृ०३२२) विज्ञान में सम्भावना के सारे द्वार खुले हैं, वहाँ *बिग-बैंग*, ८ अरब से १८ अरब वर्षों के मध्य कभी घटित हुआ होगा। १९५० तक नभोभौतिक विज्ञान में विश्व के उद्भव का काल २ अरब वर्ष स्वीकृत था अर्थात् भारतीय दृष्टि से यह श्वेतवाराह कल्प का काल है। ऋषि विज्ञान में इस तरह की काल्पनिक सम्भावनाओं के लिए कोई

---

*द्रष्टव्य परिशिष्ट—सहायक ग्रन्थ, **द्रष्टव्य टिप्पण, पृष्ठ २७२

स्थान नहीं - वहाँ 'बिग बैंग' अर्थात् 'नाद-स्फोट' का काल निश्चित है - ईसवी संवत् २००५ के कालबिन्दु के मान पर - विस्फोट का समय १० अरब ६१ करोड़ २९ लाख ४९ हजार १०५ वर्ष, जो ब्राह्मकल्प, पाद्मकल्प और श्वेतवाराहकल्प के गत कालमान का योगफल है। अर्थात् ब्राह्मकल्प – ४ अरब ३२ करोड़ + पाद्मकल्प ४ अरब ३२ करोड़ + श्वेतवाराहकल्प के ईसवी संवत् २००५ तक का गत कालमान १ अरब ९७ करोड़ २९ लाख ४९ हजार १०५ वर्ष है। इसी का योगफल नादविस्फोट या *बिग-बैंग* का सुनिश्चित काल है। कल्प का कालछन्द ४ अरब ३२ करोड़ वर्ष है। यहाँ विज्ञान की मुख्य धारा का कालमान १० अरब वर्ष 'ऋषि-मत' की १०५ वर्ष तक की सुनिश्चित कालावधि के बहुत सन्निकट चला आया है।

१९वीं शती से पूर्व एशिया की संस्कृति का नेतृत्व भारतवर्ष के हाथों में था। 'शून्य' के आविष्कार के साथ जहाँ वह विश्व की गाणितिक, वैज्ञानिक और आर्थिक समग्रता को अपना योगदान देता है; वहीं वह चिन्तन के क्षेत्र में 'दासता' के विरुद्ध 'मानव की मुक्ति' का धर्म-चक्र प्रवर्तन आसमुद्र एशिया के विस्तृत धरातल पर करता है। भारतीय चिन्तन की सर्वोच्च साधना विश्व में मनुष्य की सर्वोच्च प्रतिष्ठा है – न मानवात् श्रेष्ठतरं हि किञ्चित् – यही भारतीय मनीषा का सर्वोच्च उद्घोष है। प्राचीन युग में एशिया शब्द द्वारा प्रधानरूप से भारतवर्ष के अर्थ का ही ग्रहण किया गया है। राजनीतिक दृष्टि से नहीं, सांस्कृतिक दृष्टि से ही भारतवर्ष एशिया का पर्याय रहा है। इन्डोनेशिया, चीन, जापान, तिब्बत, मध्येशिया सर्वत्र आध्यात्मिक भारतवर्ष का बौद्धिक साम्राज्य व्याप्त था। मध्येशिया के लेखक एशिया शब्द के द्वारा प्रधान रूप से भारतवर्ष के अर्थ का ही ग्रहण करते थे–

*उदाहरण के लिए केरोलिजियन युग की 'ओपुसकुलम अलकुइनी' में भारतवर्ष की पहचान एशिया के रूप में की गई है, यह सन्दर्भ सम्भवतः सीज़र से लिया गया है। सम्पूर्ण भू-मण्डल को ही तीन भागों में बाँट दिया गया – यूरोप, अफ्रिका और भारत। उस समय के भूगोल में रुचि रखने वाले लेखकों में इसी प्रकार की शब्दावली प्राप्त होती है। *बिशप थियोडल्फ ऑफ़ ऑर्लियन्स* का नाम उल्लेखनीय है। (*लीफर डब्ल्यू**)*

भारतीय चिन्तन-दर्शन की परम्परा में इतिहास कला नहीं, वह विज्ञान और शास्त्र है। इसीलिए भारतीय इतिहासदृष्टि का विषयप्रवर्तन हिरण्यगर्भ की संरचना से

---

*द्रष्टव्य परिशिष्ट—सहायक ग्रन्थ, **द्रष्टव्य टिप्पण, पृष्ठ २७२

होता है, इस इतिहासशास्त्र की सामग्री अत्यन्त प्राचीन है, अत: इसका सर्वप्रसिद्ध नाम पुराण है –

यस्मात् पुरा ह्यभूच्चैतत् पुराणं तेन तत् स्मृतम्।

—ब्रह्माण्ड पुराण १-१-१७३

अर्थात् प्राचीन काल में ऐसा हुआ था, इस अर्थ में पुराण है। पुराण वा प्राचीन इतिहास के पाँच लक्षण स्थिर किये हैं अर्थात् सम्पूर्ण विवेच्य सामग्री को पाँच भागों में विभक्त कर दिया गया – (१) सर्ग, (२) प्रतिसर्ग, (३) मन्वन्तर, (४) वंश और (५) वंशानुचरित–

सर्गश्च प्रतिसर्गश्च वंशो मन्वन्तराणि च।
वंशानुचरितं चैव पुराणं पञ्चलक्षणम्॥

—अभिधानचिन्तामणि

यह श्लोक प्राय: सभी पुराणों में किंचित् परिवर्तन से और कहीं यथावत् प्राप्त होता है। इनमें प्रथम तीन का सम्बन्ध तो सीधे विज्ञान से है, अन्तिम दो प्रचलित अर्थ में इतिहास प्रधान हैं। 'सर्ग' का सम्बन्ध सृष्टि के क्रमिक संरचनात्मक विकास और इतिहास से है, वहीं 'प्रतिसर्ग' का सम्बन्ध विश्व के प्रलय के क्रम से है। सृष्टि और प्रलय के संरचनात्मक और ध्वंसात्मक स्वरूप को समझे बिना विश्व के विकास और इतिहास के गतिशास्त्र को समझना असम्भव है, क्योंकि संरचनात्मक विकास के प्रत्येक बिन्दु पर सृष्टि और विनाश का चक्रक्रम धारावाहिक रूप से गतिशील है। यदि किसी संस्कृति में विज्ञान अति समुन्नत दशा में हो तो उसका इतिहास कहीं भी विज्ञान से पृथक् नहीं रह पाता, वह विज्ञानरूप होकर ही सृष्टि के कालचक्र को उसके प्रथम प्रारम्भ से ही अपना विवेच्य विषय बना लेता है। यही सत्य सर्वत्र भारतवर्ष के पौराणिक इतिहास चिन्तन के साथ रहा है। जहाँ तक मत पार्थक्य का प्रश्न है, वह तो विशेषज्ञता की सीमा में प्राप्त होने वाला सिद्धान्त चिन्तन है, जो अपनी प्रशस्तता और विपुलता के साथ सर्वत्र ग्राह्य है।

पौराणिक इतिहास का तीसरा लक्षणभूत विषय मन्वन्तर है, जिसका सीधा सम्बन्ध पृथ्वी के ४ अरब ३२ करोड़ वर्षों के युगात्मक इतिहास से है। इस ग्रह के सम्पूर्ण इतिहास को वहाँ स्पष्टता के साथ १४ भागों में बाँट कर कुछ वैज्ञानिक संकेतों के साथ समझा-समझाया गया है, इसमें पृथ्वी के भावी इतिहास का भविष्य दर्शन भी

समाहित है, जिसकी काल-अवधि अभी दो अरब वर्षों से भी बहुत अधिक शेष हैं। चौथे लक्षण 'वंश' का सम्बन्ध मन्वन्तर में होने वाले विकास के बीज से है। इस बीज की विकास-यात्रा का स्वरूप और इतिहास क्या है ? यह बीज किस प्रकार काल के दीर्घ प्रवाह में संक्रान्त होता हुआ जैव विकास के क्रम में आगे चलकर फलता-फूलता और विकसित होता है – यही वंशतत्त्व का प्रधान विवेच्य विषय है। पाँचवाँ लक्षण वंशानुचरित – इसके बीज का कालक्रमानुगत वंशरूप विस्तार का इतिहास है। इस लक्षण में प्रधान रूप से यही विचार किया गया है कि किस मन्वन्तर के किस महायुग में विकास प्रधान रूप से किस प्रकार हुआ था, यही वंशानुचरित का इतिहास-प्रधान विषय है। काल के दीर्घ प्रवाह में जैव विकास का स्वरूप अनेक बार बदलता है, अनेक बार अवरुद्ध हो जाता है। पुनः उसका नया प्रारम्भ और विकास कालक्रम से होता रहता है। इतिहासतत्त्व का दिग्दर्शन वंश और वंशानुचरित का महाविषय है। अत: ये दोनों विषय शुद्ध रूप में विज्ञान न होते हुए भी उससे अप्रत्यक्ष सम्बन्ध रखते हैं, विज्ञान-चिन्तन के अभाव में दो अरब वर्षों के इतिहास में वंश और वंशानुचरित का अन्वेषण ही सम्भव नहीं।

भारतीय विज्ञान-दर्शन जहाँ परमार्थवादी है, वहीं वह परमभौतिक भी है। न्याय वैशेषिकदर्शन के अनुसार 'अभाव' पदार्थ है, तथा आकाश, दिक्, काल, मन, आत्मा – द्रव्य। आकाश को द्रव्य एवं अभाव को पदार्थ के रूप में स्वीकार करना, यह दर्शन की भौतिक दृष्टि का सबसे बड़ा प्रमाण है। इस सन्दर्भ में भाषापरिच्छेदकार का कथन है –

> द्रव्यं गुणस्तथा कर्म सामान्यं सविशेषकम्।
> समवायस्तथाऽभावः पदार्थाः सप्त कीर्त्तिताः॥
> क्षित्यप्तेजोमरुद्व्योमकालदिग्देहिनौ मनः।

—भाषापरिच्छेद – श्रीविश्वनाथ न्यायपञ्चाननकृत २,३

यह विज्ञान चिन्तन सामान्य नहीं, इसे कालविज्ञान का चिन्तन कहना अधिक उपयुक्त होगा। यहाँ काल के विज्ञान की खोज में ऋषिप्रज्ञा अनन्त तक पहुँच जाती है। आज विज्ञान काल के सूक्ष्मतम मात्रक का निर्धारण परमाणु की अवधारणा से करता है, इसके लिए उसने परमाणु-घटिका (*एटॉमिक वॉच*) तक का निर्माण कर लिया। भारतीय विज्ञान चिन्तन में भी काल की सूक्ष्मतम इकाई का ग्रहण पारमाणविक सन्दर्भ में है –

स कालः परमाणुर्वै यो भुङ्क्ते परमाणुताम्।
सतोऽविशेषभुग्यस्तु स कालः परमो महान्॥

—भागवत पुराण ३-११-४

भागवत के उपर्युक्त कथन के अनुसार जो काल परमाणु जैसी सूक्ष्म अवस्था में विद्यमान रहता है, वह अत्यन्त सूक्ष्म है, जो सृष्टि के प्रारम्भ से लेकर समस्त अवस्थाओं का भोग करता है, वह काल परम महान् है। इसी अध्याय में आगे चलकर कहा गया है – ग्रह, नक्षत्र और समस्त तारामण्डलों के अधिष्ठाता कालरूप सूर्य, परमाणु से लेकर संवत्सर पर्यन्त काल में द्वादश राशिपूर्ण सम्पूर्ण भुवनकोश की निरन्तर परिक्रमा किया करते हैं –

ग्रहर्क्षताराचक्रस्थः परमाण्वादिना जगत्।
संवत्सरावसानेन पर्येत्यनिमिषो विभुः॥

—भागवत पुराण ३-११-१३

आचार्य श्रीधर ने इस श्लोक की व्याख्या में कहा है – सूर्य को परमाणु का अतिक्रमण करने में जितना समय लगता है, वह काल का सूक्ष्मतम मान है। प्रकाश की गति एक सेकेण्ड में २.९९७३ X १०^{१०} *सी.एम/सेकेन्ड* है। हाइड्रोजन-परमाणु का व्यास *डायमीटर* १.०५८३२ X १०$^{-८}$ है। इस गणित के अनुसार सम्पूर्ण परमाणु के व्यास को पार करने में प्रकाश को एक सेकेण्ड की इकाई पर १८ शून्यवें भाग और फिर इसका भी एक तिहाई भाग लगेगा। यह एक सेकेण्ड के महाशंखवें भाग का भी तीसरा भाग है। आचार्य श्रीधर ने परमाणुगत कालविज्ञान का संकेत स्पष्टतः इन शब्दों में किया है –

....तत्र सूर्यो यावता परमाणुदेशमतिक्रामति तावान् कालः परमाणुः।

—भागवत पुराण – आचार्य श्रीधरकृतटीका ३-३-११

आचार्य कुन्दकुन्द के पञ्चास्तिकाय की २५वीं गाथा की टीका में श्री अमृतचन्द्राचार्य ने काल के सूक्ष्मतम स्वरूप का ग्रहण भागवतकार की तरह ही परमाणु से आकलित किया है –

परमाणुप्रचलनायत्तः समयः

—पञ्चास्तिकाय – श्रीअमृतचन्द्राचार्य की टीका गाथा – १५

उपर्युक्त बहुशः तथ्य स्वयं में प्रमाण हैं कि भारतीय वाङ्मय ने मिथक की सृष्टि नहीं की, यह विज्ञानदृष्टि कालचिन्तन, इतिहासबोध के यथार्थ पर आधारित है।

रामायण और महाभारत भारतीय संस्कृति के आधार ग्रन्थ हैं। हर युग में इन

महान् ग्रन्थों की सामग्री का उपबृंहण हुआ है, कभी काव्य के रूप में, कभी नाटक के रूप में, कभी दर्शन के रूप में। लगता है समग्र भारतीय इतिहास का अविच्छिन्न काल-चक्र रामायण और महाभारत है। सम्पूर्ण भारतवर्ष का सांस्कृतिक इतिहास रामायण और महाभारत का काल-प्रवाह है। रामायण और महाभारत काल के अलंघ्य भूधरों से उतरती है; काल की दीर्घतम अवधारणा का व्यावर्तन करती हुई मनुष्य को अवतारवाद की सर्वोच्च भूमि पर प्रतिष्ठित कर देती है।

महर्षि वाल्मीकि और वेदव्यास ने भारतीय संस्कृति का नेतृत्व एक सर्वोच्च आध्यात्मिक आचार्य की तरह ही नहीं, एक समाज-शास्त्री की तरह, एक जीवन-द्रष्टा ऋषि की तरह किया है। वे जहाँ समाजशास्त्री हैं; वहीं वे महान् इतिहासकार भी हैं। जीवन के सर्वतोमुखी विकास के जहाँ वे सबसे बड़े आचार्य हैं, वहीं वे भारतीय साहित्य के सबसे बड़े कवि। कितने आचार, कितने मूल्य, कितनी स्थापनायें उनकी काव्य प्रतिभा का स्पर्श पाकर जीवन, इतिहास और मनुष्य की शाश्वत स्थापना बन गईं। इसका प्रमाण भारतीय साहित्य स्वयं है। जब जिस मूल्य की आस्था को इतिहास ने अपना आधार बनाया, साहित्य ने रामायण और महाभारत को ही अन्तिम रूप से अपना आधार बनाते हुए उसे पूर्णता प्रदान की, चाहे भास हों, चाहे कालिदास, चाहे भवभूति हों या माघ या नैषधकार श्री हर्ष चाहे तुलसी, रवीन्द्र, अरविन्द। भारतीय संस्कृति का सम्पूर्ण इतिहास प्रत्येक क्षण, प्रत्येक शताब्दी में रामायण और महाभारत को ही अपना आधार बना कर आगे बढ़ता है। कविता हो या दर्शन, राजनीति हो या समाजशास्त्र, उसकी उद्भव भूमि रामायण और महाभारत ही हैं। रामराज्य की स्थापना ही महात्मा गाँधी का सर्वोच्च राजनैतिक आदर्श रहा है।

कविता किस सीमा तक मानव मनोविज्ञान को अपनी सीमाओं में प्रशस्त करती हुई जीवन की अन्तिम नियामक रेखा के रूप में प्रकट होती है, इसका सबसे बड़ा उदाहरण स्वयं महाकवियों की वाणी है।

कवि क्रान्त द्रष्टा है। यहाँ रहते हुए भी सम्पूर्ण विश्व से अपने सम्पर्क को स्थापित करता है। उसके रस को, उसके रहस्य को, उसके संवाद को जानता है, उसे गाता है विभोर हो उठता है। वहाँ से यहाँ के लीला रहस्यों का उद्घाटन करता है, वेद ने ठीक ही कहा है—

अमुत्र सन्निह वेत्थेत: संस्तानि पश्यसि
इत: पश्यन्ति रोचनं दिवि सूर्यं विपश्चितम्॥

—अथर्ववेद-१३-१-३९

वह प्राचेतस् है विपश्चित् है–विश्व-चित्त का महान् अग्रदूत है। एकमात्र सीमित भूमि पर वास करते हुए वह असीम की वार्ता का परिवेषण करता है–उसे हमारे हृदयों तक प्रकाशित और सम्प्रेषित करता है। उसके हृदय में सम्पूर्ण विश्व का प्रकाश, रस और रहस्य संगोपित है। अखिल विश्व के आनन्द और वेदना, रस और रहस्य, प्रेम और सौन्दर्य के अमृत रसायन से उसका हृदय सिक्त है, जो अनिर्वचनीय आनन्द के तेजोमय स्वरूप में आत्मा को प्रतिष्ठित करता है, वही तो कवि है। परम तो रसघन है। जो स्वयं छन्दित है, आनन्दित है, वही अपर में आनन्द का संचार कर पाता है; जैसे दीप से दीपान्तर दीप-शिखा का संचार होता है। रस के महापथ का दिशावाची और उसके आनन्द का संचारी कवि को छोड़कर और कौन है ? इसीलिए अथर्ववेद ने कहा–कवि से बड़ा ध्यानबलेन बलीयान् और ज्ञानबलेन बलीयान् कोई नहीं। वह विश्व के अखिल भुवन का ज्ञाता है। सबके साथ वह रस-रज्जु से बँधा है, वह हमारा सखा है, परम बन्धु है–

न त्वदन्य: कवितरो न मेधया धीरतरो वरुण स्वधावन्।
त्वं ता विश्वा भुवनानि वेत्थ स चिन्नु त्वज्जनो मायी बिभाव॥

–अथर्ववेद-५-११-४

इसीलिए वाल्मीकि और वेदव्यास भारतीय साहित्य में महर्षिपद वाच्य हैं। वह कविता कविता नहीं रह पाती, वह इतिहास इतिहास नहीं रह पाता जिसके भीतर जीवन को काल प्रवाह पर निर्वर्तित करने की क्षमता या शक्ति ही नहीं हो। रामायण का 'अयन' तो राम है, जिसकी काव्य विधृति का अतिक्रमण अभी तक कोई न कर सका। पद्मपुराण ने ठीक ही कहा है–

"वह पुराण पुराण नहीं, वह संहिता संहिता नहीं, वह इतिहास इतिहास नहीं और वह काव्य काव्य नहीं, जिसमें 'राम' शब्द न आया हो।"

न तत्पुराणं न हि यत्र रामो
यस्यां न रामो न च संहिता सा।
स नेतिहासो नहि यत्र राम:
काव्यं न तत्स्यान्न हि यत्र राम:॥

–पद्मपुराण

वेदव्यास ने काव्य बीज को प्राप्त करने के लिए रामायण का ही आश्रय अन्तिम रूप से लिया था–

पठ रामायणं व्यास काव्यबीजं सनातनम्।
यत्र रामचरित्रं स्यात् तदहं तत्र शक्तिमान्॥

–बृहद्धम पुराण–प्रथमखण्ड-३०-४७-५१

रामायण का अध्ययन करने के पश्चात् वेदव्यास ने कहा–

रामायणे पठितं मे प्रसन्नोऽस्मि कृतस्त्वया।
करिष्यामि पुराणानि महाभारतमेव च॥

—वृहद्धर्म पुराण-१-३०-५५

राम का यह विशाल 'अयन' कालान्तर में महाभारत सहित सम्पूर्ण पुराणों का 'अयन' बन गया। सम्पूर्ण भारतीय इतिहास का 'अयन' रामायण और महाभारत है। विश्वकवि रवीन्द्रनाथ ने ठीक ही कहा है–''भारतवासीर घरेर लोक येतो सत्य नहे, राम, लक्ष्मण, सीता ताहार पक्षे जेतो सत्य।'' रामायण को भगवान् का शरीर कहा गया है, गीता को भगवान् की वाणी। भारतवर्ष का सम्पूर्ण मन, सम्पूर्ण प्राण, सम्पूर्ण चित्त–'रामायण' और 'महाभारत' हैं। इससे अतिरिक्त भारतवर्ष का स्वरूप उसके मन, प्राण, मेधा की कल्पना ही असम्भव है। भारतवर्ष ने जिस सम्पूर्णता की कल्पना की, उसको उन्होंने राम और कृष्ण के रूप में देखा; जिस सम्पूर्णता का पारायण भारतवर्ष ने किया, वह महर्षि वाल्मीकि और वेदव्यास की वाणी थी। समग्र भारतीय संस्कृति के काल-प्रवाह का एक तट वाल्मीकि है, दूसरा वेदव्यास।

भारतवर्ष के महर्षियों ने इतिहासपुरुष के महान् विग्रह की पूजा सर्वदा महाकाल के मन्दिर में की है –

अहो कालसमुद्रस्य न लक्ष्यन्तेऽतिसंतताः।
मज्जन्तोऽन्तरनन्तस्य युगान्ताः पर्वता इव॥

—महाकवि क्षेमेन्द्र

काल-समुद्र परम गहन है। इसकी अन्तहीन गहराइयों में बड़े-बड़े युगान्त समुद्र में पर्वतों की तरह समाहित होते चले जाते हैं। भारतवर्ष की सनातन संस्कृति ने काल और इतिहास के सर्पिलवृत्त की लघु और बृहद् गति को सर्वत्र गहनता से देखा है, जो युग, महायुग, मन्वन्तर कल्प और महाकल्प के काल-क्रम में विभाजित है। इतिहास काल के क्षर कर्म की एक लघुतम क्रिया है। भारत की ऋषि प्रज्ञा ने सर्वदा सम्पूर्ण की सीमा में सोचा है, वहाँ खण्ड जैसा कोई तत्त्व नहीं; फलतः इतिहास भी वहाँ काल के साथ सम्पूर्ण की सीमाओं तक पहुँच कर स्वयं विज्ञान बन गया है। युग, महायुग, मन्वन्तर और कल्प – काल के गहनतम गह्वर में उतर कर इतिहास के दर्शन की ही एक वैज्ञानिक प्रक्रिया है, जहाँ काल और इतिहास में बिम्ब-प्रतिबिम्ब भाव है, काल बिम्ब है; इतिहास उसका प्रतिबिम्ब। भारतीय काल गणना का प्रारम्भ किसी राजवंश या धार्मिक गुरुओं के नाम निर्देश से नहीं होता, उसका प्रारम्भ सृष्टि

संवत् से होता है – विश्व का समुद्भव और विकास। अत: इस अर्थ में वह धर्मनिरपेक्ष और राजतन्त्र के प्रभाव से सर्वथा मुक्त है। कालसमुद्र की गहनता के भीतर अवतरित होता है इतिहास पुरुष का दिव्य विग्रह, उसके प्रतिमाविन्यास की भव्यता उसके तात्त्विक स्वरूप को भली-भाँति उजागर कर देती है। सृष्टि संवत् का प्रारम्भ श्वेतवाराह कल्प से होता है, अत: इतिहास पुरुष वाराह मुख है, काल प्रवाह का विपुल स्वरूप उसके उदर में समाहित है इसलिए वह महोदर है, पृथ्वी का रंग-रूप उसकी वर्णछटा है – अत: कुशाभास है। उसके एक हाथ में अक्षसूत्र है – काल का संख्यात्मक निर्देश, जो वहाँ स्फटिक की तरह स्वच्छ यथार्थ गणना के साथ प्रस्तुत है। ज्ञानामृत का दान उसका पावन उद्देश्य है, इसलिए उसके द्वितीय कर में सुधा-घट विद्यमान है। भारतीय संस्कृति के इतिहास पुरुष का यह अनुपम विग्रह कमल के आभूषणों से शोभायमान है – कमल स्वयं सौन्दर्य, विकास, आनन्द, शुचिता और निरपेक्षता का प्रतिमान है –

इतिहास: कुशाभास: सूकरास्यो महोदर:।
अक्षसूत्रं घटं बिभ्रत्पङ्कजाभरणान्वित:॥

**(From Page 234) R.G.Collingwood – To the Greek historians, therefore, there could never be any such thing as a history of Greece.(The Idea of History – P.No. 27. Oxford. 1946)

**(Page 234) Karl Jaspers – In the Western World the philosophy of history was founded in the Christian faith. In a grandiose sequence of works ranging from St. Augustine to Hegel, this faith visualised the movement of God through history. God's act of revelation represent the decisive dividing lines. This Hegel could still say: All history goes toward and comes from Chirst. The appearance of the Son of God is the axis of World history. Our chronology bears daily witness to this Christian structure World of history. (The Origin and Goal of History – P.No.–1 Routledge & Kegan Paul Ltd., 1953.)

**(Page 235) Karl Jaspers – But the Christian faith is only one faith, not the faith of mankind. This view of universal history therefore suffers from the defect that it can only be valid for believing Christians. But even in the West, Christians have not tied their empirical conceptions of history to their faith. An article of faith is not an article of empirical insight into the real course of history, as being different in its meaning. Even the believing Christian was able to examine the Christian tradition itself in the same way as other empirical objects of research. (The Origin and Goal of History – P.No.–1. Routledge & Kegan Paul Ltd., 1953.)

**(Page 235) Ranke – World history was the history of West.

**(Page 235) Jaspers – ....of every construction of a total conception we say today: it must be empirically proven. We reject conceptions of events and conditions which are only conjectural. We search hungrily in all directions for the reality of tradition. That which is unreal can no longer survive. What this means can be seen from the extreme example that Schelling still clung with complete conviction to the theory that the creation of the world took place six thousand years ago. Whereas today no one doubts the bone finds which prove man's life on earth to have gone on for more than a hundred thousand years. (The Origin and Goal of History – P.No.–1. Routledge & Kegan Paul Ltd., 1953.)

**(Page 236) Carl Sagan – I am writing the book – to be read either now or by posterity, it matters not. It can wait a century for a reader, as God Himself has waited 6,000 years for a witness.

**(Page 236) Asimov – Indeed, as the nineteenth century opened, most European scientists were still under the spell of the literal language of the Bible and assumed that the Earth had existed for only 6,000 years or so. Eighteen million years would have seemed a blasphemously large figure to most of them. (The Universe– P.No.124, Allen Lane. The Penguin Press, London, 1967.)

**(Page 238) Jaspers – All men are related in Adam, originate from the hand of God and are created after his image. (The Origin and Goal of History – P.No.–15.)

**(Page 238) Jaspers – My outline is based on article of faith.

**(page 240) The present is the key of past.

**(Page 240) Toynbee,A.J. – Man would have been in existence for about twenty million to twenty-five million years by now. (Mankind and Mother Earth – P.No. 22 O.U.P. New York. 1976.)

**(Page 242) R.G.Collingwood – All history is the history of thought. (The Idea of History – Oxford. 1946.)

**(Page 244) Thucydides – When I consider in the light of the evidence.

**(Page 247) Georg Gadamer – In fact history does not belong to us ; we belong to it. Long before we understand ourselves through the process of self-examination, we understand ourselves in a self-evident way in the family, society and state, in which we live.... That is why the prejudices of the individual, far more than his judgements, constitute the historical reality of his being. (The Philosophy of Hans – Edited by Lewis Edwin Hahn – Published by The Library of Living Philisophers, 1987)

**(Page 247) Georg Gadamer – Every experience is a confrontation. Because every experience sets something new against something old and in every case it remains open in principal whether the new will prevail.... or whether the old, accustomed, predictable will be confirmed in the end. (The Philosophy of Hans – Edited by Lewis Edwin Hahn – Published by The Library of Living Philisophers, 1987)

**(Page 250) Friedrich Theodor Vischer – Religion is the capital of historical symptoms, the nilometer of the mind.

** (Page 250) Todd Siler – You might say evolution just is; neither forward nor backward, neither upward nor downward – but **mindward**.

** (Page 250) Todd Siler – Time, in neurospace, is not a form of control or device for measurement. It's an abstract means of measuring our growth from 'here' (which can be anywhere at anytime) to 'there' (which is the point from which we started, even though we give it a new name – as in *end*). Yet without time, we assume there's no motion. And without motion, we assume there's no movement of thought.

**(Page 258) Will Durant – 'It is true that even across the Himalayan barrier India has sent to us such questionable gifts as grammar and logic, philosophy and fables, hypnotism and chess, and above all our numerals and our decimal system. But these are not the essence of her spirit; they are trifles compared to what we may learn from her in the future. As invention, industry, and trade bind the continents together, or as they fling us into conflict with Asia, we shall study its civilisation more closely, and shall absorb, even in enmity, some of its ways and thoughts. Perhaps, in return for conquest, arrogance and spoliation, India will teach us the tolerance and gentleness of the mature mind, the quiet content of the unacquisitive soul, the calm of the understanding spirit and a unifying, pacifying love for all living things. (The Story of Civilisation: Our Oriental Heritage p.633, 1935).

**(Page 261) Count Bjornstjerna – According to the astronomical calculation of the Hindus, the present period of the world, Kaliyuga, commenced 3,102 years before the birth of Christ on the 20th February at 2 hours, 27 minutes and 30 seconds, the time being thus calculated to minutes and seconds. They say that a conjunction of planets then took place, and their tables show this conjunction. It was natural to say that a conjunction of the planets then took place. The calculation of the Brahmins is so exactly confirmed by our own astronomical tables that nothing but actual observation could have given so correspondent a result. (Theogony of Hindus by P.No.32)

**(Page 262) Bishop Theodulf of Orleans – The "Opusculum Alcuini" of Carolingian times, for example, identified India with Asia in words that might have been taken from Caesar : Totus Orbis in tres dividitur partes : Europam, Africam et Indiam." (The Whole globe is divided into three parts. Europe, Africa and India.) Similar phrases occur repeatedly in works by writers interested. Geography, to mention only one.

Ref. W.Leifer : The paths of the Mind.

सहायक ग्रन्थ

ऋग्वेद
अथर्ववेद
यजुर्वेद
सामवेद
महर्षि वाल्मीकीय रामायण (दाक्षिणात्य पाठ, गौड़ीय पाठ, पश्चिमोत्तरीय पाठ)
महर्षि वेदव्यास–महाभारत एवं अन्य पुराण
अद्भुत रामायण
अध्यात्म रामायण
अभिनवगुप्त - लोचन
अमृतचन्द्राचार्य - पञ्चास्तिकाय पर टीका
आनन्द रामायण
आनन्द वर्धन - ध्वन्यालोक
आर्यभट्ट - दशगीतिपाद
कट्ठवण्णना
कात्यायन - श्रौतसूत्र, गृह्यसूत्र
कात्यायन - वार्तिक
कालिदास - रघुवंश, कुमारसंभव एवं अन्य
कुन्तक - वक्रोक्तिजीवित
कुन्द कुन्द - पञ्चास्तिकाय
कुमारदास - जानकीहरण
कौटिल्य - अर्थशास्त्र पं० शामा शास्त्री (मैसूर)
कौशिक गृह्यसूत्र
कौषीतकी उपनिषद्

क्षेमेन्द्र - रामायण मंजरी, महाभारत सार, अवदान साहित्य सार,
वृहत्कथा मंजरी का श्लोक सार, दशावतार चरित, औचित्य विचार चर्चा एवं अन्य
गर्गसंहिता
छान्दोग्य उपनिषद्
जयदेव - चन्द्रलोक
जातक - शिबिका जातक, मत्स्यावतार जातक, घट जातक, दशरथ जातक, दशरथ कथानम, अनामक जातक, बोधिसत्त्व आदि
जायसी - पद्मावत
जैमिनि ब्राह्मण
तैत्तिरीय ब्राह्मण
दण्डी - काव्यादर्श
नित्यानन्द शास्त्री - रामचरिताब्धिरत्नम्
पञ्चसिद्धान्त
पतञ्जलि - महाभाष्य, प्रदीप, उद्योत सहित - मोतीलाल बनारसीदास (दिल्ली)
पद्मपुराण
पाणिनि अष्टाध्यायी - सूत्रपाठ एवं अन्य
पारस्कर गृह्यसूत्र
प्रवरसेन - सेतुबन्ध महाकाव्य
प्रश्नोपनिषद्
बोधायन - धर्मसूत्र
ब्रह्मपुराण
ब्रह्मसूत्र शाङ्कर भाष्य
ब्रह्माण्डपुराण
भट्टि - भट्टिकाव्य (रामायण)
भरतमुनि - नाट्यशास्त्र संपादित एवं व्याख्या - श्री बाबूलाल शुक्ल,
प्रकाशक - चौखम्भा संस्कृत संस्थान वि० सं० २०४०
भर्तृहरि - वाक्यपदीय
भवभूति - उत्तररामचरितम्, महावीर चरित

भागवत
भामह - काव्यालङ्कार
भारवि - किरातार्जुनीयम्
भास - प्रतिमानाटक एवं अन्य
भास्कर - सूर्य सिद्धान्त
भुशुण्डी - भुशुण्डी रामायण
मधुसूदन सरस्वती - अद्वैत सिद्धि - गूढ़ार्थदीपिका
मनु - मनुस्मृति
मम्मट - काव्यप्रकाश
माघ - शिशुपाल वधम्
मुरारी - अनर्घराघ नाटक
यास्क - निरुक्त - प्रकाशक - मोतीलाल बनारसीदास (दिल्ली)
याज्ञवल्क्य - याज्ञवल्क्य स्मृिति
रविषेण - पद्मपुराण
राजशेखर - बालरामायण नाटक, काव्यमीमांसा
राजानक रुय्यक मंख - अलङ्कारसर्वस्वम्
रुद्रट - काव्यालङ्कार
रेवाप्रसाद द्विवेदी - शरभङ्ग
वराहमिहिर - 'सप्तर्षिचार' वृहत्संहिता
वामन - काव्यालङ्कारसूत्र
विश्वनाथ न्याय पञ्चानन - भाषापरिच्छेद
विष्णुधर्मोत्तर पुराण
वृहदारण्यक उपनिषद्
वृहद्धर्म पुराण
शक्तिभद्र - आश्चर्यचूड़ामणि नाटक
शतपथ ब्राह्मण
शबर - मीमांसासूत्र भाष्य
शौनक - बृहद्देवता
श्रीधर - भागवत भाष्य

श्रीधर दास - सयुक्तिकर्णामृत
श्रीहर्ष - नैषधय चरितम्
सर्वज्ञात्म मुनि - संक्षेपशारीरकम्
सांख्यायन आरण्यक
सुभट - दूताङ्गद
स्कन्दपुराण
हनुमन् - हनुमन्नाटक
हाल - गाथा-सत्तसई
हेमचन्द्र एवं अभयतिलकमणि - अभिधानचिन्तामणि
हेमाद्रि - चतुर्वर्गीयचिन्तामणि
अमरपाल सिंह - तुलसी पूर्व रामसाहित्य (रचना प्रकाशन - इलाहाबाद १९६८)
अश्वघोष - सौन्दरानन्द - बुद्ध चरित्र
आपस्तम्भ - श्रौतसूत्र
आश्वलायन - गृह्यसूत्र
कम्बन - रामायण
कल्हण - राजतरङ्गिणी
काणे- धर्मशास्त्र का इतिहास
कृत्तिवास - रामायण
के.चन्द्रशेखरन रामायण त्रिवेणी (मद्रास १९५३)
गौड़ रामदास - हिन्दुत्व (काशी सं० १९९५)
गुप्त माताप्रसाद - तुलसीदास (प्रयाग सन् १९४२)
तुलसीदास - रामचरितमानस एवं अन्य
धर्मवीर भारती - अन्धायुग
बलदेवप्रसाद मिश्र - तुलसीदर्शन (प्रयाग सन् १९४२)
भगवती प्रसाद सिंह - रामभक्ति में रसिक सम्प्रदाय (बलरामपुर सं० २०१४)
भुवनेश्वरनाथ मिश्र 'माधव'- रामभक्ति-साहित्य में मधुर उपासना (पटना सन् १९५७)
रंगनाथ - रामायण तेलगू
रामकुमार वर्मा - हिन्दी साहित्य का समालोचनात्मक इतिहास (प्रयाग सन् १९३८)
रामचन्द्र शुक्ल - हिन्दी साहित्य का इतिहास (काशी सं० १९९९)

रामसिंह तोमर - प्राकृत और अपभ्रंश साहित्य (हिन्दी परिषद् प्रयाग १९६४)
वासुदेव पोद्दार - विश्व की कालयात्रा कालपुरुष-इतिहासपुरुष (पृ० २०८-२०९)
प्रकाशक - अखिल भारतीय इतिहास संकलन योजना (नई दिल्ली २०००)
वासुदेवशरण अग्रवाल - पाणिनि कालीन भारतवर्ष
राष्ट्रकवि मैथिलीशरण गुप्त अभिनन्दन-ग्रन्थ (कलकत्ता १९५९)
एम० राजाराव - भारतीय विद्या Vol. XI. I.

Athawale, V. B. - The exact date of Kuru war-Journal of the Ganganath Jha Research Institute, (Allahabad. III. I.)
Arnold - Poetic Collection (Oxford)
Bulcke., C. - The Genesis of the Vālmīki Rāmāyaṇa Recensions. JOI. Vol. 5
About Valmiki JOI. Vol. VIII
Chidambaram, P. R. - Journal of the Ganganath Jha Research Institute, IV. I.
Dev Mahoday - Journal of Royal Asiatic Society of Bengal (Kolkata Vol. XXI)
J. S. Karandikar - Proceedings of the (all India) Oriental Conference, XII, II.
G. W. Kavishwar - Journal of Vikram University (Ujjain Vol. XV No. 284)
P. C. Sengupta - Journal of Royal Asiatic Society of Bengal (Letters), Kolkata III, S.c.& c.v. - Journal of Royal Asiatic Society of Bengal (Kolkata Vol. IV.)
D. S. Trivedi - Journal of Indian History, Madras (Trivandram) XVI, III.
Sankaliya, H. D. Kundamālā and Uttararāmacarita. JOI (Baroda) Vol. 15

Alexander Baumgartner - Das Ramayan und die Ram Literatur derinder (Freiburg 1894)
Aiyer, N. Chandrasekhara. - Indian Inheritance. Vol I. (Bhavan's Book University. 34)
Aiyer, T. Paramshiv - Ramayan and Lanka (Bangalore 1940)
Asimov - The Universe - Allen Lane, The Penguin Press (London 1967)
Augustine St. - City of God

Ayangar, Masti Venkatesh - Poetry of Valmiki (Bangalore 1940)
Barth, A. - Bulletin des Religious de l'Inde. (Paris 1894)
Baumgartner, A. - Das Rāmāyaṇa und die Rāma Literatur der Inder. (Freiburg 1894)
Belvalkar, S. K. – Uttararāmacarita Harvard Oriental Series Vol. 21. (Cambridge Mass 1915)
Berdyaev Nicholas. - The Meaning of History. (London 1936)
Bhandarkar, R. G. Vaiṣṇavism, śaivism and minor religious systems. (Strassburg 1913)
Bjornstjerna Count - Theogony of Hindus
Böhtlingk, O. (1) Panini's Grammatic. Second edition, Leipzig, 1887.
(2) Die Sprache der Jakuten. St. Petersburg, 1851
Bopp, F., (1) Über das Kanjugationssystem der Sanskritsprache. Frankfurt am Main, 1816.
(2) Vergleichende Grammatik des Sanskrit, Zend, Griechischen, Lateinischen, Litthauischen, Gothischen und Deutschen. Berlin, 1833.
Buehler, G. Alberuni's India. IA. Vol. 19 (1890)
Bulcke, C. - रामकथा–उत्पत्ति और विकास (प्रयाग १९५०)
Burckhardt Jacob - Die Cultur der Ranaissance in Italen Eng. Translation (1878).
Butterfield - Historiography from Dictionary of the History of Ideas. Ed. Phillip, P. Wiener, - Vol 2, Charles Scribner's Sons. (New York 1973)
Carl Sagan - Cosmos Random House (New York 1980)
Collingwood R.G. - The Idea of History (Oxford 1946)
Cowell, E.B.- The Buddhacarita of Aśvagho.a (Oxford 1893)

Dahlmann Joseph (1) Das Mahabharata als Epos und Rechtsbuch (Berlin 1895)
(2) Genesis des Mahabharata (Berlin 1899)
Danilevsky - Russia and Europe (1869)
Darwin, C. - The Oigin of Species.
Das. A. C. Rigvedic India. (Calcutta 1927.)
Dasgupta, S. N. - History of Indian Philosophy. Vol. 1 to 5 (Calcutta 1932)
Datt, K. K. - Kundamālā, Sanskrit College (Calcutta 1964)
Dey, Nundo Lal. - Geographical Dictionary of India - (London 1927)

Dharma., P. C. - The Ramayan polity (Madras 1942)
Dutt, R. C. - (1) A History of Civilisation in Ancient India. (Calcutta 1899)
(2) Ancient India (Delhi 1980)
Fausboll, V. The Jātaka. I-VII. (London 1877-1897.)
G. P. Singh - Ancient Indian Historiography (P.K.Print world Pvt. Ltd.)
Goldstukar - Panini : His place in Sanskrit Literature
Gopinath T.A. - Elements of Hindu Iconography vol. I and II (Madras 1914-15)
Gore, N. A. Bibliography of the Rāmāyaṇa. (Poona 1943)
Grierson G. A. - (1) Das Mahabharat und scine Theile. (Kiel 1892-1895).
(2) The Bengali Rāmāyaṇas D. C. Sen. A Review. (ib. 1922)
(3) Indian Epic. Poetry. IA. Vol. 23

Hazara, R. C. (1) Puranic Records on Hindu Rites and Customs (Dacca 1940)
(2) Studies in the Upapurāṇas. Vol. I and II. (Calcutta 1958 and 1963)
Hegel, G.W. The Philosophy of History - Dover Publication. I.N.C. (New York-1956)
Held - Mahabharat, An Ethnological study. (London 1935)
Herodotus - Histories, Pub. Wordsworth Classics of World Literature. (1996)
Hertel J. - Kleine Mitteilungen. ZDMG, Vol. 60 (1906)
Homer - Iliad, Odyssey
Hopkins. E. W. (1) The great Epic of India (New York 1901)
(2) Epic Mythology. Strassburg. (1915)
(3) Religions of India.
Ibn-Khaldun - Historical Prolegomena, History of Barbers, Autobiography
Jacobi. H. - Das Rāmāyaṇa (Bonn 1893)
Jaspers, K. - The Origin and Goal of History - Routledge & Kegan Paul Ltd., (1953)
Johnston, E. H. Buddhacarita. (Calcutta 1935)
Joachim of Floris - Eternal Gospel
Kane, P. V. History of the Dharmaśāstra. Vol. I-II. (Poona 1930-1941)
Keith, A. B. (1) Sanskṛit Literature. (Oxford 1928)

(2) Sanskṛit Drama. (Oxford 1924)
Krishnamachariar - History of Classical Sanskrit Literature. - Motilal Banarsidas (1989)
Krober, A. - Anthropology, Harcourt Brace. (New york 1948)
Lassen, C. Indische Alterthumskunde. 2nd Ed. Vol. II. (Leipzig 1874)
Leifer, W. - The Paths of the Mind
Lessing, G. E. - Laokoon (1766)
Lewis Edwin Hahn - Ed. - The Philosophy of Hans Georg Gadamer - Published by - The Library of Living Philosophres (1987)
Locke - Socio-Philosophical Treatises
Lubbock - Prehistoric Time
Ludwig A - Der Rigveda I-VI. (Prag 1876-1888)
Lyell Charles - Principles of Geology (1830)
Macdonell, A. A. Sanskrit Literature. (London 1928)
Machiavelli - History of Florence., Prince Discourses.
Marx Karl - Collected Works.
Max Muller - Collected Works.
Megasthenes, Indica
Menon, C. Narayan - An approach to the Ramayan (Varanasi 1942)
Mommsen, T. - History of Rome.
Monier-Williams, M. Indian Epic Poetry. (London 1863)
Niebuhr, R. - The Nature and Destiny of Man.
Oldenberg, H. (1) Die Religion des Veda. (Berlin 1894) Jātakastudien. Nachrichten v. d. Koenigl. Geseāllschaft der Wissensch. zu Goettingen. Phil-Hist. (Klasse 1918)
(2) Das Mahābhārata. (Goettingen 1922)
Orosius - Seven Books of History
Pargiter F. E. - Ancient Indian Historical Tradition (London 1922)
Peter, I. S. - Beowulf and the Ramayan (London 1924)
Plutarch. - Lives of the Noble Grecians and Romans.
Pokok - India in Greece.
Pusalkar - Studies in the Epics and Puranas of India. - Bhavan's Book University.

Radhakrishnan, S. - Eastern Religion and Western Thought. - Oxford University Press (1940)
Rajahmundry - Rāma, the Greatest Pharaoh of Egypt (1934)
Ramaswami Sastri, K. S. Studies in Rāmāyaṇa. (Baroda 1944)

Ranke, L. V. (1) History of Reformation. (2) Universal History.
Rhys Davids, W. - Buddhist India. (London 1903)
Roger Penrose - The Emperor's New Mind, P. 322.
Ruben, Walter.- Studien zur Textgeschichte des Rāmāyaṇa. (Stuttgart 1936)
Schelling - System of Transcendentẹl Idealism. 1899,
Werke (Stuttgart and Angsburg 1858)
Schrader, F. O. Introduction to the Pañcarātra and the Ahirbudhnya Samhitā. (Madras 1916)
Schröeder - Indian Literature and Culture (Leipzig 1887)
Schweitczer, Albert. (1) The Philosophy of Civilization.
(2) The Decay and Restoration of Civilization. Vol-1 (1923)
(3) Civilization and Ethics. - Vol-2 (1923)
Sen, Dinesh Chandra - The Bengali Rāmāyan (Calcutta 1920)
Shastry, K. S. Ramaswami -Studies in the Ramayan (Baroda 1948)
Shastry, V. S. Shriniwas - Lectures on Ramayan (Madras 1949)
Sören Sörensen - Index to the nanes of the Mahābhārata. (London 1904)
Sorokin, P. A. – Social and Cultural Dynamics
Spenglar, O. - Decline of the West
Srikanthia, B. M. Tragic Rāvaṇa. Mysore University Magazine. Vol. VII.
Subba Rao - Preface of Mahabharata.
Sukthankar, B. M. (1) The Rāma-Episode (Rāmopākhyāna) and the Rāmāyaṇa. Kane Comm.Volume.(Poona 1941)
(2) Prolegomena Mahabharata. (3) Meaning of Mahabharata.
Teilhard de Chadrin - The Phenomenon of Man. London E.T. (London 1959)
Telang, K.T.-Was Rāmāyaṇa copied from omer. (Bombay 1873)
Thadani - The mystery of the Mahabharata (Karanchi 1931-1935)
Todd Siler - Breaking the Mind Barrier., The Science of Neuro-Cosmology (P.No. 233; New York 1990) Simon & Schuster
Thucydides - The History of the Peloponnesian War. Pub. Wordsworth Classics of World Literature (1997)
Toynbee., A.J. - (1) Mankind and Mother Earth.O.U.P. (New York-1976)
(2) A Study of History. (Single Volume edition) Oxford University Press, Thames Hudson, (London 1972)
Vaidya, C. V. - The Riddle of the Ramayan (Bombay 1960)

Vico, G. - New Science.
Weber, A. - Üeber das Rāmāyaṇa. Abhandlungen der koenigl.
Akademie der Wissensch. zu (Berlin-1870)
English Transl. by D. C. Boyd. (Bombay 1873)
History of Indian Literature. (London 1890)
Will Durant - The Story of Civilisation. Our Oriental Heritage
Winternitz, Maurice.A.- History of Indian Literature.!82 Vol.
(Calcutta 1927)
Wirtz , H. - Die Westliche Rezension Des Ramayan
(Bonn 1894)

□□□